引论一

古者太平，万民和喜，瑞应辨至，乃采风俗，定制作。
——《史记·礼书》

观风俗，知得失，自考正也。
——《汉书·艺文志》

移风俗于王化，崇孝敬于人伦。
——《晋书·文苑传》

弘长名教，敦励风俗，宜加褒显，以劝将来。
——《旧唐书·孝友传》

清白畏慎，为政必先究风俗。
——《新唐书·王质传》

乐哉！天下安宁。道化行，风俗清。
——《宋书·乐志》

引论二

  本之天理，民彝之大，而并及夫衣服饮食之细，通乎古今治忽之微而不遗乎？簿书朱墨米盐之末，夫人得而观之，知山川如是，物产如是，风俗如是，人物仕宦文章如是，古如是，今如是，而岂无所思乎？观山川，思朝廷疆理之艰；观物产，思细民力作之苦；观人物，思前言往行之可法；观风俗，思故习转移之孰在；观仁宦，思旧政臧否之可鉴；观文章，思其人贤否何如，其世污隆何如。凡接乎目，必有动于中，而思为吾人所以为之之地，岂徒资见闻考索而已乎！

——明正德·周季凤《云南志·序》

  窃尝念日月星辰系于天，鸟兽草木系于地，君臣父子夫妇昆弟朋友之伦系于人，耳目口鼻系于面，喜怒哀乐系于情，金石丝竹匏土革木系于音，以奕系秋，以丸系僚，凡类此者，其所系殆无穷也……然而斯系也，发缠绵之隐，任杼轴之劳，生滇者观之，当兴经纶雷雨之思，吏滇者观之，当深桑土绸缪之计。

——清嘉庆·师范《滇系·自序》

  国家大经大法外宜兼详民事也。中国旧史，大都详朝廷制度，略于民间礼俗。《史记》独多言民事，千古称之，今宜扩而充之。凡民间礼俗之大，居处炊食之细，及一切日用之于风教有关者，良窳得失，灿然无遗。考其原委，上补前史之缺，明其变通，下征进化之美。庶几免一姓家谱之诮乎！

——民国·袁嘉毂《与清史馆馆长第一书》

  方志之作，其体史也，其用则政书也。一方宜详考历代文化递嬗之迹象，以为征文考献之资；一方宜备载民情风土之所宜，以为施政牖民之鉴。故收罗必广，记载必周，庶几彰往察来，可裨实用。

——民国·周钟岳《新纂云南通志·序三》

引论三

云南善地，朕所亲历，倘非天命有归，愿封于此足矣。
——元世祖忽必烈（见民国《滇绎》）

云南之地，稽之古典，气厚风和，人民尚兵。
——明太祖朱元璋（见明洪武《云南机务抄黄》）

气厚风和，君子道行之所系。
——明太祖朱元璋（见明·刘文征《滇志》）

士大夫多材能，乐事朝廷，不乐外宦。
——元·虞集《云南志略·序》

田无旱潦，米不传输，山泽之利，取之无禁，民至老死不相往来，他方乐土未必胜此也。
——明·谢肇淛《滇略》

人禀名山大泽之气，子弟多颖秀，科第显盛。民遵礼教，畏法度。士大夫多材能，尚节义，彬彬文献，与中州埒。
——明·刘文征《滇志》

云南府：自元明至本朝，人物科第，后先振起，服食器用，骎骎乎有中原之风焉。汉多彝少，风气渐开，士雅民淳，教化易入，耕织贸易，各安其俗。

昆明县：士多秀颖，素重名义。民性淳良，不好争讼。但近城市多习贸易而少事耕织，服食交际不无奢靡耳。
——清康熙《云南府志·风俗志》

惟滇会区，西南要地，握两迤枢，应井鬼位，地灵所钟，物华所萃，昆水深凝，金碧高峙，秀谷苍峦，奔赴而至，疆域既雄，形势自异，时序既合，畜植自利，况尔民风，简朴易治，扶之育之，厥有其事，往哲前贤，茂迹不坠。

——清康熙《云南府志·地理志·序》

兵民错居，闾阎栉比。野安耕凿，户习诗书。民无告讦之风，士有干谒之耻。

——清雍正《云南通志·风俗·云南府》

滇南人心风俗，视他省独厚。兵将一心，忠义奋发。砥柱天南，军威一震，中原时势转弱为强，又不独全滇之幸，实天下大局之幸也。

——清·吴鲁《昆明县志·序一》

惟滇首邑，西南乐土。君子攸宜，行道之所。

——清道光《昆明县志》

吾滇人重去乡，昆明为尤甚。县中自士大夫之服官于外，惟乡举赴礼部试，乃出里门。否则，井田桑麻以终老田间为乐也。其他牵车牛远服贾者，百不一二见，以故淳朴之气较他处为优。然碍以见闻辄失之窒，漆园叟之所谓拘于墟者，信乎。

——清道光《昆明县志》

世所称本籍人者，言之其性质纯善谨慎，息事泯争，各务生业，各守本分，且思想缜密，举措敏捷，在昆明县全境中当首屈一指，是其优点。惟富保守性，无冒险进取之志，又喜独立不羁，少合群美德，加以近年竞尚奢靡，中人之家，多属外强中干，是其缺点。至于业工者，间守成规，不思改进，业商者习于诈伪，罕见诚实，故市内凡有起色之工商业，皆操外省外国或外县人之手，尤为莫大缺点。

——民国《昆明市志》

"嗟乎，风俗者，与时转移者也。"（清道光《昆明县志》）一时流行为"风"，积淀百年为"俗"，相沿积久、潜移默化、约定俗成，就成了一整套社会行为规则，有形无形地规范着老昆明人的衣食住行、婚丧嫁娶、生老病死、岁时节庆、生产生活，体现了老昆明人传统的世界观、人生观和价值观，表现了他们的生存意识、生命意识和审美意识，养成了老昆明人独特的习性和情怀，独特的方言、歌谣和儿童游戏等，成为老昆明人无形的"身份证"，构成了老昆明的一道独特的风景。

明代天启年间的《滇志》称："昔之言风俗以道里分，今之言风俗以年世分。百年不同风，又百数十年不同俗。"随着生活速度不断加快，早年的"十里不同风，八里不同俗"，早就变成"隔山不同俗，隔里不同天"了，在昆明谚语中，还有更生动的比喻：

一坡草，一样色。

一方人，一方俗。

昆明社会风俗、风情汇聚八方，包罗万象，文化多元，形形色色，自成一体，成为"观风俗，知得失，自考正也"（《汉书》）的一个独特而重要的样本。不少人文风情在中原地区已踪迹难寻，而在昆明却风头正劲，应验了《后汉书》的那句话："中国失礼，求之四夷"——昆明风情之要，正在于此。

老昆明 旧话旧照 那些风俗

朱净宇 编著

云南美术出版社

图书在版编目（CIP）数据

老昆明旧话旧照. 那些风俗 / 朱净宇编著. -- 昆明：云南美术出版社, 2019.1（2024.6 重印）

ISBN 978-7-5489-0018-4

Ⅰ. ①老… Ⅱ. ①朱… Ⅲ. ①地方文化 – 昆明②风俗习惯 – 介绍 – 昆明 Ⅳ. ① G127.741 ② K892.741

中国版本图书馆 CIP 数据核字 (2019) 第 026324 号

选题策划：张文璞　肖　超

责任编辑：戴　熙　赵昇宝　何　花
整体设计：高　伟　昆明创境广告有限公司
责任校对：温德辉　王飞虎　沈正德　孙雨亮
摄　　影：[法] 奥古斯特·费朗索瓦（方苏雅）
　　　　　[美] 伯特·克拉夫奇克
　　　　　朱净宇　赛　克　王　浩　孙家福　等

老昆明旧话旧照 那些风俗

朱净宇 编著

出版发行：云南美术出版社
印　　制：昆明美林彩印包装有限公司
开　　本：787mm×1092mm　1/16
印　　张：21.75
字　　数：400 千
版　　次：2021 年 6 月第 1 版
印　　次：2024 年 6 月第 2 次印刷
书　　号：ISBN 978-7-5489-0018-4
定　　价：98.00 元
电　　话：0871-64107562　64195028（营销中心）
社　　址：云南省昆明市环城西路 609 号云南新闻出版大楼 24~25 楼　邮编：650034
　　　　　（凡出现印装质量问题请联系承印厂调换。部分图片作者联系不上，望速与出版社联系）

序

叮叮糖,

叮叮糖,

吃了不想娘,

想起娘来哭一场。

还记得这首昆明儿歌吗?

如今一座座高楼平地而起,水泥钢筋,直插云天,势不可当,犹如夜场上的欢歌狂舞,灯红酒绿,甘之如饴,让人欲罢不能,恰似"吃了不想娘"的"叮叮糖"。

身后一间间老屋黯然离去,依稀故人,如烟往事,魂牵梦绕,又似月光下的二胡独奏,余音绕梁,乡愁涌来,让人情不自禁,"想起娘来哭一场"!

"糖"可养身,"娘"可安心,鱼与熊掌,"想"与"不想",如何兼得?——老昆明的儿歌一语成谶,不服不行。

一

来了城市化,正好寄存皮囊;走了老昆明,何处安放灵魂?600年的近日楼早就消逝了,"九里三分"的城墙早就没有了。淡出昆明的还有五华山的瞭望塔、藩台衙门的菜市、得胜桥的桥头堡、象眼街的大象铺石、太和街的石板路、北门街的唐家花园、威远街的龙公馆、惠家大院的西南联大"教授楼"、塘双路的滇越铁路车站建筑群、巡津街东廊的法式楼院、文武官员到此下马的文庙大门、"一颗印"和"八面风"建筑成群的武成路、长春路和大观街,还有护城河、洗马河、金汁河、银汁河、玉带河、西坝河、篆塘河、明通河、采莲河、金家河、乌龙河、兰花沟、大小绿水河和新老运粮河,有的河段消失了,有的河段成了地下暗河、城市下水道……彷徨在后现代的门槛前,可叹"鸡鸣紫陌,马踏红尘,教弟子向哪头跳去?"

（明·陈用宾撰金殿楹联）

城市化突如其来，来势汹汹，昆明主城膨胀，人口锐增，"九里三分"骤然稀释，八方人潮迅速聚集。外则改天换地，内则脱胎换骨。当初逐鹿丛林，心无旁骛，此后利弊互见，触目惊心：江山依旧而城市变形，高楼林立而霸气侧漏，街巷划一而面目全非，不知此城为何城！邻里星散而乡情解体，人心不古而世风日异，个性消解而文脉错位，直认此城为他城——若有所失，满怀乡愁，又不知往哪里安放？

我们曾自以为离得开"老昆明"，听任它消解淡化，渐行渐远。但它总会悄然归来，或隐或现，无形无影，无声无息。但无形之中，它仍然会一飞冲天；无声之处，它仍然会一鸣惊人——夜半猛醒，乡愁袭来，扪心自省，清泪两行。原来"老昆明"无所在而无所不在，无所能而无所不能，它永远留驻在我们心中，渗透在我们的血脉里。

二

天佑昆明，让昆明得天独厚，四季如春；让昆明得地独秀，山奇水异；让昆明得城千年，史迹遍地；让昆明得人百族，风情别具。人说昆明，元世祖称之"云南善地"，明太祖谓之"气厚风和"，明代四川状元杨慎赞之"春城"，清代云南"状元"袁嘉穀称之"可恋可誉"。老昆明不仅在高原山水之间留下了一座美轮美奂的城池，还为我们留下了特殊的地方文脉，深厚的文化底蕴，鲜活的城市个性，独有的山国气质，传奇的历史记忆——这是昆明的灵魂，是昆明的精神，是昆明人的"娘"。

面对老昆明，我们应有敬畏之意、惕惧之心，然后可知昆明云彩独奇，月亮独大，堪称天下唯一；可知昆明"三山一水""五湖四海"，全是风水宝地；可知30000年前有"昆明人"，10000年前有"贝丘文化"；可知从庄蹻而有滇国，从《史记》而有"昆明"；可知从南诏而有拓东路，从辛亥而有光华街；可知先祖多来自柳树湾，先人多出自高石坎；可知昆明人有容乃大，道、儒、释三教一体；可知山国有寡民，有"温吞水"性格，有"家乡宝"情怀，还有"不问能不能做，只问该不该做"的血性。

人常存敬畏之心，可以知礼，如做官之"修身齐家，正己化人"；可以知义，如"联大"八百壮士之从军，书生意气亦慷慨；可以知廉，如刘文征家两代清官，满城争睹"刘青菜",如严清之廉正,官至尚书而早朝无腰带;可以知勇,如钱沣之千字文弹劾和珅,如马毓宝之满腔热血独赴"一战";可以知用,如"黄包车"之押解日寇战俘,"闪扁担"之挑送斯诺行李;可以知荣,如战国青铜器沉淀之"南方丝路"信息,民国"工程碑"记载之中国最早水电厂;可以知善,如老中医之讲医德还要讲气节,老商人之"诚朴"经营而多积"阴德";可以知难,如禹碑"蝌蚪文"之怪诞,王官坟碑武则天造字"埊""圀"之奇僻;可以知源,如"吃馒馒""颠嘟嘟"都是"宋词","硬挣挣""恶嗷嗷"出自"元曲";可以知古,如清代开发过房地产,抗战时就有过"大昆明规划";可以知趣,如警察敲门而店铺开张,"邮政骑马"而"电报骑牛";可以知音,如街上有人喊"有旧衣烂裳么找来卖——",巷口有人叫"咳嗽、发烧呢买药啦——";可以知美,如杨慎之诗,如担当之画,如孙髯之联,如钱沣之字……

惕惧则可以知己之丑,有"见闻辄失之窒"(清道光《昆明县志》),"无冒险进取之心"(民国《昆明市志》);可以知人之耻,冯甦卖身搭着老娘卖,"贪官碑"上贪官贪得遗臭万年;可以知乱世之祸,吴三桂作乱天下而身败名裂,徐之铭巡抚云南而竟杀官越财;可以知无德之恶,"天盛当诱人上当,王安良丧尽天良";可以知"围海造田"之蠢,买官卖官之害;可以知城隍庙之神,东岳庙之鬼,善而有善报、恶而有恶报。

敬畏而惕惧更可以知足,知足者常乐,知乐者忘忧;可知汉唐宋元,伟烈丰功,卷不及暮雨朝云;可知天有常道,人有常志,后人须择善而从;可知"尽人事、知天命"而行大道;然后知可为,知不可为,知其不可而为之,达到从心所欲、不违天命的最高境界。

惕惧还可以知"龟蛇龙气"之谬,"金碧交辉"之误;可以知早年书圣更比孔圣"拽",西寺塔"跑"到东寺街;可以知城隍庙有宣讲"圣谕"的右厢房,南教场有砍头示众的大刑场;可以知"老将"于教场"祭霜降娘娘"之丑,考官于科场上演鹿鸣闹剧之陋;可以知科场如戏场,入场要搜身,封门要拜鬼;可以知官场如剧场,官印要避邪,坐堂要"排衙";可以知男女曾经不得同台演戏,不得同场看戏,大家闺秀出门脸上要盖一块蓝布;可以知婚前要赶"鞭猪",婚夜要造"捶门柬";可以知报丧不进门,磕头不值钱;可以知"女德"之害,那贞女、烈女、节妇、义妇,误了多少卿卿性命;可以知禁娼之奇,妓女要腰悬白绸,穿彩色短装,违禁嫖娼要罚款,还要打手心;可以知当年筑大烟囱要看"风水"的脸色,治大病要请"师娘"

来跳神，无端"开矢口"、有病"洒烂药"……

如今，这一切只能从历代史志、先人笔记、石刻碑传、耆老回忆、坊间传闻中去寻找了，这是一种遗憾，也是一种幸运。随着困惑不断显现，乡愁不断反弹，社会不断开放，资料不断积累，探讨不断加深，记忆不断扩展，影像不断涌现，让我们的老昆明寻觅有了更加多元的角度、更具内涵的深度、更为包容的广度。数年之间，沉浸其中，几次搁笔叹息，小小古城昆明，围城不过九里三分，人口最多不过10万，竟留下了如此厚重的精神遗产——说不完的历史往事、看不断的市井风情、数不清的奇人贤士、道不尽的本土文化，令人叹为观止。历史可畏，先人可敬，如果我们不进行盘点，不进行整理，不得之于祖先而传之于后人。那么，我们将愧对天地，愧对前人，愧对后代。

三

古人修史志而讲"实用"，无非两条：一是"资治"，所谓"施政庸民"是也；二是"资文"，"以为征文考献之资"（周钟岳《新纂云南通志序》）是也。其实还应该有一条，那就是"资民"，即"资"百姓。"资治"是"肉食者"的事；"资文"是"串荤食者"的事；"资民"才是"草食者"的事。

我们可以充满善意地想象，早年如果了解清代和民国两次"泄湖涸田"的论争，"肉食者"们"围海造田"的蠢事或许会有所收敛；如果认真考辨过"春城"和"龟城"的由来，或许会改变一些"食串荤者"人云亦云的话风和文风；而"宾馆菜"和"名人菜"的开发，则很可能会让不少"草食者"大开"洋荤"，大饱口福——以今天的眼光来看，许多往事未免可笑，"然后之视今，亦犹今之视昔"（周钟岳《新纂云南通志序》），自不必讪笑前人。读一书而可知前人如何生活、可思今天如何生活、可求以后如何生活，善莫大焉。

中国自古就有重视风土习俗研究的传统。《史记·礼书》称"古者太平，万民和喜，瑞应辨至，乃采风俗，定制作"；《汉书·艺文志》说"观风俗，知得失，自考正也"；《晋书·文苑传》说"移风俗于王化，崇孝敬于人伦"；《旧唐书·孝友传》说"弘长名教，敦励风俗，宜加褒显，以劝将来"；《新唐书·王质传》说"为政必先究风俗，所至有惠爱"；《宋书·乐志》说"天下安宁，道化行，风俗清"。为此，就要"详考历史文化递嬗之迹象","备载民情风土之所宜",而且"收罗必广,记载必周","彰往察来,可裨实用"(周钟岳《新纂云南通志序》)。云南"状元"袁嘉榖认为:"中国旧史大都详于朝廷制度,略于民间礼俗。《史记》独多言民事,千古称之。今宜扩而充之,凡民间礼俗之大,居处饮食之细,及一切日用之于风教有关者,良窳得失,灿然无遗"。不但要"兼详民事",还要"考其原委,上补前史之缺,明其变通,下征进化之美"。此外,邮电、轮船、铁路均应列专志记述,"庶几免一姓家谱之诮"(袁嘉榖《与清史馆馆长第一书》)。

这里既不是"一姓家谱",不是"一方宦绩",也不是"一纸琐闻"。这是一次用心独到的采访,一次悲喜交集的重逢,一次真挚谦卑的致敬,一次诚惶诚恐的救赎。笔者不揣浅陋,试图以今人的视角、今世的眼光、今天的话语重拾记忆、重述历史、重访风土、重叙人情、重现民俗、重论传统、重返文化、重获个性——不敢妄说"成一家之言",亦求"究天人之际,通古今之变"(司马迁《报任安书》)。

公元1895年,列强瓜分中国大势已成,中国遭遇前所未有之巨变,当彼之时,启蒙思想家严复写了一篇《论世变之亟》,谈及中西文化传统,其有一番精彩的论述:"中国最重三纲,而西人首明平等;中国亲亲,而西人尚贤;中国以孝治天下,而西人以公治天下;中国尊主,而西人隆民;中国贵一道而同风,而西人喜党居而州处;中国多忌讳,而西人重讥评。其财用也,中国重节流,而西人重开源;中国追淳朴,而西人求欢虞。其接物也,中国美谦屈,而西人多发舒;中国尚节文,而西人乐简易。其于学也,中国夸多识,而西人尊新知。其于祸灾也,中国委天数,而西人之恃人力。"有意思的是,百年前的中西文化差异,如今多半演变成了现代昆明与传统昆明的文化碰撞,面对如此尴尬的"移风易俗",也只能如当年的严复一声叹息:"若斯之论,并存于两间,吾实未敢遽分其优绌也。"

滇人、昆明人爱国爱乡,都是"家乡宝"。清乾隆年间,云南进士周於礼在京为官多年,曾遥望西南,赋思乡诗曰:"神茫茫,思转长,彩云一片是吾乡。"云南状元袁嘉榖说:"吾中国人也,读中国书,应有光大中国之作以报中国。"又说:"云南者,中国之一部也。吾生云南,壮而游,老而归,六十年读云南书,应有光大云南之作以报云南。"他大声疾呼:"滇之人生滇、爱滇,将以保永久之滇,不得不考古之滇,以兴起将来之滇。"(《云南大事记》)

先贤教诲,言犹在耳。一介书生,得立于巨人肩上观察、垒字,幸而左右逢源、上下有据、俯仰有道、进退有方，尽管秃笔一支，乃能从心所欲，从容不迫，集古今之成，得一家之言，何其幸也。然而，这毕竟只是一次特殊的"采访"，资料浩如烟海，纲目千头万绪，人事众说纷纭，虚实百口莫辩，又何其难也。笔者勉为其难，博采各家之长，众人之说，以百姓为本，以民事为主，以风土为根，以文化为魂，以纪传体为纲、为目，以笔记体为文、为篇，分门别类，编纂成书。无奈学有不及，力有不逮，虽历时五载，日旰忘餐，反复修改，分辨真伪，考证谬说，仍然错误难免，若得高人指教，一一纠正，更何其乐也！

朱净宇

2020年5月4日于昆明虹山

目录

老性情

以"安"为本的"山国寡民"

- "温吞水""家乡宝"的"小日子" 016
- "三教九流一堂拜"的"小信仰" 016
- "山国寡民"的"小社会" 018
- "无欲而安"的"小哲学" 021

温厚质朴：随世而安的自然之态

- 温厚淳善："民性纯良，不好争讼" 025
- 俭约素朴："相尚以朴质，不事奢华" 027
- 敬老重孝："父母养我小，我养父母老" 029
- 尊长爱幼："兄弟一条心，黄土变成金" 033

慵散恬退：随心而安的自由之状

- 慵闲恬退："人多恬退，鸿鹄之举无心" 037
- 登山玩水："披襟岸帻，喜茫茫空阔无边" 044
- 崇信神佛："崇信各教，仍以佛教为最多" 046
- 僧人"辞世偈"里的来去自若 048

包容好义：随人而安的自若之心

- 包容开放："群贤毕至乐无涯" 054
- 知书明礼："户习读书，能尚礼节" 058
- 急公好义：诚实有信，多积"阴德" 061

001

○抱团自救："会集乡人，协同乐助，锱铢勷成" 064
○乐善好施："施茶""施药""施棺" 065

知足重迁：随遇而安的自在之情
○散淡自得："一碗米不吃稀饭" 070
○"儒道互补"：大难临头的"不在乎"精神 073
○安土重迁："出门一里，不如屋里" 078
○谨慎守成："宁走百步远，不走一步险" 080

"跳脚"叛逆：随势而变的自立之义
○好古信忠："喜谈古事"，赤心报国 085
○"老实人逼急了也跳脚" 088
○云南杂志："民气存则滇存，民气亡则滇亡" 089
○"只问该不该做，不问能不能做" 092

"得天独厚"而"顺天循道"
○"山国"悟"道"："倾心向真宰" 097
○明朝"军二代"兰茂避祸杨林"得道传道" 100
○明代状元杨慎"在朝为儒，谪滇为道" 101

"得地独暖"而"因地传道"
○元明教化：儒风入滇，后来居上 107
○徐樾赴死："平民儒学"初入云南 108
○罗汝芳会讲："放心体仁""顺情从欲" 109
○李贽刻碑传道："乡田同井""守望相助" 111
○"怪才县令"檀萃讲学："尊经为主，旁及释道" 113

"得治独宽"而"就势行道"
○"不怕衙门法大，只怕衙门无法" 117

○孟子的"井田制"和孙髯的"理想国" 119
○元世祖忽必烈："选谨厚者抚治" 121
○明太祖朱元璋："要在安养生息" 123
○大西军"滇南乐土"："民得安息" 125
○清初"实心实政"："以宽大培国脉" 126

老风俗

老节俗

○"小年"祭灶、驱邪"扫尘" 136
○"初一初二不出钱，初三初四财会来" 137
○年夜饭的"长菜"和乡里的"八大碗" 138
○三十晚上"封门""封井"和"守岁""压岁" 138
○"三十晚上莫吵嘴，大年初一莫说鬼" 141
○正月初一的"头炷香"和正月的庙会 142
○"请门神"、贴春联、贴唐诗、大拜年 143
○过年蒸年糕、吃饵铗·吃米饭"猴攒食" 144
○正月十五"走灯"、十六"送百病" 146
○四月八"浴佛""洗太子" 148
○端午节的"云津竞渡"和"平胃散" 148
○火把节："泼火节""情人节""妇女节" 150
○"七月半"中元节"接祖"和"送祖" 152
○中秋"拜月"和"拜节" 154
○重九攀崖的"席子酒"和"锦香囊" 155
○冬至"过冬""上坟"和"照牛" 156

老婚俗

○早婚、童养媳、上门、改嫁、填房、纳妾 160
○从"瞧媳妇""会茶"到"押八字" 161

○佛堂、佛案"看人家" 162
○"三道割"和"嫁郎愿嫁金汁郎" 163
○"迎妆日"的"鞭猪"和"离娘肉" 163
○"鸡飞鱼走"和"坐喜神"哭嫁 164
○进夫家"吃红饭""踩黄道""跨马鞍" 165
○婚礼"争洞房":"争坐床""争枕头""跨使马头" 166
○"浴枣""口舌荷包"和"捶门束" 167
○三日宴与"作揖饭":"新姑爷的揖不值钱" 168
○回门"赶太阳回家"、复门"高叫声" 168
○"靡然成风":生女多而致穷 169
○"二十年的媳妇二十年的婆" 169
○民国初期的"新式婚礼" 170

老育俗

○"小庄节""子孙会"和"送子娘娘会" 173
○孕妇之忌:不入他人新房、不看不想凶相 174
○生育后的"阳报""阴报""神报"和"跳火" 174
○"老蚌生珠"是"人瑞" 174
○坐月子禁忌:"踩生""踩奶"和"扫把星" 175
○"睡倒觉"和"驱鬼帖" 175

○"寄名"、小名、学名和诨名 176
○满月"剃胎毛""请百日客"和"抓周" 177
○"爱到三岁恨到老"和"成童礼" 178

老葬俗

○火葬、土葬与田葬、山葬 182
○"搬铺""接气"和"守铺" 182
○报丧、"谢孝":"至门而不入" 183
○"赵棺材家""大索行"和"葬身之地" 183

○"敲钉锤""闹丧":"滇中母丧大不易办" 184
○"大殓""成服"、吊奠 185
○"归来去兮"的"阴魂" 186
○"成主"仪式和翰林"点主" 187
○孝子"背棺"、官出大南门、民走东西城 188
○葬礼中的女眷:"讣告无名""出殡哭丧" 189
○"头七""五七":"放焰口"丢"鬼粑粑" 191
○找好"葬身之地"、死者托生"某省某县某村" 191
○"孝子的磕头不值钱" 193
○"戌日祭祖""上坟"和坟头草 194

老"礼数"

○迎客之道:"不失远迎",礼让右侧 198
○留客之道:"情换情,心换心" 199
○陪客之道:"若要好,大作小" 200
○赠客之道:"大小是个情,长短是根棒,多少是个意" 200
○助客之道:"冷锅灶里塞把火,热灶膛里加根柴" 201
○敬茶之道:"茶冽而兰幽,一时清供" 201

○用餐之道:"吃有吃相、坐有坐相" 202
○宴客之道:"倒酒不亏本,提酒占三分" 204
○酒令之道:"一个螃蟹哥呀哥,八呀八只脚" 206
○敬烟之道:"有客来家你招待,听你唱歌声" 207
○送别之道:"今日留一线,明日好见面" 208

老俗信

○徐霞客记土主庙奇树"代灸祛病" 212
○"童子祈雨":"求诉老天下大雨" 213
○"晒菩萨"中的"抢杠"和"让道" 214

○ "醉龙王"退洪 金牛金鸡镇水 217
○ 彗星兆灾和地震恐慌 219
○ 楼房"犯煞"、瓦当和"泰山石敢当" 220
○ "关圣帝君亲笔写来" 222
○ "叫伴儿""叫魂"和"指路碑" 222
○ "滚鸡蛋"、撒烂药和"端公""师娘" 223
○ 人生处处难，处处可求神 224
○ "填库"和"还愿" 227
○ 破除迷信的"拉偶队" 228

老忌讳

○ 居家："宁让人停丧，不给人成双" 232
○ 出入："开矢口"和"打哇哇" 232
○ 饮食："宁肯盐重，不可无味" 233
○ 邻里："欺人莫欺头，做贼莫偷牛" 234
○ 送礼：不带"七"、不送钟 234
○ 行业：铺床叫"铺铺"，回家叫"拢家" 234
○ 缺陷有讳："馕瓜"称"富态""聋子"叫"耳背" 235
○ 慎言"死""病"："走了""不好在" 236

老方言

淳朴正直、词语雅达的"昆明话"

○ 听话知人："古雅拙朴、包容开放" 243
○ 普通话和"昆明话" 244
○ 当代"昆明话" 247
○ 昆明方言里的物名 249
○ 昆明方言中的本土成语 250

○"攒言子"：昆明版的歇后语 251
○"以柔克刚"的语气词 255
○近乎英语助动词"do"的"咯" 256
○奇妙的强调语句 257
○叠字递进"步步高" 258
○昆明方言绕口令："瓷盘儿碰石坎儿" 260

"昆明话"里的古词古音

○"昆明话"里的"上古词" 263
○《周易》《诗经》中贬出来的"二" 264
○从古书中演绎出来的"鬼话" 265
○"昆明话"里的隋唐五代词 265
○"昆明话"里的"宋词" 266

○元仁宗颁赐筇竹寺圣旨中的元代白话 266
○"昆明话"里的"元曲" 268
○"昆明话"里的近古"官话"发音 270
○朱元璋"敕谕"昆明的江南口语和书面语 271
○"昆明话"里的明清小说语言 272
○明万历《滇略》中的明代昆明方言样本 273

○清乾隆《滇云历年传》中的清初昆明官话 274
○清乾隆、嘉庆年间昆明调子里的清代昆明方言 275
○清道光《昆明县志》中的清代昆明方言样本 276
○民国《昆明市志》中的民国初期昆明方言 278

"昆明话"里的"佛言""佛语"

○昆明人的"口头佛"："阿弥陀佛" 281
○从佛经中走来的善恶观："作孽"和"现时报" 282
○从佛经中"借"来的方言名词 283
○从禅语引申出来的方言词汇 284

"昆明话"里的本土掌故

○ "昆明话"里的少数民族因子 286

○ "昆明话"里的"祖宗语" 288

○ "昆明话"里的本土典故 290

○ 从"三教九流"来的"昆明话" 292

○ "昆明话"里的地名典故 295

○ "昆明话"里的本土民俗 296

○ "昆明话"里的动物典故 299

○ "吃"出来的"本土词" 301

○ "斗嘚嘞"玩出来的"本土词" 302

○ "昆明话"里的"马街法语"和"马街英语" 303

○ 从美国"飞虎队"而来的"昆明话" 305

○ 逐渐"蒸发"的昆明方言语汇 306

昆明老谚谣

○ "相城"谣:"有城无花,民心窄狭" 309

○ 咒谣:"小小童子哭哀哀,撒下秧苗不得栽" 309

○ 城乡谣:"城里讲迷信,乡下鬼敲门" 311

○ "颠倒歌":"养只小兔会生鹅" 313

○ 经商谣:"物产不能四方走,抬着金碗也讨口" 314

○ 官民谣:"不怕衙门法大,只怕衙门无法" 314

○ "相人"谣:"丑死一家人,好死是外人" 315

○ 儿歌趣谣:"小娃娃,玩泥巴,爸爸回来打嘴巴" 316

○ 吉令:"春牛进你家的家,谷子结成马尾巴" 320

○ 气象谚谣:"谷要雨,麦要风,姑娘大了要老公" 322

参考书目

后　记

老性情

　　论及昆明人的性情，元、明两代的开国皇帝都感触良深。元世祖忽必烈说："云南善地，朕所亲历，倘非天命有归，愿封于此足矣。"明太祖朱元璋也说：云南"气厚风和，君子道行之国也"。这些话打动了清末云南"状元"袁嘉谷，收进了他的《滇绎》中。早在清道光年间，《昆明县志》就提到了朱元璋的话，写作"气厚风和，君子行道之所"，出自明洪武年间的《云南机务抄黄》。

昆明之"气厚风和"始于明代。明景泰年间，云南官府编了本《云南图经志书》，巡抚郑颙和右布政使陈文都为之作序。陈文说云南自古"远在荒外"，由汉至唐，"虽曰郡县，其地不过遥制，以为羁縻而已"，到南诏大理时期，更割据一方"历数百年"，宋朝"置之度外"，元代"仅能一而抚之"，教化不兴，风气"自异于内地"。明代征服云南后，以内地制度进行治理，"遍立学校以施教"。73年后，云南城乡士民身着"衣冠"，出口"雅颂"，"熙熙皞皞，亦何下于内地哉"，其"治教之盛，实亘古所未有也"。郑颙则写道，明朝得了云南，"诗书礼乐之教养其人，于是道德既同，而风俗丕变"，一改"椎髻卉裳"之民，一变"荷戈负弩"之习，"渐化而为衣冠文物之美矣"——由野蛮尚武而衣冠文明，处处可见"礼乐文章之明备，道德风俗之同一"（《重修云南志·序》）。

昆明民风转折点在明初，此说不假。但两位大员忽略了一点，明初不但新建了昆明砖城，还迁来了大批内地军民，昆明人口构成由此大变，这是昆明"风俗丕变"的重要基础。明万历年间，云南右参政谢肇淛在《滇略》中写道，"高皇帝既定滇中，尽迁江左良家闾右以实之，及有罪窜戍者，咸尽室以行，故其人土著者少，寄籍者多"，这才"衣冠礼法，言语习尚，大率类建业（今南京）。二百年来，熏陶渐染，彬彬文献与中州埒矣"。清康熙年间的《云南府志》也说，当时的云南府（辖今昆明一带）"汉多彝少，风气渐开"，于是"土雅民淳，教化易入，耕织贸易，各安其俗"。

然而，昆明人的文化习性也并非完全"与中州埒"——和内地类同。明初以降，昆明城在山国，至今无改；明清两代，昆明人居山城，所增无多——直到清代后期，昆明仍然是一个地处"极边"的"山国寡民"城堡。内地"礼乐文章""道德风俗"到此也随遇而安，嬗变为昆明特有的"山国寡民"文化，温厚质朴、散淡慵闲、包

容恬退、知足重迁，融儒道为一体，集利弊于一身，颇见《老子》力举之"小国寡民"境界。清道光年间，昆明进士戴䌹孙也说"回览故乡，风犹近古……惟滇首邑，西南乐土，君子攸宜，行道之所"（清道光《昆明县志自序》）。

历代到昆明做官者、经商者、游历者、求学者、授业者、避难者，无不对昆明的"气厚风和"印象深刻，留下不少文字：一说淳朴，古风犹存；一说敦厚，无所心计；一说包容，诸俗并存；一说自乐，不假外求；一说守成，以安为本——如此等等，至今依旧。但昆明人又有叛逆、开放、鼎新的一面，充满矛盾。清末到昆明做云南提学使的福建状元吴鲁就说"滇南人心风俗，视他省独厚"，又称只要有所准备，滇中"兵将一心，忠义奋发，砥柱天南"，"军威一震"，则"中原时势"也可"转弱为强"（清道光《昆明县志·序》）。

以"安"为本的"山国寡民"

"云南万山颠,得水皆称海"(《太史升庵遗集》)。此话出自明代充军到云南的状元杨慎。言外之意,滇人居万山之上,有水即海,得家则安,可谓一语中的。身居荒外山国之地,身为移徙边缘之人,昆明百姓多以"安"为上,以"安"为本,为"安"而无所求,为"安"而无所不求。对己则无欲为安,对人则无为而安,对官则无逆而安——"求"与"不求",为的都是一个小安生活,小安日子。大得老子"小国寡民"旨趣,"不戚戚于贫贱,不汲汲于富贵"(晋·陶渊明《五柳先生传》),形成了儒、道、释合一的"山国寡民"的生活习性、市民情结及地方文化。明洪武年间,杭州人平显谪戍云南,得平西侯沐春优待,解脱兵籍,以教书为生,其有诗《忆滇春》,写的就是昆明人的"小安日子":

颗金螺贝马蹄盐,万井高薨截画檐。
比屋弦歌春皞皞,笼街灯火夜厌厌。
风花献媚熏青眼,雪絮飞香点紫髯。
记得赋诗滇海上,砚池影蘸碧鸡天。

○"温吞水""家乡宝"的"小日子"

千好万好，不如一家人团乐乐在一起好

得闲到翠湖买小吃、卖小吃更好

昆明人和外地人至今热衷"十八怪"之说，现代版的"十八怪"又不止"十八"之数。除了"火车不通国内通国外"，讲的都是"小日子"里的小掌故，如习俗有"姑娘叫老太""婆娘下地娃娃男人带""有话不说歌来代"；饮食有"粑粑叫饵块""三只蚊子一盘菜""蚂蚱当作下酒菜""竹筒当烟袋""草帽当锅盖""出外爱带酸腌菜"；赶小街子最多，有"鸡蛋拴着卖""两斤当作一斤卖""豆腐长毛烧着卖""萝卜也当水果卖""地瓜当菜卖""蚕豆数着卖"等等。就连"火车不通国内通国外"也难逃一劫，被生活化为"火车没有汽车快"。因为最早出现的滇越铁路是"米轨"，到了昆明人嘴里，也被冠以一个"小"字，称为"小火车"。

最能表现老昆明人性情的有三怪：一是"温吞水，烧不开"，称昆明人性格温吞；一是"家乡宝，难出来"，说昆明人多守着家乡过日子；一是"警察敲门店才开"，说昆明人慵懒，早年店铺都要警察敲门才开门营业——无论是昆明人自己还是外来人，看到的都是昆明的"小生活"，有滋有味，乐在其中，不假外求。

○"三教九流一堂拜"的"小信仰"

昆明的"小火车"不仅"不通国内通国外"，还悄悄"开"到寺庙里，成为西

老性情

滇池东南岸的万松寺，释迦佛像的一侧立着道家的老子塑像

清末圆通寺的圆通胜境坊

在滇池东岸的石龙寺，释、道、儒齐聚一堂

官渡土主庙

清代贡院旁的老君庙

清末的金殿

山华亭寺佛座上的神物,这大概也是天下"仅此一家,别无分店"。昆明筇竹寺的五百罗汉形象来自贩夫走卒、农人樵夫、市井小民,世传还有基督耶稣。昆明西山、盘龙山、螺峰山、凤鸣山,都是儒、释、道三教兼容之山。盘龙山万松寺以一寺而容三教,圆通寺则以一寺而奉佛教的汉传、南传、藏传三家,又以一殿而供密宗的格鲁、宁玛两派,为世所仅见。圆通宝殿之内,容得下佛教诸佛、菩萨、罗汉,容得下道教仙官、护法天君,还容得下帝王将相、凡夫俗子,三教九流俱全,可谓"有容乃大"。老昆明城东有东岳庙,主神为八面威风的东岳大帝,两旁各塑青年儒生,却是孔丘的弟子。

旧时昆明城乡家庭都供有"天地君亲师"牌位,把万物之灵、原始宗教和儒、释、道全都包括进去了。五个大字,一统信仰,该信必信的全有。近代昆明老人罗养儒就自豪地说:"《论语》云'祭如在,祭神如神在'。此唯孔子能之,而昆明人亦能之也。"又说"孔子曰:'未能事人,焉能事鬼?'往昔之昆明人是能事人而又能事鬼者也。"〔《纪我所知集》(《云南掌故》)〕——可见老昆明人的智慧。

○ "山国寡民"的"小社会"

明万历年间,官至云南右参政的福建人谢肇淛写了本《滇略》,说当时的昆明园田旱涝保收,米粮自给有余,山水之间,物产丰富,取之不尽,"民至老死不相往来",即便是"他方乐土",也未必比得过昆明。

这个"民至老死不相往来"的"乐土"何其耳熟。查先秦《老子》的第八十章:

小国寡民。使有什伯之器而不用,使民重死而不远徙。虽有舟舆,无所乘之,虽有甲兵,无所陈之。使人复结绳而用之,甘其食,美其服,安其居,乐其俗。邻国相望,鸡犬之声相闻,民至老死,不相往来。

谢肇淛的老昆明竟与老子的"小国寡民"搭上了边,乍听不可思议,但细想之下,还真是外来者清,谢肇淛所说不虚。

云南本为山国。早在明嘉靖年间,四川状元杨慎就有"云南万山颠"的

街上的老昆明人

说法（《太史升庵遗集》）。清代云南有谚语："云南高在天顶上。"（《滇海虞衡志》）清乾隆皇帝有"奉天承运"诏曰："查云南孤悬天末，内则百蛮环处，外则三面临边，形势险要，迥非他省可比。"（《清实录·乾隆朝实录》）此之"天末山国"，老、少、边、穷之谓也——"老"即古老；"少"则人口稀少，又多土著民族；"边"则边远，又多边缘之人；"穷"则贫困，蛮荒之地，瘴疠之乡。

老昆明人"赶街"

下至于民国，一部《新纂云南通志》的序言中，"云南王"龙云称"滇位边陲"，卢汉称云南"素称僻远"，云南"状元"袁嘉榖为之作《大事记》，开篇四字为："滇，山国也"。其中《凡例》论交通，《列传》论人物，皆四字惊人："滇号山国"。而在《续云南通志长编》中，《凡例》称"滇号山国"，《农业》开篇即"云南号为山国"，所附《渔业》一章，开篇也是四个字："滇本山国"。民国云南省议会《致〈云南总商会会刊〉祝辞》中也有"滇号山国"的说法。可见"山国"说早有公论。当年云南大学校长之子、著名学者熊秉明自称"山国的人"（《忆父亲》），作家艾芜则称昆明是"山国都市"（《人生的第一课》），名士陈古逸则称昆明为"斗大山城"（《昆明近世社会变迁志略》）——山国之城是也。

两千多年里，昆明人一直躺在这个"山国"的怀抱中。元代河北人李京到云南做官，所见昆明就是"山国"之中的"孤城"——"天际孤城烟外暗，云间双塔日边明"。明万历年间，铜梁（在今重庆）人张佳胤督学滇中，其眼中的昆明也是"萧飒孤城木叶秋""瘴海西南日月偏"——仍是一座"山国孤城"。

昆明人为"寡民"。明初改筑昆明砖城，移来大批中原移民。直到辛亥革命前的清宣统二年（1910年），昆明城还是明初的规模，城内外居民约9000户，计9.5万人，城内多一点儿，也只有6000多户，7万余人，此可言之"寡"；而明清以来的昆明移民多为汉族，在云南长期为"少数民族"，此亦可言"寡"；而所移之民又多为屯田军士、遣边小民、贩夫走卒，更有犯官、罪人、逃难避祸者流，几乎都是边缘人群，此又是一"寡"。

——老子之"小国寡民"，由此化身为昆明之"山国寡民"。

老子所谓"邻国之间相互望得见，鸡犬之声相互听得见，而邻国的人到老死也不相互来往"云云，只有在崇崖叠嶂、高峡深谷的山国才有可能。清代云南"状元"

袁嘉穀说"一日上一丈，云南在天上"（《滇绎》）。身居山国，"一山有四季，十里不同天"，又"隔山不同俗，隔里不同天"，还有"隔箐听狗叫，相会走一天"，就是村寨城邑在望，仍然"看见村，走得哼，看见城，走死人"——这才是山国特有的"鸡犬之声相闻"而"老死不相往来"。

老子的"小国寡民"社会理想，早已融进了老昆明人的生活之中：老子所谓"有高效器械而不使用，有车船而不乘坐，有铠甲兵器而不炫耀，能结绳记事就已足够"等等，在老昆明人的心目中，就是无事、无欲，更是无为；老子所谓"爱惜生命而不远离家乡"，在老昆明人心目中，就是重亲、重乡，更是重生；老子所谓"以自己所吃食物最甘美，以自己所穿衣服最美好，以自己所住房屋最安适，以自己的风俗最快乐"，在老昆明人心目中，是知足、知乐，更是知命——用老昆明所处的"天末山国"安放老子的"小国"，用老昆明特有的"寡众移民"安放老子的"寡民"，于是造就了"小国寡民"的昆明版，如明景泰年间王景常所称"熙熙皞皞，化为乐国"（《云南图经志书序》），谓之"山国寡民"可也。

滇池湖畔的"山国寡民"可以追溯到战国时期。司马迁的《史记》所谓"滇小邑"，可谓"小国"也；又所谓"滇王者，其众数万人"，又可谓"寡民"也。据学者研究，直到西汉初年，古滇国户口约5万，人口15万左右，可见其"寡"；当时每户人家有耕地约百亩，共有耕地500万亩，相当于现在的150万亩（陆复初《昆明简史》），又可见其"小"。

两千多年前，楚将庄蹻率部到了滇池，后路已断，但见湖旁"平地肥饶数千里"，物产丰富，民风淳厚，便乐得在此"变服从俗"，过起"小国寡民"的日子来了。庄蹻把楚文化扔得一干二净，甚至自废楚文字，而以铸铜、刻铜记事，得老子"小国寡民"之意，而有"结绳而用之"之妙。历代滇王与近旁劳浸、靡莫等小国"同姓相扶"，因为与中原道路不通，各自占领一方，称王称主，这又是"老死不相往来"。汉使来到，滇王相问："汉孰与我大？"——正所谓"问今是何世，乃不知有汉"，得《桃花源记》之妙，在陶渊明之先，更早400年悟道，可谓甚矣。

古滇国之后千年，滇池重镇从南岸移到北岸，从唐代的拓东城、元代的中庆城到明清的云南府城，昆明都躺在山国的怀抱中。直到近代，昆明城大致仍然是明洪武十五年（1382年）初建砖城时的规模，"周围九里三分"（民国《昆明市志》），"三里三分穿城过"，五百多年不改。昆明不但地处边远，还是移民之城。明清移民，一如明初，仍多边缘之人，如军屯民屯者、谪戍流放者、逃荒避难者、藏身远祸者、经商卖艺者等，而清末民初城中人口不满10万，和古滇国人口差不多，仍然是"寡众移民"。

一个地方的人口多寡与其环境容量、资源容量和生产力水平有关，而这正是古代云南和昆明的短板，于是昆明人就不能不是"寡民"。清道光《昆明县志》称本地"土瘠而户鲜"——土地少而户口稀，所言极是。而竟因此成就了"小国寡民"，岂非天意哉！

○ "无欲而安"的"小哲学"

民国《昆明市志》称，本市住民，追根溯源，"十之七八"都是随战国时的庄𫏋和明代的沐国公"寄籍"云南的，祖籍都在湖南、湖北和江南等地。计算他们入籍的世系，远的已有几十代或十几代，最近的也不下五六代。所谓"老户"，都是土著，早就迁居到城外数十里或百余里的村寨里去了，"市内绝无遗存"。

数千年间，千家万户，历经千难万险，翻越千山万水，九死一生，移民到昆明，与这片山国宝地不期而遇，心情总是为之一振。

明万历年间，松江（今上海）进士冯时可千里迢迢来昆明做官，最后一日，"行百里至滇省（城）"，但见"山川开远，土地广平，城郭壮丽，街衢整洁，士女装束、言语皆如金陵"，而"其气候不寒不暖，裘葛可无备"。于是感叹"滇南最为善地"，除"离家太远，家书万金"外，得"居其地者"，无不安于现状，"必不舍此而他慕矣"（《滇行纪略》）。

安于途中

安于雨中

当时的浙江秀才诸葛元声徒步入滇，一路重峦叠嶂，盘错万里，但到昆明，忽见沃野千里，金沙黑水随山而来，汇于金马碧鸡之间，聚于崇山峻岭之巅，方圆百里，旁有数千里肥饶之地，周围山岩高矗，下临巨湖，一碧万顷，天然伟丽，有洞庭湖之胜而无惊涛骇浪，有西子湖之美而不劳人工修筑，堪称深藏天地之间的一块宝地。走进昆明，冬暖夏凉，四季花木，冬不落

安于水中

安在坐立之中

叶;滇池在望,垂手可掬;晴莎月渚,四季可游。在此"载酒舣歌,流连竟夕"(明万历《滇史》),亦喜洋洋者矣。

明人胡大观有《至滇》诗曰:
行尽黔西路,滇云入望赊。
万山环沃野,一水抱平沙。
鼓角边城静,车书乐土遐。
至今说元狩,汉德在天涯。

人虽在"天涯",却立于"乐土"之上,真是苍天有眼,地厚寡民。于是深感大汉威德,于是谢天谢地,于是得悟得道:顺乎天理,随其规律,"知其不可奈何而安之若命"——以"安"为上,以"安"为本,随遇而安、随移而安、随流而安、随置而安、随世而安、随心而安、随人而安、随势而安、随身而安……如此"安时而处顺",实乃"德之至也"(《庄子》)。

四方之圣,三教之学,都被老昆明人拿来做这个"安"字的根基:取老子的"无为"之学,就有"无为而安";取佛家的"无欲"之心,又有"无欲而安";再取孟子的"无逆"之教,更有"无逆而安"——三教由此合一,天人天衣,无缝对接,成就了一套"小日子"哲学:"针过得来,线过得去。"大家相安无事,在昆明扎下根基,又得苍天眷顾,要风有风,要雨有雨,水土皆宜,便得"小安生活",虽平淡无奇,却津津有味,被"民国才女"林徽因称为昆明特有的"小生活"(《昆明即景·茶铺》)。

"小安心态"世代相传,相沿成习,保留得太久,化为稀世古董,不"奇"则"怪",成了"十八怪"之类,那是后来的事了。

温厚质朴:随世而安的自然之态

明太祖朱元璋曾对云南人的文化习性做过深入的研究。在下达给征滇诸将的圣旨中,朱元璋称"稽之古典"——据古书记载,"云南之地""气厚风和"(明洪武《云南机务抄黄》)——"厚"是厚道、厚淳;"和"是和谐、和善——民风淳朴,民性淳良,用一个"温"字来概括,亦无不可。

明初的昆明人多是被朱元璋遣送来的屯军和移民,"一时勇将谋士、壮兵健卒之从征者,以百战余生而见此山川伟秀、气候温和、土地肥沃、矿产丰富之云南,遂莫不欲官于斯、农于斯、商于斯、工于斯、聚国族长子孙于斯。而后宦游或经商于云南者,亦莫不爱之羡之,大有故乡无此好湖山之感"(清光绪《云南杂志》)——原以为到了蛮荒之地,九死一生,不料竟遇上一个温柔之乡,绝处逢生,于是谢天谢地,谢主隆恩,哪里还敢有不满,立刻顺应天时,安身立命,清静无为,过自己的小安日子,岂敢不"气厚风和"。后至清道光年间,云贵总督阮元、巡抚伊里布还在奏本中称:"滇省边隅,民风素本淳朴"（《史料旬刊·阮元等奏复禁鸦片章程折》）——仍如明代之"气厚风和"。

直到20世纪40年代，现代著名学者季羡林也从昆明方言中听出了老昆明人的淳厚。他说："昆明的方言的声调透露出什么样的性格来呢？透露的是：淳朴、正直、热情、忠厚。当我第一次到昆明来的时候，从本地人说话的声调中，我就得到了这样一个印象。以后我多次到过昆明，同本地人接触越来越多，就充分证实了我的印象。"（《春城忆广田》）

○温厚淳善："民性纯良，不好争讼"

清末昆明人的面孔告诉摄影师什么是"温淳"

明朝立国差不多两百年后，到了万历年间，不少学者看到的仍然是一个"温淳"的昆明。明万历《云南通志》谈到滇中民情人性，有"相尚以朴质"之说。还是明万历年间，谢肇淛在《滇略》中说：昆明丰年米价很低，就是灾荒之年，米价也不会太贵，卖米时称量的斗、斛，却比其他地方要大出一倍——所谓"温淳"与"纯良"，有过于此乎？

到了清代，康熙年间的《云南府志》提到当时的昆明居民，早已是"汉多彝少，风气渐开"而"士雅民淳"，即"士多秀颖，素重名义，民性淳良，不好争讼"。清雍正、乾隆年间，长期在昆明做官，后来做到云贵总督的张允随也盛赞"滇省风俗淳朴"（《张允随奏稿》）。稍后的乾隆、嘉庆年间，江苏进士吴大勋在云南做官10年，写下一本《滇南闻见录》，大赞"滇中民风淳朴，不尚浮华"。读书的士子尤其敦厚纯正，没有放荡顽劣的习气——不仅百姓淳朴，士大夫们也淳朴，风气如此，难能可贵。在清道光《昆明县志》中，昆明士民仍然"纯良"不改，古风犹存。早年明太祖就对手下大将沐英说过："云南气厚风和，是君子行道的地方。"后世也无愧前人之誉，家家户户，安于耕读，"岂过言哉"！

老昆明的理想人格典型，可见近代《新纂云南通志》的《名贤传》，而以明代中期昆明人毛㒟家族为典型。毛㒟是右卫军后代，生性淳厚，孝顺父母，友爱兄弟。他善于谋生，挣了钱就分给两个弟弟。小弟弟暴病而死，毛㒟强忍悲恸，一手为其操办后事。毛㒟行事文雅，讲求信义，常常帮助邻里乡族解决纠纷，公允而不言人过。遇到人有急难，毛㒟总是倾己所有而助之。有人借钱而无力偿还，毛㒟就烧掉借据，免除债务。毛㒟待人和气简易，幼儿、家仆也能得到他的帮助。毛㒟又好儒，喜欢和绅士儒生往来，稍有闲暇就读古代史书，通晓历代事变，大家都称他为"先生"。

毛惊的祖父、父亲都英年早逝，曾祖母24岁守寡，祖母18岁守寡，都以"苦节"著称。毛惊的长女又早年守寡，毛惊把她接回家中，妥善安排，让她得以完节。明正德八年（1513年），毛惊以84岁高龄逝世。毛惊身后子孙不少。儿子毛玉更捐资买地，创办了昆明地区最早的书院，注重培养学生品德，促进风俗教化。毛玉后来考中进士，任职吏部给事中，因维护儒家道统被"廷杖"而死，以"大节"名扬天下。毛玉的好友、四川状元杨慎充军云南，毛玉的儿子毛沂把他迎到高崚家中，修建"碧崚精舍"供其居住。杨慎在云南期间，久居"碧崚精舍"，晚年更在此读书、讲学、著述，对云南、昆明文化发展贡献很大。为纪念这段世谊，后人在"碧崚精舍"建起了毛杨二公祠，祭祀的就是杨慎和毛玉。

到了民国初期，《昆明市志》仍然这样说：昆明人"性质纯善谨慎，息事泯争，各务生业，各守本分，且思想缜密，举措敏捷，是其优点"。抗战时期，内地人、财、物大量涌入，昆明市风大变，但据《昆明县乡土教材》所论，当时昆明近郊古风犹存，农民"多以耕种为生，间有农事余暇，兼做泥木石工和营果品蔬菜等小商业的。性质尚纯善，颇能息事少争，俭朴耐劳。服装多半布衣帛冠。食品以米和咸菜蔬菜为主，豆麦为辅。燃料多用稻草、麦秸、山茅、芦苇、柴、炭等。住房有瓦房、茅房，建筑都很朴素。所以生活极为节约，风气也还淳朴。"各乡镇街子上市物品多为农副产品和生活必需品，"至于奢侈品、化妆品都很少，农村俭朴成风，尚能维持不坠，这是值得称述的"——可见，明代以后的五六百年间，昆明近郊温厚淳善的文化习性始终没有改变。

不仅是昆明城郊，就是近城各州县，民风亦无不淳善。清康熙《云南府志·地理志》称：呈贡县"去省未远，习俗多同，士秀而文，能尚礼节，民朴而俭，劳于胼胝"；晋宁州"农争于耕，女勤于织，子弟服于文教"；昆阳州"地薄民淳，汉彝杂处，士民耕读，各乐其业。居家俭朴，畏法少争"；富民县"地虽僻处，民俗颇淳，以耕为业，终岁之计，取给献亩"，"俊秀子弟事诗书"；安宁州"人多习儒，诵读之声遍于闾巷"，"俗尚俭约，不事浮夸，乡人多负薪自给"；宜良县"男务耕读，女勤纺织，邑有弦歌，士尚气节"等等——在滇中地区形成了一个特殊的文化圈。

昆明谚语也"温厚淳善"，注重"中道"，立身则"耕读传家远，诗书继世长"；做人则"推己及人，将心比心"，"绝话莫说，绝事莫做"；处世则"穷不与富斗，民不与官斗"，"气死莫告状，穷死莫做贼"——最后是："不和稀泥，难立墙壁"。

直到民国时期，老昆明人还把茶馆作为说理、讲理之地。凡有家中不和、邻里纠纷、同行冲突、债务争端等等，双方"私了"不行，又不屑于"争讼"，于是双方相约到茶馆去"吃讲理茶"，请德高望重的乡邻来主持公道，调解仲裁，并邀请其他乡邻参加。仲裁者让双方边喝茶边陈述事由，提出要求。旁观的街坊邻居、双方长辈也会评判是非,从旁劝解开导,寻求办法,缓和矛盾。最后仲裁人发话,大谈社会伦理道德,或判定谁对谁错,或各打五十大板,提出妥善解决问题的办法。如果双方同意,就立字为据,签字保存。然后掺和双方的茶水,各倒几杯。双方先向仲裁人敬茶,表示感谢,然后各自喝下,表示服从仲裁。"喝讲理茶"后,理亏的一方不但要执行仲裁,还要支付这天所有的茶钱,而且得按包场支付,这叫:"一张桌子四只脚,说得脱来走得脱。"对于理亏者来说,付点茶钱比到官府打官司要少受许多气,而且能多少保住一些面子,也容易接受。

"喝讲茶"的结论虽然没有法律效力,却有强大的舆论压力,往往比官府的判决还强势,更能得到遵守——"群众批评,舆论制裁,效力至为宏大"(陈珍琼《茶馆与昆明社会》)。

○俭约素朴:"相尚以朴质,不事奢华"

老昆明人温淳,大多节俭素朴,拒绝奢靡。对此,明代万历年间《云南通志》记了九个字:"相尚以朴质,不事奢华"。到了清代的雍正、乾隆年间,社会风气仍然如此。当时的云贵总督张允随就说,那时候的昆明,不仅农民性情俭约,就是缙绅士大夫之家,也都节俭惜物,没有竞相奢靡的风气(《张允随奏稿》)。雍正《云南通志》也说当时滇中宴会"尚俭约","服饰亦崇朴素",唯省城有"客民杂处","渐以华美相竞"。但民间仍有"俭约"之风。到清道光年间,天下承平已久,历经"乾嘉盛世"

买豆腐的"素女"

之后,昆明社会风气"与时转移","渐趋于华"(清道光《昆明县志》)。道光《云南通志》也说,滇中"但近城市,多习贸易而少耕织,服食交际无不奢靡耳。"道光年间昆明进士戴䌹孙对此大不以为然,他认为"成由勤俭败由奢",按照"国奢示俭,民俭示礼"的古训,不但官府要对此负责,"乡里士大夫"也有责任(清

"新三年旧三年,缝缝补补又三年"的老人

道光《昆明县志》)。

但至清咸丰、同治年间,战乱一起,"人民离散","十室九空,百物皆贱","渐趋于华"之风荡然无存,又回归"俭朴"矣(民国《续修昆明县志》)。直到清末滇越铁路通车前,昆明人节俭习性不改。罗养儒在《纪我所知集》(《云南掌故》)中记得十分详细:当时的"昆明人是淳朴性成,节俭成风,一饮一啜,一穿一戴,概不重奢华,能穿者便穿,能吃者便吃"。

先看"衣"——"无论男女穿着,都是讲究朴实,不重奢华"。

早年昆明男子"无论士农工商,都是布衣布裤,布鞋布袜","腰间都缠根布腰带"。"缝一件蓝布长衫,要穿够两三年,才用来改汗衣。不然,要等到补丁盖满后才肯弃置"。"要穿绸穿缎,是去做大客,才从箱里取出"。这些缎褂绸衫"都是结婚时制的,穿够二几十年,犹是一件半新旧的衣服"。如果奢侈地"缝一件哈喇马褂或袍子",更是传代之物,"直穿个父而子,子而孙"。

昆明妇女尤为爱惜衣物。平时布衣布裤,"无非浆洗得干净洁白",走亲串戚之时,"才穿上件粉红淡绿或春花色的新布衣,穿对湖绸或彩缎的灯笼裤",上街时"还罩上件蓝布袄"。中老年妇女"一律地扎了裤脚,穿件蓝布长袄上街"。至于绸缎衣服,"不惟平时居于家中无人敢著,即做寻常客事亦不敢著,要必去做大喜事者,才裙袄褂的穿着起来"。而"妆奁上得来的一二十件布衣布裤,直够穿半世"——所谓"新三年,旧三年,缝缝补补又三年",差昆明人远矣。

还有老人回忆,清末"男子多用缎制之瓜皮六方小帽,或尖或圆","衣则长衫马褂",衫袍"初则小袖仅三寸许",后又"尚大袖宽至尺余",而"颜色尚青兰"。男子娶媳妇也穿布衫,外加绸缎马褂而已。商人和士子在穿着上没有区别,只是有功名的头上要戴个铜顶子。农民也穿长袍,加一条布扎腰结起,不穿马褂。女子穿花边百褶裙和绣花鞋,饰品有银器和玉器,又时兴戴藤手镯(《昆明市志长编》)。如果有人平时无事而穿丝、绸、纱衣服,还会招人笑话。晚清法国领事方苏雅走上昆明街头,只见路人个个"穿着宽大的齐膝棉布裤,脚蹬草鞋,头戴帽子。有时也会碰上个把穿天蓝色棉布长衫的先生,或者碰上难得一见的着绸穿缎的阔佬"(《晚清纪事》）。

再说"两餐饭食"。当时昆明普通人家平时"每天吃两餐"，只吃小菜，不吃肉。到每月的初二、十六两天才吃肉"打牙祭"。那时"家家都做些咸菜、腌肉、豆豉。馆子很少，早上卖豆浆、包子，入晚卖饺面"，因为"城内各坊、各栅子（晚上）十点左右要关闭，出入不便，故买饺面作消夜的也要赶早买回"（《昆明市志长编》）。

罗养儒也说，老昆明人家"每餐都是一汤两炒。家事宽裕者，方有三样炒菜，而且串上点儿肉。若吃到豆腐圆子，就算是美味了。当时小菜既新鲜，而又肥嫩，所以当时的人多不注重肉食。"罗养儒还说："读书上学的孩子，无论其为贫为富，大都是日得十文的饷午钱，此便能吃松子、瓜子、糖食，且能买一肉包子，或买一碗荤米线过午。"

至于住房。昆明城内房屋可分为草房、平房和楼房三种，最多的是平房，"都是些'三间四耳'及一些'四合头'的房子，而且是些朴而不实、宽窄适当，恰合于一般平民住在的房屋"。屋墙用土墼砌成，屋顶盖筒瓦，以泥坯缝，"住房内只以绵纸糊一下窗格，能嵌窗玻璃者，百中或有一家"。而"说到住在处，居于中等以上的人家，固是屋宇开展，几净窗明，在极其讲究的厅堂，亦不过施以油漆彩画，若云金漆雕刻，则少有所见。"〔《纪我所知集》（《云南掌故》）〕。

论当时的社会风气，1926年出版的《云南风俗改良会会刊》说，昆明人"日用饮食，极为简单"，如果有人豪奢侈靡，不但邻里亲朋看不惯，还会招来社会上的非议，可见昆明"人心之醇厚，习尚之优良"。早年昆明旧衣铺林立，营业发达，而广东商人从沿海贩来洋货，数量并不算多，竟成年累月卖不出去。罗养儒这样总结道，当时的昆明人"都以粉饰为虚而不实"，行事讲求实际，"无一切虚花费，即所入者少，只要能谨小慎微，也就不会弄到出入不相抵了"〔《纪我所知集》（《云南掌故》）〕。

○敬老重孝："父母养我小，我养父母老"

昆明人对国家，讲的是一个"忠"字，而对于家庭，又重一个"孝"字——所谓"忠孝两全"是也。旧时"孝"字至重，昆明谚语有"山高压不倒太阳，官高压不倒爹娘"之说，"羊儿跪乳鸦反哺，禽兽也知孝父母"，更不用说"父母养我小，我养父母老"，"在家孝父母，何必烧远香"，不孝者为人不齿——"为人不孝，不打交道"。

近代《新纂云南通志》中收录了明清两代一百多个孝子的事迹。这些孝子平时孝顺父母，敬事兄嫂。父母老病，绝不外出做官，在外做了官也要辞官归家，以尽赡养父母之责。父母得了病，孝子们衣不解带，先尝汤药，再跪进父母，更祈祷上天，

老昆明／旧话旧照　那些风俗

爹养我不易

妈养我不易

让自己代替父母承受病痛和死亡。孝子们为救治父母，吮血、尝粪在所不惜，甚至自残割股、割肝为药。但民国以后，已经不提倡了。

　　老昆明孝子的事迹十分感人。清道光年间，昆明人李元盛的母亲得病双目失明，李元盛每天早上跪着为母亲舔治双眼，天长日久，终于让母亲重见光明。昆明人文联甲的父亲得了毒疮，文联甲天天为父亲舔毒，父亲终得痊愈；母亲冬夜脚冷，文联甲每晚怀抱母亲双脚，让母亲顺利入眠。昆明板桥驿秀才窦调鼎在城里教书，天不亮就辞母进城，傍晚又赶回来陪伴母亲，每天往返80里路，风雨无阻，理由只有一个：唯恐母亲思念儿子。即使受了委屈，孝子们也初心不改。呈贡人李经的母亲看不惯儿媳，逼着李经离婚，李经多次哭劝都不行，就让妻子寄住邻居大妈家，自己在家侍奉母亲。不料母亲更加不满，动不动就打骂李经。李经逆来顺受，仍对母亲孝敬如故。后来母亲大病，也不肯让儿媳来伺候。李经昼夜辛劳，困顿不堪，母亲这才想开了，让李经把媳妇叫回来。几天后母亲病逝，李经夫妻抚棺痛哭，三天吃不下饭。安宁人欧养纯七岁时死了父亲，因为家中贫穷，母亲改嫁到罗平。欧养纯成年后，听说母亲再次守寡，就把母亲远道接回家中，奉养尽孝，为母亲送终。

　　老昆明人就是出了家，也要当孝子、讲孝道。清代昆明妙高寺僧人续亮的父亲逝世，他把母亲接到寺中奉养，并为母亲送终。妙高寺另一位僧人续中持戒清苦，虽然出家为僧，也兼顾奉养父亲。元代安宁人苏忠先对母亲极为孝顺，他立志隐居读书，把母亲也背到山中，建房自住，自耕而食，苦学百家，颇有成就。

　　父母亡故，更是孝子们的大不幸，尽管哀痛欲绝，也要强忍悲伤，葬亲如仪，守墓如礼，奉祀如生。而在父母身后，还得挑起抚养孤弟幼侄的重担。清道光年间，昆明秀才陈德溥的父亲逝世，此时他身患重病，仍然摸着爬着为父亲治丧，不顾几次昏倒，一直坚持到父亲后事办完。清光绪年间，昆明举人段荣诏在贵州听说父亲病故，痛不欲生，连夜奔丧，废寝废食，回到昆明家中，早已身体不支。他在父亲棺前捶胸顿足，悲痛难已，三日不食，竟至于死。段荣诏的妻子范氏过门不久，也随之吞金自殉。昆明人郭正芳幼年丧父，成年后母亲又过世，郭正芳哭泣着说："我有三个哥哥，不愁郭家无后。就让我到地下侍奉母亲吧。"家人都来劝慰，殊不知郭正芳早就吃了毒药，不多时就跟着母亲去了。清光绪二十二年（1896年）夏天，昆明小伙子盛树森才21岁，父母竟在同一天病故，他承受不了这个沉重的打击，竟悲恸而死。清光绪二十八年（1902年），昆明城驻军的千总李占元死在任上，其有个独子李楷，为外室所生，母亲死得早，此时更哀痛成疾，几个月不能为父治丧。李楷痛感自己多病，年近50而无子，眼看李家要绝后，无颜面对先人。几天之后，李楷竟然服毒而死。

　　即使到了生死关头，孝子们仍然把性命置之度外，一"孝"到底，死不回头。明嘉靖年间，昆明人宋应时为父亲守墓。没有多久，宋应时的妻子又不幸而逝，葬在一旁，儿子宋文学也来守墓。时遇山中野火爆燃，乘风逼来，父子二人坚守不退，望风而拜，山火竟然熄灭。后有一伙盗贼进山抢劫，也被这对父子的孝行所感动，反而送给他们猪肉和大米，父子俩坚拒不受。明天启年间，昆明人陈履厚和父亲在北京生活，父亲亡故后，陈履厚不顾哀伤成病，扶棺回昆。走到贵州龙里时，当地发生战乱，一伙乱兵半路蜂拥而出，纵火焚烧灵柩。陈履厚双手抱棺不放，哀号不已，被杀死在棺前。

　　在明末清初的战乱中，许多昆明人不惜以死尽孝，把一个"孝"字大写到了极致。昆明人施逢泰跟着父亲躲避到山中，父亲被乱兵抓住，施逢泰冲过来大骂贼人。乱兵杀了施逢泰，放过了他的父亲。昆阳秀才胡郁然才死了寡母，忽然听到有人大

儿要肖爹

喊:"乱兵来了,快跑!"胡郁然说:"母亲生了我,我怎能弃母而逃,那样活着还有什么意思?不如和母亲一起死了好。"他坚持守在母亲遗体旁,被乱兵杀害。昆阳人李玉衡带着全家坐船躲避到滇池。追兵赶到,李玉衡母亲苏氏先投水自尽,李玉衡随后跳进水中,紧抱母亲遗体而死。李玉衡的妻子、儿子、婢女、仆人共九人全部投水自杀。晋宁人唐帝臣的父亲在师宗县做训导,乱兵打来,父亲骂贼被杀,唐帝臣不顾危险,收拾父亲遗骨,也被乱兵所杀。清咸丰年间,云南大乱。昆明人李兴背着双目失明的母亲逃出家门,被乱兵追上,母子同归于尽。李兴至死还背着瞎母,不肯放下。昆阳秀才杨嘉培背着母亲逃难,力气用尽,不能前行,乱兵追来,要杀其母,杨嘉培挺身保护,竟和母亲一起被杀。

  乱世之中,因孝捡得活命的孝子也有几个。在明末清初的战乱中,乱兵要杀昆明秀才周养元的父亲,周养元哀求顶替父亲去死,乱兵也被感动,放过父子二人。晋宁秀才赵万泰背着父母外逃避难。路上遇到乱兵,赵万泰哀号不已,乞求乱兵杀了自己,放过父母。乱兵被赵万泰的孝心感动,把他们一家全放了。富民人陈洪范背着母亲跟着父亲外出避难。后父亲被抓,陈衍庆赶去营救,也被抓了起来。乱兵把父子俩捆在一起,不料木杖、绳索全都断了,乱兵大惊,连忙放了他们。清军平定吴三桂叛乱时,吴军溃兵四处抢掠,昆明人郭宽带着父亲和弟弟跑到西山避难。父亲死在山中,郭宽背着遗体去掩埋,不料撞上了乱兵,郭宽抱着父亲的遗体恸哭。乱兵放过他们,郭宽才安葬了父亲。

  自然灾害来袭,也是对孝子们的严峻考验。清道光十三年(1833年)七月二十三日夜十时左右,滇中发生地震,大家都跑到野外躲避,呈贡秀才李祥正好外出,却独自急跑回家,把父亲背了出来。不料邻院房屋突然倾倒,把李祥父子埋在废墟下。后来被人刨出来时,李祥已气绝,仍然背着父亲。父亲幸得无恙,被众人救了出来。嵩明秀才司瑶有事外出,突然洪水暴发,房屋倒塌,母亲带着家人躲到危楼上。司瑶蹚着水赶回来,不顾妻儿,背着母亲蹚出险境。没有多久,洪水退去,妻、子平安无事。大家都说这是司瑶孝心感动了天地,才有此好报。

据民国《续修昆明县志》记载,老昆明东城埂下原有牛角坡,清咸丰年间,巷中有居民姜朝相,其幼年丧父,又双目失明。因家中赤贫,姜朝相以乞讨养母。母亲病重,姜朝相割股疗救。母亲不治而死,姜朝相"哀号数日,水浆不进",数日后也死去。后来朝廷旌表姜朝相,在其草屋建起祠堂,称"姜孝子祠堂",巷也改名崇孝巷,再改为节孝巷。1923年祠堂又得重修,祀有姜朝相神位。门前有名士陈荣昌撰书之联:

到此愧心生,看奇穷废疾之人,做成大孝;

同来公道在,把湫隘尘嚣之宅,拓作崇祠。

抗日战争时期,初中教科书中有篇《哑孝子传》,把昆明孝子的事迹送到全国中学生面前,感动了无数少年学子。此文作者是清嘉庆年间昆明五华书院山长刘大绅所记"哑孝子","昆明人以为其孝子也,谓之昆明人":

孝子生而哑,不能言,与人处,以手指画,若告语者,人或不解也。性至孝,有母年已老,饥寒皆心先喻之,不待母言也。家无食,乞人余以养。有所得,必持归陈母前,俟母食,然后食,母未食不先食也。母偶恚怒,则嬉戏拜舞母前,母欢娱如初,然后已。母无他子,只一哑孝子。见孝子哑,始亦悲伤,继而且安之。久之,且以为胜不哑子也。有食瓜者,见孝子立于侧,与以余,持之去。食瓜者固素闻孝子之食先母也,蹑其后验之,信然。乃大骇服。

已而母死,乡人方议醵钱殓,孝子蹴然起,牵乡人衣,至一井边,数指水中,众讶之,姑引绳索下视,则得钱累累,凡母之衾若棺与埋葬之费皆具,不知钱所自来也。或曰:"孝子日之归,必投一钱于井中,积之久矣。"既葬母,即远游不归。

○尊长爱幼:"兄弟一条心,黄土变成金"

老昆明人不仅重孝,而且尊亲。所谓"病来思娘,穷来思亲",还有"人亲骨头香","不是亲,不上心","丑死一家人,好死是外人","瓜落藤还在,亲戚不能忘"等。反之是要受社会舆论谴责的,如"贫居闹市无人问,富在深山有远亲";"手拿要饭棍,亲戚邻里不敢认";"人亲财不亲,财帛两分明";"势利先从家庭起";"人贵人来附,人贱人也疏";"同胞无义胜仇敌"等。如果"家人心不齐,手拿黄金要变泥",只有"拳头往外打,手臂朝里拐",才能"兄弟一条心,黄土变成金"。

老昆明的这个"亲"又自有特点:"天上的雷公,地下的舅公","至亲不过郎舅",甚至"除了郎舅无好亲,除了亲家无大客",家里娃娃不听话,要请舅舅来严加管教——以舅为大,这又受了少数民族"母系"风俗的影响。

按中国传统的家庭美德,一要孝顺父母,二要友爱兄弟,能做到这两条的是"孝

一家三代，扶老携幼

友"。明清老昆明"孝友"不少。据近代《新纂云南通志》记载，明崇祯年间，安宁有个举人叫杨泰，父亲死后，他哀痛守制，不食酒肉，不穿绢帛。杨泰的妻子死了，他也不再娶，而把家产全部让给哥哥，可谓大"孝友"。清代昆明秀才倪应弼双亲早逝，由哥哥当家。哥哥性情急躁，经常苛责倪应弼，倪应弼坚持事兄如父，总是逆来顺受。双亲遗留的财产，倪应弼也全部让给哥哥。呈贡秀才戴晙的继母逝世，戴晙守墓三年。家里有了积蓄，戴晙多半分给异母弟弟，不敢有一点儿自私。清乾隆年间，昆明有个举人叫陈罇，曾经做过山东利津的知县，后来辞官回乡养母。哥哥死后，陈罇就像奉养母亲一样奉养寡嫂。不久哥哥的女儿也守寡了，陈罇把她接回家中，以成全侄女的心志。父亲留下了上千两银子的遗产，陈罇全部给了弟弟。家族中有困难办不了"红白喜事"的，陈罇都出手相助，堪称"孝友"中的"孝友"。

逛城墙

慵散恬退：随心而安的自由之状

昆明人追求散淡自由，致虚宁静，就难免慵散，难免"恬退"——清道光年间昆明进士戴䌹孙就说家乡"人多恬退，鸿鹄之举无心"（清道光《昆明县志》）。明崇祯年间，昆明才子唐泰（担当）赴京会试落榜，云游四方，归来养母，潜心诗画。官府欲举荐其入朝做官，唐泰只是不应，并列理由四条：一是"无忠言奇谋"，二是"母老"，三是"病"，最后一条竟然是"懒"（《言志诗序》）。昆明花红洞法界寺僧人兰谷，潜心研经，种薇而食，村人称之为"懒和尚"，其也不恼，在所居石屋大题"懒和尚驻足处"六字，继续优哉游哉。

所谓"慵散恬退"，用晋代高士陶渊明的话来说，就是"不戚戚于贫贱，不汲汲于富贵"（《五柳先生传》）。而在昆明谚语中，就是"牛吃稻草鸭吃谷，各人自有各人福"；就是"命里有时终须有，命里无时莫强求"；就是

"有命走到天外天,无命死在灶门前";就是"命里只有七合米,走遍天下不满升";就是"牛大的力气,不如豆大的福气"。更重要的还有这一条:"笼鸡有食汤火近,野鹤无粮天地宽"——正好昆明得天独厚,"春困夏倦秋打盹,睡不醒的冬三月",那就"知足常乐,心宽体胖"吧。

○慵闲恬退："人多恬退，鸿鹄之举无心"

明代末期，衙门有意举荐昆明名士唐泰为官，被唐泰拒绝。其自述"不能奉命"的理由有四个，其中一条竟是"懒"。此中不免有自嘲之意，但也道出了老昆明人的习性之一："疏懒恬退"。清道光年间，昆明进士戴絅孙就说昆明人多有恬退之心，无意高远之举，民性纯良，不好争讼，在外则安于农耕，在家则习于读书，百姓没有相互攻讦的风气，士子都以钻营攀附为耻（清道光《昆明县志》）。

明清两代，昆明多有隐逸之人。近代《新纂云南通志》中有不少记载：

明代昆明人白先绘被任命为广西的县学教官，他以养母为由，拒绝到任，躲在家中精心铸造鼎彝祭器，富家出再多的银两也不卖，必须用诗、画交换。

老昆明人看"稀奇"

明隆庆二年（1568年），富民秀才陈大华被委任到四川泸州做儒学训导。到任没有几天，陈大华感觉太差，马上辞职归田，在乡躬耕教子。巡抚、按察使几次招陈大华进城做官，陈大华一概谢绝，自题一匾，挂在家门，以明心志，上书："留余清隐"。

明隆庆四年（1570年），杨林人王士元乡试中举，却无意做官，到山中筑楼而居，足不下楼，天天读书，活了九十多岁。

明代晚期，时局动荡，不少昆明人更把山林作为自己的归宿。

明末昆明人王琦博学重义，隐居安宁山中，以诗酒自放。王琦很少进城，而一旦入城，就有人争着请他去做客。只要听说有酒，王琦马上就去。喝醉了，王琦就挥毫写字。他的书法淋漓遒劲，和唐代书法家李邕有得一比。挥毫尽兴之后，王琦就搁笔而去，无暇后顾，恬然自得之极。王琦有个好朋友叫杨文林，也是昆明人，曾被任命为县学学官，杨文林坚决推辞，拒不到任，多和王琦交游饮酒，以诗书自娱。

明末昆明举人熊之龙被推荐到北京国子监读书，后得担任知县。熊之龙叹息道："世事混乱，双亲已老，还做什么官呢？"于是辞去任职，回家修筑别墅，奉养双亲。熊之龙喜爱写诗，总是陶醉于山水之间，与深山野老交谈，似乎不知身在何朝何代。

逛教场,放风筝

熊之龙也有著述,但写完就烧掉,不传后人。

明末还有个昆明人叫郭之建,对当官不感兴趣,感兴趣的是在棕树园琢磨园艺,还把书放在袖子里,带到密林中阅读,有了心得,就摇头晃脑地吟起诗来。附近放牧的儿童闻声赶来听诗,郭子建就放下书,向他们讲述孝父母、爱兄弟的道理。

这时还有个昆明人叫杨惟峻,因天下大乱,叹息道:"这种世道,可以隐居了。"于是拒绝做官,在城南几亩地上种满竹子,又在竹林中搭建房屋,自住其中,读书不倦,有事无事都不进城。妻子亡故,也不续娶,终日危坐读书,七十多岁仍然手不释卷。

明亡之后,晋宁秀才方世瑜隐居清凉山中,垦荒种菜,天天和牧童樵夫打交道,时时在树林中阅书,感慨天下兴亡,有时唱歌、有时哭泣、有时赋诗,可惜都没有传下来。呈贡人吴鼎占在明亡后也隐居不出,拄杖逍遥,不问外事。

清初吴三桂主持科举考试,富民秀才刘文蔚称病拒绝参考。当局强制授予官职,刘文蔚坚决推辞不干,以布衣终老于家。此时的另一个呈贡举人段敏政也拒绝做官,身着野老服装,逍遥世外,触景赋诗,被认为有陶渊明遗风。同时还有个晋宁人姓方,因酷爱菊花,取名"景菊",又因为仰慕陶渊明,得字"仲陶"。方景菊在村中教学,附近学馆的学生都跑来听课,村中讲课的房屋坐都坐不下,培养了不少人。方景菊在小溪旁建屋种花,逍遥自趣,啸歌自得,当时的人都说他是高人。

清乾隆年间,江苏进士王文治来滇任官,出差昆明时,因倦于官场应酬,借住五华山中,也生出慵闲之心,面对良辰美景,成天发呆,并有《题五华山寓楼》诗曰:

官僚至省会,如入海会场。
拜谒劳筋骨,征逐费酒浆。
医余卧病者,偏宜借僧房。
高楼一骋望,心眼俱开张。
太华高巍巍,昆明美洋洋。

疏林与斜照，并入秋天长。
临窗安笔砚，面壁启书囊。
闲来佛素纸，黄庭两三行。
至晚忽薄阴，浮岚散山光。
日痕或逗漏，云气惟苍茫。
微风振林木，铿尔敲琳琅。
幽景一日间，变态已万方。
夜深如就寝，钟声犹殷床。
寄言内热人，此地稍清凉。

就是身为云贵总督的阮元，面对昆明的云、昆明的花，也懒由心生，赋《云南督署宜园十咏》诗曰：

昙云覆昙花，昙花护仙馆。
云蒸晓露香，花散春云满。
我无仙释情，怡云亦萧散。
终朝趣事心，暂许对花懒。

清末民初，昆明城隍庙大殿前有两条栗木长凳，有人无事，竟成天坐在那里"冲壳子（聊天）"，"向（烤）太阳"，疏懒至此，被称为"坐懒板凳"。

逛牌坊

昆明人又有晏起的习惯，早上八点已过，街上店铺还不开市。到了冬天，早上九十点店家才慢慢起床梳洗，以至于要警察催叫，才开门营业。如果遇事不顺，昆明人就会说："今天硬是起早得了。"这是一句歇后语的前半截，全句是：起早了——见鬼。

昆明商家的生活，罗养儒在《纪我所知集》（《云南掌故》）中也有记载："士农工商，第一是商人，在取得老板、掌柜资格者，真是日日快乐，时时自由舒适。往见有某些老板掌柜者，一吃过早饭，便手拿烟杆烟盒，走往茶铺内，叫碗茶来，便斜坐于凳上，与二三相识者谈天说地，讲鬼道神，直坐到太阳偏西，方走回自己铺上。晚餐后，仍是走往茶社内听说评书，听唱小曲，此则是无戏可看，无会可逛之日。若有会逛，有戏看，则必邀约着一些素与同游的人去逛会，去看戏，而且要闹到个不醉无归。"那时看戏的条件并不好，如龙井街的两粤会馆，戏台十分简陋，看戏还没有座位，让观众站在露天大院里，想坐下来看戏就得自带板凳。遇到老天下雨，观众只得挤在东西厢房里看戏。尽管如此，一有新戏上演，昆明人仍然热情不减，趋之如鹜。

清光绪初年，昆明兵燹之后，市面萧条，南正街（今正义路中段）商铺生意稀

大娘晒太阳

少,掌柜"坐在铺内",竟"驱逐蝇鼠以自遣,而亦是欣欣然各有喜色。此何以故?以官厅方面不向其找麻烦,不向其索款征税,今日毋庸焦急明日事。早晚两餐,更不需愁。有顾客则应付之,无则静坐看行人,心中怡然自得,俨然一无怀氏之民。"

罗养儒说,即便是昆明的工人,"自有些受人雇用者在工作时间则不能自由,然乐于工作与不乐于工作,雇主亦不能强屈,是自由仍未失尽。若不是受人雇用,而是自卖其手艺者,则与一般在窗下磨砚者有同样的大自由,而毫不受他人的束缚。如曩昔的五华书院内,有某刷书匠,手工异常纯熟。他人尽一日之力,只博得铜钱百二三十文,他能博得二百多文。但是他不乐于多做。他计算着,一刷够一百八十文的书篇,他便歇手。他一日要喝一百文的大曲酒,余下的钱补充肉食和零用。这个工人,真算是本着'自由'两字来做工,秉着'快乐'两字来过活"。

1930年,美国记者斯诺乘火车经滇越铁路来到昆明,准备租马帮往滇西到缅甸,几经波折,对昆明人的"慵闲恬退"也深有感触。他写道:"云南的马帮,在讲求效率的今天,大概可以算得上绝无仅有的、最不慌不忙的、最莫名其妙的、最喜欢拖延时间的一种交通工具了。所以,许多事情都可能阻滞他们,诸如:土匪出没,找不到保镖,货物不足,旷日持久的关于运费的讨价还价,骡子生病,马夫喝醉酒,下大雨,等等。所有这些无不构成在生活比较舒适的省城附近盘桓的正当理由。"(《马帮旅行》)

哲学家张起钧在西南联大读书时就吃过昆明的破酥包子,多年以后,他在《烹饪原理》一书中回忆道:"破酥包子则是下午吃的点心。最有名的一家是在昆明端仕街,那铺子小到蒸笼炉子都放在廊檐下面,去早了没有,去晚了卖完了。"——即使生意看好,店老板也不肯早卖、多卖,够生活就行了,不能为了多赚钱委屈了自己。

1938年，学者李长之从外地到昆明任教，也体会了一番昆明人的"慵闲恬退"。他在《昆明杂记》中写道：昆明人"淳朴是到了这样的地步，不爱受什么约束。例如吧，我招呼过一位木匠打了一个书架，本来是说好五天来的，但是隔了一个多月还没送来。后来好容易送来了，我便同他讲，与其答应五天而做不来，不如多说几天，准时做出，倘若能够这样的话，我便一定再打一个。谁知那位木匠却宁愿放弃这份交易，而不愿意受这种约束，便扬长而去了。"——这和40年前罗养儒笔下的刷书匠何其相似乃尔！李长之感叹道："这地方人的淳朴，的确到了可爱的地步。我来到已经半年了，但马市口世界书局的门前，每到了晚上八点钟（这是此地居民最活跃的时候），依然是堆了热心的观众，在争着瞧那窗内的自来水笔广告和抗战的漫画。自我初来之日起，到现在我执笔为止，广告和漫画，自然永没有变换过，然而那观众却也永没有表示冷淡过。"（《昆明杂记》）

西南联大学生岑颖在昆明求学的时间不短，开始寻找住房时就领教了老昆明人的性情，他说："昆明找住屋也是一样难，当地居民没有出租住屋的惯例，有着空屋，宁可堆积破旧家具，也不会打算出租盈利。所以你要先结识一位本地人带你去找他可以央求亲朋让出一两间给你住。一般来说，云南人的特点是淳朴而温厚的。"岑颖对昆明街市店铺的经营方式也印象深刻。他写道："商人对于顾客很少迁就，所以你跨进店铺里，看中意东西，问好价就要付钱买，要爽快，就是吃了亏也要当作便宜，否则客气点会说你'二气'，就如江浙人说的'二百五'，不客气地说得就更难听了。遇到这种场合，你得识相点，只当作听不懂他们的土话，掉头离开，免得引出是非来。"（《旅途游踪》）

官老爷晒着太阳审案

官府衙役晒太阳

逛大庙

在《昆明杂记》中，李长之对昆明的图书馆印象极深："这里有一个省图书馆，上午十一点才开馆，下午四时半就闭了，晚上不用说，是没有。并不是假日如此，平时就如此。书目全是紊乱的，查一查，要费好些时候；而且查出来以后，借书单是要由馆员填写的，他填写时便又要像阿Q那样唯恐画圈画得不圆的光景，一笔一画，就又是好些时候。书拿到，便已经快闭馆了，即便你一开馆就逛进来的话。说'逛'是很写实的，来逛的人很多，因为究竟有两株颇大的茶花，和好几棵玉兰。"（《昆明杂记》）——好一个"逛图书馆"，以之论昆明人的"慵闲恬退"，真是生动之极。昆明人历来有"逛街"之俗，由此发散开来，什么都可以"逛"。直到21世纪初，昆明长水新机场建成之初，"逛机场"之风突如其来，一时人山人海，机场应接不暇，可见昆明人至今"逛"风依旧。

1939年夏天，作家汪曾祺到昆明的西南联大求学，也"逛"过这个图书馆。他对昆明人的"慵闲恬退"也有一番体会，记录在他的《翠湖心影》一文中："这是我这一生去过次数最多的一个图书馆，也是印象极佳的一个图书馆。图书馆不大，形制有一点像一个道观，非常安静整洁。有一个侧院，院里种了好多盆白茶花。这些白茶花有时整天没有一个人来看它，就只是安安静静地欣然地开着。图书馆的管理员是一个妙人。他没有准确的上下班时间。有时我们去得早了，他还没有来，门没有开，我们就在外面等着。他来了，谁也不理，开了门，走进阅览室，把壁上一个不走的挂钟的时间'喀拉拉'一拨，拨到八点，这就上班了，开始借书。这个图书馆的藏书室在楼上。楼板上挖出一个长方形的洞，从洞里用绳子吊下一个长方形的木盘。借书人开好借书单……这位管理员看一看，放在木盘里，一拽旁边的铃铛，'当啷啷'，木盘就从洞里吊上去了——上面大概有个滑车。不一会，你要的书来了。这种古老而有趣的借书手续我以后再也没有见过。这个小图书馆藏书似不少，而且有些善本。我们想看的书大都能够借到。过了两三个小时，这位干瘦而沉默的有点像陈老莲画出来的古典的图书管理员站起来，把壁上不走的挂钟的时针'喀拉拉'一拨，拨到十二点：下班！我们对他这种以意为之的计时方法完全没有意见。因为我没有一定要看完的书，到这里来只是享受一点安静。我们的看书，是没有目的的，从《南诏国志》到福尔摩斯，逮着什么看什么。"

汪曾祺所说与昆明人的时间意识有关。据清道光《昆明县志》所记昆明方言，一天十二个时辰，不是到什么时辰做什么事，而是做什么事是什么时辰。如吃早饭是辰时，早饭后是巳时，吃晚饭是申时，上灯是戌时，睡觉是丑时等等——换成现代时间，那就上班是八点，下班是十二点，而非八点上班，十二点下班，二者是不一样的。

其实，外地人行走昆明或者更进一步要在昆明生活，首先要有汪曾祺这种"逛"即慵闲恬退的心态。性急的李长之就因为他那篇《昆明杂记》被昆明人轰走了，而汪曾祺则成了昆明人特别是昆明文人的知己，这并不是偶然的。

再说了，这"慵闲恬退"不仅属于老昆明人，也属于客居昆明的外地人，即便是愤世嫉俗的李长之也未能免俗。他在《昆明杂记》提到"我在这里常想写小说，可是没实现过这个愿望"。此中原因却说不清、道不明："没到这里的时候，便想象这里的天气之佳。别的不说，总很希望在工作上更有效率。然而不然，天气诚然不错，但是偏于太温和的了，总觉得昏昏的，懒洋洋的，清爽的时候不过早上和夜里。就工作上说，我觉得远不如北平。我甚而十分怀疑，是不是在这里住下去，将要一个字也出不来了。"于是"才到昆明来的时候，本来还想把沿路所见的写成文字，现在却已经没有这种兴致或冲动了"。

1939年，为躲避日寇的空袭，女作家冰心避居呈贡三台山的华氏墓庐，也不由自主地"慵闲恬退"起来了，将居所称为"默庐"。在《默庐试笔》中，冰心写道："三台山上的一切，是朴素，静穆，美妙，庄严，好似华茨华斯的诗"，"这静妙的诗境，太静了，太妙了，竟不能鼓舞起这麻木的心灵"。"到默庐来的朋友，都说'在这样静美的环境里，你真应该写点东西了。'真的，我早应该写点东西了！我回答不出来，只有惭愧。这里，美自然不必说，静也真是静。往往黄昏后送客下山回来，在山头平台上小立，'人散后，一钩新月如水'，黄昏以后的时光，就是我一个人的了。""西窗之下，点上一支红烛，两重荧荧的烛光之中，我往往在独坐。默庐的四个月，一百二十个夜晚，

逛大田

虽然有客的时间占了大半,而其余独在的光阴,也不算少,而我却只在烛影下看书,写写短信,做做活计,再也提不起笔来,无他,我只觉得心乱,腕也酸,眼也倦,笔也涩,写了几次,总写不出条理来。"

1941年,著名作家老舍到昆明住了两个半月,他也在《滇行短记》中抱怨说:"总没学会写游记。这次到昆明住了两个半月,依然没学会写游记,最好还是不写。"他说,到了大观楼外的滇池边,"只在湖边坐了一会看水。天上白云,远处青山,眼前是一湖秋水,使人连诗也懒得作了。作诗要去思索,可是美景把人心融化在山水风花里,像感觉到一点什么,又好像茫然无所知;恐怕坐湖边的时候就有这种欣悦吧?在此还要寻词觅字去作诗,也许稍微笨了一点"——于是,老舍也"慵闲恬退"起来了。

相比之下,反而是"慵闲恬退"的汪曾祺在"逛"中考上了中国第一流的西南联大,而冰心也终于写成了她的《默庐试笔》等一组文字,老舍后来也将"剧本写完",他"春初即患头晕,一直到夏季,几乎连一个字也没有写。没想到,在昆明两月,倒能写成这一点东西"。不仅如此,后来他还完成了独具一格的《滇行短记》,李长之到底也写下了《昆明杂记》,却因与"慵闲恬退"不相容失意而去——此中有真意,何人领会得来?

○登山玩水:"披襟岸帻,喜茫茫空阔无边"

论昆明人的祖先,或为从内地征召而来的屯兵,或为朝中政争失败流放而来的贬官,还有从各地前来经营谋生的商民,对于他们来说,地理和精神的乡愁都是一个挥之不去的情结。而昆明山水与城郭融为一体,正是他们慰藉身心、纾解乡愁的最好去处。"乐山乐水",便成为昆明人骨子里的文化基因。

明代状元杨慎万里谪滇,身为戍卒,日登西山,唯瞰"一水抱城西,烟霭有无,挂杖僧归苍茫外;群峰朝阁下,雨晴浓淡,倚栏人在画图中。"(华亭寺天王殿楹联)但至水滨,便觉滇池之暖:"苹香波

老昆明人游山

暖泛云津,渔枻樵歌曲水滨。"(《滇海曲》)儒医兰茂自隐,即慕滇池渔家生活,"东风桃浪暖,西月柳阴凉。浊酒芦花里,酣歌兴味长。"(《渔樵耕牧四首》)清代名宦钱沣还乡,更起西山伴樵之心:"随水随山错结庐,城中无此好家居","何年份买余田地,来伴枯樵作老渔。"(《高峣口号》)清乾隆年间,昆明名士孙髯耻于科举,甘为布衣,治水之策,终不得行,但登大观楼,即见"五百里滇池奔来眼底",立刻"披襟岸帻,喜茫茫空阔无边"(大观楼长联)。更不知其谁,但出城郭,何其乐也:"渔舍晓烟消,长啸一声天地阔;野航日初起,乍传逸响海山清!"(近华浦楹联)

老昆明人玩水

老昆明人登高

而昆明一般百姓,既然"知足重土",亦"最好登山玩水"。明天启《滇志》说每逢三月三,昆明人要到南岳拜岳庙,到西山罗汉寺拜真武大帝,到东边的凤鸣山拜金殿,或者提前两天就到易隆(今属寻甸)去拜中和山的庙宇了,还有人携带

老昆明人爬山赶庙会

香火,跑到武当山(在今湖北)去拜佛,"往返数月"之久。

下至民国初期,当时的《昆明市志》也说,昆明士民"常远游山寺古庙以聚会,如正月初七东岳庙、初九金殿、二月二张仙会、三月三西山、三月廿三黑龙潭、四月八浴沸会、五月五螺峰山、六月十九观音会、七月十五放河灯、八月十五泛舟草海、八月廿六古亭庵、九月廿八南天台,视如定例,迄今除少数知识阶级外,此风犹存,特不如昔之盛耳。"

　　老昆明庙会之多，令今人叹为观止。民国《昆明市志》所记，仅其中部分而已。此外还有正月初二的石虎关庙会，正月十三至正月十五的海源寺、正觉寺、玉皇阁朝山庙会，二月初三西门外的文昌宫会，二月初八各寺的迎佛会，二月十九大普吉、翠湖海心亭等处的观音会和官渡的土主庙会，三月十五的铁峰庵庙会，三月三十的白马庙会，八月初一晋宁有盘龙寺庙会，八月十八有古幢庵庙会，九月九有圆通山、五华山登高，九月十九有翠湖海心亭庙会，十月初一要迎城隍神像，十一月十九有太阳宫庙会，冬至要登山祭扫祖坟，十二月初八佛祖成道日各寺有庙会，十二月廿五玉皇下降日各庙又有庙会等。

　　清代末年和民国初期，昆明礼教束缚多，男女界限严，但逢庙会，弛而不禁，善男信女同拜佛、共敬香、可看滇戏、可跳花灯、可做小买卖、可唱山歌，游山玩水之余，别有情趣于山水之外，市民乡人，无不趋之若鹜，于是庙会越做越多，越做越大。除此之外，还有昆明城内外各街各巷分地段做的土地会，各行各店分别做的财神会等，更数不胜数。有人夸张地说："一个月有30天，昆明庙会就有15天"。

○崇信神佛："崇信各教，仍以佛教为最多"

　　老昆明人崇信佛教。早在唐宋南诏、大理国时期，滇中佛教就盛行了。元代地方官员李源道写了一篇《创修圆通寺记》，时间在延祐七年（1320年），文中说当地百姓笃信佛教，家家有佛堂，早晚香雾熏燎，钟磬相闻，老少守戒自律，绝不杀生，就是一只蚊子，也不轻易拍死。到元代的至正二十八年（1368年），另一位元朝官员支渭兴又写了篇《重修五华寺记》，说在当时的云南，佛教和儒教都很兴盛，上自地方豪贵，下到贱婢隶农，都是信徒。明清昆明人仍多崇信神佛，明景泰年间的《云南图经志书》说，那时的云南府（辖今昆明一带）人"俗尚浮屠"——崇信佛教，无论贫富，家家有佛堂，无论老幼，手上都捻着佛珠，一年有半年斋戒，每月的初一、十五都要带着斋饭、香烛到寺院拜大佛、施僧人。每年二月八更有"迎佛会"，昆明人更会倾其所有，"虽费万钱，莫之惜者"。官府也不得不采取措施加以制约。但见之明代的《滇略》，直到万历年间，此风仍然盛行。明万历年间的《滇志》还说，滇人收入本来不多，其中两三成捐给了募捐化缘的和尚，当时的人都说"一切真人、一切出世佛皆由滇出"。《滇志》也感叹道："欲滇人无好佛好玄，不可得也。"到清代，康熙《云南府志》也称，昆明人家"崇信释道，建斋诵经，其风固不能止也"。雍正《云南通志》则说，当时昆明人家"崇信释道，建斋诵经"，"祭祀丰俭，随力竭诚以享"，"惟愚民间有惑于淫祀者"。下至民国初期，"以市民之崇信各教而论，仍以佛教为最多，十户中祀佛者约占七八户"，街巷之间，"时有讽诵经典及敲击木鱼之声达于户外"（民国《昆明市志》）。

老昆明的寺庙不少。从清道光年间《昆明县志》中的地图上看，仅在昆明城中，就有大大小小各种寺、庙、庵、祠近50座，其中有地藏寺、护国寺、小玉龙寺、玉龙寺、黑龙庙、报恩寺、双阁庙、占松寺、积善

到寺庙烧香拜佛的老昆明善男信女

庵、太阳宫、圆通寺、慧林庵、双关庙、天君殿、海潮庵、金蝉寺、广慧庵、西竺庵、祝国寺、妙法庵、悯忠寺、武侯祠、报功祠、大德寺、报国寺、咸宁寺、翊灵寺、尽忠寺、史皇庙、三圣庙、城隍庙、土主庙、武安庙、紫文庵、永国庵、文庙、龙王庙、吕祖庵、甘公祠、五灵庙、吉祥庵、老郎宫、财神宫、白衣庵、祝国庵、天监寺、吉祥庵等等，所祀神祇无所不有，可称儒、释、道和地方、民族宗教偶像大全。另据《昆明市志长编》中《清代昆明祠寺一览表》统计，昆明城内和近城祠寺庙宇共133座，而据清道光《昆明县志》所言，当时的昆明县仅寺观就有126座。再据罗养儒《纪我所知集》（《云南掌故》）更说老昆明城内和近城寺庙不下200座，而以观音寺、关帝庙、土主庙最多，以昆明全境而言，"各不下百"。

各方神佛还走进了老昆明人家里的佛堂。受密宗佛教影响，从南诏大理至今，观音菩萨都是昆明城乡汉、白、彝族居民最崇拜的神祇，集原始宗教中的谷神、天神、地神、生殖神于一身，从风调雨顺、五谷丰歉管到生老病死。老昆明人几乎家家有佛堂，有佛桌神龛。佛桌上都有一座观音像。即便是清贫人家，也要供上一轴观音绘像、一座香炉和一对烛台。家境较好的则供铜佛，观音像高近两尺。神龛有几个，一供如来，二供观音，三供祖先，四供关帝（财神），五供吕祖，六供文昌，七供祖师，此外还有泥塑的魁星、财神、火神、土地等等，儒、释、道俱全。"所供铜佛及香炉烛台等类极其繁重，价昂者一堂约值数百金"（民国《昆明市志》）——老昆明人相亲必"看人家"，要看一家人境况如何，看看佛案就能了解个八九不离十了。

昆明城中妇女几乎无一人不信佛，每天早、午、晚都要燃香敬神。甚至"过生日、有喜事而不杀鸡宰鸭，同恣口腹，转戒荤茹素，亦是昆明人之好善"〔《纪我

所知集》(《云南掌故》)〕。至于昆明城郊农村，清末多供"天地君亲师"牌位，民国以后改为"天地国亲师"。此外还有土地、牛王、马祖、风婆、雨师、五路太子、司命灶君、地脉龙神及厕神等等。每逢初一、十五，城内一般居民"多赴寺庙忏悔，如市内之城隍庙、海心亭、市外之东岳庙、西岳庙等处焚香烛、化冥镪以祈福消灾者踵相接。街巷私宅亦时有诵经典及敲击木鱼之声达户外。每岁农历之二月十九，官渡街之土主会，三月三罗汉寺之观音会，无论男妇老幼，恒结队往祷，火车轮船，每患人满"（民国《昆明市志》）。早在清康熙年间，《云南府志》就说当时的昆明人做祭祀，丰俭由人，尽力而为，竭诚供享，因此祭祀泛滥，愚弄百姓，弊端不少。直到民国初期，"风气渐开，迷信虽不如昔日之盛，然终不能破除，如朝斗、洞经等会仍按期举行焉"（民国《昆明市志》）——每年六月和九月，满城妇女入寺燃香烧烛，听佛经，吃斋饭，谓之"朝斗"，至于"洞经"，恐难入"迷信"之列，后又详述。

早年人们都说"云南是佛土"，云南人自己也说："昆明香火旺，遇难都呈祥"。

○僧人"辞世偈"里的来去自若

最晚到唐初，佛教就传入了昆明。从这个意义上说，昆明的佛教徒堪称"资深信佛者"。信了佛教，就要唱诵佛经，那唱词就叫偈语。而高僧读经有了感想，修行有了体悟，记录下来也叫偈语。一般以四句为一偈，多半是五言或七言韵文。这些偈语源自佛经，又渗透了对佛经的理解，有的还暗含预言，形式类似于诗词，其中不乏传世之作，成为与佛经相提并论的佛家典故。一些高僧大德逝世前留下的辞世偈，更是偈语中的精华。俗话说"人之将死，其言也善"，其实"人之将死，其言也精"。精就精在这些高僧大德超越生死，来去自若的觉悟。

昆明历代高僧不但有深厚的佛学功底，释、儒、道各家造诣都不低，有的高僧本来就是儒官、文士、诗人、画家，文学水平也很高。《新纂云南通志·释道传》记载了不少昆明高僧大德临终前的"辞世偈"，无不朗朗上口、意蕴隽永、引人入胜，更见昆明"山国寡民"的"自若"性情。这些"辞世偈"体现了高僧们从"生活自若"到"生死自若"的思考，无论是瞬间顿悟还是长期酝酿，无不高度概括、总结全面、字字珠玑、句句箴言，达于至境，值得品味。

唐代天宝年间某日，安宁曹溪寺方丈戒照招来众僧，当面念了一首辞世偈：

虚舟无缆频来往，明月光涵彼岸边。

大士圆通亲嘱付，今朝不负圣师传。

偈语念完，戒照逝世。此偈中"明月光涵彼岸边"一句，似乎对曹溪寺"天涵宝月"之景做了自己的阐释。

元代筇竹寺有位住持叫玄坚,是"古滇龟城人",著名的"圣旨碑"就是这位玄坚立的。元延祐六年(1319年)三月十七,昆明遭遇"倒春寒",云隐四合,雨雪霏霏。玄坚若有所思,要来笔纸,手书一偈而逝。那偈语是:

昨日天寒雪冻,今朝满林风雨。

正是临时到来,撒手还乡归去。

元代的至正十八年(1358年)某日,晋宁盘龙寺住持觉照(一说名为崇照)突然洗了个澡,手书偈语曰:

昆明筇竹寺僧人灵塔

三界与三途,何佛祖不游?

不破则便有,能破则便无。

老僧有吞吐不下,门人不肯用心修。

据说觉照逝世后,"身体温软七日如生",而且"有彩虹贯天"。

明代的弘治六年(1493年)七月二十下午,金马山归化寺方丈善坚召集众僧,念了一首偈语:

来从华藏海中来,文殊普贤;

去从华藏海中去,弥勒释迦。

念完之后,善坚举起手中的拂尘,说:"古今诸佛诸祖,都在这里,不来不去。咄!"说完放下拂子,瞑目而逝。

明代的成化二年(1466年)某日,昆阳高僧怀晟逝世时也留下偈语一首:

这个村僧不会真,往来三界幻成身。

心空及第谁能委,耕遍铁牛园满春。

明代的万历二十七年(1599年),昆明妙湛寺高僧本悟临终时口诵一偈:

多年负一没弦琴,和水和泥活废兴。

今口当堂轻放下,人间天下尽闻音。

明代嵩明高僧本帖有"当代宗师"之号，其逝于滇西鸡足山，也有辞世偈曰：

撒手归来路不迷，灵机煞话在全提。

几回力尽心圆处，坐脱娘生铁面皮。

另一位昆明高僧昌容逝世前留下四句偈语，句式别出心裁：

不作凡，不作圣，

圆明一点，无亏无剩。

嵩明高僧广慧居无定处，后在昆明逝世，并留下辞世偈曰：

一句原无，踏倒太初。

非凡非圣，万象如如。

明崇祯五年（1632年）秋天，昆明高僧释禅逝世前焚香拈偈云：

盖天匝地本齐平，万象森罗极有情。

只在当人高著眼，波腾鼎沸见无生。

明末宜良宝洪山萝月庵住持叫慧广，其善于书法，临终书一偈曰：

年过五十六，来去本非速。

一枕松风清，白云覆我屋。

明代高僧灵药曾主持过昆明五华寺，后来又创立富民九峰山西华寺。清康熙九年（1670年）某日，灵药在佛堂上与众僧告别，并念偈一首：

东倒西歪，世人难猜。

了无一法，何必安排？

灵药刚刚念完，就有人来报，说灵药的侍僧不忍心看着他逝世，自己先辞世了。灵药说："他怎么能如此匆忙？"把手杖一扔，寂然而逝。

清康熙九年（1670年），昆明筇竹寺方丈本襄在寺中大兴佛事。四月初九晚上，本襄跏趺而逝，留给众僧一偈：

生亦何苦？寂亦何乐？

苦乐两忘，是甚活泼？

清康熙十一年（1672年）冬，嵩明钟灵山高僧性空手书一偈而逝：

吾年六十九，生死何曾有？

今日撒手归，啸破虚空口。

明清两代，云南府（辖今昆明一带）高僧的另类"辞世偈"也让人眼界大开：

明代嵩明高僧本峯辞世前问寺中众僧："先师逝世时启发我们的偈语，大家还记得吗？"众人说："记得。"本峯说："记得就好，老僧不再雪上加霜矣。"本峯说毕，端坐而逝——尽在不言之中。

清康熙九年（1670年）七月初二夜间，昆明白衣庵住持道足对徒弟们说："老僧要和你们永别了。"他让弟子进茶。凌晨鸡叫,道足起身端坐,再让弟子进茶,一饮而逝——辞世偈语,全在茶中,让众僧自己领会。

清代安宁高僧惺惺无疾而终,弥留之际,众人大呼其名。惺惺强睁双眼,答道:

千呼万呼不回头,

昂然直向西方去。

在人生的最后时刻,在弥留之际,历代昆明高僧仍能保持如此境界,妙语连珠,心地光明,洒脱幽默,快活自在,一言一行,处处透着佛理禅机,透着人生彻悟,甚至于表现出某种诗情画意——只有勘破生死的大智慧,才能让人这样了无挂碍地撒手而去。

佛门高僧大德的人生观曾经如何影响了老昆明人的性情,老昆明人的性情又曾经如何影响了高僧大德,都是值得研究的课题。近代《新纂云南通志》记载有一个昆明人赵子庄,是清光绪年间的举人。他能预知自己的死期,到了那一天,果然"无疾谈笑而终"——堪称高僧境界。清代还有一个嵩明秀才叫张天全,老死之前,叫来子孙,盥洗全身,然后整冠束带,扶拜天祖,"欢然而逝"。清代呈贡人毕允多有善行,活到80多岁,"谈笑而终"。

包容好义：随人而安的自若之心

　　昆明立城于唐代，为南诏所建，土著所创，素来为多民族杂居之城。明代改筑砖城，大举移民，四方民族，八方来人，共居一城，同为一体，命运与共，必得随人而安，随遇而安，平等互重，相互包容，和平共存，谋求发展——这是昆明人生存的底线，过好小安生活的基础。

　　昆明地处于"山国"，远在天末，"山高皇帝远"，与中原相比，文化环境相

对开放，文化束缚相对宽松，陈规较弱，积习不深，正是"城北千山如涌波，隔断中原万余里，耳边无处闻弦歌"（史公谨《云南》）。昆明人对"山外世界"强烈好奇，更有"南方丝路""茶马古道"纵横于此，中西方文化、汉文化与少数民族文化在此聚会，足以满足昆明人的文化好奇心，以"拿来主义"包容一切，接纳各方思潮，兼容各族文化，以丰富"山国寡民"文化的内涵，为"小安社会"的"小安生活"增光添彩。

○包容开放:"群贤毕至乐无涯"

移民城市的最大特点就是包容。昆明移民来自四面八方,在此共同劳动,相互帮助,不断融合,成就了昆明的繁荣,造就了兼收并容的地域文化。

早在战国、西汉时期,聚居在滇池地区的就有越人、昆明人、濮人、羌人等,后多为今天彝族、白族的先民,还有元、明、清三代先后迁来的蒙古、回族、满族等。至于中原移民,战国有随庄蹻入滇的荆楚武士,明初有征滇大军的数十万步骑、沐英移来的百万内地农民,明末有李定国带来的十多万大西军,清初有吴三桂引来的数十万清军和后来讨伐吴三桂的数十万清军等,再加上历代流放"瘴疠之乡"的文士官僚,入滇经营谋生的商人百姓,当时昆明的居民,最多的就是这班"移民""移士"和本地民族相融合的后代。

近代在昆明武成路原土主庙(今华山小学址)发现了一块《直隶等十七省恤贫会碑》,由于多年磨蚀,年月已不可知,字迹亦多不可辨。"直隶"为清代河北的称呼,可知此碑立于清代。碑文提到"直隶等十七省"移民时,仍有片段勉强可读,大意是:"云南在西南一隅,地处极边,内地到这里做官的、当幕僚的、经商的,还有探访亲友、跟随长官而来的,有若干万人之多,千里迢迢,移民到此,特别不易。"清代后期,昆明人黄琮有《途中见移家来滇者感赋》云:

辛苦移家杂汉苗,饕风烈烈雨潇潇。
荒田拾橡和冰咽,破庙燎衣扫叶烧。
八口流离儿女累,千山阻绝道途遥。
嗷鸿毕竟须安宅,边吏何人善抚招?

如《直隶等十七省恤贫会碑》所记,内地移民来到昆明后,由于种种原因,并非人人如意。有的因为顶头上司出事而受牵连,有的因为失去生计而困在外乡,有的一事无成却因为关山迢遥、无力返乡而流落昆明等等,都沦落为"恤贫"对象,"背井离乡,原非得已。飘零异地,尤独堪怜"。而解决问题,全靠官府不行。还得自己抱团自立。"同是天涯沦落人,相逢何必曾相识",成事关键,在于心齐。昆明古谚称:"一丁不成军,一户不成城",另一个说法是"一根丝不能成线,一棵树不能成林,一个兵不能成军",这就必须温厚相待,互助包容:"同路相照顾,同行莫嫉妒","同行不拆台"是也。昆明人"不怕虎生三张嘴,就怕人有两样心",坚信"柴无三根火不着";"一人一条心,穷断骨头筋";"烂麻搓成绳,也能拉千斤";"一花难比百花香,一鸟难比百鸟音"。千万不能"槽中无食猪拱猪","三个和尚撒尿吃"——前述"直隶等十七省恤贫会"的组成,就是"烂麻搓成绳"

昆明主动开放，划定区域，建立商埠

的一种方式。

  昆明世居农村的邻里多为亲族，城市邻居多来自五湖四海，本为他乡移民，原来互不认识，于是相互包容、守望相助就十分重要。昆明有谚语曰："邻里关照易，远亲相助难"，所以"房子要新，邻里要亲"，"邻居亲，贵如金"，"邻居和，享安乐"，"遇到好邻居，一生皆受益"。因为"易见花满地，难逢好邻居"，就更要以和为贵，准则是不相欺："邻家娇妻不可迷，邻家老人不可欺"，"莫笑人家丑，自家屋里还是有"。要多相让："修墙退后一尺，扫街多扫一丈"。要多相帮："好汉护千家，好猫管四邻"。要共甘苦："有喜四邻乐，有忧四邻愁"，"香茶邀邻里，有酒邀知己"，"邻居送我芝麻，我送邻居香瓜"。还要不争："行路不要挤，过渡不要争"，"闹有序，乐有节"等。早年昆明小巷居民大院还有一首顺口溜：

  一家炸鱼全院香，一家有事全院忙；
  一家吵架全院劝，一家被偷全院乱。

  老昆明的节庆包容：火把节城乡都过，源于彝族和白族；大家都过端午节、七夕节，源于汉族；春节、中秋节也是各个民族都要过的。

保留至今的昆明商埠界址碑

老昆明的戏剧包容：滇戏中有梆子、秦腔、皮黄、吹腔、昆曲、弋腔、平板等来自五湖四海的调子，昆明花灯源于内地元明小曲和地方民歌小调，可以用汉话说唱，也可以用彝话说唱。

老昆明的方言包容：父亲的弟弟叫"耶耶"，这是彝族的叫法；而"叔叔"又是汉族的叫法；母亲叫"嫫"，来自彝族，又叫"妈"，来自汉族。好看称"雅相"，来自元代的北方；差不多叫"左近"，来自清代的江南。而山间的平地叫"甸"又叫"坝"："甸"来自彝族；"坝"来自汉族。

老昆明的商帮也包容：有本省帮，还有广帮、江西帮、四川帮、湖南帮、湖北帮、浙江帮、陕西帮等外地商帮。昆明城内外还有不少会馆，如四川会馆、江西会馆、两湖会馆、陕西会馆、湖北麻城会馆、福建会馆、江南会馆、浙江会馆、两粤会馆、迤西会馆、建阳（水）会馆、石屏会馆、八省会馆等等。

清末民初，西风东渐，昆明成为中国第一条"不通内地通国外"的滇越铁路的起点，面对挑战，昆明人冲破阻力，敞开胸怀，接受现代文明，自主开放商埠，建起全国第一座水电厂、全国第一家电影院、全国第二个飞机场，后来又造出了中国第一根电线、第一辆煤气车、第一台望远镜、第一根拉磁钢、第一炉硅锰铁、第一件精密块规、第一台万能机床、第一台龙门刨床、第一台2000千瓦发电机、第一台500匹马力发动机、第一台40吨水管式锅炉等等。

从宗教信仰上看，昆明有原始宗教、佛教、道教、伊斯兰教、基督教和天主教。西山、盘龙山、螺峰山、凤鸣山兼容儒、释、道三教；盘龙山万松寺以一寺而容三教，圆通寺奉佛教之汉传、南传、藏传三家于一寺，又供密宗的格鲁、宁玛两派于一殿。昆明城东有东岳庙，主神为八面威风的东岳大帝，两旁各塑一个青年才俊，儒冠儒袍，仪态文雅，却是孔丘的弟子：一是子游，一是子夏。

明清时昆明进耳山寺供有一尊土地神，却非本山土地，而是来自南京后湖的土地神。据说当年明太祖朱元璋正秘密策划某事，不料满大街的娃娃都唱起了童谣，把朱元璋的心计全都泄了出去。事后一查，泄密的竟然是皇宫的后湖土地神。朱元璋大怒，把这尊土地神贬到昆明来，流放到进耳山寺中。来到昆明后，此尊土地仍然大显神通，测梦奇准（清嘉庆《滇系》）——朱元璋不容，昆明人容。从明代到清代，这尊客籍"土地神"在进耳山享受了四五百年的香火。

昆明城内有土主庙，城外也有土主庙，所供大黑天神，本为唐初传入云南的阿叱力密宗佛

滇越铁路直通昆明，建立了云南府总车站（原载民国《昆明市志》）

教神祇摩诃伽罗，后来完全本土化，成为昆明彝族、白族、汉族共同的"土主"神。土主庙会在农历二月十九，届时不但土主庙要做会，官渡的观音庙、五谷庙也要做土主庙会，庙会时彝族撒梅人妇女有"宿庙"之俗，后来其他民族妇女都来"宿庙"。她们齐聚土主庙、观音庙、五谷庙中，通宵达旦唱诵佛经、民歌小调，称为"散花"。清末昆明城乡不少家庭供有"天地君亲师"牌位，把有灵之万物、原始之宗教和儒、释、道一并包含其中，该信必信的全有，成为老昆明人心胸包容、性情疏懒的一个旁证。

在昆明平政街的报功祠中，元末大理总管段功和梁王把匝剌这对势不两立的大冤家的神位被放在一起，这里还有清代云贵总督蔡毓荣和伊里布的神位。蔡毓荣是清初大贪官之一、伊里布是鸦片战争中的主和派和《南京条约》的签字者之一，名声都不好。但在治理云南时，二人都行过善政，做过好事，昆明人实事求是，把他们的牌位和赛典赤、林则徐等七十多个贤人的牌位放在一起，每年都要祭祀。为蔡毓荣所建的蔡公祠也得以保留。昆明近华浦名胜，有孙髯的大观楼长联，又有擅改长联被讥为"软烟袋"的阮元的揽胜阁联。昆明名士赵藩手书孙髯长联，又自题一联，指出长联中"汉习楼船"为"元人殊陋"之误，也悬在楼前。清人宋湘一总孙髯长联笔意，但书14字联："千秋怀抱三杯酒；万里云山一水楼。"仍悬于大观楼北。此间楹联，有官宦为之者、有布衣为之者、有武人为之者、有隐士为之者、有商人为之者、有叛徒为之者、有佚名氏为之者，实不唯风景之大观，亦山水文化之大观也。正是：

群贤毕至乐无涯，有诗，有酒，有画；
老子于斯兴不浅，此山，此水，此楼。

○知书明礼："户习读书,能尚礼节"

昆明人自古读书风气浓厚。明景泰《云南图经志书》就说滇中昆明人"皆善诗书,习礼节"。明万历《滇略》称昆明"彬彬文献",可与内地相比。清雍正《云南通志》说云南府（辖今昆明一带）"户习诗书",不仅城里人如此,四乡人也都爱读书。清康熙《云南府志》称,当时的富民县"俊秀子弟"多"事诗书";晋宁州"子弟服于文教";呈贡县"士秀而文";昆阳州"士民耕读",安宁州更"人多习儒,诵读之声,遍于闾巷"。

清代昆明人要读书,可以进官办的书院、民办的私塾和散馆,还有不少义学。官办书院完全免费,还有补贴。进私塾和散馆就要花钱了。富贵人家请先生来家授业解惑,每月要付银子四两、六两或八两,还要供应早、午、晚三餐。到散馆就读的学费没有规定,有的送一两或六钱或八钱白银,有的送六百文或八百文铜钱,"多则多收,少则少收,亦不计较也"。当时昆明"城里城外,实有义学八处,义学收生,不限定名额,有收到三四十名者,然有多处,都是二几十名,亦多少不一也。"贫寒人家子弟一般读义学,"年中得免交学费",但书籍纸笔仍然要自备〔《纪我所知集》（《云南掌故》）〕。义学属于慈善机构,一般由官府出钱,或由乡绅捐

老昆明的私塾先生和弟子

田产给学校，收取田租为办学经费，入义学读书花费很少，可以减轻贫困人家的负担（蒋枝偶《近代昆明城市居民的消费变迁》）。

书读得多了，结果就是语言文雅，如昆明方言中的"恭维""子弟""雅相""搭拜"，还有"作古正经""天官赐福""墨者黑也""半虚空中""青枝绿叶""冷火秋烟"等等。据学者研究，不少昆明方言的词汇都有出处，如"诡随"出自《诗经》；"旺子"出自《左传》；"蒙淞"出自《说文》；"嚯哄"出自《集韵》；"扯淡"出自《醒世恒言》；"筲箕"出自《儒林外史》；"鹊薄"和"落钱"出自《西游记》；"垫背""挣命"和"不当子"出自《红楼梦》。其中以出自元曲者最多，如"根究"出自《临江驿》；"铺排"出自《赵盼儿》；"看成"出自《鲁斋郎》；"笼火"出自《合汗衫》；"忽的"出自《神奴儿》；"发送"出自《盆儿鬼》；"通泰"出自《西厢记》；"包弹"出自《董西厢》；"唠噪"出自《四声猿》；"伊里乌芦"出自《冻苏秦》；"血湖淋刺"出自《勘头巾》；"贪酒溺脚跟"出自《智勘后庭花》等等（见张映庚《昆明方言的文化内涵》）。

书读得多，昆明人更"能尚礼节"（康熙《云南府志》）。老昆明以右为尊，以长为尊，以客为尊，无论行路、就座，都是长者在右，尊者在右，客人在右。平时亲戚来往，事先要弄清对方的辈分，按辈分称呼对方。一般人来往也要按年龄和社会关系以"相似辈分"来往，对长辈、师长要用敬称，不能称"你"而要称"你家（读ｊｉē）"，或者就叫"大爹""大妈"，同辈较长的叫"大哥""大姐"，不能直呼其名。向平头百姓之长者问安，就说："你家给好好呢？"请其吃饭，说："你家慢请。"请其睡觉，说："你家给请安了？"向其打听事儿，说："请问你家。"送其出门，则说："你家慢走。"如果说"他家"，也有尊敬之意："我请他家来，他家有事没来成。"至于"我家"，则显得亲昵，如"我家爹""我家嬷""我家那位"，还有"娃娃家爹""小狗家奶"等等。有的夫妻间也用敬称，甚至吵架也用敬称。至今老昆明人和长者吵嘴时还这样说："你家还仿这种说就太不像话了！"——这里的"你家"，一说是"你老人家"的简语，一说和旧时尊称皇帝为"陛下"、贵人为"阁下"差不多。

早在明代，滇中人家"兹孝友善，相敬如宾"。就是坐在自家堂屋里，听到门前有人呼唤，也要站起来打招呼，以示礼貌。长辈坐在屋里，后生不知，从门前跑过，就会被喊过来训斥。进门见长辈要作揖，"相互答礼"之后，晚辈则"侍立肃听"，长辈无话则作揖而出，长辈不上茶、不让座，也不送（明天启《滇志》）——所谓"长幼有序"是也。

罗养儒在《纪我所知集》（《云南掌故》）中说，早年昆明人"无论男女老少，与人相见时，不仅情意殷挚，而于言谈举止，是必诚必敬，斯真敦重礼貌，深为余心所服者也"。就是在家中,老昆明人也讲究礼法,晚辈对长辈讲一个敬字,长辈对晚辈则讲一个慈字,"在平辈则互相推重,互相尊崇。在一举一动上,莫不守规矩而循礼法"。

在老昆明人家中,晚辈"喊人"是个十分重要的礼节。"喊人"就是见到长辈,要恭恭敬敬地打招呼,在家喊爹妈、叔伯,出门要喊邻里大爹、老伯。娃娃才学讲话时,就要教他"喊人",长大上学、放学,上班、下班,出门、进门都要"喊人",早起晚睡也要"喊人",如睡前总要和长辈道一声:"你家早点请安嘎,我先睡去了。"用罗养儒的话来说,老昆明人家讲究"卑幼尊长",晚辈对于前辈,早晚要请安,出入要告诉。就是平辈之间,"早晚相见时,亦必照其各有之名,称呼尊敬之",若非如此,则为社会所不容,"共斥为野人,或斥为未受过调教之人"。

老昆明娃娃上私塾,也有一套礼仪。早年娃娃进私塾,多要拱手行礼,称为"揖":"入则先揖孔圣,再揖先生,出亦必揖于先生,背呈课,亦揖于先生。放学回家,必向祖先一揖,父母前一揖。初一、十五拜圣讫,必向先生行大礼,于同学则互相一揖"[《纪我所知集》(《云南掌故》)]——这就是"有礼"从娃娃抓起。早年昆明有童谣唱道:

学习学习,先学作揖。

双拳合拢,前后摇"蹄"。

进也作揖出作揖,作揖到底。

早也作揖晚作揖,作揖第一。

昆明人好读书的另一面是"敬惜字纸",表现了对文字、文化的敬重。相传中国文字是黄帝的史官仓颉创造的,所谓"仓颉造字"是也。所以,对仓颉和仓颉所造之字的敬重也就有了对"先祖""先王"崇拜的意味。科举制度下,"字纸"更成了影响士子终身功名的神秘之物,和荣华富贵扯上了关系,更是得罪不起,非敬重不可。

民国《续修昆明县志》记载了这样一个传说,清同治年间,昆明人杨元中年双目失明,请巫师、医师治疗了一年多也不见效果。绝望之余,杨元对神立誓道:"如果让我双眼复明,我一定天天捡拾字纸,绝不间断。"此后一个月,杨元双眼"能辨昼夜",再过一个月,更"能见道路"。杨元每日黎明即起,腰间拴上一个布袋,沿街捡拾字纸。无论寒暑,从不间断。过了一年多,杨元双眼完全恢复。从此他更是"力行不怠",天天拣字纸。数十年间,杨元"家道日新","须发虽白"而"五官未损","年近八十"而"精神强健",行路"如少年","以栽花养鱼为生",有"花园在菜海子边",有"茅亭陂池","足娱老境矣"。

在老昆明人看来,写着字的纸不可随便丢弃、践踏、裱糊窗户,而必须收集后投入惜字炉（又称惜字塔、惜字楼、圣迹亭、敬字亭等）焚烧，字灰要保存起来，定时开坛祭祀仓颉，然后将字灰送到江河湖海之中，称为"送字灰"或"送字纸"。

老昆明人不但自己敬惜字纸，还通过慈善组织劝人义务上街收捡字纸，或者由慈善组织出资雇请专人沿街收集字纸，还定期收买各种废纸、旧书汇总火焚。清末老昆明的民间慈善组织，如同善堂、尽心社等，都有此项"业务"。昆明报国街的云南官印局内，就建有一座高约两米的青石"惜字亭"，上面刻有"敬惜字纸"四个大字。

清乾隆年间，昆明一个银匠的儿子钱沣家贫无钱买书，就从水德庵惜字炉旁的废纸中拣出些残篇断简，苦读深思，获益不匪。钱沣后来进入五华书院求学，又考中进士，官至湖南学政、湖广道御史、军机处行走，一生"性劲直，遇事无所逊忌"，高风亮节，被誉为清代知识分子之泰山北斗，其"平生刚正之学，实本于此"（《清史列传》）——都是从惜字炉前开始的。后来昆明坊间传说，钱沣所书之字可以入药治病，足见昆明人对"字纸"崇拜之深。

○急公好义：诚实有信，多积"阴德"

近代《新纂云南通志》称："论者谓我国人缺乏公德心，其原因复杂，固属无可讳言。然而历观史册暨各省志乘，急公好义之士时时有之，如建桥、修路、造林、兴水利、设义塾、助婚丧以及育婴矜孤、恤寡济贫、赈饥养疾、施棺掩骼诸善举，抑或纠集乡兵捍卫桑梓，何尝非公德心之所表现者哉？"因此，为"为提倡公德心"，《新纂云南通志》特别设立"义行"一章，收录先人诚实有信、急公好义之举，"使后之人闻风而兴起焉"。其中明清两代故事不少，可见当时社会风气的一个侧面。

生意虽小，也讲究公平交易

老昆明人做好事叫"施德"，更叫"积德"。其中最高境界是积"隐德"。"隐德"是后世儒家的说法，施德于人而不为人所知，谓之"隐德"。就是暗中做有德于人的事。民间又称"阴德",指在人世间"施德",虽然不为人知,但却在阴间记下功德,善必有善报。所谓"人在做,天在看",就有这层意思。后来"阴德"又和昆明人崇信的佛教、道教挂上了钩,分量就更重了。老昆明人立志会说"多积阴德",骂起人来,轻的说"也不积点儿阴德",重的就说"太丧德了",更重的是"太丧阴德了"——都是狠话。

据《新纂云南通志》记载,明嘉靖年间,安宁秀才赵禧家有余谷,全部借给贫困的友人救急,友人故世,就把借契烧掉。但赵禧自己欠人的钱物,则无论如何要偿还。他说:"以后在地下和朋友相见,就无愧了。"明万历年间,安宁人罗廷宝辞官归田,做了不少善事:亲戚家无力办丧事,罗廷宝捐棺又捐钱,让死者入土为安。遇到水灾,邻居不能出门,罗廷宝就把米粮送过去。由于积了不少诸如此类的"阴德",罗廷宝得享高寿,活到91岁才故去。清乾隆年间,呈贡人秦睿做了云南藩台衙门的书吏,他热心慈善公益,捐助了不少钱物,被认为是多积"阴德"。清代晋宁秀才赵连城"天资磊落,见义勇为"。赵连城善于经营钱谷,进入粮道署做了幕僚。道员见赵连城没有儿子,送给他一个年少的婢女,赵连城明里把婢女带回家,却暗中为婢女准备了嫁妆,替她选个好人家嫁了,还不让道员知道——这也是一大"阴德"。还是清代,晋宁人周琇寄居省城,以贩米为业,遇有穷困者来买米,周琇会暗中把碎银子藏在米中一并卖给他,还交代说这些米被老鼠爬过,拿回去要多加淘拣,生怕他们发现不了银子。积此"阴德",周琇活到"八十有二"的高寿。

清代昆明人李天相出身贫家,为谋生不得不放弃读书去当铺打工。李天相为人处世"诚朴",后来独立经营当铺,有了不少积蓄,尤其"乐善好施"。他不但捐资重修佛寺,又在城乡设立义塾,并购置"塾田",用田租支付教师薪水,置买学习书籍,以此补偿自己因家贫不能读书的缺憾。李天相还捐资修路,亲自督工,整修了"数十百里"道路,东至板桥驿,南至呈贡区,西北至安宁州的黄土坡,道路一新,行人称便。李天相曾对子孙说:"积'阴德'好比耳朵叫,自己知道就行了,何必刻些碑来博取名誉呢?"清咸丰五年(1855年)秋天,李天相和继妻马氏同日逝世,享寿87岁,算是积"阴德"的好报。

老昆明人行善,多注重助学。清康熙年间,昆明人董应麟和妻子张氏勤于织造,经营"滇缎"有了积蓄,就捐资购置义田,赠送给学官,并补助本地学子参加县试、府试、院试、乡试的费用,不少学子由此获得功名,踏上仕途。清雍正、乾隆年间,昆明人胡蔚文家有余财,购置义田130多亩,用田租请来老师,教授族人子弟。大概义田太多,族人用不完,后来官府设置义学,胡蔚文就用这些义田的收入资助各处义学,获益的学子就更多了。胡蔚文又修建了一百八十多间房屋,用一百间房屋收留"未老而贫者",十间房屋收留婚嫁时租不起房子的贫家子,又十间房屋收留流离失所快要分娩的孕妇，类似于收容所。还剩下六十间房屋，胡蔚文办起了敬老堂，收留年老无依者，每月发放柴米，每年还发给衣物被褥等。

老昆明人平时要积"阴德"，危难之际更要挺身而出，见义勇为，那是更大的"阴德"。明嘉靖年间，昆明人甘旨平时乐善好施，又捐粮助力边防，当局授给官职，他也不接受。遇到饥荒，甘旨又捐出大米，救济了不少灾民。当局要上奏朝廷为他立牌坊、挂匾牌，都被他拒绝。明天启年间，安宁有个秀才叫杨起龙，每到年末，都要向邻里亲旧中的贫困者赠送钱米。有人向他借了钱米又无力偿还，杨起龙就烧掉借契，以示销债。安宁大闹饥荒时，杨起龙更开仓出米，赈贷灾民。清咸丰七年（1857年），昆明战乱频频，城中饥荒大作，民不聊生，张耀变卖家产，煮豆分给饥民。后来当局为灾民"施粥"，就让张耀主管此事，又救下不少人命。事后官府送给张耀一块大匾，上书"力行善事"四个大字。清光绪年间，昆明人李德铨受命到澂江采购军粮，当时那里正在闹饥荒，路上都见得到饿死的人。李德铨马上自掏腰包，购买粮食，赈济灾民。后来李德铨又被派到贵州购买乡试卷纸，不料又撞上饥荒，百姓易子而食，李德铨倾囊而出，重金购来大米，减价卖给灾民，又救活不少人。

不仅富人积"阴德"，穷人也要积"阴德"。清代中期，昆明人黄泰受出身官宦人家，世代清廉自持，家中一贫如洗。有朋友来找黄泰受，说几天都揭不开锅了。黄泰受见家里已一无所有，就把灶上的铁锅揭下来送给朋友，自己和妻子用瓦盆做饭。有一年的春节，黄泰受换上一身新衣出门做客，路过一个朋友家，听见屋里有人在哭。进门一问，朋友除夕夜刚刚逝世，因为家贫，买了棺材却买不起入殓的衣冠了。黄泰受二话不说，把自己身上的新衣脱下来送给朋友的儿子，自己到夜里才穿着内衣悄悄溜回家中，还瞒过家人，什么都没有说。后来朋友的儿子登门拜谢，大家才知道此事。中年以后，黄泰受家境宽裕了一些，更是助人为乐。人有急事相求，哪怕素不相识，黄泰受也倾囊相助，在所不惜。当时有个邻居亏空府库，事情败露，那人畏罪，集合全家十多口人，要服毒自杀。他的儿子跑来告诉黄泰受，黄泰受马上拿出数百两银子，让他们过了关。

为了多积"阴德"，不少老昆明人不惜倾家荡产。清康熙年间，昆明瘟疫流行，医生杨御乾出资调制药剂，赠送病人，救命无数。杨御乾的家道由此败落，他也毫不顾惜。后来家中只剩下几件古玩器物，有老朋友患病断炊，杨御乾又把古玩送去，让老友换大米、饱肚子。宜良秀才许汝栋也是个好施舍的人。早年有个管粮食的官吏亏空300两银子的粮款，被逮捕下狱，其母急得要自杀，有人让她求助许汝栋。许汝栋毫不犹豫，马上拿出银子，救下了这家人。从此以后，城中负债的人都来向许汝栋借钱，许汝栋总是酌情相助。长此以往，许家也家道中落了。

君子爱财，取之有道，必讲诚信，这也是"阴德"的一个重要方面。明代杨林人杨泰宇和朋友一起到大理经商。朋友在外得了重病，临终前交给杨泰宇800两银子，请他操办后事，并说所剩银两全部赠给杨泰宇。杨泰宇替朋友办完丧事后，写信请来朋友的儿子，把剩下的银钱全部交给他。朋友的儿子十分感激，要分一半给杨泰宇表示感谢，被杨泰宇拒绝了。清康熙年间，昆明人陈印瑞替朋友保管300两银子，后来朋友逝世，陈印瑞千方百计找到朋友的儿子，交还全部银子。清乾隆年间，嵩明秀才刘天瑞也交了个远方的朋友，那朋友把许多银两寄放在陈印瑞家，别人都不知道。后来朋友病逝，刘天瑞寻访到朋友的儿子，把银子全部交给他，让他为父亲扶棺还乡。大家都说刘天瑞"阴德"不浅。清咸丰年间有个昆明人叫孙溁，也有朋友把几百两银子寄放在他家里，朋友的家人都不知道。过了一年多，孙溁不见朋友来取，便去探访，听说朋友已故世，马上把朋友的儿子叫过来，把银子还给他。

我们今天熟悉的"拾金不昧"，也是旧日的一大"阴德"。明嘉靖年间，昆明人毕耕到四川办事，路上拾到一笔银子，他分文不取，如数归还。乡邻向毕耕借了钱粮，因贫困无法偿还，他就烧借契，免债务。清代呈贡人毕允在路上捡到一笔银钱，他等在路边不走，见到失主后，全部归还。失主喜出望外，要分一半给毕允表示感谢，毕允坚决推辞不受。结果是好人有好报，这位毕允最后得活高寿，"年八十余，谈笑而终"。到清乾隆年间，又有昆明人胡联科在路上拾到300两银子，这是个大数字。他把银子交到官府。官府找到这笔银子的主人，全部归还。为表彰胡联科，官府还送给他一块大匾，上面题写的四个大字就是："持金不昧"。

○抱团自救："会集乡人，协同乐助，锱铢勷成"

历代移民入滇不易，平头百姓更是如此。云南花灯《双叠调》有"凤阳花鼓"唱道：
自从出了朱皇帝，十年倒有九年荒。
天干三年不下雨，井底开裂树头干。
三月清明下大雪，七月秋风下早霜。
蚕豆穿成素珠卖，灯盏打米过日光。
大户人家有米卖，小户人家卖儿郎。
只有夫妻无有卖，身背花鼓上云南。
人人说是云南好，手中无钱到处难。

异乡发展，人地两生，举步维艰，关键是抱团。一是靠血缘，以家族抱团；一是靠地缘，以原籍抱团。于是昆明就有了众多的会馆：城东有西来寺，又称川主宫，为四川会馆；东门外有万寿宫，为江西会馆；城东和城西南有寿佛寺，又称禹王宫，为两湖会馆；南门外有关圣行宫，为山西、陕西会馆；东城有福国寺，为湖北麻城会馆；

早年昆明城郊马帮集结抱团出行　　　　　　　　早年金汁河边赶街的妇女抱团休息

南教场旁有天后宫，为福建会馆；城北有兴福寺，为江南会馆；西门内有浙江先贤祠，为浙江会馆；城西南有两粤会馆，为广东、广西两省会馆；城东有彩云观，为本省的迤西会馆；南门外有建阳（建水）会馆；城中有石屏会馆；城北更有八省会馆，为河北、河南、山东、山西、陕西、辽宁、吉林、黑龙江八省商民的联合会馆。

这些会馆的一大功能，就是"行善"——做慈善。清光绪八年（1882年），川主宫（在今拓东路）四川会馆立了一块《福星会碑》，碑文说四川人到云南来做官经商的很少，多半是做肩挑手抬活计的苦力，因为谋生困难，常有人病死饿死。如果遇上连年天灾，死亡的人更多，常常抛掷野地，不得掩埋，露骨秽天，让人目击心伤，不忍坐视。于是会集在昆四川同乡，组成"福星会"，筹集善款，为贫困同乡治病，为同乡死者购买棺木、设置义坟，并用盈余之款经营生息，再酌情添办"有益善事"等。浙江会馆（在今武成路）也有《捐资恤贫碑》，立于清光绪二十年（1894年），上刻《月帮孤寡章程》，希望在滇浙江籍官员各捐俸禄，购置产业，以收入赡养同乡孤寡，根据收入，按月酌情发给生活补助。会馆还每年聘请品学端正的馆师，教授同乡孤寡儿童子弟，这又是助学。昆明城内土主庙（在今武成路）更有《直隶（今河北）等十七省恤贫会碑》，"恤贫"面就更广了。

○乐善好施："施茶""施药""施棺"

老昆明人相信善有善报。先是"老乡帮老乡，两眼泪汪汪"，久而久之，落地生根之后，便"乡吾乡以及人之乡"，乐善好施成风。清末昆明文庙有个卷经会，由本地绅士文人组成，平时联络感情，每逢北京科举会试的"大比"之年，就集资

清末建于建在圆通寺旁的公办幼孩工厂也有慈善性质,其收留乞丐、难童等流浪儿童260多人,生产衣帽靴鞋及各种布匹线带木器等

帮助贫寒士子赴京赶考。清光绪年间,昆明官绅以18000两银子成立"兴文当"当铺,以七成收入扶持本城书院的高才生,资助其生活、学习和赴京赶考费用,以"激励清寒学子,培育人才,振兴文化"。兴文当底本充裕,经营稳健,当息较低,当期较长,经营良好,对学子的帮助也实至名归,一时信誉颇高。

至于社会风气,罗养儒在《纪我所知集》(《云南掌故》)中说:"昆明人士亦喜做慈善事,寻常的善举,是施茶、施水、施药。施茶者固有所见,却不甚多;施水者,或在居家门户前,或在铺户门前,以一瓦缸贮满清水,搭上一片木板,板上罩着一有缺口的土碗,听人汲取而饮。"

有人以为,这个土碗之所以有缺口,是怕被人偷走。其实不然,罗养儒解释道:"碗何为而要有缺口者?此则有学理在着。人行于路,在天时,肺部多半张开,冷口咽下,即能将肺窍冰住便成重病,人以碗舀水而饮,碗有缺口,当然以大拇指按入缺口,大拇指上有一少商穴,是通肺窍者,冷水渍此穴道,肺部即归正常。此则是讲卫生,不使饮冷水者受病,并不是悭吝,故以缺碗置于板上,防人窃取此碗而去。"

再说"施药",花费就大得多。但也有不少"中上等人家"行此善事。"昔时行于城里城外的各街各巷,都有些居家户,在门头上贴着红纸条,写有'本宅奉送某种丸散或某种膏药'。所施送之药,大都为痧气丸、复苏散、普济散、午时茶、万应茶等。而更有送观音膏、万应膏、冷水金丹及痢疾丸、疟疾丸者"。施药的还有各个慈善机构,"更是大量赠送一切救急的丸散膏丹",有的慈善机构还对贫民"施诊"并"为之担负药剂费",也是一种善举。

当时老昆明人"以合群财群力来举办之慈善事业甚多"。其中有个"施棺会","设在城隍庙大殿（今五一电影院址）后寝宫之旁，每年施送棺木，最低之数都在五百口。款项缺乏，则由会中人士出而向富室捐募，而会中人士，即是各善堂中之绅耆"。"有许多赤贫门户，遇到家有人死，既不乐弃尸于野，以饱鸷鸟野兽之腹，而又无力购买棺木装埋，有此一施棺会在着，则可解除一切困难"。

清光绪年间，昆明民办的"尽心社"也做了不少善事。其不但施送棺木，在吴井桥等处购买"义地"，供贫民埋葬已故亲人，还雇工巡行城区城郊，检埋路毙、暴露地面的人尸、牲畜弃尸、因为迷信用竹篮悬吊在郊野树间的死婴等，并修整塌坏的旧墓。此外，还周济贫民衣食和婚丧费用，设置"义房"收容临产贫妇分娩、收养弃婴、修整道路等。

清末昆明贫家子陆圻幼时读书不多，早年从事银加工行业，有所成就之后，创办了银工同业慈善会，接着又创办同善堂。在做慈善的同时，陆圻又受当时翻译的"洋书"和新式报纸的影响，大办实业教育，在昆明武庙前（今武成路）设立学堂，教授蚕桑、纺织技术，名为"体仁堂"。陆圻还在昆明六座城门处设立织布坊，传授纺织技术。

体仁堂广发海报，劝导妇女前来学习洋纱织布。据说不到一个月就可学成，除做家务外，一个妇女每天可织布一匹，获银1钱，一月可获银3两。如夫妇二人均能织布，每月可得银子6两，生计就有着落了。如一家有三四人织布，即可为"富裕之家庭矣"。对学蚕桑的学生，体仁堂也无偿提供大量桑苗，以利推广种植。如此一来，善款难以为继，陆圻就登门求助昆明名士陈昌荣，请他"卖字济贫"，陈昌荣也慨然答应，竭力相助。陈昌荣是云南名士、书法大家，求字者不少。此后凡有人向陈昌荣求字，都要由体仁堂登记，并收取润笔费充作捐款。这一办法实行多年，解决了大问题。

有了体仁堂的成功经验，官府随后也办起了蚕桑学堂、习艺所、农业学堂等。清光绪二十八年（1902年），陆圻和官费留学生一起到日本学习，路过香港时得病逝世，"滇人悲之"（《新纂云南通志》）。

1920年农历二月十九，滇池发生"飞轮号海难"，满载香客的客轮刚驶出大观楼就翻沉水中，近百人葬身鱼腹，震惊全城。第二天，昆明慈善机构"同善堂"就请和尚、道士到大观楼做法事，超度亡灵。一家烟草公司也在大观楼悬赏捞尸，捞起一具奖两元，并出资掩埋无主认领的尸体——旧时慈善如此。

知足重迁：随遇而安的自在之情

　　元代翰林学士虞集在《云南志略·序》中说，滇中"士大夫多材能，乐事朝廷，不乐外官"——乐于为朝廷做事，但不乐于到外地做官。明代云南布政司右参政谢肇淛的《滇略》称当时的昆明"四民乐业"，清康熙年间的《云南府志》说昆明人"耕织贸易，各安其俗"。清雍正年间的《云南通志》更说当时的云南府（辖今昆明一带）"野安耕凿，户习诗书，民无告讦之风，士有干谒之耻"，大多安于现状。清道光《昆明县志》更说昆明"人多恬退"，无心"鸿鹄之举"——无意飞黄腾达。又特别贪恋家乡，除非进城或赴京赶考、外出为官，否则绝不出乡里之门，乐于"井田桑麻"，"以终老田间为乐也"，其他牵着车牛远出经商的，"百不一二见"——连百分之一二都没有。直到民国初期，《昆明市志》还说昆明人"各务生业，各守本分"——仍然缺乏进取之心。如此"使民重死而不远徙"，"虽有舟舆，无所乘之，虽有甲兵，

无所陈之"(《老子》),达到了"小国寡民"的理想境界——"市无乞丐,物无腾踊,安土乐业,数世不知迁徙,固依稀西方乐土矣"(明万历《滇略》)。

在昆明方言中,"悠悠坦坦",绝对是个正面词,藏在后面的是四个字:"有所不为"。老昆明人相信"有福之人不用忙,无福之人跑断肠""小富贵是人挣来的,大富贵是天生的",所以"人比人,气死人,马比骡子骑不成"——于是拒绝攀比;"能知足,布衣素食一世福""一生无事即神仙""无病不忧,无债不愁"——说得豪迈点,就是"早酒莫喝,一日快活;粮税莫拖,一年快乐"。即使遇到坡坡坎坎,也天无绝人之路,"水再大也淹不过鸭子背""阴沟里的泥巴,总有见天之日"。于此又有不少励志谚语:"水到沟自开""花好蜂自来,树多水自流""天生一棵草,就有一颗露水珠""萝卜拔了窝窝在""公鸡不叫天自亮""月到十五自然圆""伞破还有骨骼在""有了和尚不愁庙""树在就有鸟来歇"等等。既然"十穷十富不到头""口袋里的锥子总要出头",结论就是"一碗米不吃稀饭"——最后剩一碗米也不煮稀饭吃——此谚读来豪放粗犷,但难免"今朝有酒今朝醉"之嫌。

○散淡自得："一碗米不吃稀饭"

金窝银窝，不如自己的老窝

老昆明人知足而散淡自得，所从来久矣。民国老人罗养儒谈到清光绪年间的老昆明人，"农工士商"也好，"倡优隶卒"也好，"无不是怡然自得，而且较一般为官作宰者快乐得多，舒适得多，更自由得多"。论此中原因，罗老先生认为："一般为官作宰者，以表面上观察，自较一般人民为尊荣，或称为大人，或称为大老爷，顶翎在头，袍褂在身，乘肩舆出入，行人必须让路，似荣耀极而威严极，实则事事须遵功令，在在当顾考成。而且属员见长官总得要卑躬屈膝，此可说是极不快乐、极不舒服、极不自由。即使得一差一缺到外县去，亦不过得到快乐两字，强者更得到舒适两字，于自由两字是万万得不到。此何以说？因为要遵守功令，要顾着考成啊！在人民方面则绝不似此，若不欠粮欠税，一身即无所系。"〔《纪我所知集》（《云南掌故》）〕——此话正应了那句昆明谚语："上了皇粮不怕官，敬了香烛不怕天"。

罗老先生举"士人"为例："除了一些在学馆里居师位者稍受着学生们的牵制，而稍须失去了点自由者外，若一些只于窗下磨砚者流，便能大大的自由活动。今日登山，明日玩水，有会必逛，有戏必看，这算是得到十足的自由，十分的快乐。"

罗养儒还举老昆明的"轿夫"为例：早年昆明有二三十间轿铺，"一乘轿子出去，其夫脚钱不论多少，概是见十抽二。轿班在铺内住宿，则日收号钱若干文。轿班们是轮次抬轿，每人每日亦可能有百余文的收入，因而能有饱饭吃，有钱喝酒，有钱吹烟，且能有钱吃肉。无轿抬时，便倒在床上，拿本《八仙图》或《柳荫记》来高唱。盖四川大班，是无一不识两几千字者。故名虽受到老板的剥削，而个人身体的自由仍是在着。可以说，他们闲则其乐也融融，醉则陶陶然。是时在此一行道上，或许有一二百人在营此生活"。

民以食为天，老昆明人还崇尚"口福"，视肚腹为神庙，称之为"五脏庙"。吃好喝好、满足腹欲叫"盖五脏庙"。提到昆明人之"吃"，曾就读于西南联大的学者张起钧的见闻和罗养儒有异曲同工之妙。他在《烹饪原理》一书中说：

我幼年贫穷，深入民间，对穷人的生活知道得相当清楚。即以抗日战争前车夫的吃食来比较：北方的车夫，苦点的当然是吃窝头咸菜，好一点的也不过弄个十二两饼，卷两根葱在豆汁（可不是豆浆）摊上一坐，来碗豆汁就点咸菜。再了不起了，也不过是来十二两面条拌点芝麻酱而已。江南的苦力车夫虽吃的是白米饭也不过就点辣椒豆豉，顶多来点咸鱼，豆干之类。湖南最为富足，也不过是弄碗帽儿头，炒个韭菜肉丝，来个豆腐汤而已。而在台湾就是自己家里带便当。云南的车夫便大不相同了，车夫吃饭的饭铺，也照样是点菜点饭（就和台北卖客饭点菜的一样），而所点的菜不是辣椒咸菜之流，全是考究的小炒。以民国二十六七年的价格说，先是每盘国币五分，后来涨为一角。那菜单我都能背得，因为我们那时是穷学生，就都在那些小饭铺吃饭。那菜单都是些油渣炒鸡蛋、鸡蛋炒肉、炒猪肝、肉丝炒韭菜、西红柿炒肉片……有些铺子有时还有炒鸡杂、海参丸子之流。我们所以说这一大套，并不是在指明其富有（实际川湘的车夫绝不比云南的穷），而在指出其享受的水准。同样是车夫阶级的伙食（是伙食而非打牙祭），一个是窝头咸菜，一个是海参丸子，请看这怎么比呢？

张起钧的结论是：云南虽僻处西南，但在文化方面则与中原反倒较之湘黔为近，而在生活艺术方面尤其具有极高水准。

如果张教授知道老昆明人求神祈雨也要大"吃"一通，肯定又有一番感叹。清乾隆年间，昆明大旱，昆明城内外街坊集资"晒菩萨"祈雨，又捐功德钱全街聚餐，一天三顿，戒荤吃素。湖北人檀萃目睹如此"求雨"场面，大为不解，在《滇海虞衡志》中叹道，如此求雨，全城"疯吃"，官府竟也不出来禁止！

老昆明人不但好吃，还好喝。老昆明人爱"蹲茶馆"，"蹲"得茶馆满城，还成了藏龙卧虎之地。早在清代的乾隆年间，在今天的文庙街口银行大楼侧边之地开有一家"四合园"茶铺，每晚都会有两个文人准时来喝通宵茶，夜里店家无须伺候，煨一壶水在炉上，便去歇息，让二人自斟自饮。直到东方发白，伙计起床拨火烧水，二人才缓缓离去。此二人一个姓金、一个姓姚，人称"金半夜""姚天亮"——他们的真实姓名反倒不为人知了。

抗日战争时期，大量"下江"（南京、上海）人涌进昆明，大批盟军进驻省城，不但促进了昆明战时经济的发展，还给昆明人的传统观念带来了巨大的冲击。抗战史专家戈叔亚在《战时老昆明》一文中写道："威远街中段是'龙公馆'。（省主席）龙云曾经大发牢骚，骂'下江人'，说他们口口声声一滴汽油一滴血，但是到第一菜市买豆腐白菜都要坐小车，太太小姐穿金戴银、香气扑鼻，似乎这样才可以证明丈夫老爹在商业上的信用能力，结果引起爱大惊小怪的昆明人围观而阻塞交通，就像过去看洋婆子。弄得龙主席上五华山办公也只好迈方步走财神巷，连车子都坐不成。"而"老于世故的昆明人"则"认为美国兵对女人的态度非常粗鲁，那样肆无忌惮地盯着女人，而不论她们是娼妇还是良家女"，而"年轻人则不以为然，认

劳动行脚之余也不能亏了"五脏庙"

为这是新的时尚需要追赶。他们对打工做生意比以前容易还算满意。运气好混一套'罗斯福呢'的美国军服也可以在父老乡亲们面前摆显耍威风,看一看《出水芙蓉》或者《猿人泰山》的好莱坞大片也算开开眼界,甚至可以看到美国电影明星'大嘴'(John Brown)大活人在小东街噘着小口吃饺子引起哄笑来驱除一天辛劳的疲倦"。

与此同时,老昆明的"小日子"仍然在继续:"在外来人集中的地方附近,就是仍然过着悠闲安静的传统生活的老昆明风格的顺城街、祥云街、光华街和武成路等。在这些地方,随处可以看到穿着长褂、留着山羊胡的老绅士温文尔雅,他们在热气腾腾的茶馆里唾液四飞,地道的云南乡音在美国记者的笔下竟成了'变了质的中国官话',他们或拿着茶壶坐在古老狭窄的街道两边自家门口的小凳子上闭目养神,再不就和杂货铺小店老板谈古论今好不自在。他们认为生活就是千百年在同样的条件下的重复,没有理由相信会有巨大的变化。他们避免和别人过分亲密,相信什么事情都要适度。他们为自己在社区保持良好的声誉感到满意,因为这样可以避免嫉妒。背着孩子操持家务的主妇忙忙碌碌进进出出,把脏水泼在街上溅路人一身,常常穿着内衣内裤天刚亮就起来倒马桶,也成了展示年轻的主妇们身段的机会而遭来飞眼,她们常常为一点鸡毛蒜皮的小事就扯着嗓子和邻居斗嘴。虽然她们总是顺从没有尽头的苦命安排,但是对自己长时间的工作能力还是感到骄傲,根深蒂固的家庭观念使她们以一生服侍丈夫和孩子为最大的满足。喜欢搬弄是非、老想着为街坊支招拿主意的老奶用这种特殊的方式维系着家庭和社会的联系,她们对在一夜之间聚敛钱财不抱希望,多子多孙就是她们最大的财富……"

20世纪40年代,西南联大学生汪曾祺在昆明白马庙的一个中学教书,他在附近一家茶馆里惊奇地发现,"东壁粉墙上画了一壁茶花,画得满满的,墨线勾边,涂了很重的颜色,大红花,鲜绿的叶子,画得很工整,花、叶多对称,很天真很可爱"。他问堂倌作者是谁,堂倌道:"哑巴——他就爱画,哪样上头都画。他画又不要钱,自己贴颜色,就叫他画吧!"这个哑巴甚至在粪桶上作画,汪曾祺也见了,"粪桶是新的,粪桶近桶口处画了一周遭串枝莲,墨线勾成,笔如铁线,匀匀净净"。后来他打听到了,那哑巴"岁数不大,二十来岁。他没有跟谁学过,就是自己画"。

散淡自得,得过且过,得乐且乐,不苟求于人,也不苟求于己,不苟求于今日,也不苟求于明天,老昆明人之散淡如此。

○ "儒道互补"：大难临头的"不在乎"精神

知足而散淡容易，大难临头仍然散淡自得就难了。抗日战争时期，在日寇飞机的狂轰滥炸之下，老昆明人的散淡自得竟然演变成为一种"儒道互补"的"不在乎"精神，举重若轻、从容不迫、坚韧皮实、不息不灭、不屈不挠、不可战胜，成为战争时期一道极为特殊的地方人文景观。

战争是残酷的。抗日战争时期，昆明是日寇空袭的重点目标。据当时的云南防空司令部统计，抗战八年，昆明遭日寇空袭轰炸41次，入侵日机共849架次，共扔下2603枚炸弹，炸死916人，炸伤1514人，炸毁房屋22316间（《续云南通志长编》），不少重要工厂、机关、医院遭受严重破坏。日寇暴行，昆明人莫不恨得咬牙切齿。

1939年，一个叫汪曾祺的江苏青年辗转来到昆明，考取了西南联大。那是抗战初期，日寇三天两头轰炸昆明，常常造成伤亡。"一有警报，别无他法，大家就都往郊外跑"，这不奇怪，奇怪的是昆明人把这一跑叫"跑警报"。汪曾祺对此大为惊讶，后来他写了一篇《跑警报》说，"细想一下，是有些奇特的，因为所跑的不是警报，这不是像'跑马'、'跑生意'那样通顺。但是大家就这么叫了，谁都懂，而且觉得很合适。也有叫'逃警报'或'躲警报'的，都不如'跑警报'准确。'躲'太消极，'逃'又太狼狈。唯有这个'跑'于紧张中透出从容，最有风度，也最能表达丰富生动的内容"。

面对日寇穷凶极恶的轰炸，昆明人跑起警报来也紧张从容。抗战时在云南大学任教的上海作家施蛰存写过另一篇《跑警报》，也提到了"紧张"二字："哪一个昆明人不是从抗战开头就紧张着呢。好吧，让我说更紧张罢，因为最近又得天天跑警报了。""紧张"之余，施先生比较了江南某城的"躲空袭"和昆明"跑警报"的不同：

在战事刚开始的时候，住在家乡，每天敌机飞往杭州方面去以及从那方面完毕了他们之所谓"任务"回来，总得从我们那小城上飞过。于是城里所有的钟都响起来了。女子中学里的钟，和尚庙里的钟，鼓楼上的钟，天主教堂里的钟，基督教堂里的钟，在钟的合奏中，人们开始乱逃乱跑。

施蛰存注意到，昆明人"跑警报"，"紧张"之余，更有"从容"：

这会比从前从容得多了。那就是说，无论如何没有从前那副狼狈相了。因为现在我们可以先获得一个预报。每一个警察的派出所门口，挂出了白色的尖角旗，于是街上的人开始跨急步走了。他们多数是赶回家里去的，如果是一个没有家的流浪人，就慢慢地先踱出城，准备上西山或黑龙潭赏花去了。也有看见了预行警报立刻

抗战时期，为军工生产和防空提供电源的昆明石龙坝水电站遭日寇飞机轰炸，留下一个深5米、直径20多米的炸坑。后被整理为藕塘，称"荷花塘"，还养过牛蛙，称"牛蛙塘"。今为公园，称"飞来池"

就认真逃跑起来的，这是除了妇人或老翁之外，恐怕尽是一些近乎神经病患者的懦夫罢。事实上，妇人或老翁倒是绝对不会逃跑的，即使他们终于听见了紧急警报。

固然也有发了预报而不听见警报的，但大多数是预报之后至多半小时，我们就可以听到早已期待着的警报汽笛。那些尖锐的狂吼，正如一群吃惊了的狼在奔窜着呼唤。于是人们从各个就近的大城门、小城门、旧城门，或新城门中蜂拥而出，当然，我也一定是其中的一个。在你的想象中，倘若以为人们一定是很惊慌了，那是错的。人们并不惊慌，我没有看见一个惊慌的脸。

江南某城的"跑"是没有目的地的"跑"：

谁也不知道该跑到哪儿去。警报解除后，谁也不知自己刚才到底逃跑在什么地方。第二次警报发出来了，人们再逃再跑，但没有一个人逃跑到他自己上一次所曾躲避过的地方去。人人都仿佛只有他自己这一次躲避的地方是最安全的。让我再说一遍，只有对于他自己，而且仅仅是这一次。

昆明人"跑警报"的目的地很明确：

该往哪儿跑？虽则如此说，实在是傻话。现在不比从前，每个人都没有这个问题萦绕在他头脑里。第一次在什么地方歇脚，便永远在什么地方了。你说荒山上记不得路吗？可是谁也不会走错，连一株矮树一个坟头都不会找错。你自然而然地找到那留待你光临的地方，你会在那儿找到昨天你自己留下的一堆纸烟头或是一堆被拗折的草茎。

汪曾祺的《跑警报》也说：

跑警报大都没有准地点，漫山遍野。但人也有习惯性，跑惯了哪里，愿意上哪里。大多是找一个坟头，这样可以靠靠。说是漫山遍野，但也有几个比较集中的"点"。古驿道的一侧，靠近语言研究所资料馆不远，有一片马尾松林，就是一个点。这地方离学校近，有一片碧绿的马尾松，树下一层厚厚的干了的松毛，很软和，空气好——马尾松挥发出很重的松脂气味，晒着从松枝间漏下的阳光，或仰面看松树上面的蓝得要滴下来的天空，都极舒适。

更远的还有一条被称为"天然防空壕"的山沟：

这道沟可以容数百人。有人常到这里，就利用闲空，在沟壁上修了一些私人专用的防空洞，大小不等，形式不一。这些防空洞不仅表面光洁，有的还用碎石子或碎瓷片嵌出图案，缀成对联。对联大都有新意。我至今记得两副，一副是："人生几何；恋爱三角。"一副是："见机而作；入土为安。"对联的嵌缀者的闲情逸致是很可叫人佩服的。

施蛰存的《跑警报》也提到了一条防空壕：

虽则有尽够深邃的防空壕，但紧急警报不响是没有人愿意先躲进去的。于是荒山上开了园游会。带着纸牌的会在坟前供桌上造桥，带着口琴的会靠着墓碑吹一阕救亡歌曲，女学生会一边结绒线衣，一边唱歌，小孩子会做开金锁银锁的游戏，有伴的人可以谈海天，讲说前年他在武汉怎么样几乎被炸死，或是在山西怎么样打游击，没有伴的就从口袋里掏出一本书来读。

汪曾祺也看到了同样的情景：

空袭警报到紧急警报之间，有时要间隔很长时间，所以到了这里的人都不忙下沟——沟里没有太阳，而且过早地像云冈石佛似的坐在洞里也很无聊，大都先在沟上看书、闲聊、打桥牌。很多人听到紧急警报还不动，因为紧急警报后日本飞机也不定准来，常常是折飞到别处去了。要一直等到看见飞机的影子了，这才一骨碌站起来，下沟，进洞。联大的学生，以及住在昆明的人，对跑警报太有经验了，从来不仓皇失措。

在昆明"跑警报"，无须自备饮食，只要身上还装着几个铜板，就不会有饥饿之虞。且看施蛰存所见：

你怕警报老不解除，肚子会饿吗？不用担忧，也不必像广西人那么样抬了饭锅风炉上山，这里有的是卖点心的。西点，核桃糖，山林果，白酒，米线或饵块，随你挑选。小贩子既然也得跑警报，为什么不可顺便做买卖？

汪曾祺还说：

这里还可以买到各种零吃。昆明做小买卖的，有了警报，就把担子挑到郊外来了。五味俱全，什么都有。最常见的是'丁丁糖'。其次是炒松子。昆明松子极多，个大皮薄仁饱，很香，也很便宜。我们有时能在松树下面捡到一个很大的成熟了的生的松球，就掰开鳞瓣，一颗一颗地吃起来。——那时候，我们的牙都很好，那么硬的松子壳，一嗑就开了！

昆明人"跑警报"会随身带点什么？

据施蛰存的观察，'每一个跑警报者所携带的东西"，"常常是一个布袋，一个包裹，或是一个小提箱。我想我们可以给它们题一个名字，叫作个警报行李。这是最尊贵的，最精选的行李"，"是与你的生命共存亡的"。施先生"常常坐在一个荒坟边呆想，倘若每一个人愿意把他或她的跑警报行李解开来给我看一看，我一定可以看到许多好东西，一束信札、一本日记、一册照片、几种契约、几本书，几种很平凡很廉价的纪念物，甚至是一些庸俗的首饰及钱币。"

汪曾祺所见更清楚一些："联大师生跑警报时没有什么可带，因为身无长物，一般大都是带两本书或一册论文的草稿。有一位研究印度哲学的金先生每次跑警报总要提了一只很小的手提箱。箱子里不是什么别的东西，是一个女朋友写给他的信——情书。"

"跑警报"后的昆明人也充满了散淡自得。施蛰存写道：

谁也没有躲进防空壕去，便听见解除警报的汽笛了。那是一个得到了安慰的病人的叹息。于是荒山上的人们也随着舒松地长叹着，提起他或她的宝贵的行李回城了——没有逃跑的人都站出在大门口，用嘲讽似的眼色看着这些徒劳往返的男女，仿佛在说："早知不来，何必跑！"于是过路的人回看他们一眼，仿佛说："万一竟来了呢？"但立即扭过头来对同伴说："明天可不跑了。"同伴也不会有什么意见，反正知道他明天还得跑。

汪曾祺也这样写道：

警报时间有时很长，长达两三个小时，也很"腻歪"。紧急警报后，日本飞机轰炸已毕，人们就轻松下来。不一会，"解除警报"响了：汽笛拉长音，大家就起身拍拍尘土，络绎不绝地返回市里。也有时不等解除警报，很多人就往回走：天上起了乌云，要下雨了。一下雨，日本飞机不会来。在野地里被雨淋湿，可不是事！

可以作为总结的是汪曾祺的这段话：

日本人派飞机来轰炸昆明，其实没有什么实际的军事意义，用意不过是吓唬吓唬昆明人，施加威胁，使人产生恐惧。他们不知道中国人的心理是有大的弹性的，不那么容易被吓得魂不附体。我们这个民族，长期以来，生于忧患，已经很"皮实"了，对于任何猝然而来的灾难，都用一种"儒道互补"的精神对待之。这种"儒道互补"的真髓，即"不在乎"。这种"不在乎"的精神，是永远征不服的。

两位大作家同时以昆明为背景写《跑警报》。施蛰存写的是小西门外，以昆明市民为主；汪曾祺写的是北门外，以西南联大师生为主。两相印证，可见联大师生的魏晋风骨撞上了昆明市民的散淡自得，相互影响，相互交融，相得益彰，才演化出了如此"儒道互补"的"不在乎"精神。

这种"不在乎"就是"不屈服"。不少老昆明回忆，"跑警报"期间，昆明人清晨5点多钟就起床生火做饭，七八点钟吃完早饭，就肩挑背扛，或用单车、手推车等拉着一些物品，拖儿带女到城外的田间、野地、山林中躲避日机轰炸。一些妇女还带上针线，一边跑警报，一边纳鞋底、缝补衣裳。昆明娃娃也带着课本作业到野外背书、复习。直到下午四五点钟，日本飞机轰炸完了，或者没来也不会来了，

来昆参加抗战的美国大兵拍摄这张照片时肯定傻了：天下还有如此坦然面对生死苦难的人类！

昆明人才返回城内，生火做晚饭。当时昆明机关、公司也调整上班时间，下午四点才上班，晚上九点下班，以适应战时环境，正常工作和"跑警报"两不误。"白天躺警板，晚上看电影"更成为当时昆明的一道特殊的街市风景。有的市民返城时发现家宅被炸，虽痛彻心脾，也绝不屈服。大西门外一家牛菜馆多次被炸，老板多次修复营业，更改招牌为"不怕炸牛菜馆"，表现了"不屈服"的坚强决心。后来，有的昆明人干脆在城郊农村租房居住，以免每到跑警报的奔波，有的单位也在乡下租房办公，开展日常业务。如聚兴诚银行就在岗头村附近开设了办事处，业余时间员工还打篮球，到附近的水塘游泳。昆明各中小学校也搬出市区，另寻校舍，坚持教学。在日本飞机轰炸期间坚持开课，坚持开运动会，进行军训，师生们还从附近山上采来青松毛和山草布置教室，欢度新年等节日，歌声、笑声一片，以此表示对日寇狂轰滥炸暴行的不齿和蔑视。

抗日战争期间，著名的女建筑学家、诗人林徽因也住在昆明，对昆明人"儒道互补"的"不在乎"精神同样刮目相看。她曾写下一首《小楼》诗曰：

张大爹临街的矮楼，
　那上七（尺）下八（尺）临街的矮楼，
　　半藏着，半挺着，立在街头，
　　瓦覆着它，窗开一条缝，
　　　夕阳染红它，如写下古远的梦。
　　矮檐上长点草，也结过小瓜，
　　破石子路在楼前，无人种花，
　　　是老坛子，瓦罐，大小的相伴；
　　　尘垢列出许多风趣的零乱。
　　但张大爹走过，不吟咏它好；

大爹自己（上年纪了）不相信古老。

他拐着杖常到隔壁沽酒，

宁愿过桥，土堤去看新柳！

原来老昆明人的"散淡自得"，说白了，就是"不相信古老"，就是"不在乎"，就是"儒道互补"，就是"知足""自由"和"快乐"，如此而已，岂有他哉！

○安土重迁："出门一里，不如屋里"

城下行路为安

昆明坊间传说，一千两百多年前，唐代的南诏国准备修建东都，当时备选的地址有好几个，大家都在争，地方都不错，南诏王阁罗凤一时难以决断，便从几个候选之地取土称重，以土重者当选。结果滇池坝子胜出，南诏就在这里建起了拓东城，元代就此建中庆城，明代更建起了云南府城，即后世的昆明城。

老昆明人对"称土定城"说津津乐道，以此证明自己的家乡自古就是风水宝地，是昆明人安身立命的最佳选择。

明万历年间，谢肇淛在《滇略》中称昆明"民至老死不相往来"，"安土乐业，数世不知迁徙"。又有冯时可在《滇行纪略》中列举云南"十善"，认为"滇南最为善地"，山好水好气候好，花好树好日月好，唯一的缺点是"离家太远，家书万金，如异域然"。但居住在这里的人，"必不舍此而他慕矣"——于是"野安耕凿"，于是"安土重迁"，于是昆明人都成了"家乡宝"。

清道光年间，昆明进士戴䌹孙在《昆明县志》中对此有一番精当的评论。他说，云南人都不轻易离开家乡，昆明人更是如此。就是士大夫，除非赴京赶考、外出做官，也从不离开家乡，而安于自耕田园，种植桑麻，终老故土。远道而出经商的昆明人，百分之一二都不到。戴䌹孙说，长此以往，昆明人也容易孤陋寡闻，泥于成见，成为庄子所说的"坐井观天"者。

民国初期的《昆明市志》谈到当时的昆明马帮运输业时称，本地畜养骡马者"亦属少数"，仅近城处"有二三十户，各畜一二匹或三数匹，每日在南校场、小西门外各地质（租）人乘骑"而已。另有一家运货公司养了二十多匹骡马，用来拉车。

当时昆明近郊"以饲畜骡马为副业"的农民不少,但"每户亦不过有二三匹而已"。如果遇有"驮运数量较多、距离较远之货物","其骡马大半皆雇自外县"——昆明人的"家乡宝"观念,甚至限制了本土运输业的发展。

不仅如此,昆明"民性颇喜园艺",无论机关学校、私人庭院、门铺之前,都培植有花草,每年端午节前后,昆明的金碧公园、近日公园、云津市场、三牌坊、甬道街都有大型"花市",原藩台衙门前更每天都有花卉陈列出售,"足见民性对于花卉之观赏,颇具浓厚味"。当时昆明城"专以开设花园为业者不下一二十户",甚至寺院也"以栽花为一种附带营业,以增加收入"。但所产花卉"仅足供市内之需,间有输往邻近各县者,为数无多。至输出外省者则绝少。虽茶花为本地特产,输出之数亦甚少"——虽占尽优势,却仍然是一个"家乡宝"产业。

还有蔬菜,昆明"种植亦广,凡附郭及城内菜海子等处隙地遍种蔬菜",且"四时皆有鲜菜入市","蔬菜产量最多,除供鲜食外,尚可制为种种咸菜",但因为"制法欠妥,不但不能输出,且每年由玉溪、石屏等处输入之咸菜为数不少"——又是"家乡宝"。拿得出手的"仅黑大头一项,为本地特产,制法亦佳,历年皆有输出"。

但昆明人似乎不在乎这"家乡宝"的"坐井观天",在乎的是"人离乡,贱;货离乡,贵",在乎"出门一里,不如屋里",在乎"在家千日好,出门时时难",坚持认为"喜燕恋旧窝,乡土金不换","水数家乡好,月数故乡明","再破也是自己的土碗","穷到吃野菜,莫把家乡卖"——真理只有一个:"家乡最好,乡邻最亲"。甚至"巴乡"都不行,还要"巴家":"嫁个男人不巴家,守着空窝吃泥巴;讨个老姆不巴家,背名空有一枝花"。这种"家乡宝"思想还影响到了娃娃,老昆明有童谣唱道:

金碗碗,银碗碗,不抵自家的小木碗。

金窝窝,银窝窝,不抵自家的狗窝窝。

罗养儒在《纪我所知集》(《云南掌故》)中给出了一个"家乡宝"的典型:"从前的昆明人,不轻易出门远行,因而有人形容昆明人:一出门远行的人,才走到城外定光寺前,遇一相识者,即托其带信回家云:'你进城去,请你告诉我嬷,我已平安无事地到定光寺了。'"按清道光《昆明县志》,定光寺又称云安寺,就在今昆明东站外——

城下耕种为安

老性情

方才出城，就忙着报平安，昆明人家乡宝如此。

至于回乡，那又另是一回事了。清乾隆年间，"瘦马御史"钱沣归乡，才到滇境，就兴奋不已，赋《滇南胜景坊》诗云：

春上稠叠眼迷茫，未到家时已到乡。
解带石虬亭畔坐，别来阶树几枝长。

清道光年间，昆明人赖锺俊赴京赶考，落第归来，有《不第归家》诗曰：

行程无间隔，时至自还家。
驿路到乡尽，炊烟出户斜。
欢言三亩宅，喜见一庭花。
慰藉来邻叟，幡然动感嗟。

天下承平之时，昆明生活不太难。清末昆明人不论做工、当店铺伙计、当衙门小吏，所发工资都叫"薪水"。据老人回忆，滇越铁路通车前，一般店员的月薪水是银子八钱到一两二，衙门当差的分二、四、六、八两几种，能拿到八两的已经是地位较高的师爷"先生"了。按当时的米价，一石米（160斤）折合七八钱银子，猪板油每斤一钱多银子，猪肉每斤不到一钱，三文制钱可以买两个包子。一般收入二两到四两银子，就可以维持四五口人的生活（《昆明市志长编》）。

滇越铁路通车后，情况有了变化。据1924年出版的《昆明市志》记载："本市近年人口日增，各物常呈求过于供之象，故物价腾贵，平民生活殊感困难，其极贫之民，竟有糟糠不饱，褴褛不备者。且工业尚未十分发达，工厂之设立既少，需用职工亦稀，每不易求得相当之职业，而工资又贱。一人终岁勤动，差足仰事俯畜所就职业。除从事农渔手工工业及肩挑负贩之小卖商业外，多数从事车夫、轿夫、挑夫等劳力事业，至于妇女，除少数在各火柴厂、烟卷厂、织布织袜厂充当职工及自理或助理小卖商业外，多以缝纫洗浆及佣工为业，每人每日之生活费至少约在二角至三角之间，普通工资每日亦不过二三角。数口之家，虽竭力节省，犹不免时感困难，其素无职业者则困难尤甚。"另据《云南实业公报》，1923年，昆明一般工人月工资每月3到5元，而当时米价为每市石（120市斤）8到12元，也就是说，一个工人的月工资还买不到一石米。到了这时，昆明人还能不能继续做"家乡宝"就是个问题了。

○谨慎守成："宁走百步远，不走一步险"

在清道光年间的《昆明县志》中，本土进士戴絅孙直言不讳称：昆明人固然性情"淳朴"，但也守成固执，不求进取。到了近代，这个问题越来越突出，民国初年的《昆明市志》说，昆明人"惟富保守性，无冒险进取之心，又喜独立不羁，少合群美德，加以近年竞尚奢靡，中人之家多属外强中干，是其缺点"。抗日战争时的《昆明县乡土教材》称，当时"因为本省币值低落，农民负担繁重，又常受水旱虫灾，生活日渐困难，贫民日渐增多"，更恼火的是："又兼人民多富保守迷信的习性，少组织团结，以谋改进，所以终年劳苦，不得饱暖的，也很不少"。编者为此大声疾呼："我们要赶快图谋救济啊！"

不过，在老昆明谚语中，谨慎守成却是一个大优点，叫"大智若愚，良鼓若虚"，"鼓声越大，鼓心越空"，而"叫唤的鸟儿不长肉，好斗的公鸡不长毛"，"天不夸自高，地不夸自厚"，所以必须"真人不露相，露相不真人"，必须"自修自得，不修不得"。

昆明人的祖先中有不少历代官场争斗的失败者，他们留给后人的"警言警句"自然少不了"谨慎"二字。于是老昆明的谚语就有"无益语言休开口，事不关己少出头"；有"半路上说话，茅草棵里有人"；有"是非只为多开口，烦恼皆因强出头"；有"小草本无力，避风自弯腰"；有"多管闲事受人磨，少管闲事多安乐"；有"是非终日有，不听自然无"；有"赶马闻得屁，做人受得气"；有"吃得咸盐，听得淡语"；有"若要好，大作小"；有"说话留后路，放人走宽路"；有"饶人不吃亏，过后得便宜"；有"今日留一线，明日好见面"；有"受不住烟熏成不得佛"等。昆明人特别讲一个"忍"字，"争气何如忍气高""忍一忍，做事争；忍一忍，料事准""心字头上加把刀，逢事还要忍为

老性情

清末昆明人"进城吃城"

抗战时昆明人"进城吃城"

民国初期昆明人"进城吃城"

城墙下放牧、种苞谷、托土基，老昆明人"靠城吃城"　　城墙下托土基、搭小屋，老昆明人"靠城吃城"

高"——最后的结论是："小事不忍，大事难成"，"宁走百步远，不走一步险"。

但乱世之中，不走险棋，鲜有能成功者。清道光《昆明县志》就说，当时昆明城内外的"大商贾"多是"江西湖广客"，而做抵押货款商铺的老板，山西人占了一大半，后来才有三四个昆明"土著人"经起了商。昆明物产并不贫乏，但昆明人却"性皆弩缓"，又不能吃苦，不能经商赚钱，于是昆明"山泽所产"，都被外地人"以心计攫之"，空手而来，满载而归。民国时期，昆明最高行政长官有鹤庆人，有会泽人，有墨江人，有昭通人，有澄江人等等，没有一个昆明人。而经商成功者，"同庆丰"的"钱王"王炽是弥勒人，"白药王"曲焕章是江川人，德和罐头创始人浦在廷是宣威人，福林堂老板李玉卿是湖北人——多是外县、外省籍。民国初年的《昆明市志》指出，昆明本地人做经营，"业工者墨守成规，不思改进，业商者习于诈伪，罕见诚实，故市内凡有起色之工商业，皆操诸外省、外国或外县人之手，尤为莫大缺点"。直到今天，一些本土有识之士仍然认为，"谨慎守成"已成为昆明人面向世界、走向世界的一个短板。但在老昆明眼里，外来成功人士之所以成功，在于昆明能包容，方得以成事，得以融合，最后他们也都成了昆明人，都是昆明人的成功，不可视为"他人"之成功也。

"跳脚"叛逆：随势而变的自立之义

谈到昆明人的文化习性，我们津津乐道于明太祖朱元璋的"气厚风和""君子道行之所"的时候，也不能忘了朱元璋紧接着还说了四个字："人民尚兵。"（明洪武《云南机务抄黄》）

昆明人的先民中，有敢于和诸葛武侯大军"七败七战"的土著民族，也有横扫中原、西南，打遍天下无敌手的明朝征滇大军士兵。昆明人"气厚风和"是真，"人民尚兵"也不假。关键是环境，是气候和土壤。明初朝廷以强力威服土著民族而招致20万民军攻城，后期横征暴敛而有矿监杨荣被焚杀，南明大西军军纪失控而有呈贡之叛，吴三桂巧取豪夺而有张锜起事，清初课税繁重而有李天极造反，清末朝廷残民卖国而有重九起义，历代统治者都曾自尝恶果。

近代列强"围猎"中国。清光绪十年（1884年），法国占了云南以南的越南。清光绪十二年（1886年），英国灭了云南以西的缅甸。列强虎视眈眈，进而威逼昆明。边境上的每一次蚕食，都把震动传进了昆明：主战场在沿海的两次鸦片战争之后，让万里之外的云南大片失地；中法战争败在海上，却让云南门户洞开；甲午战争后"三国干涉还辽"，又把大片云南土地做了"谢礼"……有清廷官员认为：云南边境地区"历年游匪充斥，皆有鞭长莫及之势"，要不要无所谓。这对素来对朝廷"重北轻南"不满的云南人是一个很大的刺激(《云南杂志》)。目睹身边悲惨的亡国奴和咄咄逼人的列强,昆明人的民族危亡意识非常强烈。清光绪二十六年(1900年),八国联军入侵北京,有消息说朝廷要割让云南,云南各地纷纷组织团练,准备自保自卫,誓死不当亡国奴。辛亥重九起义爆发,昆明通宵血战,一夜光复,绝不是偶然的。

民国之初,袁世凯冒天下之大不韪,自恃兵多将多,地大财大,悍然复辟帝制,天下屈从迎合,而昆明首举义旗,浴血奋战,最后灭了袁氏的皇帝梦——从这个意义上说,明太祖口出"人民尚兵"四字,既是总结,又是预言。而从"厚和"到"尚兵",其之转变,就在一句昆明俗语:"老实人逼急了也跳脚"——《老子》所谓"民不畏死,奈何以死惧之"是也——这又叫"随势而安",是昆明"山国寡民"习性的另一种体现。

古往今来,昆明人"民族脾气"一发就不可收拾,被民国老人李根源称之为"真精神":追求自由光明,反抗强暴;坚毅刚强,不屈不挠;精诚团结,奋发向上。现代昆明"山国青年"聂耳一声怒吼"冒着敌人的炮火前进",进而成就了中国国歌,绝非偶然。

明末清初昆明人唐泰有《昆池曲》,当为史诗:

百蛮洗甲星俱动,万马投鞭月不流;
莫道两关终外域,旌旗千古指神州。

○好古信忠:"喜谈古事,赤心报国"

老昆明人好读书,就有了摆古"冲壳子"的本钱。据民国初年的《昆明市志》记载,昆明人"喜谈论古人轶事",茶余饭后,都要和儿孙摆古讲故事,娓娓道来,有始有终,如数家珍,有"诸葛武侯丞相天威,南人不复反矣,谓滇民心悦诚服,不敢携二离畔也,以及沐国公镇守昆明,建有忠爱坊,交趾王发祥坟墓,赛典赤疏通六河,潘铎元宵殉难,

昆明忠爱坊时时提醒昆明人要"忠君爱民"

岑毓英克服省城,底定大理等"。这不是单纯一讲了之,而希望儿孙辈"印入脑海,养成移孝作忠,赤心报国之良能"。受"礼贤"传统的熏陶,每逢钱南园先生等先贤诞辰之日,不少老昆明人都要备办祭品,互相邀约,前往祠堂或墓前拜谒,"犹有推崇乡先达之遗风"。清咸丰年间,昆明人王尔修奉养早年守寡的叔母,不但让叔母享用好米好菜,每天早晨都要把叔母背出来,坐在堂前,自己在一边叙说古今之事,让叔母高兴,直到晚上,才把叔母背回卧室(清道光《昆明县志》)。可见老昆明人之好古,已经到了老少皆迷的地步。

老昆明人好古,信的是一个"忠"字。明代大游行家徐霞客在昆明遇到了"风流公子"金公趾,说他"善音律",能"说三国故事"(《徐霞客游记》)。明末清初大西军进据昆明,将军李定国招金公趾为中书令。金公趾搬出民间所传《三国演义》,时时讲给李定国听,以此感悟李定国,激励他做诸葛亮,扶持汉家江山。李定国十分高兴,说:"做孔明不敢当,做关羽、张飞倒是可以努一把力。"(清道光《昆明县志》)后来李定国决心"扶明抗清",拥戴南明永历帝,至死不渝,和金公趾讲的《三国演义》分不开。

昆明人讲"义",明末清初的薛大观被奉为典范。据《明史·薛大观传》记载,南明永历十五年(1661年),吴三桂率清兵攻入云南,兵逼昆明,南明永历帝朱由榔弃城远逃缅甸。昆明秀才薛大观避居城北黑龙潭,叹息道:"身为君王,不能背城一战,和大臣一起为社稷而死,只顾逃命,跑到蛮邦苟且偷生,岂不羞耻?"薛

昆明庙宇戏台时时上演精忠报国戏剧

在昆明城隍庙塑像世界里,宣扬"礼义廉耻,孝弟忠信"是古人认为死后的分界线

大观决心以一死让天下人看看什么叫忠义。其子薛之翰说:"父亲为忠义而死,儿当为孝义而死。"薛大观夫人也说:"你们父子能为忠孝而死,我们妇女就不能为节义而死吗?"家中侍女抱着小孩问:"主人都死了,我怎么办?"薛大观说:"能和我们一起死,最好。"于是薛大观率妻、子、媳、女、孙子和侍女,全家在黑龙潭投水而死。据说薛家的猫、狗也随主人自投水中。第二天七人尸浮水面,仍互相牵依,面色如生,小男孩还在侍女怀中,双手紧紧地搂着侍女。薛大观的女儿已出嫁,在几十里外的山中避难,也在同一天自焚而死。薛大观一家投水而死,"为天下明大义"——秀才以死尽忠,儿子以死尽孝,女眷以死尽节,侍女以死尽责,而家中猫狗也以死尽义,让人喟叹。辛亥革命前,讲武堂总办李根源曾率领学生拜谒黑龙潭薛大观墓,以爱国之"义"激励师生。他高声道:"我们为什么参拜薛尔望先生墓呢?可惜他是一个文弱书生,不然,我们中国就不会像这样!"昆明辛亥重九起义领导人蔡锷在其审定的《云南光复纪要》中盛赞:"滇人种族之感,至(薛)大观而极!"

清代昆明人爱听评书,所听的多是古代历史小说,如《封神榜》《隋唐演义》《薛仁贵征东》《七侠五义》《三侠五义》《水浒全传》《说岳全传》《三国演义》《施公案》等,"他们对古时的故事与历史最是感兴趣,他们以为听听说书便可增加了一点知识"(陈珍琼《茶馆与昆明社会》),与此同时,也有忠、孝、理、智、信等中国传统观念烙在心中了。清初武风子在昆明做"火绘筷子",风靡一时。他"火绘"的图案有唐代凌烟阁二十四功臣像,有南宋岳飞朱仙镇奏捷图,还有南宋陆秀夫崖门抱主投海图等,无不显出一个"忠"字。老昆明还把"忠"字写进了祠庙里,文庙里有忠义孝悌祠、城隍庙大门内有昭忠祠、城南有忠诚庙,每到祭祀之时,老人都会侃侃而谈，讲出无数"忠烈"的历史故事来。

  昆明平政街早年有座报功祠（这条街原来就叫报功祠街）。这个报功祠始建于明代，开始祭的是元代咸阳王赛典赤、明代的黔宁王沐英和颍国公傅友德，民国以后更把历史上对昆明有贡献的历史人物全都纳入祭祀的行列：战国时的滇王庄蹻；汉代的句町王亡波、拔胡将军郭昌；蜀汉的丞相诸葛亮、建宁太守李恢、领军爨习；西晋的宁州刺史李毅和王逊；隋代的西宁刺史梁毗；唐代的河东刺史王仁求；南诏国王异牟寻；大理国王段思平；元代的云南平章政事赛典赤·赡思丁、参知政事张立道，元末的大理总管段功和梁王把匝剌；明代的沐英、蓝玉和傅友德，云南巡抚陈用宾、顾应祥和王恕，云南巡按使邹应龙，翰林院修撰杨慎；清代的云贵总督赵良栋、蔡毓荣、甘文焜、王继文、鄂尔泰、伊里布、阮元、林则徐和岑毓英，云南巡抚石琳、杨名时等——历代昆明名人几乎被"一网打尽"，按时代远近先后排列，林林总总，"合祀一祠"，"祀典仍旧"（民国《续云南通志长编》）。这个报功祠一共供奉了73个神位，简直就是一座云南历史博物馆。每参祭一次，每参拜一回，就等于上了一堂昆明千年历史课，听了一回昆明千年故事会。走进我们这本书的主要人物，不少都可以在这份报功祠名单中找到。

  昆明大西门外早年有座文昌宫，民国初期被改建为永历帝庙，祭祀明末以昆明为滇都的南明永历帝朱由榔，庙中附祀延平王郑成功、晋王李定国、中湘王何腾蛟、临桂公瞿式耜，另有大学士姜曰广等南明殿阁院科道文臣67人，有黔国公沐天波以下22人，有南明总兵官邓凯等镇将守令22人，后殿祭有永历帝的父母和8个兄弟世子，还有永历帝的皇后、妃嫔共5人，附祀昆明熊司氏、杨娥等。后庭祭祀在贵州为营救永历帝被害的吴贞毓等18个朝臣，在缅甸为保护永历帝而献身的朱蕴金等70人。前庭还祭祀着拥护南明政权的滇中义士朱䦞等150人，还有滇中的明代遗逸李正雄等43人，共有400多个历史人物，全都"勒之于石，以志永久"（民国《续云南通志长编》）——这又是一座完整的南明历史博物馆，蕴藏了不少惊天地、泣鬼神的历史故事，足够老昆明们"冲"上好多年的"壳子"了。

  昆明人心中的历史人物不少，除了报功祠和永历帝庙中的两大群体外，文庙里的名宦祠、乡贤祠、忠义孝悌祠、节孝祠，城隍庙里的清官祠、螺峰山西南的昭忠祠（忠烈祠）、小东门外的三纲祠，都是大规模的"故事群体库"。祭祀个人或小群体的祠庙更多，每个祭祀对象都挟着一段惊天动地的历史故事：如城内五华山武侯祠祭祀的诸葛亮；小西门内城隍庙祭祀的明将于谦；小西门内武帝庙（关岳庙）祭祀的关公和岳飞；城南崇德祠祭祀的明代布政使张紞，巡按御史樊莹，巡按都御史王恕、顾应祥；城东三贤祠祭祀的东汉王褒、明代刘寅、杨慎；旁边蔡公祠祭祀的清代绥远将军蔡毓荣；城西高峣村太史祠（毛杨二公祠）祭祀的杨慎、毛玉；翠湖北边的杨文襄公祠祭祀的清代杨一清；城内甘忠果祠祭祀的清代总督甘文焜；北城内林文忠公祠祭祀的清代总督林则徐；小富春街岑襄勤公祠祭祀的清代总督岑毓英；南教场蔡公祠祭祀的民国首任云南军都督蔡锷；劝业场后街黄公祠祭祀的辛亥革命志士黄毓英；翠湖南边的赵公祠祭祀的滇军将领赵又新；城北广备仓郭公祠祭祀的明代知府、"仓神"郭镇等。

除此之外，还有城东董公祠祭祀的明代知府董复，西仓坡谭公祠祭祀的清代巡抚谭钧培，五华山潘忠毅公祠祭祀的清代总督潘铎及知府黄培林、知县翟怡曾等7人，五华山劳文毅公祠祭祀的清代总督劳崇光、五华山恒公祠祭祀的清代总督恒春及夫人，南城埂刘武慎公祠祭祀的清代总督刘长佑，平政街王刚介公祠祭祀的清代总兵王国材，北门内褚武烈公祠祭祀的提督褚克昌，大富春街马公祠祭祀的游击马子贤等，都是"摆古""冲壳子"的好题目。只有翠湖东边的景贤祠最简单："内奉云南历代先贤木主一位"（民国《续云南通志长编》）。

○ "老实人逼急了也跳脚"

昆明"庚子教案"中被民众焚毁的法国教堂建筑

昆明人温厚纯良，恬退不争，小安即可，但若事与愿违，遭遇横逆，退无可退，"老实人逼急了也跳脚"。这"老实"与"跳脚"看起来矛盾，实为一物之两面，关键是那一"逼"。到了"穷莫信命，病莫信鬼"之时，昆明人就不再听天由命了，用得上的是另外几句谚语，如"鸡死还要蹬蹬脚"，如"猫急上房，狗急跳墙"，如"官逼民反，箍紧必炸"等，表现的是昆明人习性的另一面。

明嘉靖年间，朝廷派"税监"杨荣坐镇昆明，刮地三尺，横征暴敛，中饱私囊，大发横财，逼得百姓卖儿卖女。后杨荣滥征受阻，大发淫威，一口气要将数千人"杖毙"，终于激起民变、兵变。昆明人的"温淳"马上变为"彪悍"——兵民万人，渡过滇池，杀向昆阳税监府，放火烧毁衙门，乱刀砍死杨荣，扔进火中。嘉靖帝朱厚熜为此大怒，饭也吃不下去，说："死个杨荣没有什么可惜的，问题是法纪纲常怎么会沦落到这步田地！"（《明史纪事本末》）——朱厚熜没想明白，官民之间原有条底线，陛下和官府已越过底线，走得太远太远，怎么可能不引起强烈反弹呢？

明末清初数十年间，时局动荡不安，昆明战乱不已。先有沙定洲之乱，继有大西军入城，后有吴三桂占领昆明，又据昆明造反，最后清军攻占昆明，灭了吴周政权——几次江山易主，灭顶之灾降临，"山国寡民"的温淳再次荡然无存。

　　清初"三藩之乱"，昆明是重灾区。吴三桂败兵抢掠"寡民"，清廷官兵也"寻食"残民，昆明城内外，断垣残壁，饿莩遍地，"小安"已毁，人心不古，民风大坏，不复见"温淳"矣。清军二次平滇之后，委派了两任云贵总督，先有蔡毓荣上《筹滇十疏》，说云南人遭难多年，满目所见，都是些灭理乱常之事，不知孝悌忠信为何物。尽管当局多设义学，教其子弟，又每月两次宣讲，阐扬圣谕，试图感动其天良，但收获仍然不大——此情此景，较之明初，何异天壤之别。蔡毓荣的后任王继文也说，云南地处荒僻，远离中原，四境隔绝，自古彪悍狠戾，易斗难驯。吴三桂逆乱之后，滇人对纲常毁废、人伦倾覆习以为常，群起效尤，民风嚣薄（清雍正《云南通志》）——透过他们的偏见，也可以看到当时滇中文化冲突之激烈，由淳朴而叛逆、而另类、而躁动、而反抗，昔日"山国寡民"的温淳之风，已荡然无存。后来苛政有所松动，得朝廷、官府"与民休息"之惠，昆明经济渐得恢复，民生渐得改善，学校渐得兴起，"小安日子"方才复得，"山国寡民"方才复苏。四五十年之后，清乾隆年间的云贵总督张允随的奏稿中终于重现"风俗淳朴"四字（《张允随奏稿》），让人松了一口气。

○云南杂志："民气存则滇存，民气亡则滇亡"

　　昆明地处边疆，又为云南省会，国家冲突、民族调适、阶级斗争、文化融合，集于一地。滇人、昆明人忧国忧民之思尤重，自古如此。清嘉庆年间，云南学者师范久在安徽任职，游历甚广，从内地看故土，别有一番感受。他认为云南地处偏僻，"似无与于天下之轻重"，其实"恒足以重轻天下"。从全国来看，云南就是中国的手、足。如果手足"筋骨坚定，血脉贯输"，那么，中国就"动止疾速"，"任其意之所使"；如果手足有病，虽然不似心腹之疾要命，但"七尺之躯"就"难免残废"——"此其轻重，从可知矣"。师范在《滇系》的序言中还说，虽然云南经济落后，每年的官租还不如内地的一个郡，但其地处西南边境，"西

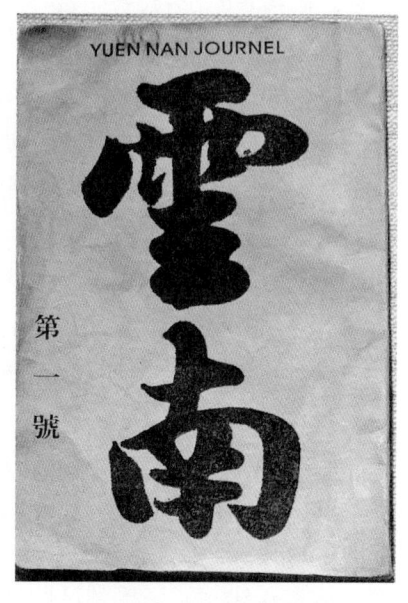

宣传革命的《云南》杂志

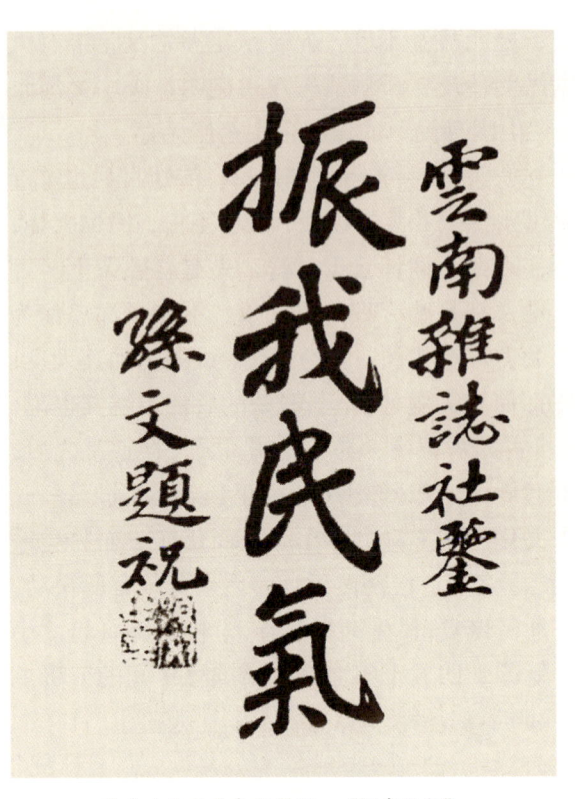

孙中山为云南杂志题词:"振我民气"

逼缅甸,南连交趾(今越南),北通蒙番(西藏)",东则"远达京师",没有云南则没有贵州、没有广西、没有四川,从此看来,云南实为中国之股肱,中国之肘腋,"滇之福何莫非天下福哉"!

至于近代,中国于1840年后两败于鸦片战争,法国于1884年灭了越南,英国于1886年占了缅甸,列强压境,国土多失,滇人首当其冲,感受更为深刻。翻开清末革命党人办的《云南》杂志,满纸都是揭露英法侵滇、谋滇的文字。其有《云南之民气》一文,警告"滇今者法窥其南,英窥其西,虎视眈眈,危如累卵"——和历史上的危机不同,这一次是法英强势压境,当局腐败无能,百姓危在旦夕,面临"千年未有之大变局"中,滇人、昆明人"民气存则滇存,民气亡则滇亡",为救亡图存,昆明人的文化习性也随势而变,多年来深藏不露的"血性尚兵"文化基因被呼唤出来,走上前台,演出了一幕幕救亡图存的历史大戏。

老昆明人自古有经商"走夷方"的传统,西出可到缅甸,南行则入越南。近代"夷方"突然变色,成了列强的殖民地。《云南》杂志第五号刊出《论云南对中国之地位》,大声疾呼:"云南形势之危殆,非自今日始也。自一八八三年,越南沦亡于法,而云南即有唇亡之虞。一八八五年,缅甸折入于英,而云南更成掎角之势。自是以降,两雄交伺,前虎后狼,逐逐眈眈,时谋搏噬。未几而有滇缅划界蹙地千里之事,未几而有攫滇越铁路建筑权之事,未几而有揽七府矿山开采权之事,未几而有云南两广不许割让他国之事。藩篱尽撤,深入堂阶,而云南逐入英法之势力范围。"文章还警告说:"行省之中,僻远邻敌如云南者,一有边警,则敌兵旬日可至城下,而中央政府命将出师,尚遥遥在万里外,逮后兵至,而云南亡已久矣。"就是清末名宦如陈荣昌,也感叹猛虎窥于门前,"西南有边患,滇先受祸",昆明人"不得安枕而卧矣"(《寸封翁六十寿辰》)——到了这个地步,"小安生活"已不足自恃了。

清末福建状元吴鲁到昆明任云南提学使。八国联军攻占北京时,吴鲁正好在京城任职，困居宣武门外南柳巷晋江会馆中。蒙受奇耻大辱，目睹国难家仇，吴鲁作《百哀诗》鞭挞丧师失地、媚外辱国的奸佞之徒，愤于民穷财尽、国家将亡而清廷犹不思悔改振作。到云南后，吴鲁深感"滇南人心风俗，视他省独厚"，并对此寄予厚望。光绪三十年（1904年），吴鲁为道光《昆明县志》作序，称云南、昆明自有优势："今乎昆明，滇南之首邑也。居中建瓴，全省之规模具焉。东接黔蜀，南控交趾，西拥诸甸，北踵吐蕃"，"实西南之重镇"。云南"五金之产，甲于天下，物产丰饶"，历来"为外人所觊觎"，危机不亚于当时被日本霸占的台湾。和台湾不同，列强不能用轮船入滇，便强取路权，"以铁轨达之"，"英由缅，法由越，撤我藩篱，窥我堂奥，支干纵横，直达省会"昆明。如此一来，台湾的命运就等着云南和昆明了。吴鲁大声疾呼："卧榻之旁，岂容鼾睡已耶？"云南人必须早做准备，当"非我族类，反复无常，恃其兵威，籍端启衅，远涉重洋而与我为难"之时，便可"出全滇兵力以与之角，安在不足以挫凶锋而制其死命"。只要云南"兵将一心，忠义奋发，砥柱天南，军威一震，中原时势转弱为强，又不独全滇之幸，实天下大局之幸也"！

清光绪三十一年（1905年），《云南》杂志第二号刊出《云南之将来》，痛斥"今日云南官吏之昏谬，外人之强横，军事之废弛，人民之愚弱"，又感于云南屡次被朝廷出卖，"久已置诸不足轻重之列，因而官吏盗卖云南不之罪，外人侵略云南不之问。且因俄德法三国之干涉日本逼还辽东，而竟割云南猛乌、乌德地，送让法国，并许法国延长东京（河内）铁道得达于云南府（辖今昆明一带），又于铁道沿路诸矿山开掘之权归为法国所独占，更誓约云南不割让于他国。呜呼，我云南人至于今日，尚复歌舞太平，如醉如梦，而不知前之祖宗披荆斩棘开辟经营之地，今之父母兄弟己身妻儿衣食住宿之乡，已被政府于距今九年前双手捧送于法人"。虽云南军民多次以血肉之躯大败殖民者，保住了祖宗留下来的疆土，而朝廷竟将大片云南土地送给英、法，以求苟安。而"英法之经营云南不遗余力也。一从缅而西来，一从南而北上，瓜分之势成矣"。再看"官吏之至云南者，亦莫不欺云南之无人，时时存一唯我所欲为、云南人终莫予毒之心。金珠满载，玉帛充囊，而犹曰云南缺苦。卧阁烟迷，讼庭尘积，而犹目云南难治。甚至一画界也，失地千里而不衅。一土匪之乱也，官兵所至，杀人如麻，奸淫抢掳，甚于强盗万倍"。修筑滇越铁路，"地方昧良无耻之官吏更苛派门户于民间"，"实皆以之饱私囊"，"以致饿殍沿途，残尸露野"——"云南暗无天日之惨状，真大地万国未有"，"而将来中国之亡，云南必先亡也"。

在此严峻的形势下，昆明"山国寡民"文化习俗成了抨击的对象。清光绪三十二年（1906年），《云南》杂志刊出《云南之民气》一文，列举云南特别是昆明人"民气"之失九条：一为"无坚忍性"；二为"无联络情"；三为"无谙练识"；四为"无公德心"；五为"无勇敢心"；六为"无奋发心"；七为"无冒险心"；

八为"无明达才";九为"无愧耻心"。此中不乏"恨铁不成钢"之言,所谓"山国寡民"之风,已见"风俗之颓敝,士夫之隘陋,人民之愚蠢,知识不开,物产不兴,耳目充闭,若坐窨井","或营营于功名,或孜孜于私利","外患日迫而安居者如故,大敌将临而沉迷者如故。残喘空延,苟且偷生于旦夕"。滇人"形体虽具,精神已消。萎靡者恒十之七八,奋励者十之一二"。

这篇《云南之民气》认为,滇人"民气"弊端百出,皆可归结于官府的封建教化:"官长之压制,务使我人民钳口结舌,不得尽国民之责任,惟堕于愚弄之术,而谓为安分也。故铁路让与外人,国民不闻;矿产授予外人,滇民不知。迨其后虽知之闻之,而亦若不知不闻者,莫不曰吾侪安分。牛马奴隶之惨酷,期将不远,而安分者依然。甚至闻师长之教训,恒不足以启发知识,只足以束缚思想。问何教,教之以退让,教之以博取功名,教之以巧用权术。于是习为乡愿,钻营利禄,宁复知宇宙间有分内事乎。"

于是,《云南》杂志之《云南之将来》一文大呼:"云南云南,其勿蹈安南覆辙、缅甸后尘","一朝有事,则为将为兵,与强邻以铁战、以血战,而角胜疆场,则将来云南或可不亡",就是亡也要"血战数年而后亡,为亡国之雄,虽亡亦足为中国历史光"。《余之云南观》说得更明白,"如今法国是个大国,把中国全国的兵同他打仗,怕还打不赢呢,莫说我们只是云南一省。但只是我们云南人上几十代的祖宗,下几十代的儿孙的生死关头,我们除了碰命无第二法。果系碰赢了,固是幸事,不幸碰输了,我们死在九泉也对得住祖宗,就是杀不完的儿孙,后来也还有点骨气,不做英法国人的牛马"。

《云南》杂志为留学日本的云南籍革命党人所办,所刊言论代表了当时爱国者、革命者的觉悟和先声。杂志通过各种渠道传回昆明,在学校、军队、社会上半明半暗地流传,产生了相当大的影响。

○ "只问该不该做,不问能不能做"

世势到底比人强,重新把"气厚风和"的昆明逼到了"人民尚兵"的墙角。

清光绪二十五年(1899年),法国人强占昆明圆通寺八角亭办公,近在咫尺的昆明县衙竟奈何他不得。时值庙会,昆明人进庙不能,千余人愤而绕山道进入寺内,与法国人理论,逼迫法国人退出,还我圆通寺。

光绪二十六年(1900年),八国联军占北京,滇中谣言四起,传言京师议和,已将云南割让给外人,又传列强将在北京另立皇帝。昆明人激愤不已,纷纷筹组武装,以图自卫。同一年,法国驻昆总领事方苏雅私运武器进入昆明被扣,竟率人抢回武器，藏进升平坡法国领事馆和平政街教堂。近万昆明民众闻讯聚集领事馆和教堂，抗议法国人私运武器，要求方苏雅交出武器。方苏雅竟下令开枪，连伤数人，昆明人愤怒之余，烧了领事馆旁法国人住宅，烧了教堂边的教士、教徒房屋，还烧了狗饭田的法国主教公署若琴堂，捣毁了小东门外的修道院和马市口等几个地方的圣书公会——这就是轰动全国的"昆明教案"。此时方苏雅对昆明人的"好战尚武""粗暴无礼"也畏惧不已，不得不在官府的保护下撤出昆明，回越南去了。

护国军在昆明誓师北上

1910年，英、法强取云南"七府矿产"开采权，遭到昆明人强烈反对。昆明学生成立"保矿会"，两千多同学上街游行，高呼口号，到三棵树（今华山西路）法国领事馆示威，并投掷石块，以示抗议。陆军小学堂学生杨樾登上讲台，说到激愤之处，拔出匕首，斩断手指，表示誓死收回"七府矿权"。随后登台的赵永昌演说完毕，也抽出匕首，捋出左臂，割下一块肉，写下血书："七府矿约不废，则我等命脉已亡，死期近矣！"昆明各界成立"矿务研究会"，连日集会，要求收回"七府矿权"。云南谘议局也派代表赴京，呼吁清政府废约保矿。民心如此，云贵总督李经羲不得不奏请清廷撤销七府矿约，他忧心忡忡地写道："臣不敢谓矿一开而滇即不亡，而确知矿一开而滇即亡。"

20世纪初,云贵总督丁振铎昏庸误国,洋务局总办兴禄贪赃卖国,外交则出卖矿权路权,划界则失地千里,兴禄不但没有受到追究,反而飞黄腾达,升任贵州布政使,并代理巡抚之职。1906年8月,云南留日学生三次通电清廷,请撤换滇督丁振铎。云南留越学生也上书清廷,痛陈滇事危迫,请练兵以固国防。接着,滇籍京官和昆明商绅也群起而攻之,昆明学生更赴京请愿,要求驱逐丁振铎,严办兴禄。时任贵州提学使的昆明名士陈荣昌也参奏丁振铎和兴禄狼狈为奸,居官卖国,历数丁振铎、兴禄之罪十多条,为"驱丁"运动再加一把火。清政府不得不派人查办,先是大事化小,将丁振铎调去做闽浙总督。不料消息传出,福建商民也不答应,通电拒绝丁振铎到任,又拍电报要求丁振铎"自裁"以谢国人。清政府无奈,只好将丁振铎、兴禄等一干人革职,以平民愤。

1911年武昌起义爆发,昆明革命党人准备响应,但军中革命党高层五次开会都议而不决,最后一位小排长拍案而起,大声说:"事到如今,你们不干,我独自干!如果失败,我战死就罢了,如果被抓,我就把你们都供出来!我不想独享烈士美名,却让你们蒙羞!"众人大骇,呆若木鸡。于是重九起义如期发动,清朝在云南的统治就此告终。

1915年,袁世凯冒天下之大不韪,复辟帝制,自称皇帝。慑于其淫威,全国上下敢怒不敢言;生死关头,唯有昆明人登高一呼,揭竿而起,发动护国起义,将袁世凯拉下皇位。当时云南地不如袁,兵不如袁、钱粮不如袁,议定起事时,曾以各省响应和外界接济为条件,但最后一句却是:即使条件均不具备,毫无响应或接济,"本省为争国民人格计,亦孤注一掷,宣告独立"。他们当时说的一句话至今让人回肠荡气:"事关国家民族大义,只问该做不该做,不问能不能做!"

"得天独厚"
而"顺天循道"

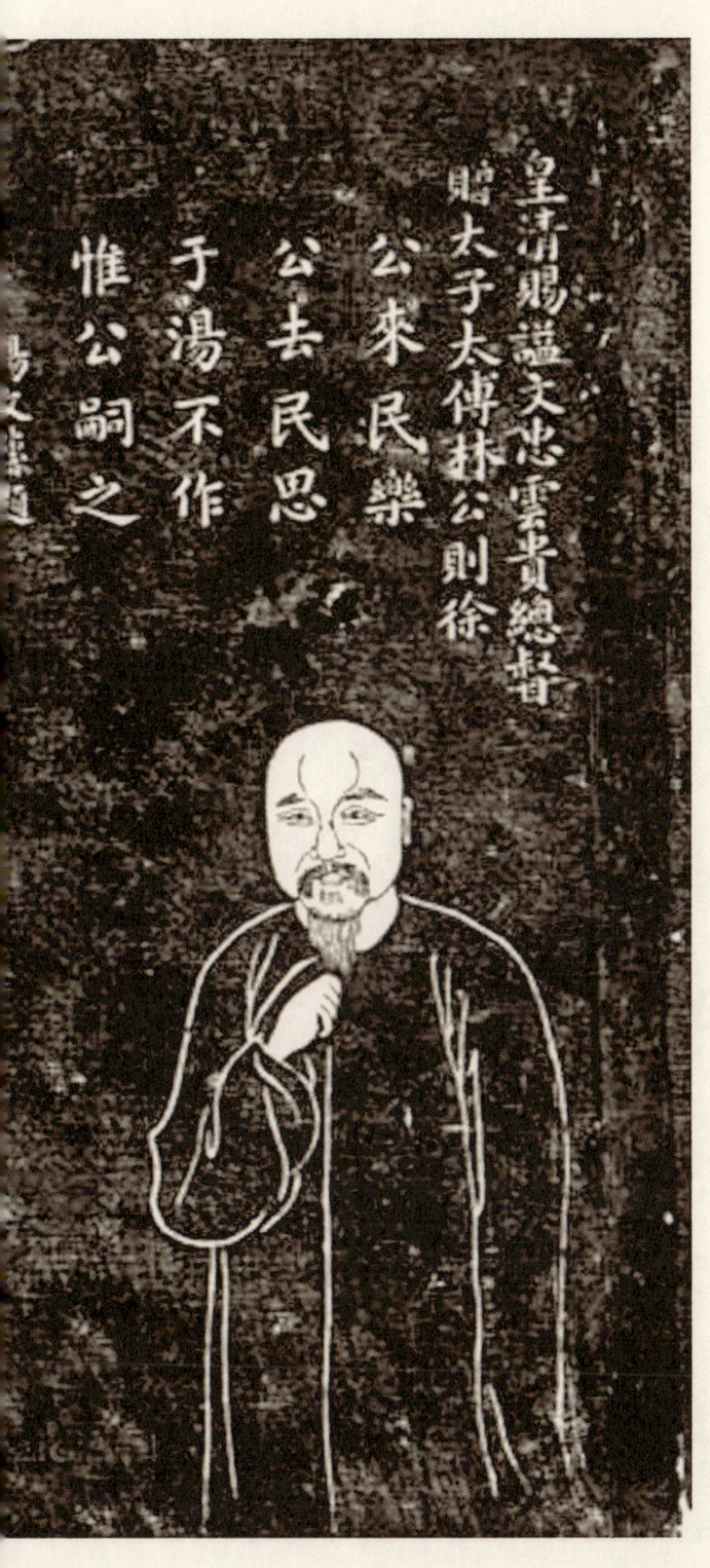

明人谢肇淛在《滇略》中说，滇中百姓"至老死不相往来，他方乐土未必胜此也"，又说老昆明人"安土乐业，数世不知迁徙，固依稀西方乐土矣"——此之谓昆明地，山国之乐土也。

明万历《云南通志》记滇人"相尚以朴质"；明天启《滇志》赞滇人"慈孝友善，相敬如宾"，昆明更"气厚风和，君子道行"；清雍正《张允随奏稿》盛言"滇省风俗淳朴"；清嘉庆《滇南闻见录》赞"滇中民风淳朴，不尚浮华"；民国《昆明市志》仍称昆明人"性质纯善谨慎"——此之谓昆明人，得道之"寡民"也。

得山国易，得山国乐土难——昆明得地独奇，自然而自在，又何其乐也；得"寡民"易，得悟道"寡民"难——昆明人得天独厚，自由而自若，更何其神也。

明清两代，称霸中原的是儒家，内地移民多崇孔教。入滇入昆之后，却"道"心大起，得"道"独淳，暗合老子之学，"儒""道"相济，信奉起"得道而安"的"小安生活"哲学来了——此中奥妙何在？

近代学者张起钧认为老昆明人

"生活艺术方面尤其具有极高水准",与移民大有关系:"第一是受了吴三桂带来的那一些懂得生活艺术的'京油子'的影响,第二则是受了充军到云南的落魄官员们的影响。"他说:"这些大官尽管在政治上失意了,而其文化的熏陶,生活的经验仍然存在;只要他们稍一指点,便不同了。"(《烹饪原理》)

　　明清移民即"移为边民",如贩夫马帮、亡命难民之类,屯田士卒、充军谪官之流。严格地说,这些移民都是被中原儒家文化"边缘"化的人物。其远来昆明,历经艰险,死里逃生,自然疏离儒家文化,偏向道家寻求精神支持。而昆明地处极边,城居山国,亦为边缘山城。山高而皇帝远,主流儒家文化至此,几成强弩之末。于是文化环境相对开放,思想束缚相对宽松——边缘人遇到边缘城,两个边缘叠加,天时地利人和,"瞌睡遇到枕头",就有了边缘文化发展的余地,有了"山国寡民"生存的空间。天末巅地之山城便是乐土,寡居边缘之小民于是乐道,乐土乐道,岂不乐哉?

○"山国"悟"道":"倾心向真宰"

明清两代,大批汉族人口迁入昆明,带来了强势的儒家文化,给昆明打上了儒教印记。但时隔不久,这些"儒家子民"就向"小国寡民"靠拢,养成了温淳散淡的"山国寡民"文化和"小安生活"的秉性——"滇"一说为"颠","山国"的颠覆性让人惊叹。

一般来说,"山国"总与"穷"字分不开,不是穷山恶水,就是山穷水尽,而昆明地处山国平坝,自古为风水宝地,又大不一样。

两千多年前的战国时期,楚将庄蹻到滇池边,看到就是"地方三百里,旁平地肥饶数千里"(《史记》),兴奋之余,就"变服从俗",建起"小邑"——小小的滇国,过起"小安"生活来了。

唐代的宝应二年(763年),南诏王阁罗凤看重滇池北岸"山河可以作藩屏,川陆可以养人民"(《南诏德化碑》),下令在此兴建拓东城,作为南诏的东都。

到昆明任云贵总督的林则徐

元世祖忽必烈曾率兵打到云南,后来说:"云南是个好地方,朕曾亲征到那里,如果不是上天让我做了皇帝,能封到那里当个云南王就心满意足了。"(《滇绎》)明太祖朱元璋为征讨云南费尽心力,也知道云南"气厚风和,君子道行之国也"(《滇绎》)。明万历年间,昆明城仍然雄踞滇池,"方广三百里,旁平地肥饶千里",既有"盐池田渔之利",又有"金银畜产之富"(《滇略》)。直到清道光年间,《云南志钞》仍称昆明山川壮丽,原野肥沃,湖山相连,是云南第一鱼米之乡,可以和湖广、四川相提并论。

元初中原官吏一入昆明,"乍听侏儺我亦惊"(李京《初到滇池》),更有"风景还惊入画看"(郭松年《题筇竹寺壁》)。元代昆明"天际孤城烟外暗"(李京《初到滇池》),明初仍然"萧飒孤城木叶秋"(张佳胤《署中秋懷》)。此时的昆明,"城北千山如涌波,隔断中原万余里,耳边无处闻弦歌"(史公谨《云南》)——中原文化还势单力孤。但到明嘉靖年间就不一样了,"西南天尽见雄都"(张佳胤《入滇城》）——虽在"天尽"之处，却有"山国寡城"之势，堪称胜地。

明清昆明移民，多为边缘之人或被边缘之人，有被迁徙的屯军屯民，有被流放的富人官人，有被逃难的灾民难民，有被流浪的贩人艺人等。步入山国，行路不易。明嘉靖年间，浙江进士张时彻授职云南按察使，方才入滇，就大叹"天边乘传客，历险到殊方"。沿途兵灾频仍，"草长知烽息，民流属岁荒"；又道路艰险，"云起千峰失，猿鸣清昼阴"，加上"山路仍多雨"，"碧溪云不定，青草瘴仍浮"，更是险象环生。尽管一路官家迎来送往，张时彻仍然感到"寒燠经时变，浮踪不自由"，"寨帷从雾入，度陇病泥深"，不禁"迢迢望乡邑，历历见林丘"。明万历初年，到云南做官的大思想家李贽也说："仕于此者，无家则难住；携家则万里崎岖而入，狼狈而去，尤不可不体念之。"（《焚书·杂述》）——官员入滇，且有如此之难，何况一般百姓？

古代云南山国被视为蛮荒之地，瘴疠之乡，人人畏惧。历尽艰险，走进山国，但临滇池，山清水秀，鱼米之乡，有乐土焉，诚"边缘人"安身立命之地也。明代四川状元杨慎充军云南，人到昆明，但见"天气常如二三月，花枝不断四时春"，便惊喜不已，赋《滇海曲》曰：

海滨龙市趁春畲，江曲渔村弄晚霞。
孔雀穿行鹦鹉树，锦莺飞啄杜鹃花。

近代禁烟名臣林则徐抗英有功，却被诬陷罢官，充军伊犁。后来受任云贵总督。林则徐一身疲病，历尽艰辛，来到昆明，眼前一亮："东风一夜春光透，刚到花朝见牡丹"；还有"彩云城郭冬不冰，山茶花红玉梅白"；跑马山万寿寺的茶花更是了得："花光遥扑碧鸡关，欲换燕支塞外山"，把江南名花都比下去了（《林则徐诗集》）。因为身染重病，林则徐辞官而去。女婿请林则徐回京城，林则徐拒绝了，理由有三个：京城房价太高、官场是非太多、北方天气太冷。林则徐给女婿的信中有这样一段话："年来在滇过冬，并不用穿大毛衣服，忽受京中如许之冷，恐必老病益增。"（《林则徐书札手迹选》）。看来林则徐的离去也有几分无奈，由于身患重病，留在昆明继续做官已无可能，只好先回老家福建休养。离昆之后，林则徐还恋恋不舍，有《和陶莲生赠行原韵》诗曰：

西风匹马别昆明，丛桂留芳菊有英。
也触故园三径想，欲寻孤艇半篙撑。
名场回首升沉幻，客路销魂岁月更。
独有停云劳怅望，柴桑一老最关情。

诗中透出的道家情愫，与当年被充军伊犁前"苟利国家生死以，岂因祸福避趋之"的儒家情怀大不一样。虽然林则徐最后还是不免为朝廷献身，但有几分是出自他的情怀,又有几分出自他的情愫,谁说得清?

在"乐土"上住长了,官场、战场上的邪火便逐渐消减:"嗟我久红尘,游赏从兹始"(明 郭文《登太华蓝若》),"慈云常见阶前起,孽火都来海上消"(明 张紞《登太华寺》)。就是朱元璋廷前的"快口御史"韩宜可,到了昆明,也只盼"何日相逢陪杖履,西风林外一长讴"(《五华寺》)。清代大儒阮元到昆明做总督,但见"春风先到彩云南",也飘飘然起来,虽自称"衰老腐儒",却也信了老子一把,在总督任上大搞无为而治,"奉节持节坐镇之,而不必有所更张施,唯以崇国德威,休养民生为事"(《揅经堂集》)。明初重庆人张佳胤督学滇中,写有《署中秋怀》诗,亦有"小隐"及"吏隐"之思:

吏隐常依一亩宫,案头幽鸟坐秋风。
楼高散帙青天上,露滴繁花绿树中。
小隐会心无远近,转蓬随地可西东。
虚惭绛帐横经日,空使诸生侍马融。

诗中马融是东汉人,其为大儒而不拘于儒,"前授生徒,后列女乐"(《后汉书》)——"提督儒学"之张佳胤也有"出儒"之思焉。

至于一般迁客骚人,更把这片乐土当了老子"小国寡民"的桃花源。明末清初,昆明人王思训但游花红洞,就"疑是仙源近,桃栽最上层",想那"招提苍茫外,应有避世僧"(《游花红洞》)。另一位昆明人唐泰(担当)有《题画三首》,心思更在桃花源中人之上:

沿溪有路近仙乡,话到桃源事渺茫。
洞里老人何太俗,更将时代问渔郎。

清代昆明人傅应台《九日抵家》,但见"将营绿野千头橘,为种青门五色瓜",便情不自禁,"重阳恰是归来路,且向东篱问菊花"。"清代第一贪"和珅的死对头钱沣回到故乡昆明,也大呼《高峣口号》曰:

柳市估帆春落早,松林僧磬午闻徐。
何年分买余田地,来伴枯樵作老渔。

历代移民从"中国"来到"山国",来到"天末颠地"之山城,从"臣民"转向"边民",成为寡居边缘之小民,得逢昆明乐土,实乃三生有幸,无不谢天谢地,过起"山国寡民"的"小安生活"来了。这既是人生的智慧,也是人生的无奈。唐代南诏之时,流寓云南的御史杜光廷"一年一度喜春光,及至秋来又感伤"。何以解脱?"若不倾心向真宰,也应憔悴鬓成霜"——唯有崇尚自然。这就不由自主地与老子思想并了轨,虽然有点无奈,但也只能"知其不可奈何而安之若命"(《庄子》)了。杜光廷研究老子之学而著《道德真经广圣义》,又研究道教之学而有《道门科范大全集》，至今被供奉在苍山神祠中，被尊为"点苍昭明镇国灵帝"，可见这位"道师"影响之大。

○明朝"军二代"兰茂避祸杨林"得道传道"

杨林镇兰茂塑像

明代初期，距昆明百里的杨林御守千户所出了个布衣学者兰茂。其父为河南洛阳人，一说与征滇明军统帅蓝玉关系密切，随蓝玉大军进入云南。后朱元璋诛杀功臣，大兴"蓝玉案"，牵连致死15000人，兰茂隐居杨林，得以避祸，更远离官场，采药从医，潜心著述讲学，成为明初云南最重要的学者，人称"小圣"。兰茂行医采药杨林、昆明之间，足迹遍于云南，所著《滇南本草》，是云南历史上最早、价值最高的中草药专著，比李时珍的《本草纲目》还早142年。

兰茂有"理学宗匠"之称，但自号止庵，又号和光道人、洞天风月子、玄壶子等，都充满了"道"味。其有《行香子·四时词》自明心志：春则"我老无为，对景忘机。笑欣欣，童冠相随。酒瓢诗卷，到处提携。问鸟声中，花影下，夕阳晖。"夏则"濯足沧浪，静坐禅床。任蜂衙蚁阵奔忙，身心不动，物我相忘。看水连天，云出岫，月流光。"秋则"月淡云收，雨过泉流。更风蝉，老树吟秋。自然潇洒，无限清幽。胜访蓬莱，寻阆苑，觅瀛洲。"冬则"养气调神，寡欲离嗔。乐陶陶，清世间人。壶中日月，静里乾坤。胜广参禅，勤问首，远寻真"——一年四季，都奔"道"而去，冲淡简远，清心自安，不复他求，颇见"山国寡民"之思。

明正统年间，兰茂在杨林设馆授徒，开云南风气之先，成为滇地开馆教学第一人。其自编教材《韵略易通》以推广官话音韵，把107个旧韵缩减为20个新韵，成为如今普通话的21个声母的前身，兰茂以20字《早梅诗》一以概之：

东风破早梅，向暖一枝开。

冰雪无人见，春从天上来。

诗如其文，"言言珠玑，句句琳琅"，且不乏道家之意——既授新韵，又传"道学"，用心良苦。

兰茂所编教材还有《声律发蒙》，亦"词采骈宕，裁对工稳"，成为私塾启蒙读物，几乎人手一册，不但传遍全省，还流传到浙江、山东、山西等地，备受推崇，四方学者闻名而来，拜兰茂为师，研习声律（《云南乡贤事略》），可见其影响之大。

明正德《云南志》载有兰茂著作11种，"滇人多传之"。明景泰五年（1454年），兰茂写成南曲剧本《性天风月通玄记》，这又是云南最早的剧本，描写一位道人清心净性，降伏眼、耳、鼻、口、心、意等"六贼"，又除灭"青龙白虎"，最后遇仙翁点化，得道成仙——逃避现实，崇尚自然，追求自由，"山国寡民"的"离世"之思由此扩散，弥漫民间。

○明代状元杨慎"在朝为儒，谪滇为道"

许多老昆明人都说，古代云南最有名、对云南影响最大者，除了观音菩萨，就是诸葛亮和"杨状元"。诸葛亮人人皆知，"杨状元"就是杨慎，字用修，号升庵，为明正德年间状元，明代三大才子之首，官至翰林院修撰，与诸葛亮一样，都来自蜀地四川。

杨家五代为官，其父杨廷和更历仕三朝，做宰相18年。杨慎高中状元之后，出入皇家秘阁，遍读经史，博览百家，博闻多识，名传内外。明正德年间，武宗朱厚照荒嬉无度，杨慎上书无用，忧愤难禁，告病还乡，读书度日。后经家人劝促，才回京复职，却拒绝迎合，不为世用，曾

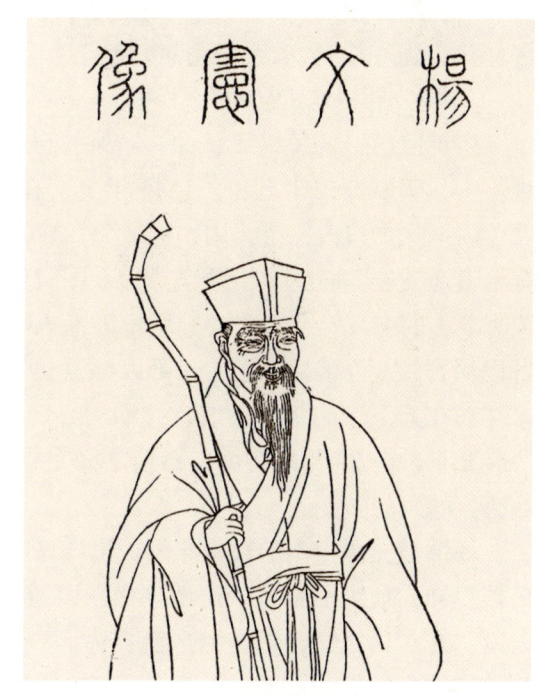

充军昆明的杨慎

有退隐林下之意。明嘉靖初年，朝廷恶斗。杨慎抗命死争，得罪了嘉靖皇帝朱厚熜，两次被处于杖刑，死而复苏。明嘉靖三年（1524年），杨慎被"永远充军烟瘴"，

谪戍云南永昌卫。

在充军云南的路上，杨慎所见，无非是"瘴疠毒草，四时不绝；山高路遥，鸿雁难至"。才到云南之时，杨慎悲情难禁，赋诗道："彩燕西飞边候改，碧鸡东望蜀云赊。不知卧病衡天柱，何似穷愁瘴海涯。"（《次韵奉酬中丞刘公侍御谢公除夕联句见怀》）不久，杨慎的难友、昆明人毛玉之子毛沂在高峣修建了碧峣精舍，把杨慎接来居住。"精舍"本有退隐、修炼之意，杨慎久居于此，把昆明看作第二故乡，并在一个除夕找回了"林下之居"的感觉，写下《高峣除夕》诗曰：

海滨戍旅久忘归，独对朝岚与夕霏。
莎径晴沙樵采路，柴门秋水钓鱼矶。
太平时节身难遇，流转风光赏莫迟。
街鼓市尘浑隔断，村舂邻火自相依。

昆明人为杨慎所建"碧峣精舍"旧址

多年以后，杨慎终于认命："乘槎破浪非吾事，已斩渔竿狎钓翁"（《昆海远眺》）。明嘉靖二十五年（1546年），在充军云南后的第22个除夕，杨慎写了一首《丙午除夕口占》诗，用14个字总结了自己的思想转变："已消湖海元龙气，只有沧浪渔父心"。句中"元龙气"指三国时伏波将军陈登（字元龙）"忧国忘家"（《三国志》）的豪气；"渔父心"指沧浪渔人唱给屈原听的那首民歌："沧浪之水清兮，可以濯吾缨；沧浪之水浊兮，可以濯吾足"（《楚辞》）。"元龙气"代表的是儒家"功在天下"的济世豪气，"渔父心"代表的是道家"随遇而安"的出世人心。历经充军云南20年的磨炼，杨慎已经完成了从"兼济天下"的儒家到"独善其身"的道家的思想转变。

杨慎被充军云南的数十年间，嘉靖帝朱厚熜始终旧恨难消，时时"惦记"杨慎。杨慎得知，便纵酒自放，遍游湖山，以避祸全身。明万历年间的《滇史》说杨慎在云南"有东山之癖，以诗酒风流自命"。当时云南地方酋长求不到杨慎的墨宝，就用精细的白绫做成衣裙，让歌伎穿着去伺候杨慎。喝到酒酣之际，歌伎就请求杨慎在衣襟上题诗。杨慎也不避讳，趁醉提笔，酣畅淋漓，写满裙袖。酋长们再用重金从歌伎手中买过来，装潢成卷，视为至宝。杨慎得知，更为得意（明·钱谦益《列朝诗集小传》、清 师范《滇系》、民国《新纂云南通志》等）。明嘉靖二十三年（1544年），杨慎的好朋友、重庆知府刘绘写信给杨慎，说有人认为杨慎不拘礼教、放浪形骸、陶情艳曲、沉溺美色、疏旷而不检点，让天下后生难以理解，于是有人嘲讽，有人惋惜。而刘绘认为，人生在世，有所得必有所失，只有放下得失，才能做到无所贪、无所忌。无所忌才能自我安宁，无所贪才能适应社会。说了这番近乎道家之言，刘绘断定，杨慎所为，"盖得其适与安也"（《与升庵杨太史书》）——刘绘所谓"安"与"适"，就是寻求安宁和适应，近乎昆明"山国寡民"的"小安生活"。

杨慎回信认同老朋友的说法，他说自己成年之初，就讨厌官场，获罪之后，幸得充军云南，身居边荒，为防暗箭伤人，息事自保，这才效法前人，纵酒玩物，狂放不拘，或埋头古书，浪迹山水，行文吟诗。所有这一切，不过是为了避祸全身，消磨壮心，打发时间罢了。人到老年，做事颠倒，无须辩解。杨慎还意味深长地说，不理解我的人可以不听我的这番话，而理解我的人不可以不听我的这番话（《答重庆太守刘嵩阳书》）。

杨慎在给刘绘的信中自称"老颠"，昆明方言叫"老颠东"，意思是老糊涂，还有"一反常态"的意思。杨慎被充军到云南这块"颠"地，逐渐改变了久居朝堂的儒教常态，进入了"难得糊涂"的道家境界，这也是一"颠"。当时的云南文人张含与杨慎交好，深得杨慎真传，成为"杨门七子"之一，经常与杨慎唱和，放浪形骸，"颓然礼法之外"（《罪惟录·列传》），自然最懂杨慎。张含写了一首《寄升庵》诗，其中称"锦江云锁金花寺，滇海波摇玉案山。春尽中园啼鸟急，草深斜浦宿鸥闲。好吹黄鹤仙人笛，莫驾青牛出涵关。"——驾鹤而去的仙人是道士，骑着青牛西出函谷关的是道家鼻祖老子。杨慎官场失意，入滇之后，疏离孔教礼法，而以老子的道学立世，由此可见矣。

值得注意的是，杨慎还写过一些杂剧，如《宴清都洞天玄记》《太和记》《割肉遗细君》等。其中《洞天玄记》可以肯定为杨慎充军云南后的作品，杨慎的堂弟杨悌为之作序称，杨慎"居滇一十七载"之后，"游神物外，遂仿道书，作《洞天玄记》，与《西游记》者同一意也"。《洞天玄记》被学者称为一部"阐明老氏之旨"的"宗教感化剧"，宣扬了道教的玄理，讲述了"收住心猿意马、潜心修炼必成大道"的主题，和昆明布衣兰茂的《性天风月通玄记》有异曲同工之妙，足见杨慎思想深处的道家烙印。

杨慎由儒而道的思想在滇影响很大。明万历年间的《滇略》说，明代被贬官、充军、流放到云南的人不可胜数，"流风余韵，至今人能道说之"。其中最典型的就是杨慎。充军云南35年之间，杨慎遍历三迤名胜，更深入边地，游历考察，讲学授徒，听讲的学生"以千百计"。昆明高峣的碧峣精舍、安宁的遥岑楼，都是杨慎栖身、讲学之地，被杨慎视为第二故乡。他在《晨发高峣东丘月渚杨墨池》一诗中写道：

高峣亦吾庐，安宁亦予宅。

屏居三十年，宛如故乡陌。

杨慎所到之处，又"尤爱昆明高峣"，这里山水清旷，杨慎住得最长，"往往与滇士大夫诗酒唱和"（清康熙《云南府志》），一时从者如云，而以"杨门七子"最为有名，其中还有几位少数民族学者。杨慎也不无骄傲地说，"七子"都在云南，堪称"一时盛事"（《升庵外集》）。清道光年间，张奉书在《重刻杨升庵外集跋》中说，杨慎在云南"提倡风雅"，一改云南文化荒芜的状况，迄今云南人还崇拜祭祀杨慎，尊杨慎为先师。民国由云龙所撰《高峣志》提到后人在西山脚下建立的"升庵祠"，也说云南的妇人孺子、野老村夫，都知道杨慎，常常提起杨慎，都为他感慨叹息，惋惜不已，可见杨慎在昆明已"博得千秋百世之同情"。民国时期，昆明人还把"翰林院修撰杨慎"的牌位放进了报功祠，跻身于封疆名臣之列，为后人崇拜。早年昆明民间传说，杨慎并没有死在云南。当年云南百姓假报杨慎已死，暗中却掩护杨慎潜回四川老家，得以颐养天年，无疾而终——可见人心所向。清代云南学者师范在《滇系》中称，杨慎"学问之博，著述之富，自是胜国第一流人"，其后"三百年，而妇人孺子无不知有'杨状元'"，"呜呼，亦人重科名耳。科名何足重，人哉！"

杨慎在昆明潜心著述。据统计，杨慎一生著书一百多部，大多完成于充军云南之后，其中天文、地理、文学、史学、哲学、医学、生物、金石、书画、音乐、戏剧、宗教、民俗无所不有。《明史·杨慎传》称，明朝文人著作之多，杨慎堪称第一。明人诸葛元声在《滇史》中对杨慎评价甚高，说明代初期云南百姓多是蛮夷，军队都是武夫，教化不兴。到了嘉靖年间，不但官府倡导"儒雅"，杨慎更以"一代名儒"的身份，把中原文化带到了云南。受杨慎的影响，云南士子也"闻风兴起"，"提倡风雅"，几乎可和中原媲美。明代御史杨南金在《升庵长短句·序》中写道："太史公谪居滇南，托兴于酒边，陶情于词曲，传咏于滇云，而流溢于夷徼。昔人云：'吃井水处皆唱柳词，今也不吃井水处亦唱杨词矣'。"与此同时，杨慎的儒道相融的"风雅"生活方式也流韵不浅。"杨门七子"之一的李元阳有《泛洱水》诗称："迂疏得自适，海窟寻渔翁"。另一"子"张含则有《九日寄升庵》诗云：

万里登高处，山河感慨中。

闲寻赤松子，得遇紫芝翁。

酒纵陶三径，诗题杜两峰。

堂琅隔滇海，烟雨共飘蓬。

这里备受青睐的，全是昆明人的"小安"生活。

"得地独暖"而"因地传道"

儒教大举进入昆明，始于元代，成于明代，历数百年之久。

明初是内地向云南移民的高峰期，到了明代中叶，社会急剧变革，商品经济繁荣，市民阶层崛起，资本主义萌芽开始出现，知识界、思想界十分活跃，学派林立，异端迭起，宋明理学"存天理、灭人欲"的教条受到严重挑战。明代中后期，随着一批思想家、哲学家入滇为官，把这些新思想、新理念也带到了云南和昆明，并在"山高皇帝远"的"山国"得到了传播，获得了发展。

明代的嘉靖、万历年间，泰州学派的几代传人徐樾、罗汝芳、李贽先后到云南、昆明做官。这些启蒙思想家在"山国"四方会讲，到处传道，宣扬自己的学术主张，以极富魅力的人格力量和深邃的学术思想影响了一批莘莘学子，把融儒、释、道为一家的"平民儒学"带入云南，送进昆明，体现在行政上，普及到百姓中。

"平民儒学"强调"随心""随性""随情"，主张"穿衣吃饭，即是人伦物理"，兼有儒学的济世情怀，道家的狂放自在，禅家的直截明快，并夹杂了早期的市民意识和工商观念，直心称情，旷达通脱，放浪形骸，不拘礼教，和滇中温厚散淡的"山国寡民"之道高度重合。

云南自古有"佛国"之称，佛教影响深远，罗汝芳、李贽以佛入儒，李贽更在云南研究佛学，"一旦自去其发，冠服坐堂皇"（《明史·耿定向传》），在佛殿上办案、讲学，效仿禅宗祖师的棒喝教法，以"掀翻天地，前不见古人，后不见来者"的气势，笼罩人心，深受滇人欢迎。其"歪门邪道"之传播，既得天时，又得地利，更得人和，承上启下，继往开来，与"山国寡民"文化相融，促"山国寡民"文化成熟，影响之大，不可小看。

○元明教化：儒风入滇，后来居上

元代初期，忽必烈亲信赛典赤·赡思丁主政云南，将省会从滇西迁到昆明，设中庆路，建中庆城，又修文庙，兴儒学——儒教大举入昆，即始于此。但当时昆明风情，仍与中原大相径庭。元代河北人李京到云南做官，所见昆明城则"天际孤城烟外暗，云间双塔日边明"——边陲小城是也。所遇昆明人又"未谙习俗人争笑，乍听侏僳我亦惊"（《初到滇池》）——可见当时儒学入昆，但还未普及，城中居民习俗如故。

昆明的忠爱坊纪念的是元代云南平章政事赛典赤·赡思丁

直到明代初期，仍然如此。明万历《滇略》对此有一段记载，说"滇人知耕而不知耘，知农而不知桑，知马而不知舟，好饮而不知酿，好鬼而不制香，有纸而不善作笔，其疾病也知有巫祝而不信医药，争斗不畏刑法而凭盟誓"，又刀耕火种，茹毛饮血，动辄械斗，互相砍杀，"如斯而已"——此说有偏见之嫌，但当时云南、昆明的经济文化落后也是事实。明初在滇阳（昆明）从军的江苏人史公谨有《云南》诗，其写当时的昆明，山河阻隔，弦歌难闻：

群氓趁墟出方物，蒟酱莋马随旄牛。

蛮语侏僳若禽鸟，笑听华言不谙晓。

纵横跋扈无尊卑，翻觉王臣眼中小。

如此桀骜不驯的民风，让满腹儒学的诗人难以适应——"回首令人忆中国"，更感慨"鹧鸪朝鸣猿夜集，金满床头总何益。不如一醉杏花村，濯足昆明看山色"。

为此着急的不但有史公谨，更有朱皇帝。据明代的《滇略》记载，明太祖朱元璋平定云南之后，迁徙江南良家百姓充实此地，罪人流放充军，也令其举家而来。清代的《滇系》则说朱元璋把内地的大姓富户也迁移到云南来了——朱元璋大举向云南移民，不但有江南平民、大姓富户，还有罪人犯官，动辄举家迁徙云南，而以昆明为重点，又在昆明大举办学，大兴教化。如此百年之后，城中人口构成陡变，文化习俗迅速向中原靠拢。如《滇略》所记，到明万历年间，昆明已经是土著少，移民多，衣冠礼法，言语习尚，大都类似于建业（南京）。200年来，经此熏陶，潜移默化，昆明的文化习俗已经可以比肩中原了。明天启《滇志》也说，昆明本土之人，无非是汉族和土著民族。如今连土著居民都被教化了，何况汉族移民？所谓滇俗，已经是"慈孝友善，相敬如宾"。当时昆明居民中有不少土著，更多的是土著化的移民，二者融合，"四民乐业，守法度，子弟颖秀，士大夫多材能，尚节义"（《滇略》）——完全不是两百年前史公谨所见的景况了。到了明嘉靖年间，重庆人张佳胤督学滇中，就颇为轻松地写下了这首《入滇城》诗：

　　西南天尽见雄都，气象中原自不殊。
　　山削芙蓉青并出，日衔湖水色平铺。
　　观风到处周藩服，建节何人汉大夫。
　　偶向碧鸡祠下问，那知神物至今无。

此情此景，让明万历年间的云南右参政谢肇淛十分欣慰，他在《滇略》中感慨道："明代以来，倾力把中原文化引进滇中，很快就改变了滇中文化落后的状况，不到百年工夫，就可以和中原相提并论了，就是古代神圣的三皇五帝，也做不到这么快啊！"

○徐樾赴死："平民儒学"初入云南

徐樾是这位泰州学派创始人王艮的入门弟子、得意门生

　　明代的嘉靖三十一年（1552年），元江土司的属官那鉴造反，官军五路进讨。那鉴求降，众人怀疑有诈，不敢受降。犹豫不决之时，到任不久的云南左布政使徐樾押着军饷从昆明赶到。听说此事，徐樾不顾众人劝说，自告奋勇去会那鉴。徐樾穿上当地民族衣服，以示诚意。不料那鉴果真是诈降，徐樾在元江府城南门外被害。此后官军连年讨伐元江，都不能取胜。直到那鉴死后，元江酋长又请求上贡赎罪。明朝廷也疲于征战，于是顺水推舟，结束战事。

　　这位见义勇为的徐樾是明嘉靖年间江西进士，是当时著名的泰州学派创始人王艮的入门弟子和得意门生。泰州学派出于儒教心学，兼有道家、佛家成分，一方面提倡封建道德，规劝世人安分守己，另一方面又主张"安身立本"，主张"百姓日用即道"，主张"童心真人"，主张"各遂其性"，有强烈的平民色彩。泰州学派注重口传心授，专注讲学、会讲，面对社会底层，使"愚夫愚妇"明白易懂，又被称为"平民儒学"。

徐樾在云南的时间不长，以泰州学派的传统和徐樾的品性，所到之处，大力传播泰州学派的思想。而徐樾之死，也在云南、昆明打响了泰州学派的名声。后来朝廷接受元江酋长的请求，让他们贡献大象，换取官军退兵。民间十分同情徐樾，编了歌谣四处传唱："可怜二品承宣使，只值元江象八条。"可见徐樾在昆明和云南的影响之大。

徐樾死后，他的弟子颜均赶来云南，辗转数年之后，才找到徐樾的残骸，送回江苏安丰场，安葬在泰州学派创始人、徐樾的老师王艮墓旁。据说徐樾在王艮门下求学时，曾经有过退出官场的想法。而最后竟以这种方式回到恩师身边，让人始料不及。过了20多年，颜均的学生、另一位泰州学派大师罗汝芳又沿着徐樾的足迹到云南做官来了，那是后话。

（见《明史·儒林传》、明·沈德符《万历野获编》、清·黄宗羲《明儒学案》等）

○罗汝芳会讲："放心体仁" "顺情从欲"

明万历初年，江西进士、泰州学派大师罗汝芳在云南、昆明为官多年，从屯田副使做到右参政。罗汝芳在昆明做官时，做了不少好事，如整修金汁河和银汁河，治理滇池水患，整修晋宁城和安宁城等。这位罗汝芳是泰州学派的代表人物，尤其喜好讲学。虽然这时的罗汝芳已年过六旬，但他仍然精益求精，钻研学问，大倡其道，到处传播泰州学派的"平民儒学"，吸引了无数的追随者。

罗汝芳讲学的地方，可以是书院，也可以是"街子"；听讲的可以是秀才学子，也可以是平头百姓。他代表的泰州学派反对程朱理学"存天理，灭人欲"之说，认为人人都有"赤子良心"，主张"放心体仁" "顺

罗汝芳画像

情从欲"。此期的"平民儒学"融进了不少道家、佛家学理，又适应明代中期市民社会的兴起，既有自然主义因素，又有功利主义倾向，正好与老昆明的"山国寡民"秉性相接，深受昆明坊间和士子欢迎。

罗汝芳经常到昆明的五华书院讲学。他很少讲"做官"和"治世"，而大讲"做人"与"救世"，熏陶培养了一大批昆明学子。明代后期昆明名士刘文征、傅宗龙等，都是他的入门弟子。罗汝芳还深入社会底层，在昆明、武定、临安、弥勒、石屏、通海、大理、永昌、洱海、楚雄等地召开大会，宣讲学问，被称为"会讲"。罗汝芳学识渊博，自信没有不可教之人。讲学之时，他总能指点万物，深入浅出，循循善诱，解惑释难，辩论答问，声若洪钟，为百姓士子喜闻乐见，即便是不通文墨之人，听其一席讲演，亦多茅塞顿开，心境明朗。罗汝芳会讲时，赶来听讲的父老子弟动辄上千，如果是街子天，远近百姓蜂拥而至，塞满街场，更不下万人。会讲结束，众人还恋恋不舍，围着罗汝芳不忍离去。罗汝芳在安宁、呈贡主持修整墙时，也多次举办会讲，每次都有上千人听讲，远近城乡深受影响，民间争讼渐渐平息，民风为之一变。

不仅是百姓，就是官员，也多被罗汝芳"教化"了。罗汝芳曾经和昆阳知州夏渔和其他官员讨论"平民儒学"。夏渔开始并不认同，罗汝芳苦口婆心，和他夜以继日地讨论"辨析"，但效果仍然不大。后来罗汝芳到昆阳巡视学堂和水利工程，在海春书院举行会讲之后，又和夏渔一道游览学宫、滇池。听说此时的夏渔已经自悟入道，罗汝芳十分高兴，叮嘱夏渔以后要经常向仕子宣讲"平民儒学"，让昆阳的父老子弟从中明理受益——以教化一州之官进而教化一地之民，并影响更多的州县，可见罗汝芳的苦心。

"平民儒学"主张顺情任性，被当时的正统理学家斥为离经叛道，明万历五年（1577年），罗汝芳升任云南右参政不久，因公事进京，昆明百姓、学子预感这位"怪官"可能回不来了，都恋恋不舍，赶到路口为他送行，一时道路阻塞，车不能行。到了京城，罗汝芳又应邀到城外广慧寺讲学，因声势太大，竟被朝廷罢官而去。但在云南和昆明，"平民儒学"得地独宜，融入"山国寡民"文化，在昆明人性情中或隐或现，至今仍有踪迹可寻。

（见明《罗近溪先生明道录》《明史·杨时乔传》、清·黄宗羲《明儒学案》、清·康熙《云南府志》、《罗汝芳集》等）

○李贽刻碑传道："乡田同井""守望相助"

明万历五年（1577年），泰州学派大师罗汝芳离开昆明之时，另一位大师李贽又被派到云南来了。这位李贽是福建泉州人，30岁时以"孝廉"被荐举进入官场，做过南京刑部尚书郎。李贽小罗汝芳十多岁，对罗汝芳极为推崇。据说李贽初到昆明时，还去拜访过罗汝芳，两人谈了些什么是个谜，但李贽在姚安知府任上政令清简，建办书院，亲自讲学，又常到佛寺与众僧谈禅，在佛堂上审案办公等，总能看到罗汝芳的影子。

李贽在姚安任职三年，又辞职来到昆明，优游半年之久，交游甚广，留下一篇《重修瓦仓营土主庙碑记》，

李贽画像

描述了他心目中"理想之国"的蓝图。他在《碑记》中说，此庙不大不小，不大则"游食之徒不得潜居其间"，不小则"斋宿有止"，正好举行会讲，"尊尊而亲亲，老老而幼幼，化民成俗，各止其所。岁时朔望，积羡盈赀，以兴义举，乡田同井，出入相友，守望相助矣"——"小国寡民"，全在此矣。

李贽主张泰州学派的"放心体仁"说，他比罗汝芳走得更远。他的学说出入儒、释、道三家，但不固守一家之言。针对正统理学中"存天理、灭人欲"的教条，李贽提出"天理"只能从"人欲"中来、从百姓的日常生活中来。穿衣吃饭就是人伦物理，离开了穿衣吃饭，人伦物理就无从谈起。李贽提倡万物一体，人人平等，人人皆可成圣、成佛，主张舍己为人，与人为善，与世无争。李贽的政治理想是"至道无为、至治无声、至教无言"。他认为，天下乱象都是统治者乱作为的后果，要安定天下，就要顺应自然，顺应世俗民情——李贽的这些思想又和老昆明人的"山国寡民"理念对上了号。

在云南期间，李贽大力宣扬他的思想。担任姚安知府期间，李贽常在官舍里吟诗，在公案上读书，更专注于"以德化民"，在姚安城南的德丰寺开办三台书院，亲自讲学，把士子召集到书院里来，为他们讲授经义、辞章，谆谆教诲，不知疲倦，以启发"士民"的"赤子之心"，开一代学风之先。李贽讲学分期分批进行，规模大，时间长，

不少士子得到熏陶，成才者不少。因为李贽号"龙湖叟"，这些学子又被称为"龙湖高足弟子"，三台书院也由此闻名滇中。李贽以德教民，民众也以德自律，于是地方士风、民风大变。明人焦竑有《怀五子诗》写道："彼岸久未登，姚安识其津。一振士风变，再振民风醇"——姚安大治，此之谓也。

李贽的政治理想是"至道无为、至治无声、至教无言"。治理姚安时，李贽认真实践自己的政治理念。他身体力行，施展抱负、休养生息，顺应自然，法令清简，以德化人，达到了"无事而事事，无为而无不为"的境界（顾养谦《送行序》）。李贽推行平等自治，重视和土著民族的关系，认为在边疆民族地区，执法不宜苛严，得过且过就行了，要与戍守军人、地方民族"共享太平"。对于下属官吏的所作所为，李贽认为，只要无人告发，就可装聋作哑，不须细问。李贽更自甘清苦，无为而治之余，不是到书院讲学，就是到寺庙研究佛理。甚至在佛寺办公事、断案子，让僧人坐在一边，公事办完、案子判定，又继续和僧人探讨佛理。李贽在姚安府衙题写了一副对联，以明心志：

听政有余闲，不妨鼚运陶斋，花栽潘县；

做官无别物，只此一庭明水，两袖清风。

李贽不但自己搞"至道无为"，还在官场推广"至道无为"。他曾试图说服自己的顶头上司、洱海道参议骆问礼，说边地民族杂多，执法不能太严。到这里做官的人，不带家人不方便，携带家人又来去不便，尤其需要体谅。所谓为官要清白谨慎，勇于任事等等，只可以律己，不能苛求于人。骆问礼也是一位刚直之臣，因为直谏被贬到云南，但对李贽的这一套也不赞同，两人甚至为此相互抵触。李贽任期未到，内外已有不少杂音，于是上书辞职。一时不得批准，李贽竟封库挂冠而去，躲到鸡足山研究《藏经》，最后得以提前退休。另说李贽曾削去头发，身着僧衣，头戴佛帽，坐堂断案，终被弹劾解职——无论如何，李贽算是如愿退出了官场。离开姚安时，李贽的行囊中，仅有几卷图书，士民沿途相送，车马不能前进。

李贽在滇中宣传泰州学派的理论，倡行"至道无为""以德化民"，自持"贵在无事"而"不避多事"，在云南影响很大。李贽对昆明也寄予厚望，有《寄方子及提学》诗云：

何人独我思，天上故人而。

白眼谁能识？雄心老自知。

滇云随绝足，昆海定新诗。

此方多俊杰，长养报明时。

李贽在云南留下的弟子不少，以姚安陶珽、陶珙兄弟较为有名。陶珽为明万历年间进士，后做到武昌兵备道员，为官清净恬淡。陶珽曾到李贽钟爱的鸡足山寺中读书、临帖，传说其字高妙，可以避邪，更是一纸难求。陶珽的弟弟陶珙是明天启年间举人，做过湖南宝庆知府，为官政声不错，因得罪权贵，挂冠而归，死于明末清初的战乱中。陶家兄弟的品行、文学都为一时之冠，唯独少了李贽晚年的愤世叛逆之气，大概也是受了"山国寡民"性情的影响吧。

（见明·袁中道《李温陵传》、明·李元阳《姚安太守卓吾先生善政序》、民国《姚安县志》、《新纂云南通志》等）

○ "怪才县令"檀萃讲学："尊经为主，旁及释道"

檀萃是清代入滇做官的一大奇人。其为安徽人，字默斋，号废翁，乾隆二十六年（1761年）考中进士，九年之后才得选任贵州青溪知县，在任仅八十多天，就因父亲去世回乡奔丧，又过了七年，才得补授为云南禄劝知县，此时是乾隆四十二年（1777年），檀萃已近52岁了。也许就因为年纪大，檀萃做事颇为认真，干了六年，兴学劝农，政声大著。檀萃为人刚直，恃才自傲，目无礼法，放荡不拘。乾隆四十九年（1784年），檀萃受命运解滇铜赴京，不料中途沉船，沉铜六万五千八百多斤，又管理厂铜亏缺至一万五千多斤，终于被参劾罢官，发配昆明城东的滇阳驿。翻船之时，檀萃随身携带的诗集抄本和新作数百篇，全都随着滇铜沉入大江，而家中藏本又遭火毁，这对读书人来说，真是倒霉已极。

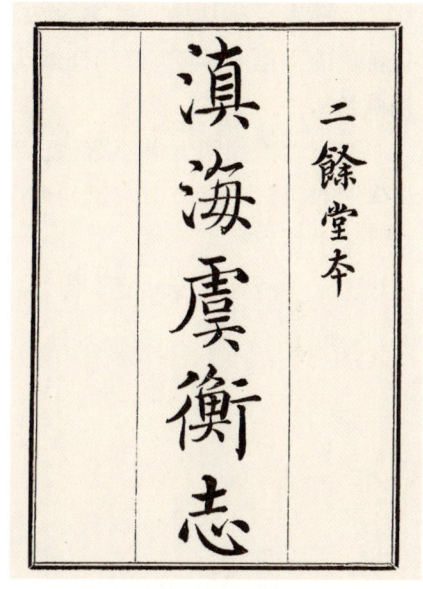

檀萃留下的《滇海虞衡志》

这次颠覆让本来就"心有旁骛"的檀萃彻底想明白了。罢官之后，檀萃处之淡然，转而走讲学之路，在昆明大东门内的如意巷搭建了几间草房，设馆讲学，以谋生计。檀萃在昆明有些名气，学堂一开，无论内外，上门求学的士子极多，以"默斋草堂"闻名滇中。其堂前有友人题联曰：

桃李门中环狄相；
桄榔树下住坡仙。

檀萃授经论道，却仍然狂放，不拘礼教，堂前教授学生，堂后安置"女侍"。檀萃曾约会滇中名士师范，在他的"一粒斋"书房中坐谈，两人吃着瓜子、炒豆、烧酒，檀萃标新立异，高谈阔论，声振屋瓦，直到夜深人静，身旁的侍者散去，两人还娓娓而谈，不知疲倦，一时传为佳话。

后来檀萃应邀主持昆明育材书院，前来求学的仕子就更多了。檀萃授课，不拘于儒学，还讲佛家、道家学问，下至诸子百家，莫不兼收并蓄。其所讲惊人，所论得当，听课者开始吃惊，继而疑惑，最后恍然大悟。这时的檀萃依旧性情通脱、不修边幅，而又爱惜人才，即便他们做错了事，也绝不计较。闻名前来拜师求学者络绎不绝。檀萃教学认真，批改作业时，在零笺碎纸上批满蝇头小字，斜斜整整，布满其间。在昆讲学十多年，檀萃有不少"高足弟子"科举上榜，据说有百人之多。清乾隆五十七年（1792年），檀萃67岁生日，滇中各地门生齐聚昆明白鹤桥老郎宫，为恩师祝寿，还从檀萃的老家安徽望江请来戏班子，演剧23出，盛况一时。其间祝酒咏诗，得七绝23首，合编为《梨园宴和歌》。可见檀萃为人性格之奇、在昆影响之大。

檀萃学识渊博，潜心著作，为云南留下了七部州县志，有《滇海虞衡志》《滇南草堂诗话》《滇南山水纲目考》等著作和大量诗词存世，至今为学者称道，被称为"怪才县令"。

（见《清史列传·檀萃传》、师范《滇海虞衡志·序》、《清实录》等）

"得治独宽"
而"就势行道"

"寡民"们追求自由、自在，"山国"统治者的包容至关重要。好在朝廷、官府和"寡民"的根本利益有高度重合之处：朝廷向"山国"大举移民，初衷就是巩固在云南的统治；"寡民"扎根"山国"，本身就是维系朝廷统治的基础。明代昆明最早的移民是数十万征滇大军，都是朱元璋的"子弟兵"。离开了这些"寡民"，朝廷在云南的统治就难以维系。因此，朝廷、官府善待"寡民"，就是善待自己，就是维护自己的根基。

"寡民"安而统治稳，统治稳则"寡民"安。在此利益格局下，就有了官府的"无为而治"，有了"寡民"的"无逆而安"。滇嘉庆年间，云南本土学者师范就在《滇系》中向统治者喊话，说云南资源丰富，又是边陲要地，但有闪失，便会影响贵州、广西、四川，不能不谨慎行事，"镇之以廉静，治之以清省"，定"桑土绸缪之计"，行"宁边绥远，阜物化民之政"，让士子"穷经稽古"而"往哲可追"；让农民"易耨深耕"而"先畴可服"；让工匠"取材落实"而"世业可沿"；

让商人"持俭习劳"而"久而为之"。这样云南就可以"百世无虞"了。清道光年间在体制内为官的昆明进士戴䌹孙也向统治者喊话称:"另赋三品,编丁半役,转匮而丰,量出于入,时和岁稔,税薄徭轻,劳心抚字,敢告阳城"(《昆明县志·自序》)。

一般情况下,"懂整"的云南官员也能体恤"寡民",与民休息。清康熙《云南府志·地理志序》称,昆明"惟滇会区,西南要地,握两迤枢,应井鬼位,地灵所钟,物华所萃,昆水深凝,金碧高峙,秀谷苍峦,奔赴而至,疆域既雄,形势自异,时序既和,畜植自利,况尔民风,简朴易治,扶之育之,厥有其事,往哲前贤,茂迹不坠,援笔略书,以资考识。"民国《续修昆明县志》也称:"昆明为滇首邑,地广人稠,政繁赋重,或遇岁饥而失所,或舍穑以勤王,颠连无告者视他县为多。幸历朝轸念民瘼,而昆明之被其泽者,不可一二纪。"在这种情况下,官民之间"相安无事",维系着一种微妙的平衡——"你过得来,我过得去",朝廷在云南的统治和"寡民"在昆明的"小安"生活都得以延续。老昆明人"逍遥于天地之间而心意自得"(《庄子》)。一时"天下大和,百姓无事",便有"八九十老人击壤而歌"(《帝王世纪》):

日出而作,日入而息,
凿井而饮,耕田而食。
帝力于我何有哉!

黔宁王沐英

○ "不怕衙门法大,只怕衙门无法"

昆明有民谣唱道:"不怕衙门法大,只怕衙门无法。"这是官民之间的一种平衡,一旦被打破,官府无法无天,勒索无度,逼反"寡民",祸事就来了。明清两代昆明发生过多次变乱,甚至动摇了朝廷在云南的统治,均由此而起,这是朝廷、官府和"寡民"都不愿看到而总是竭力避免的。为求长治久安,历代官府总是在"山国"推行教化,"兵威此日虽同轨,文德他年见舞干"(元·郭松年《题筇竹寺壁俗》)——以文德治滇,引导"寡民"变俗,结果是各方文明的会聚,儒、道、释各家的融合,"山国寡民"文化的出现。虽偶有"异端"出现,但只要不挑战朝廷的统治,也容易得到官府包容,睁一只眼,闭一只眼而已。

元代翰林学士虞集在《云南志略·序》中称,当时"天子"总为云南而忧虑,唯恐行政失误,行事十分审慎,经常清简法律,做到有序治理,并选派优秀的官吏到云南任职。于是才有赛典赤主事云南,行"宽仁之政",大获成功。另一位元代翰林学士元明善也为《云南志略》写了篇序,探讨赛典赤·赡思丁"大治"云南的诀窍。他说,赛典赤逝世30多年,而滇人"慕之如父母,畏之如神明",赛典赤之所以成功,"不过顺其性俗,利而道之,底于安尔"——这个"底"就是底线,落脚是一个"安"字,所谓"宽仁之政",力求相安无事是也。

清代老昆明人祭礼时,有当场抢夺祭烛、胙肉以求家中文运亨通之俗。清雍正年间鄂尔泰新任云贵总督,主持祭孔时见此情状,大为光火,勒令改进,言辞激烈,杀机隐现。昆明人解决的办法是待祭典结束,官员散去,这才分割"胙肉",先分送官府,众人也各得一份——于是官民相安,各得其所,可见昆明人的大智慧。

历代统治者对"山国"的索取并不少。清初之时,就连云南粮储道大员张允随提到滇省时也说,天下"百姓之穷,莫穷于滇;土地之瘠,莫瘠于滇;徭役之重,莫重于滇。"(清·倪蜕《滇云历年传》)但昆明则不同,这方"山国"资源丰富,自然条件优越,在某种程度上抵消了部分"重赋"

清末昆明城里的衙门

清末昆明人在衙门口的站笼前从容交易柴火

的影响,为昆明人削减负担,避免危机,度过劫难,让"山国"得行其道,使"寡民"得以度日。明万历年间,谢肇淛就在《滇略》中说,当时的昆明"贡赋繁重",幸而滇池地区总是风调雨顺,粮道又便捷,昆明人靠山吃山,靠水吃水,日子仍然过得去,昆明仍然称得上一片"乐土"。

昆明"山国"历来是富饶之地。早在西汉之时,滇池地区就"平地肥饶数千里"(《史记·西南夷列传》),又"河土平敞,出鹦鹉、孔雀,有盐池、田渔之饶,金银、畜产之富"(《后汉书·西南夷传》)。明代仍然是"肥饶千里,有盐池田渔之利,金银畜产之富","丰年米价甚贱,即遇凶荒,斗米不及百钱,其斗、斛大,倍于他方"(明万历《滇略》)。下至于清代,滇中仍然"山川壮丽,原野膏腴,带海襟山,并擅陂池之利,甲于三迤诸郡,足与楚、蜀比肩"(清道光《云南志钞》)——有此"山国"自然资源,"寡民"们就可以"上了皇粮不怕官"了。

明清两代,朝廷在全国"宣讲圣谕",缴税纳赋为必讲之课。清康熙《云南府志·学校志》中收有"圣谕注解"十六条,即为当时"宣讲圣谕"的底本。其中有"完钱粮以省催科"一条曰:

你们户内置有田宅,应该早完正课。每见你们不肯完纳,到徵比钱粮之时,若官府差人下乡,不是酒钱,定是脚钱,及至带到公庭,自己受打,还要杖钱,雇人代打,又要雇钱,正项未完分毫,闲钱已用许多,且上限不清,下限又比,越拖越重,牵亲累族,放了田地不得安心耕种,舍归何用?在殷实之家,何不将无益之费暂时节省,把钱粮照数全完。在贫乏之家,就是措处艰难,也要晓得公事难缓,东挪西措,把钱粮依限凑纳。若能如此急公,则殷实者安乐无事,鸡犬不惊。贫乏者放出身子,可图活计。官府不消见面,衙门不消伺候,还有甚么追呼之扰,鞭扑之苦?到了身上,饮食坐卧,何等安然?

如此"宣讲",无异于恐吓,也可见当年官府"催科"手段之辣。罗养儒谈到光绪年间的昆明人,"农工士商"也好,"倡优隶卒"也好,"无不是怡然自得",前提就是"若不欠粮欠税,一身即无所系"〔《纪我所知集》(《云南掌故》)〕——昆明谚语叫"上了皇粮不怕官,敬了香烛不怕天"。"上了皇粮""不欠税"就表示"无逆"而顺服,这是为民的底线;而对顺服之民就该"无为而治",与民休息,又是为官的底线。

百姓自喻"上了皇粮不怕官",官府则称"上了皇粮我不管"——各说各话,皆成默契。明代滇人"输赋如竞市,不待催科"(明万历《滇略》)——不用催就争先恐后地纳粮贡赋,如同赶街一样热闹;清代滇人"尤于银钱为命,锱铢之细,视若切肤,更无将完赋之资,无端花费之事"(《张允随奏稿》)——历代寡民纳税贡赋如此自觉,你官府就更得善待寡民、厚待寡民、"宽"待寡民,这是"山国"官民之间的一大默契,也是"山国寡民"文化秉性得以延续的基础,体现了官民相安的大智慧。昆明螺峰山前有一条平政街,原来叫报功祠街,因街上有报功祠得名。民国初期改名平政街,据说取意就是"倡导平政,反对苛政"。昆明报功祠最早祭祀的大功臣之一就是在云南力推"平政"、大得民心的元代平章政事赛典赤,报功祠所在的街道以"平政"为名,以表现官民相安、相得的历史,显然比"报功"更为切题。直到20世纪50年代,老昆明还有童谣曰:"一不偷,二不抢,三不参加国民党。"表现出来的还是一种"底线意识"。

○孟子的"井田制"和孙髯的"理想国"

中国古代思想家特别重视"小国"即小地方的治理。早在先秦之时,老子就以小国寡民,返璞归真,安居乐业,风俗淳朴为理想社会。战国时期,滕文公向儒家"亚圣"孟子请教治国之策,孟子认为滕国国土不大,要推行仁政,一定要从划分、确定田界开始,办法是实行井田制:每家农户分给一百亩私田,每八家农户共同耕种一百亩公田,让他们先做完公田的农活,才能打理自家的私田。农村纳粮九分抽一,都邑纳税十分抽一,以供养官员,这样就能做到百姓亲睦,丧葬迁居都不离乡里,同一井田的各家出入相互结伴,平时守家防盗,相互帮助,有病则相互扶持照顾(《孟子·滕文公上》)——均田薄赋,官民相安,乡里和睦,国家大治,这又是孟

直到清代,"以轻徭薄赋换取小安生活"仍然是昆明"山国寡民"的理想

孙髯的理想:"春风过处,村村闻赛鼓之声;秋露薄时,处处见烹葵之乐"

子心目中的理想境界。

看来,古代圣贤为百姓设计的都是"小安日子",老子的路线是返璞归真,自耕自食,无为而安;孟子的办法是轻徭薄赋,相助相扶,无逆而安。老子的办法是自力自为,而孟子的思路是官民交换。

老昆明人的心计,是老子的追求,孟子的路线。如民国老人罗养儒所说,老昆明人对官府敬而远之——"除了纳粮缴税外,即不向公门走动",而"若不欠粮欠税,一身即无所系",只要"官厅方面不向其找麻烦,不向其索款征税,今日毋庸焦急明日事","心中怡然自得",俨然为上古之民(《纪我所知》〔《云南掌故》〕)——这就是"无逆而安"。正应了一句昆明谚语:"手拿锄头把,犯法也不大",还有更直白的:"上了皇粮不怕官,敬了香烛不怕天"。

当然,在官强民弱的封建政治生态下,要维持这种平衡也有难度。但昆明得天独厚,自然禀赋极好,有山有水,鱼米之乡,气候温和,区位优越,资源丰富,易于将"蛋糕"做大,只要朝廷官府做得不太过分,总能消化一些负面因素,维持官民相安的局面,继续昆明人的"小安日子"。明万历年间,云南右参政谢肇淛就说,昆明城雄踞滇地,方圆三百里,因为朝廷用内地的标准统一征税,以至贡赋繁重,滇人面有饥色,已经难以承受。但由于滇池地区有山、有水,物产丰饶,取之不尽,只要没有旱涝灾害,就无须从外面运进米粮,于是重赋之下,危机仍得化解,"寡民"们仍然"老死不相往来",就是其他地方的"乐土",也未必比得上昆明。(《滇略》)

在"以税赋换小安"的社会交易中,朝廷和官府的"轻徭薄赋"是关键,如果封建统治者一味横征暴敛,打破平衡,社会动乱就来了。明万历《云南通志·赋役志》称:古代先王以俭朴治天下,所以能做到轻徭薄赋,但秦汉以来,朝廷越来越奢靡,官府越来越浮华,地方酷吏又横征暴敛,成倍加重百姓负担,以至百姓流离失所,困顿疲惫。这都是因为赋役失控。当时的云南徭外加徭,赋外加赋,无休无止,民不堪命。所幸官吏中也有明白人,虽然不能全部革除弊政,但能居间调停,变通处理,避免做得太过分,才维持了局面。明代后期,明神宗朱翊钧派矿监杨荣坐镇昆明,此人不择手段,强征重税,激起民变兵变,杨荣也被杀死焚尸,最后朝廷不得不废矿监,以求一方安宁。这段历史正应了《老子》之言:"百姓陷于饥饿,是统治者征税太多造成的;百姓难以治理,是统治者乱作为造成的;而民众不怕死,是统治者生活奢靡造成的。"

直到清代,"以轻徭薄赋换取小安生活"仍然是昆明"山国寡民"的理想。乾隆十二年(1747年),昆明布衣文士孙髯代官府起草了一纸《拟输捐直省条丁缓征逋欠表》,称谢乾隆皇帝弘历免征缓征税银官租之大恩大德,同时还写了这么一段话:

择循良清白之臣,俾充牧守;不急之赏罢,府库自充;无益之需停,财用常足;不用大工、动大众,以夺其时;勿斗奇巧、尚奇淫,以分其力;宦官宫妾,人被粗布之衣;别宫离馆,规仿土茅之制。则春风过处,村村闻赛鼓之声;秋露溥时,处处见烹葵之乐矣。

孙髯曾傲书大观楼长联,名重至今。这段话描绘了孙髯心中理想之国的蓝图,即统治者自俭自律,率先返璞归真,然后轻徭薄赋,无为而治,让昆明人过上可持续的"小安日子",这就是"山国寡民"的福气——不知昆明父母官是不是照抄孙髯的草稿,原封不动地上奏到了朝廷?如果乾隆爷果真御览了这纸奏文,又会作何反应?可惜都无法查证了。还能查到的是孙髯的《大观楼》诗,写的是昆明文人的"小安"境界:

月光拨作海门潮,屋涌椒兰水可掬。
半夜神灯波上走,三春画桨镜中摇。
笔床茶灶宜青草,酒市溪村接板桥。
听唱竹枝来小咏,醉看塔影忽双漂。

○元世祖忽必烈:"选谨厚者抚治"

云南是元世祖忽必烈亲自统军打下来的,他对云南情有独钟,称云南为"善地",封皇子忽哥赤为云南王。当时云南统治者治理无方,地方动荡不安。忽哥赤到云南后,也想有所作为,不料触动了当地权贵的利益,被都元帅宝合丁毒死。忽必烈杀了宝合丁,反省良久,深感自己任人失察,使"山高皇帝远"的云南不得安定。痛定思痛,他认为要改变云南的局面,非得"选谨厚者抚治"——挑选谨慎宽厚之人来安抚、治理云南。至元十一年(1274年),忽必烈考虑再三,决定把有名的"贤臣"赛典赤·赡思丁派到云南,

元世祖忽必烈画像

洱海边的元世祖平云南碑

主持云南大计,并特别交代赛典赤·赡思丁,主政云南要在"谨厚"二字上下功夫。

赛典赤·赡思丁是忽必烈的亲信,能文能武,有勇有谋,曾长期驻扎四川一带,既有军功,又有政绩,对云南情况早有耳闻。受命之后,赛典赤仔细研究了云南的地理民情,他不负众望,进入云南之初,就设法取得了蒙古宗王的信任,实现了云南政令的统一。接着,赛典赤采取一系列措施,和睦各族,奖励农耕,轻徭薄税,减低官租,迅速发展了生产,安定了人心,稳住了局势。赛典赤趁热打铁,撤销了云南的军事管制体制,正式建立云南行省,列为全国11个行省之一,在行省之下建立路、府、州、县等行政管理系统,以巩固中央集权。这是继晋代建立宁州之后,云南地区又一次正式成为中央直辖行政区,"云南"也首次成为中央直辖行政区的名称。

在元初军事管制体制下,设有昆明二千户,隶属于鄯阐总管府属下的鄯阐万户府。如今的昆明称"昆明"就始于此。赛典赤·赡思丁把昆明二千户改为昆明县,隶属于中庆路,管辖今天的滇池地区,奠定了今天昆明市的规模。赛典赤又把省会从羊苴咩城(今大理)迁到中庆城(今昆明),以摆脱传统贵族势力的影响。从此,云南的政治、经济、军事、文化中心正式从洱海地区转移到滇池地区。赛典赤·赡思丁在昆明大兴土木,治理滇池、六河水系,兴利除弊,灌溉农地,开辟新田,从此奠定了昆明水利的大格局,使昆明人至今受益匪浅。

赛典赤·赡思丁主持滇政六年期间,下大力兴办教育,移风易俗,立孔庙,授学田,置经书,兴儒学。他的改革雷厉风行,措施十分谨慎。推行州县制时,他注意任用当地民族首领为官员。云南民间自古以贝为钱,朝廷推行钞法,人民感到不便,赛典赤·赡思丁如实报告朝廷,请准仍然在全省通行贝币。云南山路险远,盗贼出没,商旅通行不便,赛典赤在交通要道设立关城,令当地民族首领驻守,以护路防盗。赛典赤·赡思丁的改革触动了一些部族首领的利益,他们跑到京城状告赛典赤·赡思丁专断独行。忽必烈派人把这些部族首领押回云南,交给赛典赤·赡思丁处置。赛典赤·赡思丁把部族首领全部释放,并委任官职。这些部族首领叩头道:"我等诬告,本有死罪,大人不但不杀,还让我们为官,我们一定誓死报效。"

即使有当地民族首领造反,赛典赤·赡思丁也坚持"力攻不如德降"的原则,以"攻心"为上,而非一味杀伐。率军平息元江民族首领反抗时,赛典赤·赡思丁耐心等待他们降服,并要将违令进攻的手下军将斩首。当地民族首领感动不已,终于率部出降。其他民族首领听说,也纷纷举族归顺。各地民族首领到昆明晋见赛典赤·赡思丁时,都要送上重礼。他则把这些厚礼全部分给随从官员,或者发给贫民,自己分毫不取。一方面又大摆酒席,款待民族首领,还缝制衣帽鞋袜送给他们,换下他们的蓑衣草鞋。各地民族首领大为感动,无不心悦诚服。

赛典赤·赡思丁还注意妥善处理和邻邦的关系。蒙古大军征服交趾(今越南北方)后,交趾仍"叛服不常"。赛典赤派人向交趾国王说明叛必招祸、顺必有福的道理,并相约和交趾国王结为兄弟。交趾国王大喜,亲自来到昆明,赛典赤到郊外迎接,以贵宾之礼相待。交趾国王深为感动,请求永远做元朝的藩臣。

经过赛典赤·赡思丁苦心经营,云南经济迅速恢复发展,不仅稳定了忽必烈的后方,还有力地支援了蒙古军队对南宋的战争,最后攻灭南宋。云南和中国南方、北方一起,重新融为一体。

赛典赤·赡思丁在云南主政六年,于至元十六年(1279年)在昆明逝世。昆明老少百姓为之连日痛哭。交趾国王派遣使者赶来吊唁,身披丧服,哭声震野,在祭文中称赛典赤"生我育我,慈父慈母"。忽必烈追赠赛典赤为咸阳王,谥"忠惠",意思是"忠君惠民"。至今昆明有"忠爱坊",屡毁屡建,纪念的就是这位"忠君爱民"的"谨厚"官员。而"谨厚"二字,也从此成为治滇大员的座右铭。清代云南名宦赵藩为成都武侯祠大殿题了一副楹联:"能攻心则反侧自消,从古知兵非好战;不审势则宽严皆误,后来治蜀要深思"。这副楹联就是对"谨厚"二字的发展和延伸解读,意在对外宣示、推广历代云南"谨厚"的治理理念,在历史上产生了深远的影响。

(见《元史·赛典赤传》《元史·张立道传》等)

○明太祖朱元璋:"要在安养生息"

明洪武年间,朱元璋初定天下,传下圣旨,训诫各地官吏说:"天下刚刚安定,百姓财力困难,犹如初飞的小鸟,不可妄拔它的羽毛;又如才种植的苗木,不可摇动它的根须。当前最紧要的事,是安养生息。"(《明太祖实录》)10多年后,明军平定云南,因为云南地处极边,为了稳定地方,朱元璋给了云南不少特殊政策,

朱元璋画像

黔宁王沐英画像

如让征滇大将沐英世守其土,并大举移民,把中原豪族迁徙到云南,还实行屯田制,寓兵于农,让军人自产自食,有事出战,无事耕种。于是,大批明军士卒成了明代进入云南的第一批移民,并率先享受到了朱元璋"安养生息"的惠政。

据《明史》记载,明初驻守边地的军队"三分守城,七分屯种",军屯士卒每人"受田五十亩",由当地官府提供耕牛、农具和种子,并传授农业生产技艺,屯军则要缴纳"租赋",前3年免缴,3年后每亩上缴税粮1斗。屯田军士可以携带妻子同行,家小在原籍的可以接到屯所。由官府给银10两、钞10锭为盘缠,并动用官船等交通工具,由沿途军队卫所负责护送。未婚士卒则可以在屯田地娶妻成家。据统计,明初云南军屯移民达31万多人,拥有耕地一百多万亩,占全省耕地总面积的四成还多。军队缺粮问题由此解决,昆明人口结构也由此改变,迅速巩固了明朝在云南的统治——这是朝廷、官府与移民双赢的第一个成就,此中关键,就是"与民休息"的政策。

大批内地移民不仅带来了先进的耕作技术,促进了云南和昆明的经济发展,还带来了祖籍地的文化风俗,使昆明出现了多元文化包容并存的局面。朱元璋派精明强干的大臣主政云南,拟定土地贡赋额度、各种法令条例,一方面严格征收税赋,一方面防止官吏从中盘剥。

朱元璋还诏令云南各地官府兴举学校,选拔称职的本土儒士担任学官,教育地方子弟,学习中原礼义。有真才实学的本地人才,可由官府礼送京城,委任官职。官府还强制改变民间丧葬、祭祀、成人、婚姻习俗——公元前3世纪的楚国将领庄蹻打到滇池地区,搞的是带头"变服从俗";事隔1700多年,公元14世纪的朱元璋征滇之后,反过来迫使滇人"务变其俗"。经过一番由表及里的移风易俗,云南"人民尚兵"的民风开始改变,一时文质彬彬,逐渐向中原看齐了。内地移民"在地化"的"山国寡民"文化从此初现端倪,并一发而不可收,成为昆明民间的"主流风俗"和"主流性情"。

（见明《滇史·序》《明实录》《明史·张紞传》《云南机务抄黄》等）

○大西军"滇南乐土"："民得安息"

南明永历元年（1647年），天下大乱，烽烟四起，大西军残部不战而取昆明。由于战乱不止，民众逃亡，当年遇到饥荒，米价暴涨，一斗米售价高达一两二三钱银子，幸而天无绝人之路，这一年米粮荒而瓜菜足，大多数人逃过一劫。当时昆明仓内的粮食总共也不能满足3个月的需要，大西军政权招抚流亡难民，依附过敌方的人也概不追究，让其返乡复业，"各安农事"。一时归来者络绎不绝，大西军政权分给土地，借给耕牛、籽种，并废除重赋，减轻徭役，无论种地煮盐，都让生产者拿大头，又把具有各种技艺的人收入军队，让他们为军队创收，充作军费。不久滇池地区居民聚集，生产迅速恢复。

滇西云南驿白马庙供奉的李定国塑像

大西军政权为解决军需,安定生产,紧急推出各种"善政"。另一方面,又严格军纪,约束军队:士兵买酒,无论手中银子是轻是重,买一壶要付银子一块。这样一来,出售酒肉的百姓每天可得到一升银子。军队出动时,所过道路,鸡犬不惊,卖酒肉的百姓路旁不断。大西军还规定,如查出士兵抢夺百姓,立刻斩首。如被抢的主人不举报,要连坐受死,抢劫士兵的主管军官失察,要责打80军棍。大西军军纪严明,兵不扰民,将士一心,往来严整,安置有方,于是滇中安定,农业发展,百姓丰足。秋收之时,大西军还开仓周济贫民,每人发给谷子一斗。秋后算账,较之往年,收成倍增。于是元宵之夜,解除宵禁,在昆明城大放花灯,四门唱戏,聚饮3天,四乡红男绿女入城观灯看戏,如同赶街子一样热闹。于是昆明百姓安于务农,怡然自得,处处洋溢着和平欢乐的气氛,俨然不知身处战争时期,又吹起了"山国寡民"之风。

(见清《永历实录·李定国列传》《滇考》《滇南纪略》等)

○清初"实心实政":"以宽大培国脉"

明末清初,清军两次平滇,战乱频仍,城乡残破,百姓倒悬,昆明人的"小安生活"被倾覆,人心不古,民风大坏,后得朝廷、官府"与民休息"之惠,经济得以恢复,民生得以改善,于是"山国寡民"复苏,"小安日子"继续。

早在清军首次平定云南时,户部尚书王弘祚就多次上书,建议在云南推行宽松的新政,与民休息,妥为善后。王弘祚是云南保山人,是清顺治、康熙两朝重臣,其上书言事,自有分量。王弘祚提出清理田地,可革除横征虐政;核查人口,可使民乐业;确查庄

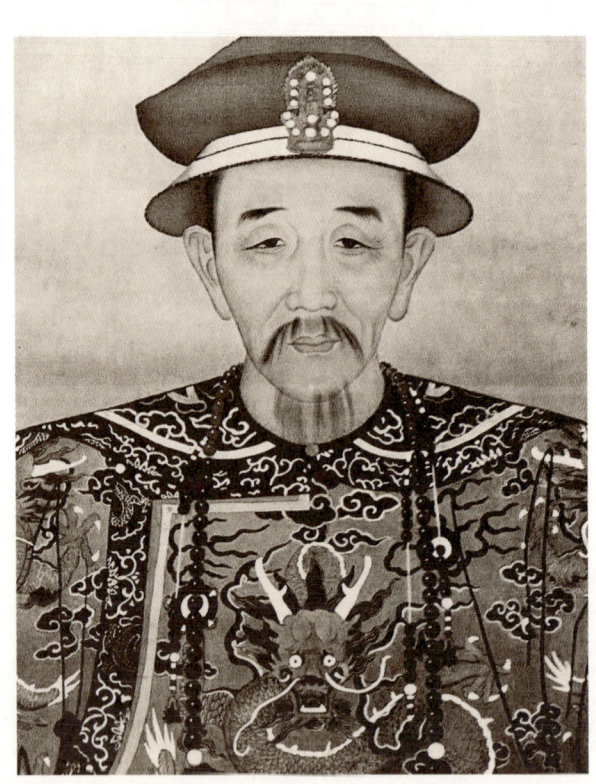

提倡"以实心务实政"的清康熙皇帝

田以充兵饷，可减轻滇民负担；慎派官吏，可体恤民生；开乡试，可培养人才、振兴文教；完善官制，可约束官吏等——关键就在"宽新政"之"宽"字上。

拿下云南之初，清世祖福临便下诏免除赋税，赈济贫民。战后百姓流散，田地荒芜，官府又招徕农民，复垦开荒，原来有主的荒田，安排主人开垦，无主的荒田，招徕农民垦种，三年之后才征税，由官府发给凭证，永远归垦荒者所有。交通要道所受兵灾最重，百姓劫后余生，复业困难，由官府借给粮种，以便农民春种，屯田赋税也减去三分之一，百姓因此稍得喘息。但由于吴三桂的穷兵黩武、横征暴敛，将明代黔国公沐氏的庄田据为己有，又以军粮不足为由大肆侵占土地，让朝廷"与民休息"政策的效果大打折扣。

清康熙二十年（1681年），清军平定吴三桂叛乱，再次占领昆明。攻下城池之日，清军就制止屠城，宣布要和昆明人一起除旧布新，从头开始。昆明人死里逃生，喜出望外。战后昆明残破，百姓不是死于战事，就是死于饥荒。清廷再次"与民休息"，多方招徕流散百姓，恢复旧业，每家给银三两，帮助重建家屋，并借给耕牛、种子，让农民耕种田地，不至于流离失所。当局又把吴三桂强占的田产收归州县，租给百姓耕种，接着更废除庄田，先是变价出售，后来又作为荒地招人开垦——朝廷、官府号称"以实心务实政""以宽大培国脉"，但粮赋依然沉重，后来多次豁免，滇中经济逐渐恢复，人烟重新聚集，出现了新的气象。

清初云南官员深知再也折腾不起，不但与民休息，还"与兵休息"。当时社会矛盾交集，军中大受影响，兵变不断。据清《滇云历年志》记载，康熙二十七年（1688年）七月，清军士兵丁任二等人谋叛，纠集叛兵上千，造反作乱。平叛之后，查明没有军官逼迫士兵之事，只杀了几个为首的叛兵，其余安插到军中，一概不予深究。这一年的八月二十日，又发生兵变，总督直属部队的张麻子、李秃子等谋叛，事发之后，官府仅逮捕斩首13人，其余参与者都没有问罪，城中十分安定。康熙四十五年（1706年），又有民人李天极联合军中官兵造反，不料起事前泄露机密，李天极被捕。总督贝和诺亲自审问，李天极胡乱供称："如果大人非要斩草除根，那么我可以告诉大人，除了大人以外，都是我的同党。"贝和诺也知道谋反者不少，但为了安定人心，避免混乱加剧，贝和诺只杀了几个为首的头头了事，其余的都不再追究——兵民安而昆明安、云南安，是矣。

吴三桂势力盘踞昆明20多年，鱼肉平民，胡作非为，聚敛财富，肆无忌惮，百姓所见，都是些灭天理、乱伦常之事，于是"山国寡民"不再，视孝悌忠信为无物。清军恢复昆明之后，拨乱反正，大兴教化，由大小官员集资修葺学宫，设立义学，

阮元画像

教育子弟，会讲乡约，宣传"圣谕"，启发"天良"。并遴选年高有德之人，每月发给粮米，以倡导仁德之风。以此保证民风无邪，进而改进民心，改善民行——大概此时官府觉得还是培育"山国寡民"好，虽然困难，仍然努力推行。直到百年后的乾隆、嘉庆年间，云贵总督张允随才有了"滇省风俗淳朴"的报告。可见"山国寡民"形成之不易，培养之艰难。清初江苏进士吴大勋居滇为官10年之久，写下一本《滇南闻见录》，深有感触地总结说："到云南做官，'勿扰'两个字，为治滇之要着也。"

　　聪明的官员不但不扰民，有时还俯察民意，顺势而为，争取人心。清初云贵总督范承勋为昆明三牌坊题名"怀柔六诏""平定百蛮"，虽有"怀柔"之说，但"平定"二字却透着一股煞气，不少昆明人为之侧目。清代后期，云南布政使王楚堂改题三牌坊为"天开云瑞""地靖坤维"，有国泰民安、吉祥安静之意，赢得了昆明人的赞许。每逢正月十五的上元节，昆明人都要举办灯会，在此前后三天，入夜之后，彩灯满城，游人满街，熙熙攘攘，热闹非常。按照清代昆明的常规，夜晚二更（约相当于21点）就要关闭城门，这对于进城观灯的城外人来说，是一件十分扫兴的事。于是官府特别开恩，灯会期间，不禁夜行，城门关闭延迟到三更（约相当于23时），还增派兵丁，巡逻街巷，保护游人，以防不测。清道光年间的云贵总督阮元把彩灯挂进了衙门的楼台，表示与民同乐，并登台望月，俯仰"太平盛世"，自觉"休养民生"有成，于是洋洋得意，欣然赋诗：

皓月照昆海，元宵登眺来。
云山绕城郭，灯火上楼台。
年熟民皆乐，春晴漏勿催。
遥知深夜里，游客踏歌回。

和阮元的"春晴漏勿催"对应，昆明文人有《竹枝词》记上元节曰：

金吾弛禁久相仍，放夜嬉戏记如曾。
三市街头箫鼓遍，儿童争买走马灯。

清代云南巡抚衙门（今如安街老昆八中校址）有东西两道辕门，旧时门上悬有横额，上面题有朝廷颁赐的八个大字："抚绥六诏，安辑百蛮"，均以"安抚"为要。然而，视云南为唐代叛服无常的"六诏"，视云南人为远在边隅的"百蛮"，仍然透出清廷对百姓遮遮掩掩的敌意，一旦"安抚"的底线被突破，历史就会翻开血淋淋的一页。

（见《清圣祖实录》《皇朝经世文编》《张允随奏稿》《清史稿·王弘祚传》《新纂云南通志》等）

老风俗

今天已经很难想象早年昆明的市井风俗了。其之两极,有令人自豪者,如久而弥香的陈年老酒;也有让人不堪者,似霉味熏人的腐木烂草。如今品读,五味杂陈:

或兴味绵长,如年节之俗;或痛心疾首,如节烈之俗;或繁琐不堪,如婚丧之俗;或荒诞不经,如求雨之俗;或古风难觅,如待客之俗;或稚萌可掬,如"叫伴儿"之俗。然而所有风情旧俗,林林总总,无一不是昆明人文历史、老昆明人性情的一大注脚,自有价值,可以评论扬弃而不可耻笑嘲弄。即便是我们今天自以为是的时尚风俗,在后人眼中又怎么可能没有荒谬之处?恐怕早就有过之而无不及了。

还是罗养儒说得好:"若欲知旧社会上之情状若何,当从一切琐屑俗习上查看,即见其生活和现实生活所流露的真挚的思想趋向及其情感是如何,是则旧社会之一切情形毕露,其良与不良处更易明白。"〔《纪我所知集》(《云南掌故》)〕

老节俗

老昆明人来自四面八方，把祖籍地的年节习俗也带到了昆明，在这里汇聚、融合，形成了别具一格的昆明节俗。明万历年间的《滇略》称，滇中"节令礼仪大率与中土类。若元旦更桃符贺岁，上元观灯，清明插柳，四月八日浴佛，五月五日悬艾酌菖蒲，七夕乞巧，中元祭祀，中秋夕月，重阳登高，腊月廿四日祀灶，除夕守岁，饮酒先少后老，此皆列郡之所同者"。明天启年间的《滇志》记载得更为详细，而且主要是昆明的年节风俗：

元日，桃符门丞，往来贺岁。

春日，春盘赏春，以饼酒相馈。

上元之夕，赏灯张乐。次夕，相将私游，携爆竹插香于道，相传可以却疾。火树星桥，有古风焉。

二月三日，循往代，为修禊事。会城谒龙泉观，还憩石嘴庄，为临江之饮。江流曲曲，怪石插江中，长松满崛。

是月，祈年佛会。

清明，插柳墓祭。

三月三日，谒岳庙，为南岳。谒真武于西山罗汉寺，或东之鸣凤山金殿。或先期赴易龙中和山，行两日程。或负香之郧襄谒武当，往返数月。

廿八日，谒岳庙，为东岳。

四月八日，浴佛，献乌饭。

五月五日，悬艾虎，饮菖蒲酒，角黍相馈。

六月廿五，束松炬，照田苗占岁。

七夕,妇女穿针乞巧。

中元,祭先于祠堂,或焚冥衣、楮镪。

中秋,以瓜饼祭月。

重阳,登高,饮茱萸酒,赏菊,各郡或有丈菊焉。以面簇诸果为花糕,亲识相酬馈。

十月,祀先,墓祭。

长至,相贺,饮赤豆羹。

腊八日,作五味粥。

廿四日,祀灶,送五祀之神。

除夜,爆竹,饮分岁酒,先少后老,四更迎灶。

到了清代道光年间,昆明年节之俗仍然大致如此,当时的《昆明县志》这样记载道:

岁元日晓起,人家张灯烛,焚香楮,设米花、黄果、干柿之属,以供天地祖先,堂中皆取松鍼(针)铺地如毯,族党间往来贺年……阅旬有五日乃竣。

九日谒城南之玉皇阁。

立春之日,春盘赏春,戚友相庆(俗谓贺新春)。

元夕赏灯张乐。

十六夜步月嬉游,插香道左,沿街爆竹之声不绝,俗谓"走百病"。

二月三日谒宝成门外文昌宫,观剧龙泉观,还憩石萃庄(在小东门外,左临盘龙江),临江酾饮,觞咏为乐。

清明扫墓,插柳于门。

三月三日谒真武庙,西则于罗汉壁,东则鸣凤山之铜瓦寺(即太和宫,亦曰金殿)。

二十八日谒城东之东岳庙。

四月八日浴佛。

立夏日插皂荚枝、红花于户,以压祟,围灰墙脚以避蛇。

五月五日悬艾虎门侧，儿童皆系百索，酌菖蒲酒，以角黍相馈。

七夕妇女穿针乞巧，以瓜果祀织女星。

中元祀先于家庙，无家庙者祀于中堂。以是夕为佛盂兰盆会，夜放河灯。

八月中秋，瓜饼祭月。

九月九日于螺峰山登高饮菊花酒，以面簇诸果为花糕，亲识相酬馈。

十月先墓父老祭。

长至叠糯米粉作牢丸，糁以豆屑，蘸糖食之，曰"豆面团"。族党闲往来相贺，语曰：冬至大似年。

腊八日作五味粥。

二十三日祀灶。

除夕祀先，购酒肉蔬果之属，必具易桃符，门丞煨炉，取桦木皂荚燃之，炽炭于盆，淬以醋，谓可除恶，是夕团坐不眠，曰"守岁"。饮酒曰"分岁"，俵钱赐卑幼者曰"压岁"。

近代昆明的年节竟然和明代相差无几，既五彩缤纷，又独具一格，坊间有谚语曰：

正月龙灯，二月风筝。

二月八，龙抬头。

三月三，耍西山。

年年有个七月半，前人做给后人看。

冬到年到，腊月二十四送灶。

三十晚上莫吵嘴，大年初一莫说鬼。

大年除夕洗个脚，来年有吃喝。

此外还有个"五月十三，关圣老爷磨大刀"，竟然是在关圣帝君庙会上求雨。按老昆明人的说法，关老爷磨刀要用水，老天就得下雨，雨季就会如时到来。

娃娃最喜欢过年过节，既得吃，又得玩，还得穿新衣裳。昆明年节多，一年到头，都

有盼头:
　　正月正,家家户户看龙灯;
　　二月二,场子上面唱"包二";
　　三月三,约着姐妹耍西山;
　　四月四,跟妈去耍昙华寺;
　　五月五,吃了粽子吃白薯;
　　六月六,家家门前晒红绿;
　　七月七,过节杀只大公鸡;
　　八月八,姑娘爱戴茉莉花;
　　九月九,全家都吃甜白酒;
　　十月十,十只小猫偷油吃。
还有:
　　正月正,狮子闹龙灯;
　　二月二,老龙抬起头;
　　三月三,荠菜花儿赛牡丹。
　　四月四,四个铜锤溜一字;
　　五月五,五只龙船漂花鼓;
　　六月六,家家门前晒红绿;
　　七月七,七个果子甜如蜜;
　　八月八,八丫西瓜赛月牙;
　　九月九,九朵菊花泡老酒;
　　十月十,十个老倌偷食吃;
　　冬月冬,家家围着向烘笼;
　　腊月腊,吃稀饭来煮嘎嘎。
　——这几段文字,简直就是300年前明代《滇志》中那段年节记载的白话版。

○ "小年"祭灶、驱邪"扫尘"

过年为农历一年之始,古称元旦、元日,辛亥革命后叫春节,民间则称"过年",心情好了就说"过大年"。在传统节庆中,老昆明人最看重的就是过年,至今仍然如此。

老昆明人过年从农历腊月二十三就开始了,从这天到除夕叫迎春日,有两件大事要做:一是祭灶,二是扫尘。两件大事都和家中的"灶王爷"有关。据明天启《滇志》所记,每逢腊月二十四日,昆明人要"祀灶,送五祀之神",除夕夜则要"四更迎灶"。

民间相传,灶君是一家的主神,又叫灶王爷,昆明人还叫"灶君公公"。据说他会记下所在家庭的善恶之事,每年年末到天宫向玉皇大帝报告,而玉皇大帝据此决定这家人来年的祸福。早年民间有"男不拜月,女不祭灶"的说法,祭灶是家里男人的事,后来多由家庭主妇主持,大概和妇女"主厨"有关吧。

清代民间又说灶君腊月二十三日夜间上天,这天晚饭后,家中妇女要打扫厨房,在灶台上摆上供品,燃香点烛,然后烧化旧灶神像,同时跪地祷告,这叫作送灶君"升天",简称"送灶神"或"送灶"。送灶的供品主要是什锦南糖,据说可以糊住灶君的嘴,让他不能在玉皇大帝面前胡言乱语,而只能甜言蜜语,多说家人的好话,所谓"上天言好事"是也。最后,这些又香又甜的南糖成了娃娃们的至爱,腊月二十三也被称为"南糖节"。

敬神的昆明老妇

此后七天,直到春节,老昆明人还有"扫尘"的习俗。"送"走灶王爷后,家家户户都要打扫卫生,扫尘垢、拂蛛网、掏阴沟、洗被褥,忙得不亦乐乎。

"扫尘"之俗也和灶王爷有关。传说早年有凶神要祸害百姓,先在居家住户门前撒土灰、房檐下织蛛网,以此为记号,除夕夜便来害人。灶王爷发觉此事,就让百姓在除夕之前把房前屋后打扫干净。大家遵照灶王爷的嘱咐,清扫尘土,掸去蛛网,擦净门窗,果然得以避祸,求得平安。后来每年"送灶神"之后,都要"扫尘",直到大年夜"接灶神"为止——民间相传"夕"是怪物,大年夜要来害人,"除夕"就是除掉怪物,也与此有关。所谓"扫尘",原来是古代"元旦"驱疫鬼、祈安康的遗风。

直到除夕三更,昆明人家的妇女又在灶前供献清茶、清酒,恭恭敬敬地贴上红纸金印的新灶神像,再燃烛进香。这就是"接灶神",又称"接灶",表示"灶君公公"言事归来,家人在这里恭敬相迎——老人会对娃娃说,伺候好了灶神,它才会"上天言好事,下地保平安",有的还把这两句话写成对联,贴在灶神像两边。

"接灶"之后,要在庭堂上烧化香和皂角,并在火盆里放一个大秤砣,待秤砣烧红,家中晚辈要"喊人",向长辈道声"请安喽",然后往火盆里加松毛,再浇上酸醋,趁其热气腾腾,赶快抬到家中各处熏除秽气,然后把残渣泼到院里远处,这又叫"送岁"或"辞岁"。此后各人就可以回房就寝了,也有人"团坐不眠",一直坐守到天亮,叫作"守岁"。守岁时要饮酒,叫"分岁",初一向娃娃发"仪钱",又叫"压岁"(清道光《昆明县志》)。

○ "初一初二不出钱,初三初四财会来"

老昆明有"初一初二不出钱,初三初四财会来"的说法,认为大年初一、初二不能破财,忌讳花钱,所有年货都要在年前办齐办好。

老昆明人的年货以吃为主,食品多为"酒肉蔬果之属"(清道光《昆明县志》),如年糕饵块、鸡鸭鱼肉、果品菜蔬、饼点糖食等,其中葱、蒜、鱼必备。老昆明人信谐音,认为吃葱则"聪"明,吃蒜则会计"算",吃鱼则年年有"余",这些用意都和今天差不多。老年货还缺不了桃符、门神、年画、春联、香橼、佛手柑、皂角、化香(一种树根)、香烛、黄钱(过年不能烧白钱)、纸元宝等。昆明人过年拜佛祭祖,还要早早买鲜花来插瓶,放在供桌和堂屋里,有钱人家插梅花、茶花,一般人家插山茶花。清道光年间,昆明人朱庆萱有《竹枝词》道:

人事忙忙腊月中,新春帖子满街红。

请得香花归奉佛,山茶初试一番风。

当然,辞旧迎新,也不全是愉快的事。一年终了之际,往往也是债务到期之时,借债的要收回,举债的要还清,还不了要给个说法,这对于贫寒人家来说,就是"过年关"了。大概就因为"初一初二不出钱,初三初四财会来",旧时大年初五以前甚至整个正月都忌讳讨债还债,否则讨债的人和被讨债的人都会倒霉整整一年。因此讨债、还债都集中在除夕之前,无力还债者只要躲过除夕,就可以回家过个安稳年了(见张俊《昆明年俗的变迁》等)。

○年夜饭的"长菜"和乡里的"八大碗"

除夕的晚餐又叫"年夜饭",简称"年饭"。家人无论在本地还是在外地,都要赶回来全家团聚"打牙祭",所以又叫"团圆饭"。

年夜饭照例要用九杯米,以示"长久"。饭菜做好后,要先抬到堂屋外供天地,再抬到堂前供祖宗,每供一次都要点上香烛,全家按长幼秩序磕头。这时的祭祖又叫"接祖",意思是接祖先回家过年。"接祖"的供品少不了鲜花,也少不了鸡鸭鱼肉,芹菜和青蒜也必不可少。芹菜谐音"勤";青蒜不但谐音"算",还谐音"清"。用芹菜和青蒜祭祖,意思是报告祖先在天之灵,这一年里,子孙后代勤恳劳作,清吉平安,清清白白,账目清楚,算下来无亏无欠,一来让祖先放心,二来也勉励后人。

老昆明的年饭必吃的一道菜叫长菜。以肉汤煮白菜、青菜、芹菜、青蒜做成。做长菜不能动刀,菜叶不能用刀切,只能用手竖着撕开,有的还加入长条粉丝,这叫"长吃长有""长长久久",又称"长命菜"。长菜做得很多,不能一顿吃完,过年期间要天天热、天天吃,一直吃到正月十五,最后剩下的酸汤用来和鲊面、萝卜丝,做成萝卜酢团,放进瓦罐,可以吃到第二年春节,成为真正长吃长有的"长菜"。年夜饭的鱼也不能一次吃完,要翻过年去吃到大年初一,以示"年年有余(鱼)"(见张俊《昆明年俗的变迁》等)。

昆明乡村多在年前杀猪,叫作"杀年猪",并在杀猪当天请客,叫作吃"年猪饭"或"杀猪饭"。年猪饭通常要用猪身上的各个部位做成八大碗肉菜,叫作"八大碗"或"猪八碗",有红烧肉、千张肉、炖黄条、回锅肉、粉蒸肉、炸春卷、糖醋排骨、猪杂拼盘等,有的加上清炖鸡、烤鸭、湖鱼、扣百合和八宝饭之类,就成了"十二大碗"。亲朋好友欢聚一堂,大碗喝酒、大声猜拳、大块吃肉,大快朵颐,比吃年夜饭还热闹。

○三十晚上"封门""封井"和"守岁""压岁"

除夕夜又称"大年三十",老昆明人叫"三十晚上",按昆明方言为"三十晚夕"。据清道光《昆明县志》记载,除夕之夜,昆明人要更换门神、桃符,用酒肉蔬果祭祀先人，还要在炉子里燃烧桦木、皂荚，并往火盆里烧红的木炭上泼醋，一时家中各种烟雾弥漫，据说可以驱邪。

民间相传，昆明附近山林中有个叫"年"的怪兽，三十晚上会跑出来吃人，直到鸡叫天亮才折回去。为防止这个怪兽闯进家来，老昆明人要趁天亮做好年夜饭，早早熄火净灶，关好牲畜，封住前后宅门，这叫"封门"。封门时少不了"甲马"，就是印着诸如龙马、招财童子之类图样的红纸。把甲马贴在大门外两边墙上，又在门扇里贴上黄纸钱，呈"×"形锁住门缝，再点香烛、烧纸元宝，然后拜上三拜，此门就算"封"住了。最后还要在大

老昆明人过年要贴对联、贴门神，三十晚上还要封门

门后顶上两根甘蔗，这两根甘蔗要粗细匀称，长短相同，有根有叶，有头有尾，表示来年好事成双，一年从头甜到尾。封门时蔗梢朝上，午夜时又把两根甘蔗倒过来，蔗梢朝下，这叫作"翻梢"，表示新的一年全家收入"翻"番，甜蜜日子"到"来。有的人家还让孩子抓着蔗秆往上爬，以求新年长个子，长知识，步步高升（见张俊《昆明年俗的变迁》等）。

大门封好，怪兽进不来，自家人也不能进出，到大年初一怪兽回去了才能开门。为防止怪兽从阴沟、水井里钻进来，还必须"封沟""封井"，在沟帮、井栏上贴红甲马、黄纸钱，然后燃香烧纸，敬拜一番。当然，"封门"之前，家人早已到齐，过年用水早已备好，而"封沟"之前，该洗的东西都洗了，该倒的水都倒了。被封上的井、沟要到大年初二才能"开封"启用。

家院封闭之后，要先放爆竹，把怪兽吓跑，又供祭祖先，祈求保佑，以平安度过除夕夜，接下来全家才吃年夜饭。因为怪兽在外，此夜凶吉未卜，搞不好就是"最后的晚餐"，所以一定要吃得丰盛。饭后在院子里点上篝火，各个房间都点上蜡烛

或油灯，让怪兽无处藏身。全家人彻夜不眠，坐在一起闲聊壮胆，直到天亮，以防不测。清道光《昆明县志》说，除夕时昆明人全家"团坐不眠"，这叫"守岁"。

昆明人"守岁"又叫"坐待天门开"。"守岁"之时，全家人坐在铺满青松毛的地上，烧上两炉炭火，一炉烤饵铗，一炉煮皂角米，在饵铗和皂角米的清香中辞旧迎新。明代充军云南的状元杨慎有"十二月滇南娱岁宴，家家玉饵雕盘荐"的诗句，可见早在明代，昆明人过年就离不开饵铗了。清人朱庆萱的《竹枝词》写得好：

风光骀宕正新春，佳饵雕盘隔岁陈。

连夜槟榔装盒子，明朝早有拜年人。

明万历《滇略》还说，当时"除夕守岁"要喝酒，但顺序和平时不一样，平时是"先老后小"，此时是"先小后老"。明天启《滇志》也说，除夕夜喝的是"分岁酒"，顺序是"先少后老"。清道光《昆明县志》称，昆明人把除夕喝酒叫作"分岁"，而装红包发钱给"卑幼者"叫"压岁"。大人守岁容易，孩子守岁难，差不多就上床睡了。这时怪兽有可能乘虚而入，大人要在孩子枕头底下塞进一些钱，怪兽来了，孩子可以用这些钱搪塞怪兽，逢凶化吉。这钱就叫"压岁钱"，其实就是"压祟钱"。

老昆明人来自五湖四海，过年习俗传说不一。关于"封门""封井""封沟"，又说是因为自家大门天天要开闭，自家水井天天要打水，自家水沟天天要淌水，和人一样，都非常辛苦。过年家人得休息了，也得让它们休息几天，于是就有了"封井""封沟"之举。

清道光《昆明县志》说，老昆明人过年要买青松毛，除夕夜撒在供桌下、堂屋地上，"铺地如毯"，一直铺到正月十五，以祈求来年"轻松"度日、清吉平安。抗战时期久居昆明的作家汪曾祺曾记道："昆明春节，很多人家铺松毛——马尾松的针叶。满地碧绿，一室松香。昆明风俗，亦如别地，初一至初五不扫地——扫地就把财气扫出去了。铺了松毛不唯有过节气氛，也显得干净。"他还特别写了一句："昆明城外，遍地皆植马尾松，松毛易得。"（《昆明年俗》）另据清乾隆年间的《滇南新语》称，滇中"佳节吉事，藉地以松毛，否为不敬"。看来早年滇人用松毛铺地，还不仅仅是春节之时。

老昆明人还忌讳大年初一到初三动刀，饵铗、糖片都得在除夕夜切好，还忌倒水、忌扫地、忌倒垃圾、忌动锅炒菜，似乎也和避邪趋吉有关。

○ "三十晚上莫吵嘴，大年初一莫说鬼"

昆明人过年忌说"死""鬼""杀"等凶字，有谚语曰：

三十晚上莫吵嘴，

大年初一莫说鬼。

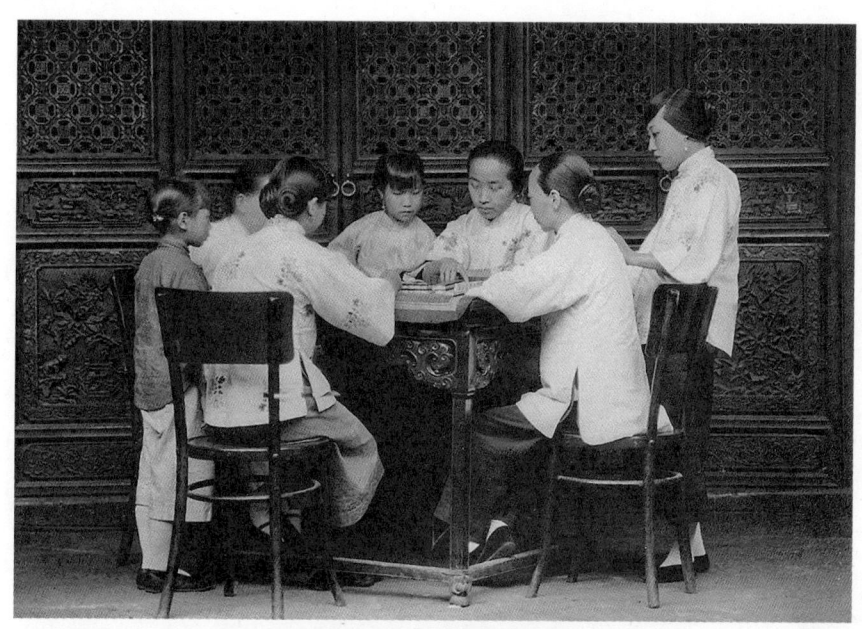

打麻将也是除夕夜老昆明人的"玩场"之一

除夕之夜，据说上界诸神要下凡，要隆重祭祀，忌打碎碗碟，忌恶语伤人等等。如果孩子不小心打碎了东西，大人就接着说"越打越发，岁岁（碎碎）平安"；小孩不懂事出口不吉利，大人就接着说"孩童之言，百无禁忌"；小孩贪睡，叫他起床不能叫名字等等。

老昆明人大年初一不外出做客，也不欢迎别人来做客，以免冲了喜气。这一天还忌煮生粮、做新菜，只吃剩饭剩菜，还不能往外倒水倒垃圾，否则会破财气。另外，昆明人还特别注意大年初一不出财、不洗衣、不动刀、不动枪、不动土、不动气、不杀生、不骂人、不吵架、不跌跤、不生病、不吃药，否则一年都不顺，一年都会生气生病、跌跤吵架等等。

这些过年禁忌还各有说法：忌切菜是因为"切菜"与"缺财"谐音；忌劈柴又是因为"劈柴"与"逼财"谐音——否则会逼走财神，来年缺少钱财。杀年猪不能说"杀"，要说"鞭猪"，因为"杀"字的煞气太重。正月忌洗被子，否则就是"正被湿"，和"真背时"谐音，也不吉利。

○正月初一的"头炷香"和正月的庙会

庙会是老昆明人过年的热闹去处

老昆明正月初八的铁峰庵庙会

据清道光《昆明县志》记载,当时每到正月初一,昆明家家户户一大早就"张灯烛,焚香楮,设米花、黄果、干柿之属,以供天地祖先"。后世又有大年初一"进灶香"的习俗。正月初一大早,"大门"刚开。老昆明人一起床就要赶到寺庙,手捧香盒和纸钱,在太阳升起前抢烧"头炷香",以示"迎新",祈求新年大吉大利。早先是家中老年男子到莲华寺(在今翠湖)、太阳宫(在今圆通街)、城隍庙(在今武成路)、火神庙(在今宝善街)去烧香,后来供有财神的寺庙香火更旺,如盘龙寺等,全家人都会争着去。当然,众人都抢"头炷",有时就难免混乱。家中老年妇女多在自己家中敬头炷香,就从容得多。

正月初一又是传说中的弥勒佛诞辰。这位弥勒笑口常开,是善心之佛。昆明善男信女总要带着香烛供品,到圆通寺、弥勒寺、华亭寺、筇竹寺念《弥勒赞偈》,叫作"弥勒会"。

正月初二有石虎关庙会,地点在关上的关坡村财神庙,供奉有观音、赵公明和土地公公，前来求福、求财、求吉的香客不少。

正月初五又迎财神。昆明街头关门过节的店铺又营业了。一开门店家就取下门板，横架在门口，摆上供品，点燃香烛，叩拜财神。家家店铺的门板在街边排成长龙，满街香烟缭绕，别是一番景致。

老昆明正月初九的金殿庙会

正月初七是东岳庙会，人们在庙旁的金汁河埂上搭起好几架秋千，男男女女竞相比赛，一个荡得比一个高。届时市人云集，观者如堵，比庙里还热闹。有人写《竹枝词》唱道：

游春女伴履翩翩，东岳烧香祈共连。

相约斜穿庙会去，金棱河畔看秋千。

至于昆明百姓，最看重的是农历正月初九的金殿庙会。据说这一天是真武帝君得道飞天之日，又是玉皇大帝寿辰。每年此日，金殿游人如潮，烧香拜神，祈晴祷雨，禳灾迎福。民间小吃之摊，如凉米线、炒饵块等，从山下一直摆到山上。直至今日，正月初九耍金殿，游春赏花，仍为昆明风俗。届时昆明人聚游鸣凤山中、金殿檐下，动辄达10万之众。人们跳花灯，唱山歌，舞龙灯，对调子，颇见盛世之乐。

从正月十三到正月十五，还有海源寺、正觉寺、玉皇阁的朝山庙会。这些庙会不但有舞龙舞狮，还有洞经音乐，人气都很旺。

○ "请门神"、贴春联、贴唐诗、大拜年

明代昆明人过年要贴上新的桃符、门神，亲朋"往来贺岁"（明天启《滇志》）。至今每到大年三十，老昆明人也要"请门神"、贴春联，并在屋檐下悬挂灯笼。

过年贴年画可以祈吉求福，贴张"何仙姑手持荷花图"，以"何""合"表示"百年和合"；贴张"胖娃娃骑鱼图"，表示"年年有鱼（余）"；贴张"大红石榴图"，表示"多籽（子）多孙多富贵"，而倒贴"福"字，就表示"福气到（倒）家"了。这天亲友邻里相见，都要说一声"新春愉快""恭喜发财""万事如意""心想事成""大吉大利"等。家宴上要有鱼，表示有"余"；要有鲤鱼，表示有"利"，

过年啃甘蔗寓意"节节高"和"节节甜"

要有鲢鱼,表示"好事连连";吃鱼要留下鱼头鱼尾,表示"有头有尾"——图的都是吉利。

抗日战争时期,"昆明有些店铺过年不贴春联,贴唐诗"。那时昆明街头较小的店铺"下半截是砖墙,上半截是一排四至八扇木板,早起开门卸下木板,收市后上上。过年不卸板,板外贴万年红纸,上写唐诗各一首。此风别处未见。初一上街闲逛,沿街读唐诗,亦有趣"(汪曾祺《昆明年俗》)。

过年要拜年。大年初一吃早饭前,家里的娃娃要向长辈磕头拜年,要"喊人",祝长辈有福有寿等等。长辈则要向娃娃发"压岁钱",以压祟祈福,平安成长。初二以后,亲朋好友要串门拜年。拜年时也带上一些年礼,普通人家送的多是腌肉、饵块之类。过年时亲朋来拜年,要敬上泡有胡桃、松子、蜜枣的果茶,临别时要送上三五颗槟榔、芦子,若是至亲贵客,又另有讲究——要把二三十个槟榔串成一串,盘成饼状,缀上剪纸花,又用红纸包上十多颗芦子,让家中子弟送给客人(清道光《昆明县志》)。据说有的大户人家的亲朋太多,难以一一登门,就让仆人带着名帖去拜年,称为"飞帖"。各家的门前又会贴上一个红纸袋,上书"接福"二字,送帖者将飞帖插进去即可。又说如今的贺年片、贺年卡,就从"飞帖"演变而来。

从大年初一开始,早上店铺和居家大放"炮仗"(鞭炮),大人是成串地放,娃娃是一个个地放,叫"冷炮仗",还放"升高"、"滴滴金"(喷火星)、"黄烟"(喷火烟)等。四乡则唱花灯、演滇戏,少女"使秋"(荡秋千),夜间街上耍龙灯,家中掷骰玩牌。初六称"破五",娃娃不再"放冷炮"、大人也不再掷骰玩牌了。

○过年蒸年糕、吃饵块、吃米饭"猴攒食"

过年吃饭,老昆明人也有很多讲究。

大年初一之时,太阳还没出来老昆明人家就要蒸糕,意思是"步步高";米糕上面要铺一层红糖,还要嵌入红枣,以示"红红火火";蒸糕时蒸汽四溢,意思又是"四方吉利"。糕蒸好后先端到院子中间的八仙桌上供好,同时供上有篮球大的米花团,上面嵌着一个大大的红色"福"字,还要供上黄果(柑橘)、干柿子、橘子、佛手、香橼等,点上香烛,前面放一个香炉,太阳一出来就向"太阳菩萨"献上头炷香,插满九柱后,全家对着太阳叩九个头,同时拜天地祖先,然后分吃年糕,以示天长地久,人寿年丰。

大年初一老昆明人不串门,不在外做客吃饭。在家也多半不吃米饭,主食是饵块,有时要吃好几天。从初一到初三不能动刀,要吃的饵块年前就切好了,只待下锅。大年初一早餐

烧饵块是昆明人的至爱

吃糖煮饵块,晚餐有八宝饭,意思是"一年甜到头"。据清人檀萃记载,清乾隆年间昆明人过年还吃甜酒煮鸡蛋。这是浙江人的吃法,云南人也学着吃起来,成为一种风俗。每年腊月,滇中人家各自酿制甜酒。开年客人来了,就会请他吃一满碗的甜酒煮鸡蛋,表示亲密(《滇海虞衡志》)——而今昆明人过年还吃甜酒煮饵块,大概就是从这里来的。

按照旧日的习俗,过年要过到正月的第一个属猴的日子才开始吃米饭,昆明人叫"猴攒食"。那个猴日很可能会到正月初八或初九,这就是说,昆明人过年可能要吃八九天的饵块,幸亏饵块的吃法不少,可煮可炒可烤,可甜可咸可淡,花样翻新,百吃不厌,不然昆明人过年的"吃"就太单调了。有意思的是,早年正月初九赶金殿庙会,昆明人也要吃炒饵块。先切好饵块片,配好佐料,带到金殿山上。而道士们早就在三天门以上备好不少小铁锅和木柴,爬山到此,便可向道士租来小锅,自炒自食,全家坐地野餐,其乐融融。清嘉庆年间,昆明人朱芳田有《岁时竹枝词》写道:

门换新联户换米,还春饵块备香厨。

华堂草舍春都到,碧绿松毛匝地铺。

大年初二昆明人开始串门子,很多人家也用饵块待客,走亲戚的也送饵块——

一家人过年往往要吃一百多斤饵䬳。没有饵䬳，老昆明人简直无法过年。清代昆明布衣名士孙髯老来贫寒，靠邻居送来的饵䬳才过了个年，其有《季冬有感》诗曰：

　　青盐赤米家家靓，白饵黄柑处处圆。

　　赖有邻居张冷眼，满盘相馈过新年。

昆明过春节还离不开甘蔗。20世纪40年代初，春节的昆明"街头常见人赌赛劈甘蔗。七八个小伙子，凑钱买一堆甘蔗，人备折刀一把，轮流劈。甘蔗立在地上，用刀尖压住甘蔗梢，急掣刀，小刀在空中画一圈，趁蔗未倒，一刀劈下。劈到哪里，切断，以上一截即归劈者。有人能一刀从梢劈通到根，围看的人都喝彩"（汪曾祺《昆明年俗》）——据说有的高手还能倒立甘蔗，倒劈而下，"能者多得"，喝彩不断，为春节昆明街头增色不少。

○正月十五"走灯"、十六"送百病"

老昆明人春游

过年的头几天，昆明娃娃手里有了压岁钱，多半要跑到文明新街买玩具。那里的玩具应有尽有。有木制的大刀、长枪、宝剑，有布制的娃娃、兔子、小狗、老虎，还有笑口常开的"大头宝宝"，有色彩艳丽的古人"大花脸"，有千变万化的万花筒，还有一吹就"嘣咚、嘣咚"直响的"长嘴葫芦"——玻璃嘣咚。虽然"嘣咚、嘣咚，即时买来即时送"，但娃娃们仍乐此不疲。从文明街到三牌坊，娃娃来往不停，脸罩猴王面具，肩扛木刀木枪，挥舞鞭炮烟花，吹响玻璃嘣咚，无不兴高采烈。清末昆明人黄丹崖有《竹枝词》云：

　　玩具摊摆满琳琅，面具铜锣与刀枪。

　　压岁钱花样样买，崩硐吹过三牌坊。

再过几天，昆明"正月灯市"闪亮登场。此前几天，昆明城内的三牌坊和藩台衙门、城外忠爱坊以南到通济桥以西，都有灯市，摆满了用纸纱糊成的鱼灯、龙灯、狮灯、兔灯和小脚灯，画着西游记、封神榜人物的走马灯转个不停。天黑以后，灯市达到高潮，彩灯竞相点亮，满街万紫千红，红男绿女如潮，观灯购灯，人头攒动，拥挤不堪。娃娃们提着买来的或自制的鱼灯和兔灯，红红火火，穿行灯市，串街走巷，嬉闹欢笑，成为老昆明春节的一大景致。

"正月十五闹元宵"。在明代的昆明，从正月十三到十五，家家户户点灯笼，有鱼龙灯、走马灯、鳌山灯等，都是用彩色染纸糊成的。街市之上，又搭彩架，立松棚，里面挂满灯笼，游人歌舞达旦，燃放烟花鞭炮，热闹非常（明万历《滇略》）。到了清代乾隆、嘉庆年间，元夕节时，昆明家家燃放鞭炮，点亮灯笼。商家仍然在街市"结彩为架"，搭建松棚，挂满灯笼，从正月十三至十五，"歌舞达旦"，热闹非常（清嘉庆《滇系》）。下至于清道光年间，正月十五的云南府城（昆明）也到处赏灯张乐，火树银花，人们呼朋唤友，倾家而出，涌上街头，挤得人无法转身，车无法调头（清道光《昆明县志》）。元宵灯会期间，官府不禁夜行，城门关闭延迟到三更，让百姓尽兴而游。到了近代，昆明人元宵夜不仅要赏灯，还让孩子提着灯笼外出串街走巷，称为"走灯"或"赛灯"。赏灯归来，全家人又聚在一起吃无馅的小汤圆，叫作"吃元宵"。

昆明娃娃这样唱道：
过年过年，门神对联，
穿上新衣，过个新年。
蒸蒸年糕，供在神前；
煮煮饵块，白酒汤圆。
拜拜爹妈，要点压岁钱，
放放炮仗（鞭炮），贺贺新年！
一般过年过到正月十五为止，而昆明人过年要过到正月十六，近代在翠湖、大

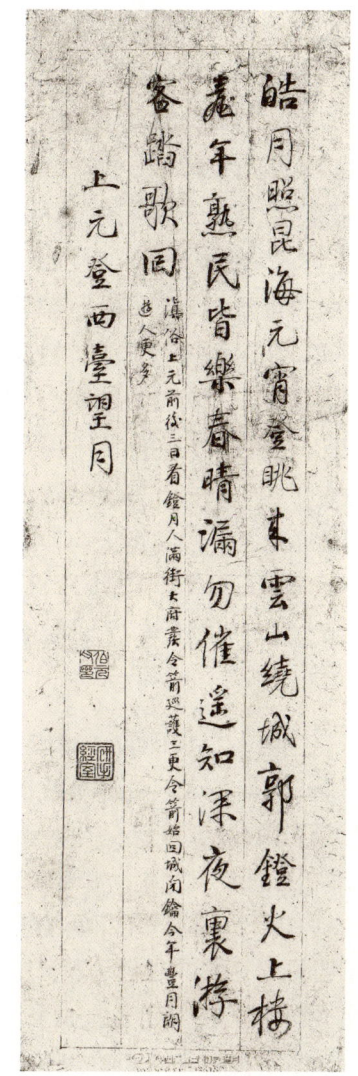

阮元题昆明元宵节诗：皓月照昆海，元宵登眺来。云山绕城郭，灯火上楼台。年熟民皆乐，春晴漏勿催。遥知深夜里，游客踏歌回

观楼举办的灯展会持续到正月十六夜里。而在老昆明，正月十六更要"送百病"，这才是过年的压轴戏。

明人刘文征在《滇志》中说，昆明人正月十六相邀出门，把燃香插在道旁，燃放爆竹，相传可以治病，是古代遗留下来的风俗。清人吴大勋在《滇南闻见录》中称之为"走百病"：正月十六夜晚，昆明妇女身穿新衣，年轻的还要涂脂抹粉，手拿燃香，绕街而行，沿路把燃香插在地上，以至昆明城内外一地香火，昆明人称之为"走百病"——吴大勋记载的是清乾隆、嘉庆年间的事。而据清代的《昆明县志》所记，直到清道光年间，"走百病"之俗依然流行：正月十六夜里，昆明人倾城而出，在月下嬉游，在路边插香，沿街爆竹声响个不停。近代此俗又称"送百病"，到时家中老妇手持纸钱和三炷燃香，先面向家中男女老幼大声问道："灾星晦气、口舌是非、病病痛痛，可送走了？"众人齐答："送走了。"然后把纸钱、燃香送到街巷岔口插好。返回时还不能走原路，以免把灾病带回来——"百病"被"送"走，年也就过完了。

○四月八"浴佛""洗太子"

昆明人崇信佛教，相传每年农历四月初八为佛祖释迦牟尼的生日，这天要举行庙会，僧俗信人到寺庙敬香佛，祈求佛祖护佑，并争相舍财、施钱、放生、求子等等。

"四月八"庙会的中心活动是"浴佛"。明万历年间的《滇略》说，当时滇中有"四月八日浴佛"之俗。明天启年间的《滇志》则说，滇中四月八日"浴佛"时，还要"献乌饭"。清道光年间的《昆明县志》记载得较为详细。四月八日"浴佛"之时，昆明城内外的圆通寺、慧光寺、觉照寺、常乐寺等"礼佛者毕集"。"浴佛"之时，在大殿前安放一尊小的如来佛像，大殿檐上垂着一个用锡筒做的龙头，9个僧人提着净水沿梯而上，倒在龙头里，净水从龙头悬流而下，冲在小佛像身上，为佛像沐浴。这里重现的是佛经的说法：佛陀诞生之时，大地为之震动，九龙吐水为其沐浴。因为释迦是当时净饭王的太子，昆明又把"浴佛"称为"洗太子"。

道光《昆明县志》还说，浴佛之时，众人会把杯盏放在小佛像的脚下，收集"洗太子"之水。妇女们把杯盏捧回去，用净水洗眼睛，据说可以医治眼病。

○端午节的"云津竞渡"和"平胃散"

老昆明的端阳习俗和内地差不多。明万历《滇略》称，滇中"五月五日，悬艾、酌菖蒲"。明天启年间的《滇志》也说："五月五日，悬艾虎，饮菖蒲酒，角黍（角棕）相馈"昆明坊间儿歌唱道：

　　五月五，是端阳。
　　门插艾，香满堂。
　　吃粽子，撒白糖。
　　龙舟下水喜洋洋。

据清道光《昆明县志》记载，昆明人过端午节，要在门口悬挂艾虎，儿童臂系彩带，喝菖蒲酒，相互馈送米粽。昆明人包的粽子样式不少，一般是角粽，还有锥粽、菱角粽、枕头粽、秤砣粽、九子粽等等。据万荣泉的《老昆明的生活习俗》所记，民国时期昆明人吃粽子很有讲究，要先"把煮熟的粽子解去粽叶，用细麻绳勒成薄片，蘸'糖稀'（红糖稠汁）吃。同时加食大蒜和芽豆、煮鸡蛋、腌鸭蛋、'火烧'（有馅酥皮烤饼）、鸡蛋糕、芙蓉糕。进餐前每人吃一勺'平胃散'，以防'伤食'。

端午节福林堂等药店会免费向市民送平胃散

成人喝雄黄酒，也时兴用新墨笔蘸雄黄，在儿童头上写'王'字，传说可'避祟驱邪'。女童多佩戴'衣香'（内装中药香料的小锦袋），赏玩用麦秸草编成的彩船以及红、绿、黄染色麦草编成的'菱角'。一些家长向孩子讲述屈原故事。走街串巷用扬琴伴奏的说书人，讲述《白蛇传》等故事。缅桂花上市，少女买来佩于襟前"。

如上所说，老昆明人过端午，餐前必吃平胃散。因为端午节是"吃节"，所食有甜有咸、酸辣兼备，荤素皆美，如此"海吃"，口福是有了，但又腻又杂，不易消化，不吃平胃散，肠胃就受不了。这样一来，端午节前平胃散的需求量就特别大。这本来是药材铺的大商机，但他们的处理方式不是借机哄抬价格，而是借此大做善事，吸引民众。端午节前几天，不少药材铺都在铺前摆上一张方桌，把封好的成药放在桌上，"凡有来光顾者，必以平胃散、衣香、雄黄二包相赠，以故家家能有平胃散入口"〔罗养儒《纪我所知集》（《云南掌故》）〕。

据清康熙《云南府志》记载，端阳节时，昆明人总要赛龙舟。道光《昆明县志》作者戴絅孙也说："还记得三十多年前，听长辈老人说，过端午节时，昆明要在盘龙江上划龙舟,在云津桥边竞相渡河,鼓乐喧闹,实在是一桩太平盛事。"那是清嘉庆年间,端午节到来,船户把船装饰成龙形,驶进盘龙江,两岸观者如堵,船上敲锣打鼓,化装歌唱,百舸争流,一直划到滇池,号称"云津竞渡",民间称"划龙船",成为清代昆明一景。后来因为有人滋事,"划龙船"被官府禁止。当时的昆明诗人朱绂有《竹枝词》曰:

两岸人声笑不休,满河箫鼓闹龙舟。
日斜画舫归何处,撑过西山古渡头。

端午节时,昆明人还要用粽子和鲜花祭龙,这也和屈原有关。昆明有童谣唱道:

端午花,红又红,扯朵鲜花送金龙。
端阳端阳吃粽子,拿个粽子塞龙洞。
龙戴鲜花吃粽子,吃了粽子洞里藏。
烧香磕头求金龙,请你莫害屈原公。

老昆明妇女过端午还有"金凤花,染指甲"的习俗。染红指甲,不但避邪,也有美观的意思。染红指甲后,昆明姑娘还要采集"相思子"(红豆)和"马蹄香",送给意中人。这样一来,昆明的端午又有了情人节的意味。清人朱庆萱有《竹枝词》咏道:

菰叶青青角黍香,彩绫续命是端阳。
连朝忙采相思子,好趁佳辰赠情郎。

○火把节:"泼火节""情人节""妇女节"

昆明彝族、白族、汉族都过火把节,时间是农历六月二十四前后,达三五天之久。昆明火把节习俗在历代地方史籍中都有记载。其中"熏田驱虫""占岁丰歉"与农业有关,射箭、摔跤和狩猎有关,斗牛、赛马又和畜牧业有关,对促进农、牧业生产都有好处。

明正统年间,黔宁王沐英的孙子沐僖写过一首《星回节之夕,寓楼观火炬,值雨有感》,诗中描写明初昆明城内外火把节的情景,十分生动:

五华之山千仞高,上有危构凌云霄。
是岁季夏廿五夜,满城爇炬歌喧嚣。
我时登楼试远眺,风景仿佛如元宵。
上烛苍穹耿河汉,下射碧海愁鲸鳌。
千门万户焰烁烁,远村近郭光昭昭。

一天星斗下人世，塞衢匝市喧儿曹。
初疑赤壁下，吴魏兵相鏖。
又疑即墨城，火牛犇四郊。
因寻老衲试询问，乃知习俗传来遥。
云昔云南有六诏，南诏罗阁多黠骁。
欲吞五诏苦无策，乃作松楼延五豪。
酒酣击鼓作火戏，五诏尽随烟焰飘。
六雄自此既为一，坤隅安堵烽尘消。
夷人至今当此夕，家家相庆燃松膏。
仍以火色之浓淡，用占灾异兼丰饶。
我闻斯语正感叹，忽惊骤雨来东皋。
倏令煌煌不夜城，欢声乐韵皆寥寥。
如挽天河洗荒徼，尘氛顿息无炎燺。
我亦烦襟转清净，赋诗啜茗偕方袍。
坐来不觉到清晓，大明红日开层霄。
向来辉辉列万炬，何异萤焰潜深蒿。
于戏！物情俗尚不足怪，与汝咸乐升平朝。
于戏！与汝咸乐升平朝。

在明代景泰年间的《云南图经志书》中，昆明的火把节仍被称为"星回节"，时间在每年的六月二十五，到了这一天，昆明人要杀牲祭祖，并用树干捆成火把，到夜晚点燃，烛照天空，以占卜当年收成，火光明亮预示着丰收，火光暗淡则有灾害。昆明娃娃也点燃松木，跑到亲戚邻居家里，用火把照耀一番，嬉笑而去。传说早年南诏王皮罗阁在这天搭建松明楼，宴请五诏酋长，待众人大醉，纵火焚之。后人以此为祥瑞，便有了火把节。但纵火害人，何以"为祥"，《云南图经志书》没有说。明万历年间的《滇略》也记载说，六月二十五夜里，家家户户都要备好松树明子和草、花之类，捆成一丈多高的火把，竖立在庭前，点燃之后又杀牲祭祖，全家老少围坐在火把下饮酒，直到天亮。从官府、都市到乡村，无不如此，叫作火把节，又叫星回节。

到了清代，康熙年间的《云南府志》说，六月二十五日火把节时，市民在街巷点燃松木火把，乡村燃烧火把照田，用来占卜年成。清道光《昆明县志》和《云南府志》的记载差不多，但说火把节要过两天，时间在六月二十四和二十五——夏末秋初，庄稼长势正旺，稻谷打包抽穗，除虫灭蛾，保护庄稼，正是时候。昆明大板桥过火把节要到聚虫山上大烧篝火，每个人都要捉一条害虫，边唱歌，边跳舞，边把害虫丢进火中烧掉。

火把节还以火驱害避邪，求阖家平安。清代的《五塘杂俎·星回节考》说，火把节夜里，家家户户点燃火把，先在屋里各个角落照一遍，口中喃喃作语，说一些驱邪的话。然后举着火把出来，烧掉屋角屋檐的蜘蛛网和毒虫，再把火把扔到大门外，全家人撩起衣角，跨火而过，相互笑着说："灾星除了，秽气解了！"这里所谓"喃喃作语"，旧时昆明西山彝族是这样"语"的："不烧金银财宝，不烧吃的东西，把病鬼烧出来，把不耐吃、不耐用的全烧掉！"边念边举着火把绕屋子，先从灶房开始，屋前屋后，牛、马、猪圈都要照到。每照到一个房角，要向火把上撒一捧用松香拌和的麦面，一撒就喷出一道火光，势如"泼火"，把屋角映得通亮。最后照到大门，把火把插在地上，然后祭火。整个过程都有驱鬼镇邪、除瘟去疫、祈求吉祥幸福的意思。清人朱庆萱的《竹枝词》云：

凭吊松明认劫灰，星回时节藕花开。

门前鼓乐黄昏后，夺得娘娘火把来。

早年昆明跑马山的火把节如同庙会，有滇剧，有花灯，有山歌小调；有豌豆粉，有凉米线，还有正好在这个季节成熟的火把果。火把节要唱歌、跳舞，这是娱乐；要拔河、打秋千，又属体育。至于借摔跤、斗牛、歌舞、拔河相识，然后上山游串，聚餐对歌，喜定良缘，更与各族青年的爱情婚姻密不可分了。从这个意义上说，火把节又是各民族的情人节。这天乡村人家还要把嫁出去的女儿接回家过节，得闲一天，这称得上是妇女节。

昆明城里的汉族也过火把节，还会"泼火"。清道光《昆明县志》记载说，火把节时，昆明街市娃娃会把松脂舂成粉末，往火把上泼，"互相浇洒为戏"。坊间传说，火把节的习俗是这样传到汉族中的：昆明地区彝族、白族到火把节都要宴请汉族。汉族过意不去，也杀猪宰鸡回请各族朋友。因节日请来请去不便，于是各族长者商定：汉族提前一天过节，先请彝、白族，第二天彝、白族再请汉族，于是成为定俗。至今昆明郊区的汉族农民和彝族、白族一样，到了火把节要烧松明火把，夜里举着火把绕着田地跑，又把家里上下照个遍，再烧掉端午节系在小孩手腕、脖颈上的五色线，亲朋间互相泼"松香火"祝福。外人还真辨不出他们到底是彝族、汉族、还是白族。

○"七月半"中元节"接祖"和"送祖"

农历七月十五有中元节，民间又称"鬼节"，昆明人干脆叫"七月半"。"七月半"重在祭祖。明代万历年间的《滇略》里就有滇中"中元祭祀"的记载。明天启年间的《滇志》又称,中元节时滇中人家要到祠堂祭祀先祖,焚烧冥衣、纸钱等。直到近代,昆明仍有俗话说"年年有个七月半,前人做给后人看",又说"活人做给活人看,爹妈做给儿女看",都是一个意思。

清代昆明人中元祭祖在家庙中进行,没有家庙就在家里的堂屋祭祀。祭祖有

到寺庙进香的昆明老妇

"接"有"送":先于七月十二日迎神,俗称"接祖"。这天傍晚,家中尊长率领全家到大门口烧纸钱、献茶酒,跪迎祖先亡灵回家,堂屋案桌上供祭糕点、茶酒、石榴、葡萄、鸡冠花、水菊花等。其中最有特点的是才出芽八九寸的麦秧,松子满身的松球,以示"果实之新成熟,以作供养者也"。还要根据先人的饮食嗜好,备下丰盛的菜肴,有鸡鸭鱼肉等,墙上则贴有冥衣,都要恭恭敬敬地献上,供列祖列宗享用。到十五日黄昏,又焚烧冥衣纸钱,送走祖先亡灵,俗称"送祖"。一般从高祖、曾祖到弟兄的亡灵都在接送之列。近三年内亡故的先人之灵,"接""送"都要提前一天,叫作"接新亡"。"接祖""送祖",昆明人家都要用"引签"来引导亡灵,全家老少按长幼次第磕头,跪迎跪送,不但祝福祖先亡灵,还祈求祖先亡灵保佑后代无灾无病,清吉平安,俨然真有先人来临,隆重而虔诚,无以复加,就是小贩樵妇,也无不尽心竭力,接祖送祖(清道光《昆明县志》)。清人朱庆萱《竹枝词》云:

七月中元接祖期,鸡冠掩映水红枝。

糖莲献罢分邻里,花样谁家更入时。

罗养儒叹道,昆明人"祭如在,祭神如神在"(《论语》),孔子说过"未能事人,焉能事鬼",而老昆明人既能事人,又能事鬼,不亦妙哉〔《纪我所知集》(《云南掌故》)〕。

七月十五日夜间,昆明各寺庙都要做盂兰法会,超度各方亡灵。街巷中则放置路灯,以"引渡鬼魂",使其在归途中不至于迷路。翠湖、大观楼、盘龙江、滇池上则有人"放河灯"——在纸碗中安置油灯、蜡烛,放飘江湖,据说可为亡魂照路,又叫"放鬼灯"。放灯的多是家里的娃娃,边放还边唱儿歌:

河灯河灯漂漂,耳朵耳朵烧烧。

送走贡献,剩下花椒。

接来龙船,拴牢皮条。

回家有白米,上街买叉烧。

○中秋"拜月"和"拜节"

明代昆明"中秋,以瓜饼祭月"(明天启《滇志》),清代昆明"八月中秋",依旧用瓜饼祭月(清道光《昆明县志》)。农历八月十五,中秋之夜,老昆明市井人家,都要在庭院桌上放好月饼、瓜果、毛豆、板栗、花生、青苞谷等,对月焚化黄钱、月宫纸,然后叩拜行礼,这叫"祭月",主事的是家中妇女,这叫"男不拜月,女不拜日"。拜完后再移到堂屋敬祖,然后全家围坐而食,叫作"团圆节"。这个习俗一直传到今天。

旧时吃团圆饭时都要请长辈持刀切瓜,清人朱庆萱有《竹枝词》曰:

八月中秋献月公,冰轮涌出正当中。

切瓜也仿油花卜,手未操刀预祝红。

大观楼是昆明人中秋赏月的好地方

吃过团圆饭,晚10点后要"拜月"。在庭前摆好案桌,上挂画有嫦娥、蟾兔的"月宫纸",献上四两坨月饼和瓜果之类,全家拜月、拜祖先、拜家中诸神。然后"全家围聚一桌,吃月饼、梨片、煮毛豆和煮板栗等食物。有的人家食后还吃一小碗熟羊血罩帽的米线,借以消食。街头的羊血米线摊营业到深夜"(万荣泉《老昆明的生活习俗》)。然后,有的走亲访友"拜节",有的则往山上跑。无聊的跑到五华山万寿亭前,蒙着两眼赌摸玉柱,借以消食。有雅兴的到城外大观楼、草海泛舟赏月,或者就近去爬圆通山。那里的接引殿前有明月石和明月草亭,几乎就是专为赏月而立的。若中秋夜天气晴好,乘凉登山,明月秀石,更觉清胜雅洁。明人唐尧官有《明月石》诗曰:

夕景色已收,明月升其东。

秀出一片石，光彩照巃嵸。

宾主坐相酬，子夜曲未终。

下方城郭近，归路且从容。

一些少女还乘良宵胜地，拜月祈福，如清人朱庆萱的《竹枝词》：

瓜瓶香花祀月公，芳心默祝广寒宫。

第求嫁得成材婿，一世团圆与月同。

此俗延续至今，圆通山仍然是昆明市民中秋赏月胜地，只是不如大观楼、翠湖那么热闹罢了。

○重九攀崖的"席子酒"和"锦香囊"

九九重阳，昆明人自古有螺峰登高，饮菊花酒，互赠花糕的习俗。明万历年间的《滇略》就说滇中有"重阳登高"之俗。明天启年间的《滇志》更说滇中重阳节时，人们爬山登高，喝茱萸酒，欣赏菊花，还用麦面、干果蒸制花糕，亲朋好友，互相馈赠。清道光《昆明县志》也说，昆明人重阳节要"螺峰登高，饮菊花酒，酬馈花糕"。

老昆明人重九攀崖必上圆通山（原载民国《昆明市志》）

民国代省长由云龙有《螺峰登高记》称："重阳日螺峰山登高，又滇中数百年相沿之旧俗、旧地也。"——至今重阳之时，昆明人家家户户都要吃用新米粉做的重阳糕，有的自己蒸，有的街上买。重阳糕都做成三四层，层间夹有红糖、元肉、松仁，上层又嵌枣子、莲子、白果，并撒上芝麻、红绿丝，有"层层高升"之意。蒸熟后又香又甜，全家聚食，其乐融融。清人朱庆萱有《竹枝词》写道：

重阳糕饼卯时尝，酒底花开菊正黄。

饭后登高呼女伴，山头拾得锦香囊。

此之重阳登山，清人朱绂也有《竹枝词》：

登高多在圆通山，道是螺峰尚可攀。

石磴层层叠叠转，山前上去山后还。

圆通山月石亭是老昆明重九登高饮菊花酒、赋诗唱酬之地

昆明人重阳时爬上圆通山顶，席地而坐，饮酒尽欢，叫作"吃席子酒"。下酒的食物是花生、瓜子、火腿、卤鸡和其他卤味，到处有卖。登山游人常常超过5000之数，在旧日的昆明，这可不是一个小数字。后来重九登高的多是男子，妇女参与的就少了。

昆明文人墨客，更在重九傍晚，过圆通古刹，攀采芝曲径，登盘坤陡崖，看霞染玉屏、赏日照螺翠，酬唱不绝，以为乐事。清乾隆年间，诗人尚旃赋《癸未九日偕魏云登螺峰》诗云：

登高何必定龙山，小阁凌云缥缈间。
一片雨丝浑不定，天风吹下碧鸡关。

有的还感时伤史，如清康熙年昆明进士王思训《九日登螺峰月石亭》诗：

石磴盘旋破绿苔，小亭香泛共徘徊。
烟寒万树秋将老，云满千峰雨欲来。
漠漠远郊余战垒，离离衰柳忆歌台。
一尊相对须醉倒，莫遣黄花笑客回。

○冬至"过冬""上坟"和"照牛"

冬至节令以后，白天日益渐长，又叫长至节。旧时有"冬至大似年"之说，为庆祝"阳长阴短"，清代之时，朝廷要举行典礼，百官入贺，昆明城的总督、巡抚要率领百僚，到五华山万寿亭进行拜贺。至于民间，又别是一种情形。昆明城中百姓，白天忙着到城外祭扫先人坟墓，叫作"上坟"，因为上坟要插香挂纸钱，又叫作"挂纸"。四乡村人则趁"上坟"之时，把出嫁的女儿接回家来"过冬"。

昆明民间也讲究"冬至大似年"。早在明代，昆明人到了冬至都会相互贺节，并用红豆作稀饭，邻里亲朋之间相互馈赠。传说古代共工氏有七个不肖之子，死后

老昆明的墓地

化为厉鬼害人,但却畏惧红豆——昆明人煮食"赤豆羹",实为祛邪(明万历《滇略》、清嘉庆《滇系》)。下至清代,昆明人家还要吃豆面汤圆、油炸糍粑,都是糯食,亲朋往来,相互款待(清道光《昆明县志》)。

冬至到来,昆明四乡要用豆面团喂耕牛,不多不少喂 12 个,以报答耕牛一年 12 个月的辛苦劳作。遇有闰月,一年多出了一个月,就要喂 13 个豆面团,可见老昆明人的认真。有的村人会采来山花,扎在牛角上,以示"劳动光荣"。因为牛看不见扎在自己角上的山花,村人还要把牛牵到清水潭边,让牛对水映照,知道自己有头有脸有光彩——"知有荣也"〔《纪我所知集》(《云南掌故》)〕。

老婚俗

老昆明"男女之大防"严格,"男女授受不亲"观念坚固。早年更无女子读书之事,姑娘长大,坐守闺中,不能轻易出门,日常所见男性,无非家中叔伯弟兄子侄而已。既然如此,婚嫁之事,就不得不由他人做主,不得不听"父母之命,媒妁之言"了。昆明有童谣曰:

老媒婆,两头戳,
一头戳鸡,一头戳鹅。

早年昆明人娶妻有"六礼":纳采、问名、纳吉、纳征、请期、迎亲。用清康熙《云南府志》的话来说,就是"先求庚帖,次通媒妁,继请亲长之尊贵者向女家致主人意。即诺,然后二姓互相酬拜,具启下定,将娶则请期纳币,而后亲迎焉。仪物丰俭,各称其力"。

一般来说,老昆明人的婚礼意在追求幸福吉祥,有利于稳定婚姻家庭、维系家族社会。但父母包办婚姻,男女不得自由,搞不好就成了家族利益的牺牲品。而婚礼冗长、礼仪繁芜、耗费资财、夹杂迷信,更是弊端。清末民初,昆明行婚礼之日,男家女家都得连日宴客。男家要宴客三天:第一天是接亲宴,第二天是拜客宴,第三天是谢客宴。而早在"鞭猪"之日,就有"鞭猪宴"了。至于女家,除了这"明三暗四"的婚宴之外,还有"九日回门"之宴,更比男家还劳烦耗费。加上此后生下外孙的"满月回门""过喜三礼",还有亲家和姑爷的生日应酬,都是花钱的事。所以老昆明有"生女儿是赔钱货"的说法。而据罗养儒《纪我所知集》(《云南掌故》)的说法,当时还有"以生女多而致穷者在也"。

○早婚、童养媳、上门、改嫁、填房、纳妾

据近代《续云南通志长编》的调查，民国初期，昆明人结婚的年龄一般在十五六岁以后，二十二三岁以前，也有到三十岁左右才结婚的，不过很少。乡村盛行早婚，甚至不惜娶童养媳。童养媳俗称"小媳妇"。贫穷人家生了女儿养不起，就作价卖给男家，由男家抚养成人，然后和男方举行婚礼，叫作"团房"。后来当局通令限制，娶童养媳的风气才稍有收敛。

昆明还有"上门"的风俗。家中只有女儿没有儿子，就招一个异姓男子上门做女婿，视为自家儿子，所生子女随女家姓，叫作"赘婿"，民间称为"上门女婿"。"上门女婿"往往被人轻视，人称"倒插门"，甚至于是"爬门头"，都有贬义。但昆明人家宁肯要异姓"赘婿"，而不要同姓继子，又与众不同。

结婚之后，女方因为夫妇不和而离婚改嫁的极少。有的妇女因为死了丈夫而改嫁，多半都是婚后没有子女的。丈夫死之后，妻子必须守孝三年，至少也得一年，然后才得改嫁，否则为社会所不齿。如果生有子女，因为无人抚养而改嫁，改嫁时就得事先议定：男孩由后夫承认抚养若干年后，要让其归宗；女孩要抚养到成年出嫁时；也有母女同时嫁给父子二人的。但一般习俗，仍然认为守节才是美德，以改嫁为可耻。妇女改嫁时，必须在桥头路口或庵庙门内上轿，而且必须在夜间抬走，以示见不得人也不见人。

妻子死后再娶，叫作"续弦"，俗称"填房"。如果再娶的是未婚女，结婚礼节和初婚大致相同；如果娶的是后婚妇（即寡妇），男方就要和女方的婆家和父母协商，得到两家的许可，并且征得妇女本人同意。再娶之时，送给妇女的主婚人一些银钱礼物，立下婚据，就可以迎娶回家了，礼节较为简略。但在昆明城郊的山区，有的寡妇不愿再嫁，婆家不经过她的同意，就收受男家钱财，然后约好让男家在寡妇外出时"抢亲"成婚。有的寡妇无奈之下，只好委曲求全，也有的寡妇就此被逼成"烈女"，上演一出人间悲剧。

明清昆明富贵之家盛行讨小老婆，叫作"纳妾"。旧时中国人视儿子为后嗣，没有儿子是"断子绝孙"的大事，因此，"婚后无子"就成了男人纳妾的第一理由。民国以后，昆明城中仍有人纳妾数人甚至更多。而乡间生活艰难，仅有婚后无子的人会纳妾，绝大多数还是一夫一妻而已。

○从"瞧媳妇""会茶"到"押八字"

老昆明人的婚姻多由父母包办。直到20世纪30年代,滇中"男女订婚,多主之于父母,近亦有由男女自订者,惟仍以父母为主婚人。其由父母代订者,亦多征求男女本人之同意。"(《续云南通志长编》)

家中有男初长成,父母就要忙着打探谁家有好女待字闺中,或亲自出马,或委托媒人,前往求婚。家有好女者,就有了"一家养女百家求"的光景。男家有意,便请媒人向女家送礼。旧时媒人也有讲究,有"姑娘不做媒,媒人不挑担"的说法,可见媒婆在坊间的名声并不太好。昆明有童谣唱道:

喜鹊叫喳喳,媒人到我家。
妈妈叫倒茶,姐姐倒冷茶。
妈妈叫抬饼,姐姐抬酸饼。
妈妈叫上糖,姐姐上盐巴。
媒人甩着屁股走,姐姐躲着笑哈哈。

待字闺中的昆明殷实人家妇人

如果媒人征得女家同意,男方家长便可到女家相亲,昆明人叫作"瞧媳妇"。老昆明人结婚讲属相、算八字。认为"蛇虎如刀挫,鼠羊一旦休",还认定"子(鼠)午(马)相冲",属蛇和属虎、属鼠和属羊、属鼠和属马等等的人不能成为夫妻。此中还有五行相克说,金克木,木克土,土克水,水克火,火又克金,全是命中注定。如果男方家长"瞧媳妇"满意,女家也有意,便可"请"来女方八字,生辰年月日时等等,这叫"给口八字",又叫"许口""过小礼""插香"。男家拿到女方的八字后,要求算命先生"合"一下,看看和自家儿子有没有"冲克"。如果属相不"冲"、五行不"克",双方八字"合"得上,无破败、无克损,男家就可以启动"求婚"

程序，和女家约个日子，举行订婚仪式。到了那一天，男方先邀请女方父母、叔伯、姑舅来男家相亲，观察男家境况和男家子弟的人品和才学，这叫"会茶"。女家"相"得不满意就借故推辞，若"相"得满意，两家就商定日子，男家向女家送上订婚礼，无非是金玉首饰、彩绸色布、糖茶酒肉之类，女家收到礼物，便正式把女儿的年庚八字写在红纸上，封好送到男家。从此两家就算订婚了，民间叫作"过礼"或"拿红八字"，又叫"下字""押八字"，文一点儿叫"书庚"。从此以后，男女双方就不能和其他人家另订婚约了。

○ 佛堂、佛龛"看人家"

昆明人家的佛龛带旺了香炉烛台生意

老昆明人相亲，男家看女家，女家看男家，都想把对方的家境看清楚，这又叫"看人家"。这"人家"怎么"看"？看多了、问多了都有失礼之嫌，最简便有效的办法，就是看对方的佛堂、佛案。

旧时昆明娶亲有"先看姑爷，二看姑娘，三看佛堂"的说法。要"看佛堂是否清洁，供花是否为姑娘手制，作为这一家家庭教育如何的主要标准"（《昆明市志长编》）。

昆明人家信佛，家家有佛堂佛龛，供有神佛像，还有香炉、烛台、灯台、花瓶、净水碗等。家境好的人家，佛台上放置有古瓷或古铜花瓶、古铜文王炉、葡萄炉，紫铜、黄铜的直耳三脚香炉，乃至有斑铜炉、宣德炉、康熙炉、窑香炉等宝贵之物，还有古铜的童子烛台、莲花烛台，有的还是两三百年甚至五六百年前的文物，非常珍贵。中等人家佛案上也有三尊菩萨、两对黄铜烛台、三座寻常铜香炉。苦寒人家则供一轴观音像，供桌上有一座香炉、一对烛台。地方风气如此，相亲"看人家"，看一家人境况，看看佛案就差不多了。不过，也有人知道"准亲家"要到访后，就千方百计"将神台陈设整齐，以炫看亲者之目，也是一种笑话"〔《纪我所知集》（《云南掌故》）〕。

○ "三道割"和"嫁郎愿嫁金汁郎"

在老昆明的婚事中,猪和猪肉都是礼尚往来的重要物品,而且充满了象征的意味。

男女双方订婚"押八字"时,男方家要杀一头猪,砍下一半,将头尾身三者割开,但割而不断,叫"三道割",意思大概是"割不断"。女家会收下别的

对镜梳妆的昆明女人

礼物,而把"三道割"送回男家,意思是有头有尾。还要在礼箩中放上几根松明柴、两棵大葱,少许糖酒,这叫"回新",表示我家姑娘聪明懂事,会遵守订婚约定,男家尽可放心。

民国初年,世事沉浮,订婚之后,有男家突生变故,家道中落,便遭女家白眼甚至悔婚,时学者方树梅有《竹枝词》曰:

金汁河比银汁长,嫁郎愿嫁金汁郎。
一朝金汁源流尽,纵是良人也不良。

到20世纪30年代,昆明有人到内地大城市做官经商,一时纸醉金迷,金屋藏娇,方树梅又有《竹枝词》道:

绿柳荫中泛小舟,近华浦接大观楼。
郎心何似滇池水,一出西山便倒流?

当年世风如此,方树梅《竹枝词》"传诵一时"(万揆一《昆明掌故》)。

○ "迎妆日"的"鞭猪"和"离娘肉"

早年婚礼之前,男方父母要到女方家中商定娶亲的日子,这叫"通信"。喜期定下来后,男家要到新娘家迎取嫁妆,这一天叫"迎妆日",老昆明叫"鞭猪"。男家要提前把一只活猪和一只活羊送到女家,这活猪活羊要足够肥大,否则会受到女家的奚落。猪出了门就乱跑,不得不用鞭子驱赶,据说"鞭猪"二字由此而来,还据说这和彝族的传统婚俗有关。另有一种说法,老昆明人杀年猪也说"鞭猪",

一说"鞭猪"就是挥鞭赶猪

都是为了避开凶气、讨个吉利。但民国《昆明市志》称之为"边猪",不知何故?

男家"迎妆"的抬盒里还有一块"离娘肉",即猪腰花一块,送给新娘结婚前一天炖汤喝。男家"迎妆"队来后,女家如数收下"凤勒喜衣"之类,又把自家准备的一干嫁妆装入抬盒,必不可少的是一副门帘,一对枕头,还有镜盒铜盆、金玉首饰、衣箱桌凳等,都交男方来人带回。有意思的是,男家"迎妆"时送来的一些"陪衬"之物,会被女家原物退回。

女儿出嫁,随嫁绣品不少。绣花鞋就要六盘,每盘六双,共三十六双。还得赶制绣花钱搭、扇套、眼镜套、槟榔包、笔插、手巾等,准备送给夫家大伯、小妹、妯娌、姑子和一班尊亲。此事不能马虎,要表现出女家的教养和新娘子"女红"的水平。事关姑娘嫁到夫家后的地位。如果一个人忙不过来,还得请姐妹们帮忙。

○ "鸡飞鱼走"和"坐喜神"哭嫁

昆明喜轿挂满彩花,是名副其实的"花轿"

娶亲之日,新郎(昆明人叫新姑爷)的母亲乘轿来到女家,和新娘家长相互行礼,进堂屋拜天地,拜女家的家神,并拜满堂宾客。随后女家设席摆桌,款待来人。新郎母亲正坐,熟鸡送上桌,动几下筷子而已,待熟鱼送上来,马上就起身走人,这叫"鸡飞鱼走"。而据明代的《滇略》记载,早在明代的万历年间,昆明就有"上鱼撤席"的习俗了。

新娘前一天已经"开脸"——请一位"有福"之妇用线将新娘脸上的汗毛绞尽，并开出鬓角，沐浴更衣，夜里和姐妹聚于闺中，长话当别，又和一位至亲未婚表姐妹同睡，度过作为姑娘住在娘家的最后一夜。

这时的新娘头戴凤勒，身穿大红喜衣，头上金簪外套铜簪，手上玉镯外套铜镯，脚上绣鞋外套绿布软底鞋，又叫"踩堂鞋"，坐在闺房的椅子上，脚踏席子、米袋，面对供有喜神的香案，放声啼哭，这叫"坐喜神"。据说新娘哭得越伤心，将来的日子越好过，否则会受人耻笑。

新娘哭嫁时，看热闹的娃娃会大声唱：

媳妇媳妇你莫哭，

转个弯弯就到屋。

大罐煨肚肚，

小罐煨腊肉，

三天挨你催呢胖嘟嘟。

结婚"哭嫁""踩堂"，可能受了少数民族婚俗影响，值得记上一笔。

○进夫家"吃红饭""踩黄道""跨马鞍"

旧时昆明新娘还没有离开娘家，身上就有不少"夫家因素"了。

结婚前一天，新娘沐浴更衣之时，里里外外换上男家送来的衣袄裙裤，还要喝下用男家送来的腰花所炖"离娘肉"汤，然后拜别娘家的祖神、家神，表示自己即将出嫁，去做别人家的媳妇了。

接亲送亲也有讲究：男方接亲要由舅亲、娘亲出动，女方送亲必须是舅亲、姑表和嫂子，这叫"姑不娶，姨不送"，否则不吉利。迎亲时新郎骑马或乘红轿，陪郎（伴郎）乘绿轿。归来时则新娘乘红轿，新郎乘绿轿。

早年昆明人娶亲很看重轿子。明天启《滇志》就说"省城彩轿之盛"，贵的要四五两银子。有了彩轿，还要有一支"彩队"，场面很大。此时新娘头顶大红盖头，上轿下轿，脚都不能落地。上轿时要由哥哥或表哥抱进花轿。到了男家，迎亲者大放爆竹，接着由男家女掀起轿帘，把红米饭喂入新娘嘴里，再递过一只宝瓶，让新娘拿好，这才扶着新娘下轿，从红布铺成的"桥"上走进夫家堂屋，这叫作"踩黄道"。堂屋的门槛上还横放着一副马鞍，新娘要跨过马鞍才能登门入室，进入洞房。而洞房新床之下，早就点上了一盏七星灯，放好了一盆烧得通红的炭火。

新娘嫁入新郎家，要过如此多的"坎"，一般说是为了避邪，其实都和一些原始宗教意识有关。让新娘"踩黄道""跨马鞍"，意在隔断新娘与娘家一方图腾或祖神的联系，标志新娘加入夫家图腾、敬夫家祖神。新郎新娘拜天地时，就拜了夫家祖神，婚礼第二天还要再拜天地、家神、祖先，然后一一拜见亲友，这叫"开堂"，又称"开拜"。此时亲友们要送红包给新娘，叫"认亲钱"。"新妇过门要以亲手缝制之小兔、小猴子等分送亲友儿童"——"是不是好姑娘、好媳妇，主要看炊食如何、针织如何"（《昆明市志长编》）。婚礼举行后第七天，新娘下厨做饭前，也要燃香，焚化纸钱，祭拜灶神，然后才点柴入灶——这是祭夫家家神，典型的"入伙"仪式。

○婚礼"争洞房"：
"争坐床""争枕头""跨使马头"

这位新郎的外套是捐来的九品官服。或许，"新郎官"的出处就在这里？

婚礼之前，新郎也够紧张的。头天要喝"断奶壮身汤"——一大碗腰花肉汤，还要"压床"——请至亲表兄弟在新床上睡一夜。要请家境富裕、儿女众多的"有福"之妇女来装订新婚之夜的被子，新郎还要跪请娘舅剃头，剃好后舅舅要送新郎帽子一顶。清代的昆明新郎穿好喜衣后，有的还要外套一件官服，那多半是父母用钱捐来的。清末捐一个从九品官要三四十两银子，较之清初已经便宜许多。穿了官服表示有了功名，显得面子大，还可以避邪，一般殷实之家乐此不疲。

最后，新人进洞房前，要在床底下点一盏七星灯，烧一盆红炭火，都是为新郎壮胆的。在洞房的八仙桌上，还要用盘子供上一个煮熟的猪头，盘子里还要放上两根染红的大葱和五谷，这又和"早得贵子"相关了。

新娘进了男家的门，就要喝交杯酒，又叫合欢酒，这是行合卺礼。接着到堂屋拜见男方的祖宗、父母、尊长，这叫"拜堂"，意思是"交拜成礼"，来自古代成婚时祭拜男方家庙的习俗，也有的第二天才举行拜堂仪式。

新郎和新娘拜堂之后进洞房，也有得一争：一争进洞房，先进者赢；二争坐新床，先坐者赢；三争坐枕头，先坐者赢。更绝的是，进入洞房之后，新郎要趁新娘头盖还未揭下，轻轻爬上床头，抬腿从新娘头上绕三绕，以示今后能压服新娘——这在昆明方言中叫"跨使马头"。这些习俗，既有"闹婚"之意，也是夫权的一种表现。入洞房后，有人念着吉词，用秤杆挑去新娘的大红盖头，双方相对一视，无论"好姻缘"或"恶姻缘"，从此新娘子就"嫁鸡随鸡，嫁狗随狗，嫁个花子随着走，嫁着树桩也要守"了。

○ "浴枣""口舌荷包"和"捶门柬"

出嫁前一天晚上，新娘沐浴时要把一对枣子放进浴盆，沐浴完毕将枣子取出交给母亲。婚礼第三天轮到女家办喜宴，新郎酒足饭饱辞行时，丈母娘会送上一个红纸包，内装一个篦子和女儿沐浴时泡过的那对枣子，如果新郎酒后还清醒，就会抬起脚来，让丈母娘把红包插进靴筒里，如果老老实实伸手接过来，就会被人笑话。

出嫁那天，新娘临上轿时，母亲要把一个红布小袋子塞到新娘手里，让女儿在半路上把它扔掉。这小布袋叫"口舌荷包"，扔掉就可以避免婆家的不少口舌和麻烦。这件事很重要，花轿移动时，女家几个青年男子扶杠相送，送到要路道口，提醒新娘扔掉荷包，这才返回。

婚礼期间，最让新娘母亲担忧的，就是清末《蜗寄庐随笔》所记的"捶门柬"："昆明婚嫁有一特别风俗，即'捶门柬'"。旧时洞房花烛之夜，宾客散尽之后，媒婆会从新娘背箱中取出半幅白布，放在托盘里端送新娘，新娘又双手捧送新郎。新郎稳坐床沿，取过白布展开反复看过，然后放在床头，媒婆得见而出。当夜新娘新郎同房，见红就抹在白布上，称之为"讨喜"。第二天清晨，新郎父母一早就在堂屋神佛前焚香坐定，媒婆则等候在洞房门口，新娘开门，把"见红"白布交给媒婆。媒婆马上用盘子抬给众人检视，并连声道喜。新郎马上手书一张红柬，交媒婆疾送女家。

此时新娘母亲早已静坐家中，屏息等候，待红柬送到，且看见红柬上有"子婿某某顿首百拜"字样，心上的石头方才落地。红柬到时，女家大门未开，须捶门送入，因而此柬又称"捶门柬"。若捶门柬来迟，或者女婿仅写"顿首拜"而非"顿首百拜"，就意味着新娘品德有瑕疵，令女家大失颜面。如此之故，常令许多女子蒙受不白之冤。不过，新娘的母亲也是过来人，为防万一，往往会暗中让女儿身藏鸡血，用以应急，亦无奈矣。

○三日宴与"作揖饭":"新姑爷的揖不值钱"

如今昆明街头的"作揖"塑像

老昆明人当新姑爷不易,婚礼请柬要新姑爷亲自递送,而且要入其门、见其人,先深深一揖,递上请柬,再深深一揖,敦请其全家光临——这才能表现其请客的诚意。

待到婚宴之上,客人进门,新姑爷要作揖,请客人入座要作揖,敬酒敬菜要作揖,客人酒足饭饱走人了,新姑爷也得作揖。是入而揖、出而揖、坐而揖、饮而揖,穆穆雍雍,必诚必敬,方见新郎之礼性。

男方娶亲要接连三天宴客。但到了第三天,客人们连赴宴都累了,便有裹足不前者。此时又要劳动新郎,清早即起,整理衣冠,到各家再请一次。每到客家,无论老幼,都要一揖相邀。婚礼的第三天,新郎到女家赴宴,由岳母引导,与女家亲戚和宾客相见,称呼一声,就要作一个揖,连这一席宴也被称为"作揖饭"——昆明民谣说"新姑爷的揖不值钱"〔《纪我所知集》(《云南掌故》)〕,确实如此。

○回门"赶太阳回家"、复门"高叫声"

婚礼的第九天,新郎新娘同往女家,叫作"九天回门"。两人各自乘一轿,但必须分别而行,新娘先行,新郎后行,意思是"双双返马"。女家也要大宴宾客,迎接新郎。新郎要一一拜见岳家亲族,然后一醉方休,不醉不归。但这一"归"必须在太阳落山以前,说是要"赶太阳回家"。回到家里,要把一对活鱼放在盆里,放在室内,意思是"如鱼得水,成双成对"。

到了第九天,新娘又独自回娘家,叫作"十天复门"。因为已经是新郎家人,复门来去之时,新娘都必须在男家祖灵、公婆、尊长面前一一拜别,对平辈则"叠手以拜",民间称之为"高叫声"〔《纪我所知集》(《云南掌故》)〕。

回门的时间也有在婚后三天或一个月的。到第二年过年时,新郎还得再备好酒肉,到岳家向各亲族行拜年礼。

○ "靡然成风"：生女多而致穷

按老昆明的婚礼习俗，男家女家都得连日早午宴客。男家要宴客三天：第一天是接亲宴；第二天是拜客宴；第三天是谢客宴。而早在"鞭猪"之日，就有"鞭猪宴"了，于是有"明三暗四"之说。至于女家，除了这"明三暗四"的婚宴之外，还有"九日回门"之宴，更比男家还劳烦耗费。加上此后生下外孙的"满月回门""过喜三礼"，还有亲家和姑爷的生日应酬，都是花钱的事。所以老昆明有"生女儿是赔钱货"的说法。而据罗养儒《纪我所知集》（《云南掌故》）的说法，当时"以生女多而致穷者在也"。

老昆明人家的"姊妹花"

其实，婚礼竟奢，相互攀比，"庶人效尤"，"靡然成风"，费用浩繁，这在男家也是一大负担。只苦了底层百姓，"以致内多怨女，外多旷夫"，让人慨叹（清《滇中琐记》）。

○ "二十年的媳妇二十年的婆"

新娘过门之后，就等着做"二十年的媳妇二十年的婆"——所谓"二十年媳妇熬成婆"是也。罗养儒在《纪我所知集》（《云南掌故》）中说，旧时昆明"婆婆之压迫磨折媳妇，是普遍的，是历代相承，而无一代有所变更的。似一个女界中，都认为婆婆之待媳妇是应当如此。所以在往昔，有婆婆虐媳妇者，亦无多人非之"——虐媳成了社会潜规则，就无药无治了。

早年做媳妇的要回娘家小住两三天，必得要有娘家的人来接，而且要在婆婆面前再三"善附（上

昆明人家"难熬"的媳妇

伏）"请求，方能将媳妇接回娘家。临行前，媳妇还必须在祖先牌位前磕头，在公公婆婆前磕头，才能走出大门。从娘家回来，也要在祖先牌位和公婆前磕头。平时媳妇跟着婆婆去做大客，落座之前也必须在婆婆前磕一个头，才敢去就座。谈到这些，罗养儒也叹息道："此种规矩礼性，那九重天子也不过是这样"——"姑（婆）之视媳，何卑贱至是"！

○民国初期的"新式婚礼"

　　昆明人"最讲面子"，"婚丧嫁娶"都讲场面，特别是婚礼，"酒席之费，嫁奁之资，其他种种银钱，如水流，便是借债挪钱，典房卖地，也顾不得了。在外的面子，死力的撑着，内里头吗，怎样空虚，怎样艰难，一概不管他了。"就连一些中产之家，也有因为嫁娶、丧葬开支而败业倾家的（民国《云南风俗改良会会刊》）。当时就有人指出，昆明旧式婚礼烦琐，尤以"纳采""纳币"耗费金钱和精力，金玉首饰，绮罗满箱，无不丰厚，还得加上朱提银才算圆满。有的人为此而破产，苦不堪言，有的人因为贫穷而不能娶妻，以致"内多怨女，外多旷夫"，令人慨叹（黄石《民国时期昆明婚丧习俗的衍变》）。

　　清末民初，一股清新的新式婚礼之风开始吹进昆明。由于新学的推广，出省、出国留学生的增加，新式商业、产业、服务业的出现，新式娱乐越来越多，交通也越来越方便，男女社会交往也越来越多，一些青年对婚姻有了自己的主张，他们冲破礼教的束缚，摆脱"父母之命，媒妁之言"的窠臼，经人介绍或自己与异性相识，经过交往和恋爱，双方有意，才征求家长同意后结婚。

　　早在清宣统三年（1911年）二月，昆明《云南日报》就有了新式婚礼的报道。当时的一位讲武堂教员"借营业性礼堂成婚"。新人先行礼，然后"男女入座，觥筹交错，举动文明"。吃过喜酒之后，亲友送新婚夫妇回男家，即先后告辞。编辑评语是："吾滇婚礼最繁，自去绅界有倡文之法，删繁就简。嗣后军学两界，仿行不少。将来文明克卜（可望）大进矣"。这在当时叫"新式婚礼"，又叫"文明婚礼""洋式婚礼"，中西杂糅，由繁入简，隆重节省，很受思想开放的年轻人欢迎。

　　进入民国后，新式婚礼越来越成熟，也越来越多。一般要在大一点的礼堂、饭店举行婚宴，双方亲友凭观礼券入内观礼。亲朋好友就座之后，由男方家长致欢迎词，介绍人宣布仪式，证婚人宣读结婚证书，新人向宾客行三鞠躬礼，然后证婚人、介绍人、双方主持人分别在结婚证上盖章，新婚夫妇互相交换信物，对长辈行礼，最后由来宾代表致贺词，婚礼到此完成，宴会开始。

　　在新式婚礼上，新人也要穿新式婚服，民国初期新郎穿的是蓝袍黑褂或中山装，新娘穿的是长旗袍或短衣长裙，后来又加戴西式花冠头纱。再后来，就完全仿照西洋结婚仪式，新娘手捧鲜花，穿白色婚纱，头戴花冠头纱，男的西装革履，或袍褂革履。如果在教堂举办婚礼，还要拍婚纱照。（李迪《民国时期昆明女性生活史论稿》）

民国初期"行文明结婚礼，缛礼渐废，费用亦省。然因数千百年积习，一时骤难改革，故行文明婚礼者仍居少数，特筹客较昔日为简，男家可以一日或二日了之，女家亦只二日或三日即可竣事矣"（民国《昆明市志》）。当时旧式、新式、中西合璧三种婚礼在昆明兼而有之。婚礼形式中西杂糅，"有的实行旧婚礼，有的全凭恋爱，用新婚礼，有的龙祺花轿以完娶，有的汽车兜风以成婚，有的登报公告以省费，可无定格"（民国《昆明向导》）。

早年昆明还推行过集体婚礼，当时叫"集团结婚"。这"对于传统婚嫁消费则可以说是一个彻底的决裂，缴纳不多的报名费、婚礼费，到规定的日子，和其他登记的有情人，统一在同一礼堂内，由市长证婚，发给结婚证书，仪式简单隆重，受到依靠薪水过活的年轻人的欢迎"（黄石《民国时期昆明婚丧习俗的衍变》）。被称赞为"礼不繁而得中，费至简而易行"（陈古逸《昆明近世社会变迁志略》）。

老风俗

抗日战争时期的新式婚礼，有"结自由婚"之句，下句当是"做幸福人"

老育俗

老昆明人有多子多福的观念，结了婚就求子。早年妇女祭拜观音就有求子之意，有的家里佛堂、佛案上就有观音像，城内外佛寺也有观音，都是求子之地。昆明的城隍庙和东岳庙还有专职的"送子娘娘"，也是祈求"早生贵子、子孙满堂"之地。如求子如愿，生子之后还要再来还愿。母亲生儿生女后要"坐月子"，随之而来的还有一大堆规范和禁忌，人人都要遵守，为的也是"子"的平安。待"爱到三岁恨到老"时，又得为子求子了——于是生活充满期盼，忙忙碌碌，循环往复，世世代代……

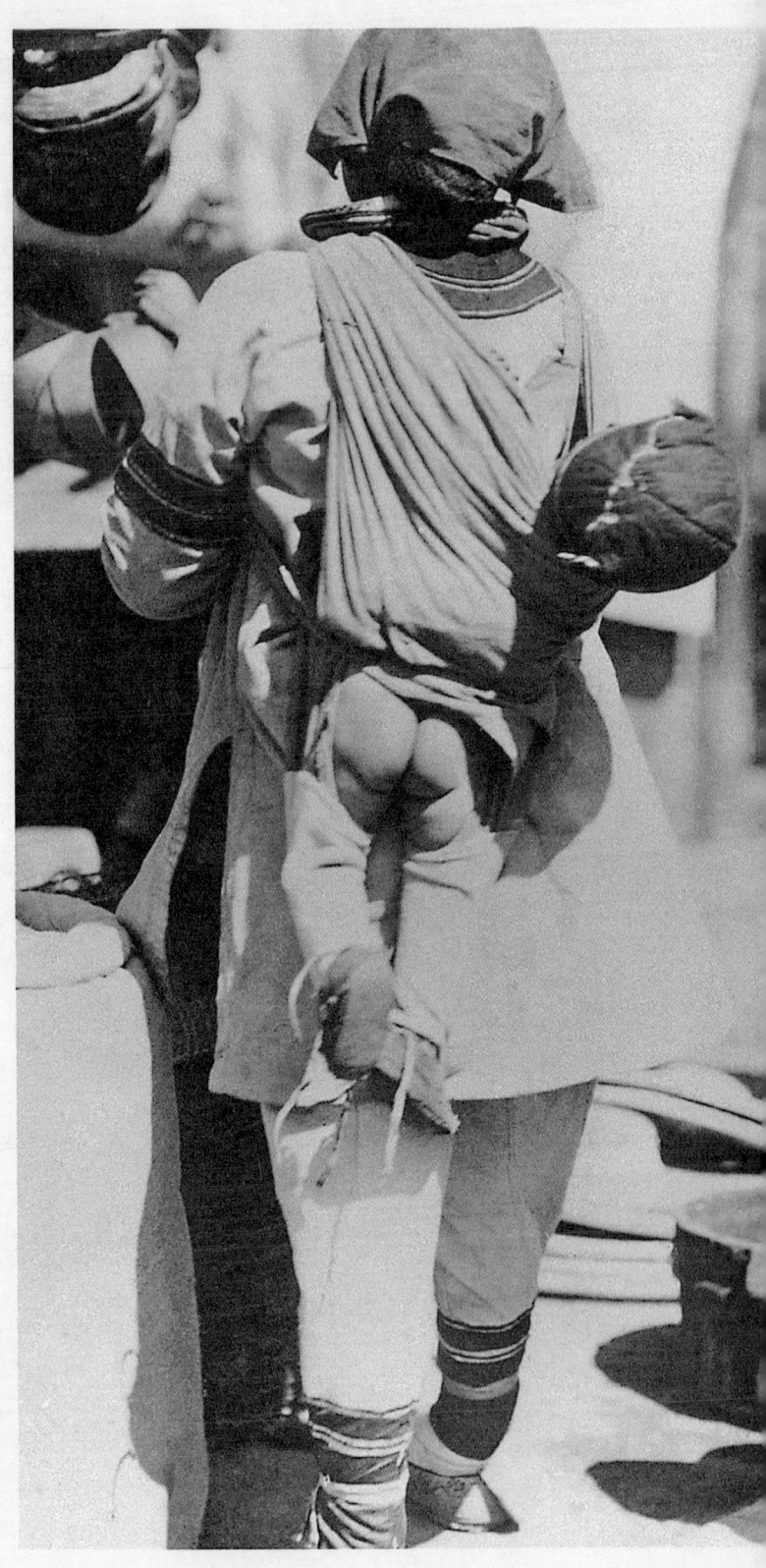

○ "小庄节" "子孙会" 和 "送子娘娘会"

据清人曹树翘的《滇南杂志》记载,旧时每年农历二月初二,昆明人要过"小庄节",地点在螺峰山下、小东门外的小庄(即石萃庄,在今圆通东路西段)。届时从早到晚,"游人杂沓","碧芜绿树"之间,都是置凳而坐的人群,"丝竹管弦,悠然盈耳"。曹树翘称此节有古代"修禊"之俗的遗风——古人春季嬉游水边,消灾祈福,称为"修禊"。

昆明人春天到此,消的什么灾?祈的什么福?曹树翘注意到,小庄节前来求吉的全是男子,独无祈福的妇女。其重头戏是"投石":有童子会用竹筐抬来瓦石,卖给游人。众男子手拿瓦石,远投石洞。投中则"欣然而喜,谓宜子之兆云"——可见所谓小庄节,就是"宜子"节,求子之节是也。投石击洞,

昆明乐居村土主庙的送子娘娘

就是一种生殖崇拜仪式。据明天启《滇志》所记,早在明代,昆明就有此"修禊"之俗了。时间在二月初二,昆明人要出城拜谒龙泉观,再回到石嘴庄(石萃庄),在盘龙江边饮酒,但见"江流曲曲,怪石插江中,长松满崛"——当为盘龙江截弯改直前的"八大河"一段,直到20世纪五六十年代,那里仍然是昆明男孩的"裸泳"胜地,"老姆"免入,也算古风遗存。

而每年三月二十日,安宁白族要举办"子孙会",办会前一天就杀猪、买菜,第二天备办两餐,村民每家派一人来聚餐,同时念一天经,以求人口兴旺,子孙发达。安宁汉族三月二十日则祭"送子娘娘",以捐款或集资杀猪、买菜,全村聚餐,并请和尚念经,以求早生贵子、多生儿孙、平安快长。有的村子还规定:本年内结婚生子的人家,如果生的是女孩,户主要送给庙会板豆腐一榨;如果生的是男孩,户主要送给庙会清酒两斤;如果结婚三年不生孩子的,要把丈夫传到庙会上当众"打屁股"(《昆明民俗》)。

○孕妇之忌：不入他人新房、不看不想凶相

旧时昆明妇女怀了孕，就不得进入他人的新房，忌讳参加婚礼，忌看凶煞图像及一切狰狞可怕的形象，忌看血淋淋的场面，忌看残疾人和畸形人，想象也不行。否则，据说生产的母亲和生出的婴儿会遇到种种不幸。

○生育后的"阳报""阴报""神报"和"跳火"

老昆明乡间母亲劳作之余哺乳娃娃

老昆明人家生了小孩要向亲戚朋友报喜。先煮一锅红鸡蛋，由女婿和女婿的弟妹带着红鸡蛋分头到各处报喜。此时不宜太张扬，报喜之处也就是新生儿的亲叔伯家、外婆和姨妈家等。女婿要备好礼物，亲自到岳母家报喜，岳母则取出早就亲手缝制好的婴儿被褥、衣帽、饰物和产后食物等，交给女婿带回。报喜的人发完红鸡蛋回家时，要在门外等候家人点燃一把草，报喜人来回在燃草上跨过三次才能进屋，以免把外面的鬼魂带回家来，这叫"跳火"。

如此报喜又称"阳报"，意思是给阳世亲人报喜。此外还有"阴报"，在堂屋祖先牌位前摆设供果，燃香烧纸，三拜九叩，告知喜讯。最后还有个"神报"——凡在佛寺道观许过愿的，新生儿满月后，要到寺观还愿，家中有佛堂、佛案的，更是要天天敬香，求佛保佑婴儿平安成长。

○"老蚌生珠"是"人瑞"

清光绪十七年（1891年），云南总督署大门看守王某生得一子，是时其已七十五岁，其妻则六十八岁。据说"婴儿落地，声洪而体壮，无不称异"。当时任总督的王文韶得知此事，认为是"老蚌生珠"，"人瑞"出现，特赏老王夫妇粉布

两匹、银六两。孩子满月后，还让王某把孩子抱进后堂，为之赐名〔《纪我所知集》（《云南掌故》）〕。

○坐月子禁忌："踩生""踩奶"和"扫把星"

婴儿出生之后，头一个撞见婴儿的外人可以吃到主人递来的一碗红糖煮鸡蛋。此人被称为"踩生人"，吃红糖煮鸡蛋是为了避邪。据说新生儿长大后脾性多会和这位"踩生人"相似。但随后的来访者却不受欢迎，有的还在门头插上一截松枝之类，表示家有产妇，请勿打扰。否则，产妇会受惊，来人也晦气。

产妇自产子之日起，到新生儿满月为止，都不得离开卧室，要潜心静养，哺育孩子，这叫"坐月子"，坐月子的产妇称"月子婆"。"月子婆"有三忌：一忌冷，不能接触冷水，不能吃生冷之物；二忌气，不能生气、发火，更不能哭泣；三忌口，不能吃茴香、青菜。

坐月子的产妇居室门框上要挂青松枝，一是报喜驱邪，二是求清吉平安，三是表示屋内有"月子婆"，外人不得随便进入，连家中男子也禁入，近亲妇女可以入门探视，并送上一些鸡蛋、红糖之类，称为"祝米"。但寡妇禁入，否则会"克"命。家中新近有死、病、灾事的妇女被视为"扫把星"，也禁入，以免引灾入室。产妇吃剩的蛋壳，不能重叠摆放，要等到孩子满月后，送到院外、村外的刺蓬边，不能让人踩到，否则孩子会有疾苦。孕妇也不能进门，否则会带走新生儿的乳奶，民间称"踩奶"。

如果遭遇"踩奶"，母亲奶水不足甚至没有奶水，全家极为关心，当务之急是"锁奶"——找一把老式铜锁把月子婆的居室锁上。接着赶快去找医生抓药，熬制后把药渣倒到门外街上，让行人踩踏。有的人家还跳神求佛，驱除"血光之灾"。昆明城隍庙有个"奶水娘娘"，也要前去烧香"求奶"。

○"睡倒觉"和"驱鬼帖"

新生儿白天清醒，夜晚又哭又闹称为"睡倒觉"。老昆明人认为这是撞到了恶鬼，先要在产妇的枕头下摆一把菜刀，用来"镇鬼"。然后到城隍庙（在今武成路）、东岳庙（在今白塔路）买三件红红绿绿的绵纸花衣衫，套在三个塑成小孩模样的"哭神精"塑像身上，然后喂上几口糖，封住他们的嘴，据说可治"小儿夜哭"之症。

有老昆明人说，人鬼隔层纸，鬼阴人阳，人虽怕鬼，鬼更怕人。阴间的鬼不但怕阳间的人，更怕充满阳性的男子。而阳间阳性最旺之地，就是男厕所，因此，要驱鬼让婴儿安宁，就要到男厕所贴上一张"驱鬼贴"，上面写着：

天黄地绿，小儿夜哭。

君子念过，睡到日出。

也有贴在路口吸引"君子"驱鬼的：

天黄黄，地黄黄，我家有个夜哭郎。

过路君子读三遍，一觉睡到大天亮。

做了噩梦，也有老昆明人会用红纸写上"夜梦不祥，书破大吉"八个字，贴到街巷路口，以求禳解。

老昆明街市上的背娃奶奶

○ "寄名"、小名、学名和诨名

新生儿生下几天，家人会替孩子取个乳名，昆明人又称"小名"。头胎娃娃的小名要取得富贵响亮，男娃娃多要沾上富、贵、福、祥、寿之类，女娃娃则要靠上凤、珍、桂、琴、美等等。还可以按排行起小名，如老二、老三、老四等，昆明的方言是许老二、许老三、许老四，也可以叫老二哥、老三姐、老四弟、老五妹等。如果这家人生育多而养活少，小名就要取得"贱"一些，甚至让街头的叫花子来取名，名字取得越"贱"越好养，而且可以避邪，于是就有了石头、毛桃、毛豆、豆豆、瓜瓜、果果、皮皮、丫丫、蓉蓉、花花、朵朵、花猫、牛牛、大牛、小熊、小小、毛毛、米米、咪咪、笨笨之类的小名，男婴多被称为"狗狗"，如"许二狗""老三狗"等，过生日则叫"长狗尾巴"。老昆明人认为，小娃娃生命力脆弱，容易被鬼魅伤害。以动物名或植物名做娃娃的"贱称"，可以迷惑鬼魅，避免鬼魅纠缠，娃娃就可以无病无灾，健康成长。

孩子满月后，要根据性别、家谱（族谱）、排行、生辰八字来取个正式的名字，又叫"学名"。取学名道行深，还要得到族中高人或风水先生的指点，才能得到一个吉祥如意的好名字。也有的由家长自作主张，只要寓意吉祥，响亮顺口就行。也有的草根人家不讲究这一套，干脆在孩子的乳名前加上姓就算是学名了，如张老憨、马老二、王许三之类。

昆明北边山区农家还有个习俗，在用八字算定的某天，有偶然走进家里的陌生男性，要先上烟茶招待，然后抱出孩子来请他取名，再让孩子认其为干爹，并杀鸡做饭招待一番，从此，两家人就成了亲戚，常来常往。

旧时昆明娃娃有"寄名"的习俗。生了孩子，要抱到翠湖海心亭观音座下寄名，拜一个大和尚为师，再取一个法名，就算是佛门弟子了，此后就得剃个和尚头。据说这样孩子就少病少灾，成长顺利。等到孩子满了6岁甚至到12岁上，又抱一只鸡到寺里剃度，拜菩萨、参大师，这就算"还俗"了，出了寺门就可以留头发。

身背孙儿的昆明彝族老妇人

等到娃娃上学，同学间又会相互取绰号，叫作"诨名"。无不戏谑生动，让人忍俊不禁，如"鼻涕筒""老憨""草包""囊瓜""老歪""秤砣""蚂蚱""壁虱""香棍""草铜锤""花皮鞋""马咬着""烂唱片""告嘴婆""抖草匠"等等。

○满月"剃胎毛""请百日客"和"抓周"

旧时娃娃养活不易，满月就过了一大关。此时母亲"月子"已满，"月子婆"正式摘帽，先到庙里拜拜观音，感谢菩萨保佑，以后便可正常生活，该干什么干什么。娘家也会送来贺礼，叫"送粥米"，又叫"送汤客"。

新生儿满月之日，要把理发匠请到家中，把婴儿从娘肚子里带来的头发剃光，叫作"剃胎毛"。据说如此一剃，以后娃娃的头发才长得好，另说也有告别彼岸，避邪求吉之意。胎毛剃完，就抱着去参加满月宴，赴宴的亲朋好友都争着抱抱孩子，一来沾沾喜气，二来表示对孩子的庇护。此时还要煮一大锅红鸡蛋，发给更多的亲

昆明富贵人家的孩儿

友、同事、同学、街坊、邻居，以示同乐同喜。

娃娃百日，又过一大关。此时又要为娃娃做"百日宴"，称"请百日客"。这天请客范围要小一些，只请至亲挚友，又由于"百"与"白"谐音，送礼也"白"送，收礼也"白"收，因此全都免了。"百日宴"上，如果娃娃的学名还未取定，征求一下亲朋的意见，或者干脆让有学问者一锤定音，都是乐事。

旧日昆明坊间有"百日神韵在"之说，娃娃百日之后，从娘肚子里带来的免疫期已过，病灾之事日多。民间认为是鬼怪作祟，女孩属阴，不怕鬼，男孩属阳，自然怕鬼。男孩百日后病多，一个办法就是当女孩来养，于是昆明郊区就有让孩子男扮女装、以避阴邪之俗，直到三岁才"扮"回来。

旧时娃娃周岁时要断奶，要"抓周"：在桌上或床上放一把算盘、一支毛笔、一杆木枪、一面圆镜、一块花布、一把锤子等，然后让娃娃去抓，这些物件各有寓意：抓算盘将来发财，抓毛笔将来中举，抓木枪将来从军，抓圆镜将来爱打扮，抓花布将来能刺绣，抓锤子将来手艺高等。据说此俗起于清末民初（见《文化昆明》），至今不衰。

○ "爱到三岁恨到老"和"成童礼"

昆明民间对孩子有"爱到三岁恨到老"之说。意思是孩子三岁以后，个性逐渐形成，从此要注意加强教育和引导，"从娃娃抓起"，培养其成才——于是就有了"成童礼"。

这户老昆明官宦人家人丁兴旺

旧时昆明娃娃满三岁时，要把开裆裤换成蒙裆裤，跪拜祖宗牌位，表示"识羞耻""知礼节"，男婴和女婴就正式成为男童和女童了。男童还要戴上银项圈，表示行为将受到限制，要循规蹈矩，学习做人。如果男童此前有过病灾，还要在项圈上加一把银锁，表示将男童套牢锁住，以防鬼魅近身，邪气侵入，以求平安健康。穷人家买不起银项圈，就用铝项圈代替，既少花钱，意思也到了，丢了也不可惜。后来戴铝项圈的娃娃越来越多，银项圈也少见了。

老昆明的男娃娃"成童"以后，脖子上往往就离不开银项圈或铝项圈，直到成婚之时，才取下来供在佛桌上——这又标志着"男童"成人了。

老葬俗

曾子曰:"慎终追远,民德归厚矣。"(《论语》)父母丧葬之事,老昆明人从来不敢马虎。明天启年间《滇志》就说,滇中"丧祭之家,即至贫,必有熟于礼者为之掌记,不至衍谬"。下至于清末,"昆明人于丧葬事上,在当大事者,无论其贤否,都是从俗而举行一切,以免他人指责。于是一切虚而不实,繁而不当之处,不特常人有之,即贤者亦有所不能免也"。清康熙《云南府志》也称,昆明人家"丧礼旧俗尚奢,凡吊客皆宴待,且有酬赠,甚至资用缺而停丧不举者。今易以槟榔清茶,然旌、翣、俑、楮诸仪不无踰分,糜费致有破产"。雍正《云南通志》则补充说,原来实行火葬的昆明土著民族,"今亦有卜地以葬者"。

老昆明人办丧事,礼节最多的是孝子。特别那些亲戚多、交游广的家庭,奔丧

者自然不少，如果是独子承家，一人当事，从报丧、守灵、出殡到回灵，孝子"直不择地处而见人磕头"，前后磕头可达数千个之多，"其不痛苦乎？""真痛苦极"〔罗养儒《纪我所知集》（《云南掌故》）〕。昆明俗话说"孝子的磕头不值钱"，这是实话。

罗养儒还说，昆明人家有亲人过世，"咸以'当大事'三字表之，是则是矣，究于一切上不免有诸繁文缛节，是亦不合乎中道，昆明人岂昧而不知耶？"老昆明人家举行丧礼，要殓棺设灵，要出殡回灵，要成主头七，要念经开路，要大宴宾客，要酬谢赠礼，花钱如流水，耗费巨大，常常让后人债台高筑。以致旧时昆明有这样的俗语："死人不吃饭，家产去一半。"清道光《昆明县志》就说老昆明人"吊客皆厚待，酬赠必丰，以致缺乏而有停丧不举者"——用今天的话来说，就是"死不起"。下至民国之时，当局也试图"力矫浮靡之习"，"将上述繁文概行删除"，然而收效甚微，"尚不及万一也"（民国《昆明市志》）。

○火葬、土葬与田葬、山葬

昆明北郊地台寺一带早年多为普通人家墓地

按明万历《滇略》之说,明代之前,滇中盛行的是火葬,"葬者多用火化"。如唐人杜佑《通典》所记,古代人死之后,要送到野地里,围上薪柴火化,然后掩埋遗骨。这是当地民族的习俗,也是古制。明代严禁火葬,实行土葬,人死后要装棺掩埋,树坟立墓,向内地习俗看齐。

明嘉靖年间,云南学者李元阳对土葬提出异议,认为滇中堆坟立墓,本来占地不过10步,而有钱有权者,为求风水,"占田为坟",而"刀耕火种之民"死后归葬困难,如此下去,"恐非长久之策"。于是有恢复火葬之议。但《滇略》作者谢肇淛不认同此说,他认为滇中多山,让平民百姓死者"山葬"就行了,怎么能因为担心土葬侵占田地,就恢复火葬那种陈旧的风俗呢?

从明清滇中葬俗看,此之争论,胜出的是土葬论者——坟墓上山,谢肇淛赢了。

○"搬铺""接气"和"守铺"

按老昆明习俗,家中老人垂危之际,要在堂屋正中搭一张铺板床,铺好被垫和红枕,叫作"净床",又称"灵床"。然后由子女把老人搬到床上安放好,这叫作"搬铺"。如果是年轻人行将夭折,则不能放在堂屋正中间。眼见得被"搬铺",老人弥留之际,如果神志还清醒,还能说话,就乘家人围在身边,留下遗言,如分配家产,嘱咐后事等等。

老人行将咽气,子女要围在身边,大声呼叫老人。老人咽下最后一口气时,儿子或女儿要嘴对嘴接下老人的最后一口气,接下老人的精、气、神,这叫"接气"。旧时说到生儿育女的作用,就说要让儿子"接气",就指此事。

老人咽气时,全家匍匐在地,悲哭志哀。老人咽气后,要及时为死者沐浴,换上寿衣,停灵等待装殓,这又叫"停丧",文一点儿叫"小殓",俗一点儿叫"停尸"。殡殓时要在死者嘴里放一个玉口盒,盒内装上一点银钱、米粒,有的只放一颗大枣,或放一枚铜钱,再用一根红线拴住钱眼,线头拖在口外,这叫"含口钱"。三天后入棺时,再拖出铜钱,放入瓜子、松子、麦子、枣子、莲子等"五子"。停丧时,死者脚上要缠绕红线,头前要烧香,灵床前要点灯,又在门外焚烧纸钱。遗体入棺之前,全家人白天黑夜都要围守在旁,这叫作"守铺"。入棺之后也要围守,又叫"守灵"。

(见民国《续云南通志长编》等)

○报丧、"谢孝":"至门而不入"

家中老人过世之后,家人"守铺"之时,逝者的儿子要摘掉帽子,披散辫发,到亲戚家报丧。如果逝者是父亲,要先去父族人家,如果逝者是母亲,则先去母族人家。行前要雇一个人跟着孝子前去,到了亲族好友门前,由那人先喊一声"某某某府",不管门内是不是应声,又接着喊:"某某之父(或母)已故,孝子、孝孙来叩首。"那人喊完,孝子在门前磕一个头就行了。如果到至亲家报丧,则要见到亲人当面磕头才行。敲开门后,孝子不能进门,只能站在门外,哭候主人出来,在门前磕头,泣告死者逝世的时间,然后再往他家报丧。从始至终,不能进主人家门。

等到丧事办完,孝子要手持"谢孝帖",上面印着大大的"谢"字,到每个来吊唁过的亲友家去"谢孝"。此时也不能踏进主人家门,甚至连主人的面也不见。要在夜深人静之时,穿着白衣,包着白头,和两三个同伴一起来到主人家大门口,对着大门磕一个头,然后把一张"谢孝帖"塞进门缝,程序就完成了。

按老昆明的习俗,平时访亲拜友时,忌讳站在亲友门口,不出不进,貌似"报丧""谢孝",自然不吉利。

(见民国《续云南通志长编》等)

○"赵棺材家""大索行"和"葬身之地"

旧时昆明人咒人有两句话,一是"死无棺材睡",一是"死无葬身之地"。可见老昆明人死后,选好棺材和"葬身之地"非常重要。

城里的棺材铺和工匠

如果逝者是父亲,挑选棺材由父族决定,既要棺材好,又要家境受得了,这还好说。逝者是母亲,则"选棺权"就在母族一方,那就不一样了。有时母方亲族要求太高,而家中财力不胜,只好请人从中周旋,降低标准。有时好说,有时也难免有人刁难,那又得费一番周折了。

昆明的棺材铺多集中在三囊街(今民权街),而以"赵棺材家"最有名。棺材档次高低,多看材质。一般的是杉木、柏木,便宜的有圆柏和松木,高档的就是楠木、杪木了。挑棺材的人要到"大索行"去请,不少"棺材汉"早上都蹲在"四合园"茶铺喝着茶等生意,那茶铺距三囊街不远,就在文庙旁边,是清乾隆年间一个姓曹的老板开的,据说招牌上的字还出自名士钱沣之手。"棺材汉"使用的绳索有茶杯口那么粗,叫"大索",又叫"棺材索"。他们的抬杠有橡子那么粗,叫"棺材杠"。

旧时棺材铺也是藏龙卧虎之地。长春坊(今长春路西段)有一个棺材铺匠人姓苏,"手艺殊精",这还不在话下,奇的是虽然他"全不识一字",却"能写径尺之字","笔力壮健""结构紧拔",常为人书写铺名招牌,就是当时书法名家见了,"亦称赞不绝"。罗养儒在《纪我所知集》(《云南掌故》)中说到此事,称"不解其何因",大概和棺材头面上总要写一个大大的"寿"字有关吧。

○"敲钉锤""闹丧":"滇中母丧大不易办"

吉日选定之后,就得装殓死者了。事先要请来三四个装殓工人,把棺材抬到灵床处,全家志哀,跪请入殓。然后家人全部回避,由工人进行装殓。棺材里的空处,要填塞松香、灰包和栗炭。装殓完毕,家人再次举哀,这叫"大殓"。入殓之时,如果是父丧,要请族中长辈监视,孝子叩头请他钉下盖棺钉。如果是母丧,事情就复杂了。

老昆明有"红事须请,白事自来"之俗,母亲的丧事多要由母族做主,若夫家和母家之间平时就有矛盾,母家趁机报复,就会事事刁难,甚至大闹一番,叫作"闹丧"。因此,清末民初邓川人杨琼在《滇中琐记》中感叹道:"滇中母丧大不易办。母族人无论亲疏,都跑来争吃打闹,索取布帛,寻找瑕疵,揪住不放,争吵不已,被叫作'闹丧',真恶俗也。"前面说的挑选棺材,仅是开头,接下来逝者入殓之后,盖棺"升钉"之时,问题又来了。

旧时入殓盖棺后,都要用若干木钉锁棺,那最后一颗木钉,必须由至亲至戚用斧子敲进去,这叫作"升钉"。如果逝者是父亲,请叔伯或同堂弟兄

清末等待出殡的送葬队伍

升钉,逝者若是母亲,则请舅舅或母亲的内侄升钉,表示亲族认定逝者正常死亡。升钉的时候,孝子要跪在棺前,升钉后要送给升钉人一份礼。一般情况下,送几匹布也就差不多了。但遇到"闹丧"者,就漫天要价,否则绝不下斧,还声称逝者死因不明,夫家隐瞒,私自入殓,要上告官府。昆明人把敲诈钱财叫作"敲钉锤",就出自"闹丧"(《蜗居庐随笔》)。

"敲钉锤"只是"闹丧"中的第一个高潮。按《滇中琐记》记载,如果死的是少妇,更有闹丧者举族登门问罪,质疑婆婆欺凌、丈夫虐待,又是喝问,又是恫吓。丧家杀羊宰猪,设宴招待,闹丧者拒不入席,掀翻宴桌,砸碗扔筷,甚至打骂逝者的丈夫和婆婆,打得丧家逃到别处躲藏。如此闹了几天,筋疲力尽,这才听人从中劝解,接受丧家重礼布帛了事。若稍不如意,又聚众告官。官员也心知肚明,只有居中劝解。闹丧者不听劝,也无法治罪,常常闹得丧家倾家荡产——"此风愚民多有之,读书之家鲜有也"。

早年昆明有儿歌唱道:
舅舅舅舅,
屁股扭扭。

○ "大殓" "成服"、吊奠

大殓之后,丧家要举行家祭,又叫堂祭。家祭之时,死者亲属要按照关系亲疏穿上不同的丧服,所以又叫"成服"。家祭一般在晚间举行。先由司礼先生把孝子及家人请出后堂行礼。全家人都跪在灵柩前。司礼先生叫一声"顶冠",旁边有人把三梁冠和粗麻布递给孝子披戴好。司礼先生再叫一声"著白",又有人把孝衣递

抗战时期老昆明的"寿材"引起了来华助战的英国大兵的好奇

给孝子穿起来。如果家贫没有孝衣，也可以用白布裹在头上。司礼又喊一声"束绖"，则有人把麻绦递给孝子，束在腰上。接着是"纳履"，孝子穿鞋；最后是"执杖"，孝子接过丧棒，又叫"哭丧棒"。穿戴完毕，全家面向棺木四叩首，然后"献礼"，逐一献上香火、酒食、浆茶等。接着由领祭人宣读祭文，众孝子跪在灵柩前聆听，亲友旁听。祭文是请名人写的，写的是死者生前的苦情与功德。祭文读完，孝子再行四叩首礼，全家又转回后堂。这天晚上，丧家还要请僧人来做一坛佛事。

一般在家祭后的第二天开追悼会，亲友们纷纷前来吊丧，叫作"展奠"。亲友吊丧一般要来两次。接到报丧或者听说丧事后，当天或者第二天就要备好锡纸、香烛等物，赶到丧家，在逝者的灵柩前磕头或者鞠躬，焚化香、纸。丧家孝子则在后堂磕头还礼。行礼完毕，安慰丧家几句，表示哀悼，就可以退出来了。也有不备香纸的，仅仅慰问哀悼一番，也不为失礼。到了祭奠之日，参加的人都要备好奠礼，有的封上若干钱银，有的带上一些酒食，前往丧家祭奠。丧家也要回赠礼品，一般朋友送毛巾，至亲则送布匹，还要宴请来祭奠的亲友，一般都要上"八大碗"。孝子要到酒桌前谢客，或在孝堂内还礼，还要封点钱送给来客，叫作"酬帛"。民国时提倡改良风俗，这个"酬帛"才被取消了。

（见民国《续云南通志长编》等）

○ "归来去兮"的"阴魂"

在老昆明葬礼之中，还要解决逝者"从哪里来"又"到哪里去"的问题。

按照老昆明的习俗，逝者的寿衣必须是单数，五件、七件、九件等等，入殓时要用红布带子系在死者身下，这叫"兜海底"。还要让逝者口含瓜子、松子、麦子、枣子、莲子等"五子"，据说这样逝者才能尽早托生转世。

停灵期间，还要请阴阳先生来指示逝者前世、后生的来龙去脉。那阴阳先生在灵床前坐定，问清逝者出生的年月日和时辰，再问明逝者断气的时刻，然后翻开一本叫"黑甲子"的开路书，算出逝者前生是何省何县之何等样人，此去又将投生到某省某县某种人家，享寿多少岁等等。还能算出逝者的灵魂已落到某个地方，深入地下多少尺，并据此算出"回煞"（回魂）之日。如入地5尺，则煞高5尺，而逝者的灵魂将于5日后"回煞"——从堂屋东面进来，在家巡视一圈，然后离开。如此一一说完，阴阳先生就摇铃念咒，焚化纸钱，出正门而去，这又叫"开路"，意思是引领逝者灵魂从正门出入，不走歪门邪道。

昆明某人家冒雨出殡

到了回煞之日，丧家要用一幅长白布搭在灵桌和椅背之间，被称为白桥，据说阴魂会从"桥"上归来，此"桥"闪动之时，就是阴魂归来之时。此时案头早已放好了一面大圆镜，据说小童可以在镜中看到阴魂显现，在镜中飘过，逝者生前所住的屋内还会发生响动，有时是沙沙的脚步声，有时响动会很大，十分吓人。此时家人要赶紧焚烧回煞纸，避开煞气，万万不能说话。据说亡魂听见人声，便不舍离去，耽误亡魂投胎转世云云。

○ "成主"仪式和翰林"点主"

老昆明人治丧出殡之前，还有一件大事要做——为逝者制作神主牌。神主牌又称"牌位"或"灵牌"，上面写有死者的姓名、身份、官职、封谥等，安放在正堂的案桌上，供人们祭奠。逝者是父亲，用栗木制作神主牌，逝者是母亲，则用柏木制作神主牌。制作神主牌要举行庄重的"成主"仪式，并有司仪主持。主角是两位德高望重的长辈，一位称"书主官"，也称"鸿书"；一位称"点主官"，也称"鸿点"。

两位长辈都称"官"，此时丧家堂屋也布置得如官府大堂一般，前有案桌，陈列签筒、笔架、朱砚，两"官"正坐案前，丧家亲眷、宾客肃立两旁，颇有官府坐堂的派头。仪式开始前，孝子跪在门前，迎接"书主官"和"点主官"。"成主"之时，要敬香燃烛，然后由"书主官"在神主牌位的正面写上逝者的尊称及姓名，为考为妣，所得封赠，姓氏名号，又在牌位背面写上生卒年月日、享寿若干岁等。关键之处在于，"书主官"写到"某某某之神主"之"主"字时，要将上面的一点

昆明乡里绅士

空着不写。这关键的一点由孝子和"点主官"完成。孝子身着孝服，早就跪伏在案前，默想逝者生前音容笑貌。"书主官"书写完毕，司仪拉起孝子左手中指，用针一戳，挤出血来，高喊一声："请大宾点主：穿内神，神在；点主，主存。""点主官"走上前来，举笔蘸血，在牌位上添齐"主"字上所缺一点。所谓"成主"，也由此而来——据说这一"书"一"点"，颇费心力，因此事先要请他们各吃两个红糖煮鸡蛋，这样才能神饱气足，"书"好"点"好。最后，孝子跪叩称谢，再起身捧起神主牌，安放在佛台上，仪式才告完成。

这两位"官"特别是"点主官"非同一般，必须是科场上的成功人士，要有官位，这个官位还必须是考中举人、进士得来的，才是"点主官"的上选之人。不过，如果当过侦捕、法院、监狱的刑名官，丧家也不敢请。据罗养儒老人在《纪我所知集》（《云南掌故》）中所记，一位考中进士后进入翰林院、又担任过几次主考官的昆明人，告老还乡后常住昆明，子孙满堂，有泽厚之相。老昆明人都争相请他做"点主官"。回乡仅五年，就为亲友家点主150多次，可谓"点主专家"。

供"成主"牌要用长明灯，丧期子女要天天跪拜，如有亲友来访，进门之后也要跪拜"成主"，也有行三作揖、三鞠躬之礼的，主人则在旁还礼，然后才入座谈事。供"成主"的时间不一，有的是七七四十九天，有的是百日，有的甚至供奉终年。

（见民国《续云南通志长编》等）

○孝子"背棺"、官出大南门、民走东西城

出殡早年叫"发引"，出殡日子定下来后，要先发讣告，又称"哀告"。贫寒之家只需在门外贴一张"哀告"，各个亲友处不用再发讣闻，请人到各家告诉一声就行了。中产之家就复杂一些，除了在门外张贴"哀告"外，还要用讣文告知各个亲友。

出殡之日，丧家门口要铺一床草席，孝子披麻戴孝，跪倒在草席上，十几个"大索行"抬棺出门，要让棺材从孝子头顶上度过，这叫"背棺"。经此一"背"，逝

者生前的罪孽就会让孝子承担，逝者下到阴曹地府，也能减轻罪孽，少受处罚或不受处罚。

在出殡的行列中，有接引佛等佛像，有纸扎狮象鹿马，有绘着二十四孝图的彩亭，还有吹鼓手吹奏哭丧调等粗、细乐曲。如果是富家显贵出殡，甚至不惜耗费千金，以壮行列，炫耀乡里。出殡之时，亲友们按照与逝者的关系远近，穿着不同的孝衣，或执绋在前，或尾随于后。孝子孝孙头戴梁冠，手执丧杖，引幡而行，在灵柩后哭送。

老昆明人出殡会绕着街道走，南正街三牌坊和四牌坊（今正义路中段）是必须要过的。清代出殡规定很多，在城外死亡的，尸体和棺木都不能入城。城内普通人家出殡，也不能通过南门。如果逝者是四品以上的官，或者曾受到朝廷的一二品封诰，才能向当局提出请求出殡南门，获得批准后才可以通行。一般人家出殡，过了三、四牌坊，就得掉转方向，从大、小东门或大、小西门出殡。

出殡之时，沿途丢撒纸钱，叫作"买路钱"。据说鬼魂忙于捡钱，前面的会让路，后面的也不会跟踪而来。富贵人家出殡时，要用纸扎成两个打街鬼，奇形怪状，手持猪尿泡，让人抬着开路。

出殡队伍出了城，到了大东门外的五显宫（今交三桥附近）或者大西门外的文昌宫（今西站附近），就会在庙门前停下棺材，举行"回灵"仪式。送殡的人绕棺一匝，站在两边，孝子跪伏在地，还要再背一回棺，然后起立叩谢。"大索行"们把棺材抬到寺庙或寄柩所暂时存放，按照选定的吉日下葬。众人目视棺材远去，又被请回丧家用餐。回程不得走原路，要另外择路返回（见民国《续云南通志长编》等）。

老昆明出殡的"回灵"之地，还是传说中的两个灵异之地：一个是五显宫附近的交三桥，一个是文昌宫附近的小虹山。交三桥被说成是人、鬼、神三界交会之桥，又称"交丧桥"，因此出殡必过此桥，否则不吉。而抗日战争"跑警报"时数百昆明人在交三桥前后遇难，从此"三界相隔，人鬼殊途"，竟成此说的最大注脚。文昌宫外的小虹山也成了"三界"之地，这里早年是杀人的刑场，是"夜遇断头人"之类鬼故事的发生之地。

○葬礼中的女眷："讣告无名""出殡哭丧"

在早年昆明的葬礼中，女性的地位有点尴尬。

出殡时一般要发讣闻，或写成"哀告"贴在家门口，或送到亲友家中。因为女性在家里没有继承权，所以在讣闻里也不列名字。民国时期开始出现男女并列署名，但已出嫁的女性还是比家中男子要降一等。

家有丧事，未过门的儿媳也要戴孝前来祭奠，并叩拜男方家长，还要陪着未婚夫的家人在灵柩旁席地而坐，表示尽孝。出殡之时，未婚儿媳要喝红枣汤，头上簪

老风俗

老昆明人家的老少妇女

花挂彩,随从人送殡。直到"回灵"之后,再用轿子送回娘家。

出殡之时,丧家女眷往往一路号啕大哭,据说哭声哭姿都有一定之规,约定成俗。不仅要"哭",而且要"诉",叫作"哭诉"。哭诉时先念逝者的好处,再诉说逝者留给生者的艰辛等等——民间又叫"哭丧"或"号丧"。

"哭丧"不容易,要"哭"得中规中矩更不容易。为了"面子",一些有钱人家会到东岳庙或街头请几个"哭丧婆"来"帮哭"。谈好价钱后,几个女人就披麻戴孝地来了。停灵的时候她们要"哭",出殡的时候也要"哭","哭"法都差不多:先用手帕按住眼睛,头一低,马上号啕大哭,哭声中还夹杂着"哭辞":"天啊,老天啊!你家咋个就走了啊?丢掉我们就走了,咋个就不管我们了啊——没得你我们咋个整啊?日子咋个过啊?老天啊!咋个了?天啊!天啊!"

有的"哭丧婆"还会先问一下过世者的情况,临时编几句"哭丧词",带着哭声"嚎"出来,感染力就更强了:

  我爹你是个苦命人啊——
  风首雨首你是挖井人啊——
  省吃省喝你是饿饭人啊——
  抚儿养女你是老大人啊——
  帮人助人你是慈心人啊——
  街坊都当你是自家人啊——
  如今你走了是狠心人啊——
  留下我们儿女几个人啊——
  有吃有喝也是活死人啊……

虽然是"帮哭",也哭得声嘶力竭、呼天抢地,有的还夹杂了对自己身世的感叹,自哀自怜之余,常常把丧家和奔丧的、围观的都引得掉眼泪,跟着哭起来。(见民国《续云南通志长编》等)

○"头七""五七":"放焰口"丢"鬼粑粑"

老昆明家人逝世七天之后,要做"头七"祭礼。有钱的丧家要用桌椅在门口搭起一个高台,请和尚道士来超度亡灵,称为"做功德",和尚念经则称"放焰口"。丧家还要用麦面做成"鬼粑粑",形状如同妖魔鬼怪、奇禽异兽,形状越古怪越恐怖越好,做好后再染上颜色蒸熟,用饭盆抬到高台上放好。

"放焰口"时,法师端坐高台之上,在烛光中念诵经文,然后敲响钟鼓,抓起桌上的"鬼粑粑"扔到台下,四邻的孩子早就等在一旁,此时一哄而上,你争我抢,好不热闹。这种"鬼粑粑"不但可以吃,据说吃了可以避邪避凶,大人孩子都喜欢。

家人逝世后的第35天,老昆明人还要做"五七",要斋戒祭祀,并请僧人举行超荐仪式,念经三天、五天或七天,根据家中的财力而定。此外,家人逝世后100天叫"百辰",逝世后一年叫"周年",都要斋戒祭祀。每到逝者的生辰、忌日,或者在立春、清明、端阳节时,都要用有鸡、鸭、鱼、肉的荤席来祭祀。到七月中元节(七月半),迎新亡人的灵魂,要比迎接旧亡人要早几天。

(见《续云南通志长编》等)

○找好"葬身之地"、
死者托生"某省某县某村"

选择"葬身之地"是风水先生的事。那必须是山环水抱,峰回气聚之地。"祖坟葬得好",后代就心想事成,可金榜题名,可富贵荣华等。传说沿长虫山第二峦头分支而下,在岗头村以东月牙塘三姑娘庙后的山上,就有个绝好的风水穴位,龙气很旺,能孕育侯王。古代有阮姓父子,皆精通堪舆。两人相约寻找"龙穴",沿长虫山上脉南下,先后从东川追寻到此。儿子先到,在此埋下一枚铜钱作为记号。父亲后到,又插下一根铁钎为记。后父子同至此处,挖开一看,那铁钎竟正好插在钱眼之中。二人兴奋不已,马上把先人遗骨移葬于此。两代之后,阮家果然出了个交趾国王。此坟也被称为"交王坟",为老昆明人津津乐道,即民国《昆明市志》中所称"交趾王发祥坟墓"是也。据说早年每逢清明,还有越南人前往扫墓。

就因为墓地风水好,不少"阴宅宝地"甚至成为一方地名。近郊如盘龙区的毛家坟、罗家坟、吴家坟、刘家坟,五华区的丁家坟、大坟、皇帝坟、彭家坟、小高坟、和尚坟、大坟梁子、范家大坟,西山区的董家坟、戴家坟、大坟山、两堆坟、火葬坟、杨家大坟,官渡区的大坟、石家坟、杨家坟、和尚坟、陆家坟、李家坟、朱家坟;呈贡区有夏山坟、柴家坟、雷打坟、周锣锅家坟;安宁市有小白坟、小坟棵、阳春坟、姜家老坟、皇坟梁子、陈家坟顶、娃娃坟梁子;晋宁区有坟冲、雷打坟、小长坟、汪家坟。远一点的富民县有唐家坟、瓢坟、大坟山、刘家坟;嵩明县有双包坟;寻甸县有举人坟,大坟等。与众不同的是,宜良县有"雷打坟",禄劝县也有"雷打坟",还有"花坟",嵩明县有"火烧坟",还有"双包坟"。"坟"到极致,"假坟"也成了地名,如宜良县有"假坟"、石林县有"假坟坡"、东川区有"假坟梁子"等。

昆明北郊的蓝龙潭墓地,据说这里是中上层人家死葬之处

　　墓地风水重要,下葬吉日也重要。墓地没选好,吉日没选定,决不能下葬,要先将入殓之后的棺材送到寺庙或"寄柩所"寄存,等待吉地、吉时选定再入土。据说有时看不好坟地,几十年不能下葬的都有,以致尸体腐烂,尸气外泄,极不卫生。民国初年,当局就说"本市原有之寄柩所,多在人烟稠密之地,且属私人经营,诸欠妥善,妨碍甚大",市政公所在城外迎恩寺(今东站外)、天顶寺(今北京路中段凤凰村)建盖了第一、第二寄柩所,"并公布寄柩规则,以资遵守"(民国《昆明市志》)。

　　如果有家族坟地,就省事得多。只要请风水先生用罗盘测好方向,拉好桩线,就可以开挖墓穴了。挖好了先撒上石灰和雄黄驱虫,到了算定的吉日就可以下棺了。下棺之前,要把一只公鸡扔进墓穴,让它又跑又跳,以送阴魂上路,叫作"跳圹"。

下棺之后,孝子要用衣服兜土三次,放到墓穴里,并叩谢垒坟的人。如果是新买的墓地,挖好墓穴后要放进一个盘子,放上石燕、海马等物,再用绘着龙纹的盖子盖上,周围撒上防虫防蛀的银朱粉。购买墓地的地契也要用红笔书写在大砖上,摆进墓穴,或者直接把纸契放在墓穴里烧化。这些事都做完了,才下棺安葬。

逝者安葬之后,主事的阴阳先生还要回到丧家,说他已经开好路,把逝者的魂平安送到了投胎的地方,就在某省某县某乡某村,是男身或女身。丧家得知,自然高兴,而阴阳先生功不可没,又得送上一些钱物,以示感谢——让人想不明白的是:既然阴阳先生把逝者的往生说得如此清楚,有没有丧家验证一下,去那"某省某县某乡某村"找找看?

老昆明的墓碑也有独特之处,当年汪曾祺"跑警报"时就发现了:"昆明的坟多有碑,碑上除了刻下坟主的名讳,还刻出'×山×向',并开出坟茔的'四至'。"他说,"这风俗我在别处还未见过,这大概也是一种古风"(《跑警报》)——汪曾祺所言不差,这确是一种驱邪避煞的方式,只是如今已经少见了。

○ "孝子的磕头不值钱"

老昆明人办丧事,礼节最多的是孝子。特别那些亲戚多、交游广的家庭,奔丧者自然不少,如果是独子承家,一人当事,从报丧、守灵、出殡到回灵,孝子"直不择地处而见人磕头",前后磕头可达数千个之多,"其

昆明城北的乱葬岗

不痛苦乎"?"真痛苦极"〔《纪我所知集》(《云南掌故》)〕。昆明俗话说"孝子的磕头不值钱",这是实话。

老昆明丧礼耗费巨大,殓棺设灵,出殡回灵,成主头七,念经开路,大宴宾客,酬谢赠礼,花钱如流水,常常让后人债台高筑。以致旧时昆明有这样的俗语:"死人不吃饭,家产去一半。"明万历《云南通志》说滇中"丧礼尚奢,在在皆然"。

清道光《昆明县志》说老昆明人"吊客皆厚待，酬赠必丰，以致缺乏而有停丧不举者"——用今天的话来说，就是"死不起"。

按老昆明习俗，老人灵柩下葬后，后人还要守孝，又称"服丧"或"居丧"，清代一般都要服丧24个月或27个月。在外做官的人死了父母，也要离职回乡守丧三年。三年后由朝廷另外安排任职，叫作"丁忧"。丁忧之时，吃、住、睡全在父母坟前，要着素衣，用素食，不喝酒、不洗澡、不剃头、不更衣、不娱乐、不喧哗，以寄托哀思。然而，丧礼上又充斥各种"喧哗"之声，是为矛盾之处。清末民初的邓川人杨琼在《滇中琐记》中就质疑道："古人办丧事，三年不听音乐，表示哀悼。后世被异端之说迷惑，办丧事时要请来僧人道士，为死者忏悔罪孽，敲钟打鼓，吹唢呐，打片镲，以喧哗为荣，士大夫家尤其喜欢做这种事，违背经礼，莫此为甚。"其实，早在明代的万历年间，滇中人家办丧事就常请来僧人，举行忏悔追荐仪式，钲鼓之声，日夜不息（《滇略》）。到了明代的天启年间，滇中民间有了丧事，也要建斋诵经，旁人也不笑话，只会说丧家有孝心。士大夫家的丧礼也如此（《滇志》）——可见此俗所从来久矣，大概和昆明人自古信佛有关吧。

到清末民初，民间服丧或者是七七四十九天，或者是三个月，或者是一年。服丧期间要穿粗布衣服，不得举办或参加宴会，有推不掉的宴会必须参加，也不得坐中席。也有人不喝酒、不吃荤、不娱乐、不睡床，有的甚至在先人的墓旁搭盖小屋，久居其中，为先人守墓。到民国时期，这些古礼就废弃了，有的人在父母灵柩前饮酒吃肉，还有人在服丧期间娶媳妇，大家也恬不为怪。从这个意义上来说，"孝子的磕头不值钱"又有了新解。不过父母逝世不满百日，老昆明人仍然男不剃头，女不插簪。昆明是省会，后来又效仿西方风俗，办丧事时在左臂上缠黑纱，也成为一种礼仪了。

（见民国《续云南通志长编》等）

○ "戌日祭祖""上坟"和坟头草

明代滇中有"戌日祭祖"之俗。明天启《滇志》说，当时云南民间每个月的戌日都在家祭祖，相传为佛菩萨所教，以为万物发生于辰时（早上七到八时）而归寂于戌时（晚上七至八时），太阳也出于辰时没于戌时，又说戌日供祭帝释神，则四兽不守地狱门，亡魂才能归来。清代学者师范认为"日出于辰而没于戌"之说"理或有之"，但说"戌日四兽不守地狱门，亡魂得出"，则完全是"邪说"，后来滇中"汉人祭祀则近服礼教久矣"（《滇系》）。进入清代以后，"戌日祭祖"之俗多已消失。如今更无"每月戌时祭祖于家"之俗，但昆明人清明、七月半在门前焚纸燃香，祭奠亡灵，仍多在戌时，仍见古风。

明代滇人"正月、清明、中元、十月朝、腊月"都要祭坟，每年有五次之多，"虽贫必祭"（明万历《云南通志》）。明万历《滇略》也说滇中人家每年多次祭坟，时间是正月上旬、三月清明、七月十五、十月初一、腊月之末。届时富户挑着酒肉祭品、穷人带着纸钱香烛，都要去祭坟。清道光《昆明县志》记，"清明扫墓，插柳于门"。直到民国之时，昆明人家清明门头依然插柳，又要折来柳枝，编成柳帽，戴在娃娃头上，还多采"马豆"，让娃娃吹豆作乐——因为这天阴气重，而娃娃阳气弱，戴柳吹豆，可以避邪。

墓地牧羊，坟头上要长草也难

如今昆明人每年扫墓两次，时在清明和冬至，举家而往，称为"上坟"。又因为扫墓时要在坟头上插香、挂纸钱，所以又称上坟为"挂纸"。上坟前要备齐供品，届时全家扶老携幼，登山祭拜祖坟。有的人家还要备好菜肴锅碗，雇人挑到山上，在坟前燃火烹煮，先供祭先人，然后全家围坐野餐。扫墓后要在坟头插一根木杆，上面扎有纸钱和黄白条纸，一说可以安魂，一说表示此坟后人仍在，提醒放牧者不得让牛羊践踏坟堆。

老昆明人相信祖坟的葬地与活人的运势有关，不但墓址要选得旺，坟头上的草也要长得旺，后人的家道才兴旺。上坟时首先要看这坟头草旺不旺，旺则喜，不旺就得请人培植。坟头草要旺，但不能有锁眉、蕨草之类，否则对子孙不利，必须剔除。待除去杂草，清理好排水处，就在墓碑前摆上供品，一边呼唤逝者名字，一边插燃香、烧纸钱。然后全家在坟前野餐，餐毕再轮流跪拜，这才姗姗归去。

明万历年间，在昆明做官的福建人谢肇淛称滇人"葬不择地，祭不于庙而于墓"（《滇略》）。此俗后来有变，葬而择地，唯"祭于墓"不改，有的也"祭于庙"，如到寺庙"挂名"超度等。

老"礼数"

"山朝水朝,不如人来朝。"昆明人好客,讲究待客之道,讲究"礼数",自古有名。明代天启年间刘文征所撰《滇志·风俗》就说,滇中风俗,"慈孝友善,相敬如宾"。据刘文征所记,当时滇人"坐堂室中",但听传呼客人到,要马上站起来迎接,不能怠慢。而长辈在家时,多坐在大门内,后生没有看见,跑过门口,会被叫回来痛斥教训一番。后生进了门要作揖,相对答礼。长辈有话要侍立肃听,长辈没有话说才作揖告别而出。此时,长辈不上茶、不请坐、也不送客。可见当时的主客之礼,长幼之别,已约定成俗。

明代四川状元杨慎得罪嘉靖皇帝,被充军云南。和杨慎同时蒙难的有位吏部给事中叫毛玉,是昆明人。杨慎来到昆明后,毛玉的儿子毛沂把杨慎迎到高峣家中,专门建了一座"碧峣精舍"供杨慎居住。杨慎在云南期间,在这里居住的时间最长,晚年更多在此读书、讲学、著述,与滇中人士讲学谈艺,和乡民农人说书弹词,并题写了高峣十二景诗。后人在这里盖起祠堂,以纪念杨慎、毛玉两位先贤,现又建立升庵祠,成为老昆明人诚心待客的象征。

昆明世居民族自古好客,蔚为传统。有外地学者不解,称"滇人爱面子,在吃的方面慷慨大方,往往满桌菜肴只吃去不到一半,浪费极大。中原待客,两个鸡蛋一壶暖酒一块烙饼而已。云南则不然,非四盘八碗不待客"。这实际上是昆明世居民族"省嘴待客"的传统。昆明民谣曰:"各族祖先吃过苦,洪水淹人无亲疏"。各族移民来自五湖四海,背井离乡,谋生不易,唯有相助,与人为善,抱团取暖。用昆明古谚来说,就是"同路不舍伴,同船合一命",经历了"见人不施礼,多走几十里",于是知道"没有笑脸问不着路"。反求诸己,更重视以礼待客:"在家不迎宾,外出少朋友;在家不理人,出门无人理""常关门门槛越来越高,常开门门槛越来越矮""待客的心,越厚越好"——"礼性"非讲不可;"礼数"非周到不可。

○迎客之道："不失远迎"，礼让右侧

昆明人待客，有"请了才来是客人，不请自来是亲人"之说。明崇祯年间，徐霞客"不请自来"，在昆明逗留、游历了两个月，深感"亲人"般的温暖，写下了5万多字的日记，占《徐霞客游记》总篇幅的近十分之一。其中所记老昆明人待客之道，至今读来，仍然十分感人。

那是明崇祯十一年（1638年），徐霞客跋涉千山万水，千里风餐露宿，出生入死来到昆明时，囊已尽，身已疲，而前途诸多蛮荒之地，情况不明，急需帮助。当徐霞客茫然地进入昆明城，忽然有人在道旁作揖道："先生就是徐霞客吗？唐君待先生久矣！"闻此一言，徐霞客之喜出望外，可想而知。

这位"唐君"叫唐泰，字大来，昆明晋宁人，有"当世奇男"之誉，就是后来著名的诗僧担当。其祖籍江南，为明初戍军之后，早年又游学江南，曾求教于名家陈继儒。陈继儒得知徐霞客要到云南，写信请唐泰相助。徐霞客不知此事，而唐泰和一班朋友却早有安排，等候已久，竟至于道路相迎。

对于远方来的客人，昆明人总是"不失远迎"。徐霞客游历滇南回到昆明后，乘船过滇池前往晋宁辞别唐泰，来到晋宁北门，却因时局紧张，门禁很严，"过往者不得入城"。幸而唐泰早在此等候，相迎入城。如此"远迎"，不仅因为"相思甚急"，也是老昆明人的一大待客礼性：远客远迎——有客自远方来，不谙地情，如果"有失远迎"，给客人造成不便，则有失待客之道。

老昆明人平时请客，不但要事先预约，而且临时还要再邀请一次，方见诚意，这叫"邀客"——否则就是"请客不来邀，强如杀一刀"。徐霞客离开昆明前，昆明朋友纷纷设宴送行。崇祯十一年（1638年）十一月初二上午，徐霞客正准备前往拜别名士阮穆声、阮玉湾兄弟，阮玉湾已派人"来邀甚急"。徐霞客随来人到阮玉湾家中，阮氏兄弟都等候已久，将徐霞客迎入内院，相谈甚洽（《徐霞客游记》）。

按老昆明习俗，邀请客人来访，要提前打扫门庭，备好茶具、烟具。时间差不多了，要让娃娃在街口等候，远远看见客人的身影，娃娃会迅速跑回通报。这时主人夫妇要迎出大门，待客人走近，先拱手一揖，客人也回一揖。主人随后侧身，让出右边，伸出左手示意，道一声"请"，让客人先进门入屋，自己跟在客人左侧稍后，碎步而入。进屋之后，要请客人先在右侧上位就座，自己才在一旁坐下——老昆明人以右为尊，总要让客人在右，自己在左，以示敬重。如家里已有客人，也应起立相迎，若不相识，主人要为新、老客人一一介绍，客人相互见礼，方可就座（见《昆明民俗》等）。

○留客之道:"情换情,心换心"

客人造访时,主人有急事不能相陪,也应有所安排,不能怠慢。

当年昆明名士阮玉湾设午宴为徐霞客送行,不料又遇有场面上的文武官员酒局。阮玉湾便一大早将徐霞客请来家中,大家谈得十分投缘。中午酒局时间到,阮玉湾向徐霞客道歉,称得去应付一下,马上回来,而请弟弟阮穆声和两个幼子先陪徐霞客饮酒。阮玉湾果然"去而即返",与徐霞客"洗盏更酌"。不料又有人报告巡抚等官员已至酒局,阮玉湾只得离席再去,走前唯恐怠慢客人,又嘱咐弟弟阮穆声好生款待徐霞客,要请贵客多喝酒,待其应酬归来,再做告别——不如此不为周到。

徐霞客画像

客人不期而至,主人正好外出,则朋友应代为款待客人。

徐霞客拜访昆明名士金公趾,不巧金公趾到其田庄去了,其友马云客便把徐霞客请到自己家中,"割鸡为饷",又"烹牛杂脯",一桌佳肴,皆"甚精洁"。马云客又请徐霞客留宿家中,相谈至夜。第二天,马云客又留徐霞客吃过午饭,徐霞客才得道别而去。

昆明人留宿远客,也无不周全,颇有门道。

徐霞客到晋宁,被知州唐元鹤请进州衙,二人相见恨晚。唐元鹤设宴款待远客,又留客夜寝州府,被褥全新,整洁清爽——这是官员之留宿待客。徐霞客到筇竹寺时,又有名士严似祖相邀留宿,住进严似祖读书的静室。严似祖腾出自己的床榻,更新被褥,张罗蚊帐,招待徐霞客,自己带着被盖到同室侄儿的空床上过夜——这又是名士之留宿待客。

留宿客人还讲究环境。严似祖把徐霞客安排到自己读书的静室就寝,马云客为徐霞客安排的客房,"窗外有红梅一株盛放"。徐霞客"中夜独起相对,恍似罗浮魂梦间"(《徐霞客游记》)——"情换情,心换心",有心之人,体贴入微。

○陪客之道："若要好,大作小"

留住了客人,自然不能让客人寂寞,于是昆明人又有陪客之道。

昆明名士与徐霞客交往,多惺惺相惜,把酒吟诗,谈史论文,对弈下棋,甚至陪同游历,不亦乐乎。马云客留宿徐霞客,"篝灯论义""把盏深夜",并取出所著《拾芥轩集》求教。唐泰留徐霞客在晋宁住了二十多天,赠诗二十多首,平均每天都有赠诗,既是敬仰,又是关切,还有鼓励。

留客晋宁时,朋友们常和徐霞客"手谈下棋",而在马云客"留饭"之时,也先有朋友陪同,"对弈两局"。徐霞客为游历而来,朋友们为尽地主之谊,当然也要尽力安排。在昆明城里,阮玉湾就曾备车马,邀请徐霞客一起去考察海口石城。在晋宁,也有名士张调治备下骑马,请徐霞客游金沙寺。

留居时客人染病,更是主人最为关心之事。徐霞客在晋宁偶感风寒,"病嗽"甚至"嗽不止",不得不卧床"发汗"。唐泰和朋友"晨夕至榻前"问候,殷勤备至,"情意深长"(《徐霞客游记》)。

昆明人说"待客的心,越厚越好",讲究"若要好,大作小",在这里都得到了极好的体现。

○赠客之道："大小是个情,长短是根棒,多少是个意"

担当(唐泰)画像

昆明人多从移民而来,深知"在家千般好,出门万事难"之理,帮助客人是大事,是必须之事。客人有难,则必出手,尽力而为,"大小是个情,长短是根棒,多少是个意"。

徐霞客入滇之行并不顺利,几经劫难来到昆明时,盘缠已经用完,无法继续前行。昆明名士纷纷解囊相助,不仅赠送钱资,因时值冬季,还赠送"新制长褶棉被"、棉袄、夹裤等。唐泰不但送来了棉袄、夹裤,还有一笔不薄的路费。徐霞客感激不已,在日记中称唐泰本不富裕,却竭尽所能帮助朋友,使自己于穷途末路得到接济,实在出乎意料。

昆明人接济徐霞客时，又多附诗文，而徐霞客又多以诗为谢。金公趾随赠书诗，马云客赠诗扇，阮玉湾随赠诗册，严似祖赠诗三首，而以唐泰"书义甚多"。徐霞客登门告别马云客时，主人不在家，也"留诗而还"（《徐霞客游记》）——这一方面是名士风流，同时也为赠予、收受平添一层雅意，显示赠者心诚，让受者心安，两相得宜，也是一个重要的送礼之道。

后世昆明人送礼时，多要说："一点儿土产，不是哪样贵重东西，尝个新鲜，你莫客气。"与明代昆明赠客之道，仍有异曲同工之妙。

○助客之道："冷锅灶里塞把火，热灶膛里加根柴"

昆明人为远客想得十分周到，助客之物，"有形资产"之外，还有"无形资产"：一是社会关系，一是沿途资讯。

徐霞客离开昆明要前往滇西鸡足山，那里地近边外，道路不靖，人地两生，难免危险。唐泰、吴方生等昆明名士自己或请人写信给沿途官员、士子，请他们帮助徐霞客。这又帮了徐霞客的大忙，他在日记中感叹说，这些昆明朋友比自己想得更周全、更有用。

昆明名士还为徐霞客提供了不少路途资讯甚至"内部消息"，如阮玉湾探访徐霞客时说，当时官府正调兵征讨阿迷（今开远）土司，江川、澄江一带"贼党益猖狂"等。还建议徐霞客"缅甸不可不一游"，可以请腾越本地人做向导。徐霞客原准备沿金沙江到四川的雅安，攀登峨眉山，昆明朋友都告诉他"此路久塞，不可行"。要到峨眉必须返回昆明，再取道贵州入川等。唐泰也因当时兵荒马乱、滇西山川多险，试图劝阻徐霞客的滇西之行，但徐霞客去意坚决，唐泰也不强人所难，厚赠徐霞客之余，分别写信给沿途各地友人，嘱请关照徐霞客，并赋诗、设宴与徐霞客惜别（《徐霞客游记》）。

考虑周全而又不为己甚，成人之美，此中又有深意，昆明人待客如此，可谓至矣。

○敬茶之道："茶冽而兰幽，一时清供"

昆明人待客必敬茶。徐霞客在日记中提到在筇竹寺饮茶之清雅。饮茶处在禾木亭中。禾木亭在山坡上，山林环绕，东边山峡间可以遥望滇池，环境清幽雅致。亭上盖的是茅草，窗棂洁净，亭中植有春、冬兰草，满亭清香，"开亭而入，如到众香国中也"。徐霞客与住持和尚体空、昆明名士严似祖各自当窗而坐，有侍者进茶，为太华茶精品，茶水清洌，兰草清幽，"一时清供，得未曾有"。

徐霞客重品茗环境，对饮茶本身所记较为简略。老昆明人家居饮茶很讲究，旧有"九道茶"之俗，据说早在明清之时就形成了。循此道饮茶有九个礼序：一是品茶，将茶叶捧到客人面前，请客人评品茶叶、茶具的形状、成色和香味；二是温杯，用开水涮茶杯；三是投茶，取茶叶适量，投入陶壶；四是冲泡，将开水冲入壶中；五是瀹茶，将茶壶置火上稍烹一会儿；六是匀茶，摆动壶中茶水，使其浓淡均匀；七是斟茶；八是敬茶，主人双手敬上，客人双手接过；九是喝茶，慢饮慢品，回味无穷。

一般情况下，客人就座后，主人要取出早已洗净的茶杯，再用开水冲烫一下，再泡上茶水。这茶只能倒大半杯，方便客人饮用，这叫"敬茶"，否则就是"茶满欺客"，有失礼貌，怠慢客人，甚至有驱客之嫌。主人双手捧上热茶，客人双手接过，点头示意之后，先呷一口，称赞几句，再放在面前的茶几上，表示领情，然后才开始叙话。此时要注意及时为客人续水，数冲之后，茶水渐淡，要及时更换茶叶，以示恭敬。主人添茶、续水时，客人应主动用手把茶杯移到便于添茶、续水处，添、续之后，要点头致意。

主人奉茶时，手指不能触碰茶杯口。客人品茶放下茶杯时，不可发出声响，否则就是无礼。无论是上茶还是续水、续茶，都有个顺序，要先客人、后主人，先长辈、后晚辈，先生客、后熟客。

昆明人待客要说"请"，说"请茶""请饭""请安"，除了有祈使之意，还把祈使之动作也包含进去了。如说"请饭"，意思是"请吃饭"；"请茶"意思是"请喝茶"，"请根烟"意思是"请抽根烟"等等。对自己则不叫"请"而叫"吃"。内地人相遇说："吃了吗？"老昆明人则说："给请得了？"回答者不能说自己"请"了，而要说"吃得了"或者"还某（没有）"。回问对方时，又得说"请"："你给请了？"如此问候完毕，才书归正传，再谈正题，礼数就到位了——旧时昆明轿夫抬轿上街，行人拥挤，其呼叫让路也是："请让请让，碰着碰着。"

不知当初体空和尚和严似祖对徐霞客说了这个"请"字没有？

○用餐之道："吃有吃相、坐有坐相"

老昆明人吃饭也有不少讲究。俗话说"吃要有吃相，坐要有坐相"，不能"饿馋形""饿形形""饿痨痨"，"吃都没有个吃相"。罗养儒在《纪我所知集》（《云南掌故》）中写道："本来昆明人吃饭，无论大家小户的男女老幼，于早晚两餐，都是很有条理的，是要将桌凳子放好，碗筷摆齐，汤菜列正，然后老的坐于上，小的坐于下，才举箸（筷）来食，此真有个席不正不坐之慨。……至于行店铺面上的人，在吃饭时，更是规规矩矩地坐着吃。有小孩们手端饭碗，走动着吃，则谓为'吃游云饭'，是为尊长们不许可的。"

从老昆明人的"吃相"上，可以看出一家一户的"家教"如何。仅就罗养儒所说"举箸（筷）"二字，老昆明饭桌上的礼数就不少：筷子要轻拿轻放，拿起筷子不能用舌头舔、不能用牙齿咬、不能用嘴皮咂，不能把筷子抵在牙齿上对齐，不能用筷子剔牙缝等——更不能用筷子敲打碗盘，那是叫花子相；也不能把筷子插在饭菜上，那就成了祭鬼魂的供品。

在昆明方言中，用筷子夹菜叫"搛菜"，更多的是叫"拈菜"。这个"拈"字大有讲究——在汉语中，有担当者决定命运时会拈阄，无担当者逃避责任会拈轻怕重，有才学者挥笔书写叫拈毫，佛祖"教外别传"叫拈花微笑，信众烧香敬佛叫拈香，都是人生大事。而昆明人把筷子夹菜叫"拈菜"，可见昆明人的饭桌礼数非同小可。既然是"拈"，就有不少忌讳：

要让客人或长者先拈菜，不能"抢拈"；不能用黏着饭粒的筷子去拈菜；不要主意未定就举起筷子在饭桌上转来转去总不"下箸"；拈菜要先拈面前的菜盘（碗），同一盘（碗）菜中，也要先拈接近自己的部分，不能一筷子就伸到其他部分，特别不能"揭顶"拈菜；别人拈菜时，不能抢上去拈同一盘（碗）菜，也不能越过或穿过别人的筷子去拈其他菜；拈菜时不能用筷子在菜盘（碗）里乱翻乱扒；同一盘（碗）菜不能接连拈几次，一次也不能拈得太多；刚拈过菜后，要吃一口饭再接着拈菜；用勺舀汤时要放下筷子，舀来的汤倒完后才可以把勺放回汤盆；而无论用筷用勺，都不能扒、刮碗底。

老昆明人上了饭桌还讲究"坐相"：上饭桌时请长者坐上座，其他人按长幼依次而坐；落座后坐姿要端正，身不能歪、不能扭，不能叉腿，不能跷二郎腿，也不能抖腿（所谓男抖穷、女抖贱）。坐定后不能乱换座位，更不能端着碗满处跑（那是要饭的）。端碗拿筷也有讲究：不能把碗放在桌上扒着吃饭，更不能一手托腮、一手扒饭，要一手端碗送到嘴边，一手拿筷吃饭，不能托着碗底吃饭（叫花子才托碗）。端碗时手臂要悬空，不能搁在饭桌上，更不能把双肘撑在桌上吃饭。

老昆明人的饭桌上还"噤声"，一是讲究"食不言"，吃饭不能说闲话，更不能嘴里含着饭菜说话，也不能教训娃娃，因为"千事万事不关饭事"，所谓"雷公不打吃饭人"是也。饭菜进嘴后要闭着嘴嚼，以免出声。筷、勺不能刮碰碗盘，弄出响声。吃饭不能咂嘴，喝汤不能唆嘴，啃骨头不能吸嘴。咳嗽、打嗝、打喷嚏要转身，一时止不住要离开饭桌，待消停后再返回座位。

老昆明饭桌上的忌讳还有不少，如添饭、吃饭都不能"刨坑"。添饭时在甑子里刨坑、刮甑底会被认为是嫌饭不够吃，还会刨"断"家里的口粮，一说刨饭坑如同刨坟坑，很不吉利。吃到最后，还必须"光碗"，不可剩饭。饭后还不可当众剔牙缝，不可当众松裤带等。

"吃相"是老昆明人的重要"礼数"，从小就要教，叫作"家教"。"吃相"不好会被认为"没有家教"，是十分丢脸的事，被人看不起。有昆明童谣唱道：

一扒金，二扒银，三扒四扒花子形。

添饭打洞无家教，吃菜"嗒嘴"是恶习。

还有：

蹁蹁蹁，豆腐黄黄煎。

师父不来拈，徒弟就来拈，

一筷头，刷在灶门前。

老昆明人之重"吃相"，甚至影响到了行乞者。罗养儒在《纪我所知集》（《云南掌故》）中说："即是叫化（花）子，向各处讨要得些菜饭，亦不愿边走边吃，务要拿到他的住在处，找一个地方坐下，才慢慢地吃。"——"叫化（花）子"也以"吃相"自重，可见老昆明"礼数"之普及。

○宴客之道："倒酒不亏本，提酒占三分"

昆明人说"好酒邀知己"，"合心酒，总嫌少；离心酒，吃不了"，又说"话是酒催出，兔是狗撵出"。徐霞客在昆明遇到的多是"合心"之交，这"合心酒"就喝得不少。见之《徐霞客游记》，在昆明城里马云客家中深夜把盏对饮，灯下议论诗文；在阮玉湾府上几次"洗盏"酌酒，从早晨喝到傍晚才告辞而出。在晋宁时，徐霞客大多住在州署之内，但唐泰等天天前来相陪，"夜宴必尽醉"，更对月痛饮，夜深才散，正应了一句昆明古谚"酒醉英雄汉"。酌酒之时，主宾又切磋文字、吟诗相赠，这又应了另一句昆明古谚："不是酒肉养人，而是话养人"。

至于清末，有亲友来访，昆明人家要加菜，其中四样菜不能少：一个鸡，一个红烧肉，一个炒粉丝，一个鱼，都是大盘。婚宴一般用"猪八碗"，有红烧肉、猪肘碗扣、坨坨肉、粉蒸排骨、凉白肉、凉拌猪头肉、酥肉炖汤、猪心肺等。丧席有所不同，"一般用六大碗，每席六人，分三面坐"（《昆明市志长编》）——空出一面，大概是表示哀思吧。

老昆明人待客，酒桌分为主宾席位，习惯上以右为尊，把客座安排在右侧。又以坐北向南、面对屋门、居于正中的座位为上座，要让给客人、长者、尊者就座。当然，有的娃娃得宠，也可以挨着老人坐。开席时要先请客人就座，其他主客再按年龄长幼顺序入座。主客就座时，要从椅子的左边入座。

"一曲酒令三杯酒"的食客

就座之后,首先由"上座主人"为"上座客人"斟酒。要当着客人的面一次把酒倒满,这叫"酒满敬客";然后双手捧杯,递给客人,这叫"敬酒";接着再替自己斟满,又双手举杯,说几句祝酒的话,两人对饮。接着主客要回敬主人。随后主人为客人拈菜,把大菜、好菜拈给客人,这时大家才动筷子,宴席也由此开始。此后其他主人又敬客人,客人再回敬主人,都以年龄大小为序,由晚辈先向长辈敬酒,一般来说,敬酒时可以多人敬一人,而不可一人敬多人,客人敬酒也要有节制,不能喧宾夺主。

酒席之上,主客面前第一杯酒称座杯酒。如果席间要向别人敬酒,必须先将座杯酒喝完,再将空杯斟满,才能为别人斟酒敬酒。但酒壶在手,总是要主动一些,所谓"倒酒不亏本,提酒占三分"是也。昆明人说"酒醉英雄汉",也说"不喝酒的是憨包,喝醉酒的是大憨包",原因就是"酒能乱性不宜多"。如果自己酒量小,则不必喝座杯酒,也不要为别人斟酒、敬酒,静坐一旁即可,但不能把酒杯倒扣桌上,否则会被认为是不屑于和别人喝酒(《昆明民俗》)。不管主人还是客人,酒都不能喝过头,喝多了要注意节制自己的言行举止,避免失态。

和"酒醉英雄汉"并称的另五个字是"饭胀日脓包"。老昆明人宴客吃饭的"礼数"也不少:主客相谈时筷子要放在碗旁,不能架在碗上,眼睛要看着对方,侧耳倾听。主人要注意客人碗里的饭是不是吃完了,要及时让孩子或其他晚辈为客人添饭。问别人是否要添饭,不能说"要饭"。添饭时不能压饭,不能添得过满,不能添饭疙瘩。添好饭要双手把饭碗送给客人,客人要双手接过,并道声谢谢。吃饭时,主人的速度要慢于客人，等客人吃完，要问客人还想吃点什么，并表示招待不周，有所怠慢。客人起身后，主人随后才能起身，请客人退席用茶。这时客人要注意两件事：一是不能在碗里留下剩饭剩菜，二是要称赞、感谢主人的酒菜和热情。而主人绝不能在客人离席前就收拾桌上的碗筷碟盘甚至抹桌子扫地等，这会被视为逐客，待客失礼，莫此为甚。

○酒令之道："一个螃蟹哥呀哥，八呀八只脚"

老昆明的酒令有不少是从民间小调、花灯调转过来的，"先唱后行令"是昆明酒令的一大特色。如"蛤蟆拳"，就来自嵩明花灯的《蛤蟆调》：

（唱）一只蛤蟆四条腿，两只眼睛一张嘴，

咕咕咚咚跳下水。

（令）四季财啊你喝水，五君魁啊你喝水……

（唱）两只蛤蟆八条腿，四只眼睛两张嘴，

咕咕咚咚跳下水。

（令）二红喜啊你喝水，七巧巧啊你喝水……

（唱）六只蛤蟆二十四条腿，十二只眼睛六张嘴，

咕咕咚咚跳下水。

（令）四季财啊你喝水，五经魁啊你喝水……

"耍山拳"又有《耍山调》的韵味：

（唱）年年有个三月呀三，三月呀三。

我两个兄弟耍西山，耍西呀山。

（说）请就请呀，耍西山；四季发财耍西山……

赢时还加唱一句：

西山顶上有酒呀喝。

"螃蟹拳"出自《螃蟹调》，但行此令，也要又唱又说，而且唱得很长：

（唱）一个螃蟹哥呀哥，八呀八只脚，

两个呀大夹夹，一个硬壳壳。

走呀走不脱，夹着了我的脚。

叫一声呀螃蟹哥，放开我的脚。

（令）一心敬……

另一个版本：

（唱）螃呀么螃蟹哥，八呀八只脚。

两只大眼睛，一个硬壳壳。

一个螃蟹八只脚，两只眼睛那么大呢壳。

两把夹夹尖又尖，走起路来么撵也撵不着。

一个螃蟹八只脚，钻进水里撵也撵不着。

两把夹夹尖又尖，夹着哪个么甩也甩不脱。

（令）一心敬……

一般行酒令，则多为十字戏拳，如：

一捧雪；二度梅；三岔口；四杰村；五家坡；六月雪；七星剑；八大锤；九人头；十美图。

还有：

一箭仇；二进宫；三击掌；四郎探母；五台会兄；六郎搬兵；七郎带箭；八郎回营；九流闹馆；十面埋伏。

行得最多的是"哥俩好"：

好就好啊，哥俩好啊！一心敬；二红喜；三桃园；四季财；五魁首；禄位高升；七巧巧；八马双杯；久长寿；满来了；宝一对！

○敬烟之道："有客来家你招待，听你唱歌声"

据说早在徐霞客来云南之前差不多两百年的明正统年间，云南人就开始"服烟"了，但徐霞客到了昆明，酒也饮了，茶也品了，却未记录"服烟"之事，大概那时"服烟"还不太普及吧。

老昆明人"服烟"多要用特殊的烟筒，即"云南十八怪"中的"竹筒当作水烟袋"，俗称水烟筒，又叫大竹筒。其实就是在手臂或小腿粗的竹筒上装个烟嘴灌上水就成了。雅一点儿的还在水烟筒上刻字，如"口舌烟善解千愁""吐雾可思百事"之类。水烟筒外形酷似早年军中的"六〇炮"，据说当年滇军士兵背着去打日寇，日寇不知道是何新式武器，还被吓了一跳。

老昆明人抽烟总要用水烟筒，待客也用水烟筒。乡间有民歌唱道：

烟筒你我不分开，双手紧搂你腰身。

爱你想你亲亲你，烟香醉我心。

又有：

闲时常把你来想，忙时你闲墙角根。

有客来家你招待，听你唱歌声。

取水烟筒待客也有讲究，并非一递了之。要当着客人的面把烟筒中的水全部倒出，重新注入清水，再反复摇晃涮洗，还要让客人听到水响，然后倒出涮洗水，再注入清水，用抹布擦干烟筒上的水渍，再左手抱住烟筒，右手将烟筒的吸口擦拭干净，

吸水烟筒也是个技术活儿

这才双手递给客人。待客人接过烟筒比试了一下并无问题，主人才依次递上烟丝盒、纸撚或火草。客人吸烟时，先不要说话，等到客人从容"烟过三巡"，初瘾已过，就可以开口聊天说事了。如果客人说得兴起，一时停止吸烟，主人应接过烟筒，放在客人伸手可及的墙角桌下，让客人尽兴而聊，又方便客人随时取过烟筒继续吸烟——此套礼数起于清末，至今在昆明乡间仍可以见到。

旧时昆明人吸烟成风，有"男人不抽烟，白来世上颠"之说。有男宾来访，一落座主人就要马上敬烟。如果敬的是纸烟，主人会从烟盒中抽出一支烟来，早年的烟大多没有过滤嘴，主人要先将纸烟在烟盒上轻垛几下，把入口的一端垛得平整些，然后用双手食指、拇指轻捏纸烟两端，将口吸的一端朝前，恭恭敬敬地递给客人，这叫"敬烟"。后来又忌讳用手直接取烟，要先打开烟盒，用手指弹出几支香烟，捏着烟壳递到客人面前，请客人自取。敬烟时还不能忘了敬火，客人把烟衔到嘴上，主人就划着火柴凑近客人，并保持一定距离，以免火柴太近，误烫客人。客人也应该趋前就火燃烟。如果主人也要吸烟，则应先客后主（见《昆明风俗》等）。

○送别之道："今日留一线，明日好见面"

老昆明人的送别之礼，在《徐霞客游记》中也可以看出来。

远客欲行，临别必喝饯行酒，还必以歌舞伴酒，方显情意。徐霞客在晋宁一停半个月，"欲别而行"，向唐泰告辞。唐泰说歌童在外"就医未归"，"不能畅饮"，请徐霞客留待数日，召回歌童后"为君送别"。这是礼节，徐霞客也只有等。直到六天之后，歌童归来，唐泰等一班朋友才为徐霞客设歌舞宴饯行。而后来金公趾"以筇竹（寺）为柳亭"，为徐霞客举行饯别宴，更为夸张的是，他不但邀来好友，摆出山珍海味，还从昆明城里请来歌女，大家轮番举杯，高歌不止，至夜方散——为礼所系，徐霞客也无可奈何。

为客人远去顺利，主人还得提供一些便利。徐霞客离开晋宁时，还准备考察滇池西南岸和海口、安宁，然后回昆明城。唐泰让人把徐霞客的行李先运到昆明，让徐霞客轻装出行。而徐霞客离开昆明城时，也有友人为他雇好挑夫，让他顺利启程。

至于最后道别，也非常感人。徐霞客离开晋宁时，唐元鹤、唐泰等人在州城门下摆酒备马，两相惜别，徐霞客高举酒杯，一饮而尽，这才上马而去——此次辞别之行，竟长达二十多天，终于画上句号。后来徐霞客离开筇竹寺，也算正式离开昆明。住持和尚体空拉着徐霞客的衣袖，依依不舍，众人劝也无

徐霞客别云南雕像

用。最后徐霞客答应入川时取道昆明，再见诸公，体空方才放行。众人一直把徐霞客送出山门，又"远送下坡"，最后指明对面山上的小路，这才分别。

按照老昆明的"礼数"，客人告辞时，主人应婉言相留。如果客人执意要走，要等客人起身后，主人再起身相送，但要赶到客人前面引路，为客人让出右侧，碎步穿过院落，打开大门，先到大门外左侧站好，等待客人出门。此时切忌跨在门槛上向客人告别，要在大门口或街巷口揖别客人。若客人来时送了礼物，主人要再次表示感谢，或者回赠礼物，以示谢意。还应提醒客人带齐随身物品。如果客人是初次来访，道路不熟，应主动指路，最后还有两句话必说：一是"慢走"，一是"有空再来"。如果在家门口与客人分别，不能客人前脚刚走就"啪"地关上大门，要站在门口目送客人远去。客人走远也要再回头，与主人遥相挥手，大呼"再见"。直到看不见客人的身影了，主人才能返身回宅（见《昆明民俗》）——这又应了一句昆明古谚："今日留一线，明日好见面"。

老俗信

　　老昆明人包容，民间世俗信仰也包罗万象，形形色色，是一大特点。民国《昆明市志》称，当时"一般居民迷信佛教，朔望恒多赴寺庙忏悔，如市内之城隍庙、海心亭，市外之东岳庙、西岳庙等处，焚香烛、化冥锱，以祈福消灾者踵相接，街巷私宅亦时有讽诵经典及敲击木鱼之声达户外。每岁农历二月十九日官渡街之土主会，三月三日罗汉寺之观音会，无论男妇老幼，恒结队前往祷。火车轮船，每患人满。

近年风气渐开,迷信虽不如昔日之盛,然终不能破除,如朝斗、洞经等会,仍按期举行焉"。此说有差,佛教不可谓迷信,而所列迷信活动又多与佛教无关。土主会、观音会、朝斗、洞经不可以迷信一概而论,但由此可见当时社会状况。而当时求雨、求晴、端公、师娘等等,也应记上一笔。

  罗养儒也在《纪我所知集》(《云南掌故》)中说:"昆明人无不敬神奉佛,敬神奉佛者,又无不燃香烛、化纸钱及烧元宝,家家俱如是,因而香烛、纸线、元宝等之消耗数量最大"。大到什么程度?罗老先生举例说:"在光绪十五六年间(1889~1890年),昆明城内外实有十四五万丁口,计烟户则有二万余家。平均其年中燃烧之香,每户当不下一万五千支,只以二万计,每年应燃烧条香三万万支,若计其值,则达到两万两,亦一笔巨数也。再合上蜡烛、元宝、黄钱之所值,或者有四五万两银,此不能不云其消耗之巨。"由于还成就了诸如"毕大蜡烛"等一批名品名店。罗养儒引孔子的话说:"未能事人,焉能事鬼"——"余谓往昔之昆明人是能事人而又能事鬼者也。所秉持者,惟一'礼'字耳"。

○徐霞客记土主庙奇树"代灸祛病"

徐霞客雕像

明崇祯十一年（1638年）十一月初六，徐霞客离开昆明前夕，逐一告别昆明友人，路过土主庙（今武成路华山巷五华二中址）时，特地入庙"观菩提树（优昙花树）"。

此树来头不小，在明天启《滇志》中被称为优昙花树。据说唐代南诏之时，印度僧人菩提巴波到此种下念珠，长成大树，"高二十余丈，枝叶丛茂"，每年"四月开花如莲，即木莲花"，常年花开十二瓣，每逢闰年，一年有十三个月，此树花开时就会多出一瓣，有十三瓣。看其花瓣多少，就可以知道当年是不是闰年了。

徐霞客游庙时，大殿西侧的这株菩提树（优昙花树）还在，树干高耸，四五个人才能合抱，而枝叶盘旋下覆，叶片长两三寸，状如枇杷叶而有光泽。庙里的人告诉霞客，此树每年四月开花，花瓣似莲，"白而带淡黄色"，有两三寸长，常年十二瓣，闰年十三瓣——听到这里，徐霞客不禁感叹道："区区一树优昙花，却能按天历的变化开放，实在太奇妙了。"

但接下来，这棵"奇树"的遭遇，就让徐霞客大呼"诞妄"。正因为此树神奇，坊间传说它能"代灸祛病"——树身如同人身，人得了病可以不灸治自身，而去灸治此树，人无灸病之痛，却有灸病之效，而且十分灵验。于是每逢土主庙会，成群结队的善男信女就会来到树下，点着艾蒿，灸灼树身，为自己或亲人治病。徐霞客所见奇树，已被灸灼得体无完肤，全身疤痕凹陷，瘢瘢点点，不禁叹息："这也太荒谬无知了吧！"

徐霞客笔下的土主庙后来办起了华山小学和五华二中，一说原先还有几块断碣残碑，可知早在清顺治十四年（1657年），徐霞客离开此庙19年之后，由于长年累月的艾蒿炙烤，这棵神奇的菩提树开始枯萎。再过9年，清康熙五年（1666年），平地一阵大风，这棵千年奇树被连根拔起，不知所终（道光《云南通志》）。清康熙三十三年（1694年）成书的《云南府志》中，还提到城内土主庙中的优昙花树，称其"高数丈，枝叶扶疎，每岁四月，花开如莲，有十二瓣，岁闰则多一瓣"云云，也说是南诏天竺僧人以念珠所植，但"今枯"——当时就已经枯死了。

早年的昆明城土主庙

老俗信

○ "童子祈雨"："求诉老天下大雨"

昆明春夏多旱，久旱成灾，百姓就要遭大殃。据清道光《昆明县志》记载，清嘉庆二十一年（1816年），昆明大闹饥荒，"居民多掘淡红土以食，呼为'观音粉'"，后世又称"观音土"。此土"粘腻多涩"，吃了肠胃间闹大病，不能大便，久"闭而死"。其之惨状，难以想象。

在农业社会里，风调雨顺从来都是一件大事。旧时昆明四乡多有龙王庙，以农历二月初八为祭龙日，四乡农人要到庙祭祀，祈

据说昆明北郊黑龙潭的龙王是云南的总龙王

昆明聚仙山下的大龙潭早在明代就是官府的祭龙祈雨之地

求风调雨顺,"栽黄秧,吃白米",此可谓未雨绸缪。经春至夏,天不降雨,昆明城内城外,祈雨高潮渐起:南城门楼背面要画上一条垂头吐水的龙,同时关闭城门,因为按阴阳五行,南方属火,关闭南门可拒"火"于城外,防止旱象发展;还得找个地方竖起雨碑,供奉香火;最后全城斋戒,禁止屠宰牲畜,到龙王庙求雨等等。

老昆明的求雨行动,打头阵的是昆明城的童子。往往是几十个娃娃合成一群,各人手持一炷香,沿着城中大街巡游,边走边喊:

小小童子苦哀哀,撒下秧苗不得栽。

求诉老天下大雨,乌风暴雨一起来。

喊完之后,众童子一齐跪地,然后起身又喊。城里城外,童子求雨要经历几十个回合。

直到 20 世纪 60 年代,昆明还有童子求雨、求晴词。

求雨则反复大喊:

风门风门关——关!

铁门铁门开——开!

求晴则反过来,也要大喊:

风门风门开——开!

铁门铁门关——关!

还有:

又出太阳又下雨,

栽黄秧,吃白米,

青蛙出来讲道理。

滇池东岸有石龙寺

石龙寺供奉的龙王塑像

○ "晒菩萨"中的"抢杠"和"让道"

旧时昆明民间求雨之法,最热闹的就是把庙里的神像抬出来游行,叫作"晒菩萨"。早在明代,滇中就有春季迎佛之俗,时在二月初八,将寺中佛像抬出,游行于市,"长幼云集聚观,或焚香膜拜",热闹非常,直到第二天才送回寺中。迎佛的目的是"祈求丰稔"(《滇略》)——祈求风调雨顺,五谷丰登。滇中春旱,此时迎佛祈丰,自有求雨之意。

昆明旱季长达半年,求早了也白求,近代昆明迎佛求雨的时间就要晚得多。如果到了农历五月,芒种节令还不来雨,秧还栽不下去,昆明四乡农民就相约来到龙王庙。用木抬架把龙王神像"请"出庙来,敲锣打鼓,巡游街头地角,然后把龙王"请"回庙里,坐定神位,再三跪拜,多加献贡,祈求下雨。而昆明城内外大小街道铺户,此时都要分街段集会,设立神坛,供祭龙王、雨神,请端公作法,诵经跳神。同时还要组织一班人"晒菩萨",抬着神像到处游行,据说菩萨被晒得耐不住了,就会布云行雨,解除旱象。

棋盘山雨师神位碑是"求雨"的

城里商民所"晒"的"菩萨"各街段不同:从马市口到三牌坊一段"晒"的是张三丰,从三牌坊到南城门一段"晒"王灵官,三市街"晒"羊神,东寺街"晒"李天王,大西门外"晒"的神最多,有雷神、观音、关圣和土主。各街段每家至少出动一人参加"晒菩萨",多者不限。神像法身有轻有重,有的要一二十人来抬,有的要三十多人才抬得动。参加游行的人个个手持三柱燃香,缓缓而行,神情凝重。白

棋盘山风伯神位碑是"求晴"的

天游行完了,晚上还要游一次,如此连游三天,如果老天仍然不下雨,就要游上七天。正是:

沿街迎佛闹喧哗,灯火楼台十万家。
一阵车声门前过,黄尘铺满鬓边花。
(清·朱庆萱《竹枝词》)。

昆明聚仙山龙王庙里的雨师，可以"求雨"

昆明聚仙山龙王庙里的风神，可以"求晴"

这么多的神像被抬出来"晒"，诸多求雨大队，你来我往，彼来此去，在小小的昆明城里往复回环，难免迎头相遇，或者相互穿插，谁先谁后谁让谁，又有不少约定成俗的规则：关圣、观音等位高，灵官、天王等位低，如果你抬的"菩萨"是王灵官、张三丰、吕纯阳、李天王、羊神等，半路上遇到抬关圣、观音、雷祖、北帝等"菩萨"的队伍，就要择路避开，避不开就暂停在路边，请对方先行，这叫作"让道"。如果抬天王和抬羊神的队伍相遇，由于天王和羊神地位相当，相互不和，两队人马也互不相让，于是"两军相逢勇者胜"，扰扰纷纷，冲突而过，这又叫"抢杠"。据说"抢杠"越热闹，雨来得越快，有时竟然"小有应验"〔《纪我所知集》（《云南掌故》）〕，更让求雨者兴奋不已。

大"晒菩萨"的同时，昆明城内外街坊还要捐功德钱，全街聚餐，一日三餐，戒荤吃素。清乾隆年间，湖北人檀萃目睹了昆明人"求雨"的场面，在《滇海虞衡志》中写道，昆明城中祈雨时，"剧（赌）钱饮啖以作乐，迎神像于街祷之，大小神像毕出，街衢阗隘不得行"。檀萃叹道，如此求雨，"几于举国若狂"，而"大吏不之禁也"——官府也不禁止。实际上，为示体恤民情，当时官府不但不禁民间求雨，官家也要到棋盘山上求神，将风碑放倒，贴上封条；立起雨碑，拈香祭拜。旧时昆明城隍庙大殿西侧小门外有一方大石碑，也叫"风雨碑"。每逢天旱，便有不少人往碑上泼水，据说如此一来，老天就会降雨。

○ "醉龙王"退洪 金牛金鸡镇水

早年昆明大东门外盘龙江上有座溥润桥，江中有一根高高的石柱，这是用来测盘龙江水位的。上面标刻的不是尺寸，而是"子、丑、寅、卯、辰、巳、午、未、申、酉、戌、亥"等十二个大字。江水淹到"申"字时，来水正常；仅淹到"午"字，则来水偏少，有可能出现旱象；如果超过"申"字，表明来水过多，必须"祈晴"了。据说，1914年9月，盘龙江水曾上涨到"亥"字处。而再往上涨，就要发洪水，昆明人叫"发大水"。

老昆明人相信，"发大水"是蛟龙作怪的结果。清道光年间的《昆明县志》说，昆明五六月间大雨滂

圆通寺大殿上的盘柱双龙，据说曾播云布雨

沱之时，总可以在乌云中看见一条横贯天际的蛟龙，父老都说那是蛟龙被老天惩罚，跑出来行云布雨泄愤。据说清嘉庆初年，昆明圆通寺一夜暴雨，电闪雷鸣，寺僧清早开门，只见庭院中水草遍地，大殿上两根龙柱上还有潮湿的水迹。僧人沿着水迹找去，一直找到翠湖九龙池边。有人说那天夜里听见风雨中有格斗的声音，猜测是圆通大殿上的两条雕龙柱显灵，和九龙池蛟龙相斗。昆明宝成门（大西门）外二里多有个村子叫麻园，每年四月，那里总会下暴雨冰雹，村里的人也说是滇池中的蛟龙往年变身路过此地，被当地人侮辱，所以每年都要来报复一番。所以，每逢"发大水"，老昆明要关闭北门，禁止出入，因为北方属水，要拒"水"于城外。昆明人还要去拜龙王庙，请求龙王退水。不少人还要带上猪头和酒坛，献供龙王，认为让龙王喝醉，昏睡不醒，就不会跑去行云布雨"发大水"了。

旧时对昆明城威胁最大的水灾出自两地：一是城东盘龙江"发大水"，一是城南滇池涨水淹田。而老昆明人请来对付"发大水"的，也有两大神灵：金牛和金鸡。

古代昆明人在盘龙江边修建了井宿祠、安澜亭等建筑，在井宿祠中安放了镇水铜犴。这座铜犴原铸之年不可考。清人陈鼎在《滇黔纪游》中说，昆明城东有金牛寺，寺外有八角亭，亭中有铜牛，重达数万斤。旁边就是盘龙江，雨季一到，昆明东北

昆明城东盘龙江边的"金牛"铸像据说可以镇水

昆明城南东寺塔顶的"金鸡"也是镇水之物

万山之水，奔流到此，常常冲毁民居。昆明才铸造铜牛，置于此地，以镇水怪。陈鼎还说，明末清初之际，大西军占据昆明，曾把铜牛溶化铸钱，后来盘龙江发大水，多次冲毁房舍，昆明人又重铸铜牛，镇压水患。看来至少在明代，金牛就立在盘龙江边了。

清道光《昆明县志》也有记载："井宿祠，俗名金牛寺，在城东盘龙江堤上"。"昔人"在此铸立一尊"铜牛"，"以镇水怪"，上面还建了座亭子。这尊铜牛毁于清咸丰七年（1857年），同治三年（1864年）重铸，状若水牛，俗称金牛，仍在井宿祠（金牛寺）中。

井宿祠和金牛都是用来对付盘龙江"发大水"的。昆明民间传说，盘龙江有蛟龙作怪，雨季兴风作浪，淹田毁屋，江边臭皮街一个小伙的父亲遇难，小伙立志复仇，先变牛，再变石牛，最后吞下治蛟的金光宝，变成金牛，大战蛟龙，为民除害，平了盘龙江水患。昆明人在江边建盖金牛寺，把臭皮街改名为金牛街。以后每逢水涨，只要金牛大吼三声，洪水就会退去。后来洋人入侵，盗走金牛，昆明人只好铸个铜牛放在原处。但铜牛降不住水，盘龙江水再涨，铜牛只能流着泪"哞哞哞"地叫，让昆明人赶快跑——"铜牛叫三叫，水淹大东门"的昆明民谣，就是从这里来的。

在中国传统文化中，犴为二十八宿之一的井宿，主管水事。老昆明人将此"铜牛"铸成独角，高五尺有余，卧地昂头，警视江水，起足欲斗，其胸腹中空，背上有孔，肚下有井，与盘龙江相通，江水上涨时，井水激荡翻腾，牛腹中空气也振动，发出牛吼之声。据说金牛叫一声，则水涨二三尺，如果连叫三四声，水就要涨到一丈多高。清同治十年（1871年），昆明"发大水"，据说金牛曾叫到八声之多，东城内外，毁没房屋无数，死亡数百人，损失惨重。昆明有童谣唱道：

金牛金牛叫三声，
水淹水淹大东门。

铜牛至今仍在，被移到原址的 20 米外，并建起石亭，将金牛置于亭中，而早在此前，金牛就是昆明市重点文物保护单位了。

老昆明人还在城南东、西寺塔顶立有铜质金翅鸟，因形状似鸡，民间称金鸡，塔也称金鸡塔。两塔塔顶四角各立一只金鸡，立于西南角、东北角的两只口中装有哨簧，西南风劲吹之时，便会发出"喔——喔"之声，如雄鸡长鸣。另两只口中无簧，不会鸣叫，民间称为母鸡。在佛经中，此"鸡"被称为"迦楼罗"，据说双翅展开时，宽可达三百六十万里，整个世界只能放下它的一只脚。迦楼罗以龙为食，是龙的天敌，可以镇水。唐代东寺距滇池不远，据说这几只"镇水神鸟"一叫，正在兴风作浪的龙王就闻声丧胆，慌忙逃命。

滇池水漫延湖岸，吞噬田地，史书上多有记载。直到 20 世纪 60 年代，今海埂一带大片田地仍然被淹，农民被迫在水中抢"剪"稻穗，烘干而食。金鸡之用，亦可见矣。

○彗星兆灾和地震恐慌

奇异的昆明日食　　　　　　　　　　　　昆明日食奇观

天上出现彗星，许多老昆明人认为是灾异的先兆。昆明谚语说："天上出白霞（彗星），地上乱如麻。"骂人也骂"扫把星"，说是"天上扫把星，地上动刀兵"。如清咸丰十一年（1861年），天下大乱，皇帝驾崩，都说是因为此年出现彗星的缘故；1911年辛亥革命爆发，清朝统治被推翻，也被归于头一年出现的彗星，等等。

1932年中秋节，昆明市郊上空出现彗星，一些斋奶、端公、巫婆说冬腊月将要地震，届时谷裂山崩，黑风蔽日，村落尽毁，人莫生还。一时人心浮动，以为大难即将临头，不敢待在家里，有的躲到山上去露宿。到了冬日，当地一伙官吏在龙潭的明王宫大做七天的"地震太平会"，强迫老百姓每家出功德大洋一块五角，功德米八斤，搜刮大洋两千多块，在明王宫里大摆宴席，暴饮暴食，甚至因为分赃不均，大打出手，丑态毕现（《昆明市志长编》）。

○楼房"犯煞"、瓦当和"泰山石敢当"

直到清末和民国初期,昆明城里的楼房都很少。提到此中原因,有的人说是因为昆明冬春季风大,高楼当风,不适合居住。又有人说,昆明城北有长虫山,山脊上白岩累累,蜿蜒不断;城西又有太华山,悬崖倒立,刺岩在望,楼房建高了会"兜煞"引祸,老昆明人都怕,因此很少修建高楼。

八瓣莲花瓦当　　　　　　　　　　　这个瓦当直截了当地迎福

这是文明街小巷里避煞的"斜门"

城郊乐居村的这道"斜门"据说可以协调风水

老昆明人造院讲究天地人和，家道兴旺，先要看风水，谨慎择地块、选坐向，并选黄道吉日奠基，埋下雄黄、石黄、五香、五子等，以驱邪求吉。一般居家宅屋，如果只见地和人而不见天，被认为不吉，而"一颗印"民居小天井看得见一片天，天、地、人齐全，方为吉利。

老昆明城很少修建高楼

新房建成后，门上要挂一块红布，上有吉祥文字或图案，以求财求平安，叫作"挂彩布"。搬入新房也要选黄道吉日，要念经烧纸，要杀鸡宰羊，取其头挂在大门头上，以避邪求安，又称"压土"。

昆明人家忌讳自家的大门、堂屋正对着邻居的屋脊端头，认为这样邪秽容易乘机侵入；昆明人还忌讳大门正对野地，否则鬼魂会随时窜入家中。不过也有禳解之法：如果"对"上了邻居屋脊端头，就在自家屋脊前端支一个化铜罐或"瓦当"，以化解"对"过来的煞气；如果大门正对野地，就在门楣或屋脊正中装上个"瓦当"，面向野地，以镇鬼魅。一些人家即使没有"对"煞，也要在家院四角各装一个"瓦当"，如果遇到火灾，更是非装"瓦当"不可。这个"瓦当"可以是太极八卦图烧瓦，也可以是瓦狮子，更多的是"瓦猫"——大鼓双眼、龇牙咧嘴的土陶大猫，前额有"王"字，两只前爪扶着一个正对前面的八卦图，如猫而似虎，民间有"是猫不是猫"的说法，据说与彝族、白族的虎崇拜有关，被称为"降吉虎"，为昆明民间镇宅之神。

安放瓦猫还有不少规矩，多要选定农历二月或八月的双数吉日，全家到齐，请端公"开光"。端公手持红冠雄鸡，念诵咒语后咬破鸡冠，把鸡血滴在瓦猫的眼、鼻、口、耳和身上，再把松子、瓜子、高粱、枣子、根子等"五子"塞进瓦猫嘴里，然后杀鸡，煮到半熟，捞出来竖在盆中，鸡头朝天，燃香祭祀。这边全家人按先小后大的顺序列队站好，依次传送瓦猫，以示全家齐心。各人接过瓦猫后要毕恭毕敬地摸一摸，让瓦猫认识并护佑自己，最后传给家长。家长蹬梯上屋，把瓦猫稳稳地固定在房脊上，然后放鞭炮，摆宴席，招待前来贺喜的亲戚邻里。

老昆明居家还忌讳大门正朝直路，如果避不开大路，就得将大门建得稍斜一些，避开正对的大路，称为"斜门歪道"。如"斜门"仍不足以避邪，就要在门旁立一块石碑，刻上"泰山石敢当"五个大字，以镇压煞气。还要在门头上摆放卦镜、瓦猫——更有甚者，要修建一堵照壁，以遮挡或避让"煞气"。

老昆明人家的大门上经常栽有几片仙人掌，再挂上一个绘着彩色兽头的木瓢，瓢把上竖，如一只独角神兽，新建门楼的门额要钉上一对羊角，叫作"三阳开泰"，据说都可以抵御凶事，防恶驱邪。汪曾祺在《昆明的雨》中写道："昆明人家常于门头挂仙人掌一片以辟邪，仙人掌悬空倒挂，尚能存活开花。"

在老昆明人看来，雕梁画栋也可避凶求吉，如鹭鸶与莲花并立，是"一路连升"；五只蝙蝠成圈，是"五福捧寿"；葡萄与佛手象征"家业兴旺，硕果累累"；牡丹象征"富贵"；菊花象征财富；瓶子象征平安；石榴象征多子多福；金鱼象征金玉满堂；金蟾象征财源滚滚等。

○"关圣帝君亲笔写来"

清末昆明战乱频仍，人们崇尚武神，大、小东门，大、小西门都塑有关圣像，城中又有武庙（在今武成小学址），供奉的也是关圣。城内还有三座"马王庙"，祭的是关羽的赤兔马，供的仍是关羽像。本想请这位武圣人来保佑昆明，没想到这位圣人也会作乱。

1936年7月间，有昆明报纸报道说："近日，本市各僻静街巷，发现传单一种，题为'各家善男信女注意'，其内容为：'关圣帝君亲笔写来，今年人民死一半。观音慈悲，重念普度真经，可免未劫之灾，传送十张可免一人之灾。如看过不传，吐血而亡，但看八、九月，死人无算云云。见者抄送，写十一个善字，将火化灰，病体痊愈，四字列化，功德无量……'"（《昆明市志长编》）

关圣无奈俗人，唯恐天下不乱，真是从何说起。

○"叫伴儿""叫魂"和"指路碑"

有的老昆明人感到精神萎靡，身体困乏，腰酸无力，脚瘫手软，就认为是失魂落魄，要请人来烧松毛，踏门槛，把丢失的魂叫回来。叫魂时称"魂"为"伴儿"，所以"叫魂"又称"叫伴儿"，还称"喊魂""喊伴儿"。

旧时孩子摔倒或受了惊吓，或者贪看热闹，清明节、七月半围观烧纸祭祖祭鬼，事后心神恍惚，也被认为是丢了魂。家长要把孩子带到跌倒或受惊吓之地，拍着孩子的胸背，连叫几声孩子的名字，然后喊道："伴儿，伴儿，给回来了？"再让孩子答道："回来了。"如此重复几次，孩子身上的灰也拍干净了，神志也恢复了，于是平安无事——"喊魂"又称"喊伴儿""叫伴儿"，就是从这里来的。当然，如果以后孩子仍然不好，还要到寺庙去招魂，也称作"喊伴儿""叫伴儿"。

早年娃娃不舒服，昆明人还会带娃娃找阴阳先生算命，阴阳先生会说娃娃的八字冲犯了将军箭，带来了各种凶煞，必须设法消解。办法是打一块路碑，立在三岔路口或十字路口，碑上要刻写前后左右四至地名，如"左一里至某处，右半里至某处，前三里至某处，后二里至某处"等，碑的两边再刻上"弓开弦断，箭射石开"八字，便可禳除凶煞。

○ "滚鸡蛋"、撒烂药和"端公""师娘"

老昆明家人生了病，又病得顽固，老吃药也不见好，一些人家就会用生鸡蛋在病人身上滚上几圈，边滚边念已故亲人的名字，然后煮熟鸡蛋，在病人身上再滚一遍，加上冷水后扔出门外——这叫"扔鸡蛋"，据说可以驱邪除病。还有人家会把熬中药剩下的药渣倒在街巷中间，让过往的车马行人踩踏，据说就可以把病"过"给踩过药的牛马和人，家人的病就容易好了。这种心理当然有问题，直到现在，昆明人还把背后使坏的行为叫作"撒烂药"。

如果"撒烂药"后病人仍不见好，更体虚力单、满口胡话，就被认为是撞上了恶鬼，病人已灵魂出窍、魂不附体，此时要一面求医，一面请巫公、巫婆来跳神作法，驱邪逐魔。

清末民初，老昆明巫师盛行，庙宇寺庵、乡堡街段都有，男巫叫端公，女巫叫师娘。"昆明妇女，在昔时多信任巫教，欲消灾解厄，亦取重于巫教"，请端公、师娘作法。"由于她们平时为人看香、祛邪，带有很大的迷惑性，所以妇女们大多迷信她们"。有人来请，端公、师娘们就包上青头帕，带上羊皮褂，来到病人床前，念经诵谒，随即大神附身，"手敲羊皮鼓，头裹纱帕，作不断地跳跃，有时能跳至二三尺高，此名为'跳神'"〔罗养儒《纪我所知集》(《云南掌故》)〕。他们边跳边唱，称病人被某冤魂恶鬼附体，有血光之灾，如不立即驱除，恐有性命之忧。病家着急，连忙送上金钱和早就备办好的公鸡。端公或师娘就宰杀公鸡，四处涂血，以血驱血（血光之灾），逐出鬼魂。

老昆明大庙前的卦摊

接着又大神附体，敲鼓跳窜，含水四喷，若疯若狂，最后夺门而出，举着扫帚满院子望空乱打一气，表示已驱鬼远去。折腾够了，端公或师娘才返回屋内，点烛焚香，送神归天。接着就留下"配药"、佛章和八卦之类，叮嘱病家如何张贴、如何烧钱纸送鬼等等，最后拿钱走人。

这些端公、师娘或多或少都有绝技在身，能模仿病家逝者腔调，惟妙惟肖，声称"大神附身"之后，又能音调深沉地为神"代言"，跳神之时，旋挪腾跃，跌宕起伏，舞弄鼓铃，无不娴熟，得心应手。更能立于桌上筷尖之上而"代神"问事，能站在凳子鸡蛋之上而"代神"断病，能摆草绳丢铜钱而占凶吉，无不循循善诱，步步深入，不由得你不服。但也有不服的，旧时昆明娃娃常唱儿歌：

念经先生，专敲不念，
眼睛望得贡献（贡品），
要想偷点儿吃吃，又怕着人吼（瞧）见，
一回头，一坨贡献不见。

直到民国初年，昆明城里的师娘还有一二十个，城郊则更多。师娘和端公一样，有点儿神秘，名声都不太好，至今昆明民间还有谚语："跟着好人学好人，跟着师娘跳假神"。早年有昆明民谚曰：

有病请端公，先把棺材抬家中。
有病请师娘，牵你见阎王。

又有童谣唱道：

太阳红，太阳黄，隔壁有个歪师娘，
装神又弄鬼，画符又烧香。
哪个信了她，不死也要病一场。

还有一首：

师娘婆，洗裹脚，洗到太阳落。
天上神仙她认得，地上小鬼她兜箩。
嘴上两片皮，说话不费力。
呵呵哄哄，得些噇噇。

○人生处处难，处处可求神

老昆明人从生到死，各个年龄段都可以在寺庙中找到相应的保护神，都有求神告佛之处。因为烧香求神的多是妇女，寺庙还有针对性地安排了不少"妇女特需"项目。此类"服务"项目最全的是武成路上的城隍庙和白塔路上的东岳庙，这两座庙的香火也特别旺。旧时昆明有民谣曰：

东岳西岳，打鼓打锣。

南岳北岳，冷冷落落。

一样的神圣，欺怂怕恶。

城隍庙有娘娘殿，有送子娘娘和奶水娘娘，翠湖的莲华寺更有白衣送子观音，这是管"生"的，每到庙会之日，都有成群结队的妇女揣着银钱，抱着公鸡，赶来烧香求子。

昆明城隍庙彩塑形象：人死要过奈何桥，生前行善者上天堂，作恶者下地狱

生了娃娃又怕娃娃哭闹。为了替人消灾解难，城隍庙和东岳庙塑了三个"哭神精"——三个泥塑小孩。昆明人家中有婴儿"睡倒觉"、夜里啼哭，可以到庙里买三件红红绿绿的薄绵纸花衣裳，套在三个"哭神精"身上，再拿点糖喂给他们吃。据说只要这样把"哭神精"搞定，家里小孩就不会夜哭了。

昆明城隍庙彩塑形象：生前作恶者会在地狱受刑受罚

人吃五谷，自然要生病。城隍庙有座张仙殿，殿里坐着个"痘疹郎君"，民间称"花哥哥"，如果孩子出痘出痧，来拜拜这位"哥"就行了。张仙殿旁边还有棵大树，上面总是贴满了膏药，不下一百多块。据说凡是跌打损伤贴了膏药的人，只要把膏药撕下来贴在这棵树上，伤就好得快了。城隍庙大殿中还有个"眼光司"神像，手捧一只眼睛，不少患眼病的人到此跪拜烧香，并在神像上贴上一只纸剪的眼睛，据说眼病就能很快治好。

昆明城隍庙彩塑形象：人死要过奈何桥，生前行善者在天堂过着幸福的生活

人长大了盼着发财，城隍庙的城隍像的龛前早就安排了一个"白虎财神"。那是一只铜铸的老虎，高近三尺，身长四尺多，张口向上，腹内空空，口腹相通。昆

老昆明城隍庙彩绘泥塑：天堂、人间和地狱都齐了，表示恶有恶报，善有善报

明善男信女到此进香还愿，常常把生鸡蛋丢进石虎的嘴里，蛋黄蛋白就从石喉流进石腹，庙里的"祷告师"用大碗在石虎下接住，据说一天可以接得几大碗。后来改为木雕白虎，"祷告师"也不让人扔鸡蛋了，要善男信女们直接往虎口里投钱，多多少少都行，据说这位白虎财神就是"口舌司"，往它嘴里投功德钱不但能免除口舌是非，而且能发大财。每天到这里投钱的人不少，甚至有投银圆的。

街头的乞丐想改变命运，也有办法。每年清明、"七月半"中元节还有农历十月初一，昆明都要举办"城隍出府"大巡游，全城两百多个叫花子放弃乞讨，在丐头率领下前来参加，他们装扮成鬼卒幽灵，或挑担子，或打执事，或抬香盆，有的头戴假须发、假面具，身穿须须铠。有的扮作受罪幽灵，要披枷戴锁，做出种种受罪之状；有的扮作鬼卒鬼吏，手执板子、棍子、刀子、叉子、刺槌、狼牙棒等，或在"幽灵"后紧追猛打，或在"幽灵"前生拖硬拽。据说叫花子之贫穷受苦，就是因为前世作孽太多，城隍出府时装扮受罪的鬼魂，就可以消除前世罪孽，来生来世就不再受苦了。也有的人生了病许了愿，也跑来扮鬼，身穿罪衣，肩扛枷锁，并请人装成鬼卒追打自己。据说这样做可抵消到阴间受罪而延年益寿。直到民国初期，仍有"城隍出游"之事，甚至有汉子赤裸身体，以双头铁钩插入上身，另一头悬挂油灯，大摇大摆参加游行，自称因城隍保其病愈而来"还愿"。

人长大了、发财了要结婚。城隍庙、东岳庙就安排了婚姻司，凡是儿女婚姻迟滞不顺，其母必到此两庙的婚姻司敬香。婚姻司神座下塑有一个面目狰狞的"格隔神"，站在一对跪地青年男女塑像正中。求神者到此，用红绵纸包住格隔神的头，再用红线扎紧，使其眼不能见，耳不能听，又用红线将跪在地上的青年男女塑像牵连绊住，据说儿女婚姻就顺了。

为了对付浪子，城隍庙和东岳庙还设了一个鹿马司，在神座下塑有一鹿一马，叫作"转心神"。如果家中男子游荡不定，外出不归，心猿意马，家人可到此用红线绊住鹿、马，据说游荡者就会回心转意，外出者就会早日归来。〔见罗养儒《纪我所知集》（《云南掌故》）等〕

○ "填库"和"还愿"

早年昆明香火最盛、"神威赫赫"的东岳庙,也是老昆明人"填库"、还愿之地

　　旧时老昆明人家中有人生病,或者谋事求财不顺,就认为是家里不清吉,要到庙里去求神保佑,消灾免难,并许愿一旦得到保佑,将如何如何,以酬谢神佛。如果后来病真的好了,事真的顺了,财也求到了,就得"不吝啬的去庙里还愿酬神",兑现承诺,以示"言必行,行必果",这叫"还愿"。在白衣财神前许愿的人,大多数只说要用猪、牛、羊等"猪头三牲"还愿,甚至还有许愿为财神换一套纸袍纸帽的。有许愿为财神挂匾的,是最高档的了,当年还愿送给白衣财神的大匾,已闹到挂无可挂之处。昆明人还喜欢求土地神,据说最灵验的是高帝山土地神,其次是五华坊土地神。而在这两处还愿的,都不过是"猪头三牲"而已。

　　老昆明的妇女还有"填库"的习俗。这个"库"是阴间的钱库,类似于票号、钱庄、银行之类。据说人一生下来,就用了"阴库"的钱,欠了"阴库"的债。不同年份生的人,欠的钱都不一样,所有这些,都写在一本《寿生经》上。人在阳世要求平安,就得把这笔"阴债"还上,这叫"填库"。

　　"填库"的办法是烧化折成银锭形状的纸锭。事先查看一下《寿生经》,从出生年份查出自己或亲人所欠"阴债"钱数,一般都是几万几千贯铜钱,还要查出哪一年出生的人要到第几号阴库找到姓什么的曹官,然后到那里去烧化纸锭偿债。不过昆明"填库"的手续要简便得多,只要到南门外五岳庙内库官的座前烧化纸锭就行了。因为银锭比铜钱价值高,所以烧一串纸锭可以抵一百贯钱,烧上三五百串纸锭就可以搞定了。但是不能一次就把"库""填""平",要"填"满3年才行,而且每年要分别"填"五次,逢双月初八日去"填"才有效,有如今天按揭购房还贷。

"填"平阴库之后,还要为自己预存一些阴钱,为有朝一日到阴间生活早做准备。于是还要烧纸锭,为了防止冒领,纸锭上要写上烧纸存"库"者姓甚名谁。"存库"没有限制,三年、五年或更长都行,谁存谁有,随喜功德,一如今天往银行里存钱。只是最后"填""存"完毕,要请和尚或尼姑来念上一天经,再写一道告文烧化,请求阴间"库官"代为保存,以便烧纸人到阴间后取用。整个过程一板一拍,一本正经,有始有终,虔诚无欺,"煞是有趣,煞是笑人"。

为"接纳"死去的昆明人,城隍庙和东岳庙都有地藏王、地狱十殿阎王和七十二司神鬼等。东岳庙阎王殿的正殿后建了座"血糊殿",殿前有"血糊池",殿中有"血糊长者",会把恶人的阴魂扔到池中受苦,以种种情状表现地狱之惨毒。昆明妇女到此焚纸敬香时,总是在地狱殿哭吊家中男鬼,而在"血糊池"哭吊家中女鬼,每天络绎不绝,清明节、"七月半"(中元节)来得更多,有时候男人也会跟着来哭吊。

〔见罗养儒《纪我所知集》(《云南掌故》)等〕

○破除迷信的"拉偶队"

清末社会动荡,人心不稳,昆明迷信活动盛行,社会风气萎靡。最大的迷信场所除前述城隍庙、东岳庙外,还有翠湖的娘娘殿。

城隍庙兴盛于明代,传说明太祖朱元璋就出生在土地庙里,对城隍极为推崇,曾下旨封京城和大城市的城隍为王,府、州、县的城隍分别为公、侯、伯,官阶相当于当地对应的"有关衙门"。昆明城隍庙旧址在今天的五一电影院,庙后有尽忠寺,当年有"庙背寺"之说,风水特别好。庙里供有都督城隍,就是被封为"忠肃公"的明代兵部尚书于谦,此外还有府城隍、县城隍等——都城隍管全省,府城隍管云南府(辖今昆明一带),县城隍管昆明县。

据说城隍庙的道人为当时昆明寺庙首富。其收入一靠售卖香蜡纸烛元宝等祭祀用品;二靠功德钱,如前述"白虎财神"口中每天吞下的大量银财,热闹时有顷刻即满之势,庙主专门安排小道士随时收集;三靠灯油收入,庙主在神座前的灯盏上设有管道,用管子连通油桶,于是,善男信女施舍的香油再多,也倒不满那油灯,道人把这些香油收集起来,除了吃油不花钱,还可以把这些香油再卖给捐油者;四是挂匾挂幅,都是信众还愿时捐挂的,时间长了,木匾可以作烧柴,布幅可以染黑做衣服或出售;五是查签簿,抽了签就要解签,就得查签簿,自然也得给钱;还有念经礼忏、"寄名"等,都得给钱。于是庙主暴富,可与省城富商巨贾相比。据说早年城隍庙"寝宫"的城隍娘娘神像座下还有机关,连通叩头的蒲团,敬香者叩头时触动机关，"娘娘"会站起来还礼，后来竟有人被吓死，机关方被废除。

辛亥革命以后，当局决心破除迷信，提振民心民气。1912年3月，昆明警方派警员拆毁东岳庙、土主庙、城隍庙的部分泥像，并将碎土脱成土基，准备把城隍庙改建为"于公祠"。

民国初期，"岳镇滇东"的东岳庙

后来省行政当局认为警方破除得不彻底，又派士兵把城隍庙里的泥像全部打碎。

官方"砸庙"之后，城中谣言四起，有人说当局财政紧张，所以才会砸庙，把铜炉、铜像拿去铸造钱币，下一步就要取缔居民家中的佛像了。昆明城内外一时人心惶惶，市民纷纷把家里的铜佛铜炉藏起来。此时民国初建，百废待兴，为了避免社会纷扰，当局一面告示安民，说明政府反的只是迷信，居民的宗教信仰自由会得到尊重等，接下来的破除迷信行动也不了了之。此后几年间，昆明土主庙、城隍庙、东岳庙先后重建恢复，香火依旧旺盛，"城隍出府"巡游也轰轰烈烈地重新举行。

事隔十年，九一八事变之后，国难当头，昆明又有舆论认为迷信活动束缚民智、制造愚昧，劳民伤财，呼吁制止。当局也采取行动，不动声色地成立了"拉偶队"，由民政人员、保甲长、警察和青年学生组成。1932年11月7日深夜，"拉偶队"兵分三路，将莲华寺（在今翠湖）、城隍庙、东岳庙的泥像全部拉倒砸碎，城隍庙"寝宫"的木雕城隍和城隍娘娘像被焚毁。仅莲华寺中铸造精美的观音铜像得到保护。

此次"拉偶"行动的反弹也很大，昆明坊间议论纷纷，甚至有传言说城隍老爷像本以沉香木雕成，内嵌金心、银肝、玉胆、宝石眼，价值连城，被人据为己有等。但当局不为所动，坚持另行安置原寺庙中的僧尼道士，把莲华寺归并进翠湖公园，把城隍庙交教育厅办民众教育馆，东岳庙地产没有处置，但庙宇也从此消失。而关于城隍老爷像的种种说法，后来也被证实是谣言。

旧时昆明城东南的关上有一块石头，被人粗雕成似虎似豹之形，村民称之为"石老虎"，奉之为神灵，烧香叩拜，求财求子，求消弭病灾，求逢凶化吉，一时香火盛极。在1932年的"拉偶"行动中，石虎被砸为三截，运到城里示众。石虎头放在永宁宫坡（今华山东路北段），石虎身、尾则放在华山东路左家巷口。此时仍然有关上老年妇女跑来向石虎遗体跪拜，说石虎"受难"，导致她们或亲人又旧病复发。

（见《昆明市志长编》、万揆一《昆明掌故》等）

老忌讳

　　旧时昆明人多信奉鬼、神、佛、道，又特别迷信阴阳八卦、天人感应等玄学，渗透到日常生活中，就形成了各种各样的禁忌。生老病死，禁忌无处不在，无所不有，其中不乏封建迷信的影响。直到如今，还听得到"左眼跳，财运到；右眼跳，祸事到"之类的说法，虽然荒诞，但仍有一些禁忌还在默默地支配着昆明人的意识和行为。

○居家:"宁让人停丧,不给人成双"

老昆明大户人家男女有别,老少有别,照张相也如此

老昆明人居家忌讳不少,而首当其冲的,竟然还是男女有别。如公婆在世,媳妇不得上楼,而长辈男性无论何时都不得进入小辈媳妇的卧室。妇女的内衣忌讳晒到外面,民谚称"晾衣晒裤,不当门户"。男人更不能"钻女人的裤裆"——不能从挂晒的女裤特别是内衣内裤下穿过,否则会沾上霉气。男人还不能让女人"跨使马头",就是丈夫被妻子抬脚从头上跨过也会倒霉。夫妻之间不能分梨吃,因为"分梨"的谐音就是"分离",不吉利。家里还忌讳给别人办喜事或让来客夫妇同居,否则也不吉利——相关的说法是:"宁让人停丧,不给人成双"。

另外,居家住房还"前不栽桑,后不栽柳"。因为"桑"与"丧"谐音,意味着要死人;"柳"与"绺"谐音,意味着会挨偷。家里孵小鸡,一窝鸡只孵出一只,要马上在院里烧香,把小鸡送到门外十字路口去,否则家人会有祸害。从正月初一到十六,还有街坊、村里死人的当天,都不能动土建房或修路。

○出入:"开矢口"和"打哇哇"

老昆明人家中有人出行、入宅、开张、结婚等事,都要事先选定黄道吉日。如果凶日举事,就有祸事临头,或损人丁,或伤牲畜,"血光之灾"就来了。出门时忌说不吉利的话,如开车坐车忌说"翻""撞""倒",回家要说"拢家",不能说"到家",因为"到"和"盗"同音,又和"倒"谐音,说了就是"开矢口"。"矢口"又叫"屎口",意思是臭嘴、脏嘴,说臭话是凶兆。叮嘱人时,忌说"莫摜着""莫翻车""小心赔本""小心莫挨车马撞着"等等,人出此言,均不吉利,受嘱者和旁观者往往会回一句:"莫开屎口!"而"开屎口"者自知失言,要连吐口水,再用手拍嘴,以示禳解,这又叫

"打哇哇",表示将刚才"开矢口"说出的话收回来,不算数。讲究起来,平常说话还忌讳说"离""终"等字,因为"离"是"离散","终"是"命终"。

有的老昆明人还认为,小娃娃手指彩虹,会

老昆明人出入皆求吉利

招来血光之灾,也可以用"打哇哇"来破解。旧日老昆明人"喊魂"时会接连呼叫失魂者的姓名,平时则忌讳不断呼叫人名,被叫者会制止说:"莫喊魂了。"

老昆明人外出,遇到空降鸟屎,落到头上身上,更是死人的凶兆,要赶紧折头回家,向三家邻居讨饭来吃过,才能消灾免祸。晚上进出家门,老昆明人还忌讳吹口哨,据说吹口哨会把鬼引来。

○饮食:"宁肯盐重,不可无味"

老昆明人有了伤病,进食也有讲究。伤风感冒忌吃羊肉,否则会"锁"住风寒,不容易好。咳嗽忌吃鱼,认为吃鱼"逗咳"。有外伤的忌吃糯食,否则会抽筋缩骨,还忌吃酱油,否则伤口好了会留下黑印。

在昆明方言中,"盐"与"缘"同音,盐吃完了不能说"无盐""没得盐",否则就是"无缘""没得

老昆明人的小食摊,盐可以自己加

缘"。炒菜放盐不够,只能说"无味"或"味淡"。而炒菜盐放得多了,也只能说"宁肯盐重,不可无味"。

和饮食有关的是牙齿。娃娃长到七八岁换牙时,要把掉下来的下牙扔到高处,例如房头上;而上牙要扔到低处,例如山沟里或后院地下。扔牙的时候娃娃要双脚并拢立正,据说这样新牙才长得好、长得正、长得牢,而且不会蛀牙——心诚则灵。

○邻里："欺人莫欺头，做贼莫偷牛"

旧时做贼会被抓到三牌坊枷号示众

老昆明有俗话说"欺人莫欺头，做贼莫偷牛"——随便摸别人的头，也是忌讳的。自家人更忌讳到别人家里哭泣、吵架、骂脏话，否则会被主人用脏水淋头，并要在主人家门口挂红驱邪。自家妇女还忌讳从别人家的东西上跨过。而戴眼镜的人，又忌讳看"出痧子"的孩童。就是自家的猪马牛羊等牲畜，也不得闯进邻居家。

○送礼：不带"七"、不送钟

老昆明人送礼不送钟，因"钟"和"终"谐音，送钟就是送"终"。送鞋的意思是"送走"，不是断交，就是催命，也不能送。此外还不能送伞，"伞"与"散"谐音，送了缘分就散了。

送礼的数字还不能带"七"。按老昆明的习俗，人死后的祭奠日子以"七"为单位计算。七天之后要做"头七"，要到东岳庙十王殿烧钱纸，叫"烧七纸"。此后还要做"三七""五七""七七"等，有的烧纸钱要从"一七"烧到"十七"。昆明人又把中元节祭鬼叫作"七月半"。有的每届"七"之日，就要请人念经一天，超度亡者，追荐祖宗三代，有的人家更因此耗费巨大而破产。因此，对老昆明人来说，"七"不是个好数字，送礼时忌讳带上这个"七"字。

○行业：铺床叫"铺铺"，回家叫"拢家"

旧时滇池船家开口就有忌讳，不能说"沉""翻""落""住"等字，就是相关的谐音字也忌说。船上来了姓罗的人，船家会称其为"老响"——但不知来了姓陈、姓樊、姓朱者，船家如何称呼？

湖上河上，渔民驶船，水浅则撑篙，水深则划桨，这叫作"探船""驶船"，而顺风起帆，就叫"起船"，绝不能说"撑船"，因为"撑"与"沉"谐音，也不能说"划船"，因为"划"有划破、划开的意思。船到港口只能说"拢岸""拢边"，不能说靠岸或靠边，因为"靠"和"倒""盗"谐音，不吉。昆明方言说"盛"和

"沉"音近,于是,昆明船家盛饭就叫"添饭";"帆"与"翻"谐音,就叫"篷";"箸"与"住"谐音,就叫"筷子"或"筷儿";连船家煎鱼也不能翻着两面煎。与此同理,钓鱼人也忌说"钓",因为"钓"与"掉"谐音——"钓"起来就"掉"了,岂不白"钓"?

老昆明船家把划船叫"驶船",撑船叫"探船"

昆明人赶马出门做生意,涉及豺、狼、虎、豹的字眼都忌讳。做生意怕蚀本、"折本",相关的谐音字也忌讳。舌头的"舌"和昆明方言的"蚀"谐音,于是改称"口条";"蛇"与"蚀"音近,得改叫"长虫"或"老梭";昆明方言中的"船""床"同音,行船会摇晃,而经商要稳当,所以船不吉利,和"船"谐音的"床"就叫"铺",铺床叫"铺铺"。"到"和"盗"同音,也说不得,只能说"拢",如"拢家了""拢岸了"等。有的老昆明人为求吉利,连"失火"都不说,要说"走水",还有说"回禄"的,表示否极泰来。

○缺陷有讳:"馕瓜"称"富态" "聋子"叫"耳背"

涉及人的生理缺陷,有些话是不能随便说的,而要换个委婉的说法。如昆明方言说人胖是"馕瓜",含有贬义,要说"富态"才显得尊重;人瘦不能说"干瘦"或"瘦

这样的富家人只能说他们很"富态"

这样的残疾人只能说他"头手不好使"

精干巴",要说"精干";瘸腿不能说"捽子",要说"脚不好使",或者说"腿脚不方便";耳聋不能说"聋子",而要说"耳朵不好使"或"耳背";眼盲不能说"瞎子"而要说"眼睛看不见""眼睛不好使"。另外,"麻子""罗锅"(驼背)都有贬义,不能随便说,尤其不能和相关的人当面说,否则容易引起误会。

○慎言"死""病":"走了""不好在"

在这样的老人面前忌讳提起66岁、73岁、84岁等

"死"与"生"相对,昆明人不轻言"死",忌讳说"死"字,人死不说"死",或轻描淡写,说"走了""老了""去了""不在了""跟他妈去了"。说得重一些有"停床""归天""去世""离世""过世""逝世""谢世""辞世"等。恨起人来,也不说"死",而说"翘辫子了""蹽脚了""蹽得了""短命了""啃土了""升天了""走了""去(音:刻)了"。说得诙谐一点儿,就是"到跑马

山去了"——昆明火葬场在跑马山,故有此说。骂人贪睡懒觉叫"挺尸",又是以死咒人,也不吐那个"死"字。枪毙说"敲沙罐""吃花生米",如"小心敲你的沙罐""给你吃颗花生米"之类。"你死掉了改?"是气极之话,轻易说不得。涉及"死"的物件也另有雅称,如棺材称"寿材",死者着衣称"寿衣"等。

老昆明有句俗语说:"六十六,不死也得掉块肉;七十三,八十四,阎王不叫自己死。"因此,又忌讳在老人面前提起66岁、73岁、84岁等。老年人到了这3个年龄,也会多说一岁或少说一岁,避开这个生死攸关的"坎儿"。和老人说话时,还忌讳提起"病"字和"老"字。"年老"要说"高寿","病"要说"身子不安逸""不好在""不自在""不好过",病治不好叫"没好妥"——询问对方的病情,要说:"身子给好妥了?"

老方言

　　唐南诏时期在滇池北岸建拓东城,各方兵民汇集,语言繁杂,而以南诏中心洱海地区的"白蛮"和"蒙舍蛮"为官方语言。据唐人樊绰的《云南志》(《蛮书》)记载,当时的"言语音白蛮最正,蒙舍蛮次之,诸部落不如也"。南诏官话"与汉不同,及四声讹重。大事多不与面言,必使人往来达其词意,以此取定,谓之行诺"。《云

南志》（《蛮书》）还记载了一些南诏官话发音，如“大虫（老虎）谓之‘波罗密’（亦名‘草罗’）；犀谓之‘矣’；带谓之‘佉苴’；饭谓之‘喻’；盐谓之‘宾’；鹿谓之‘识’；牛谓之‘舍’；川谓之‘赕’；谷谓之‘浪’；山谓之‘和’；山顶谓之‘葱路’；舞谓之‘伽傍’。‘加’，富也；‘阁’，高也；‘诺’，深也；‘苴’，俊也”。当时的拓东城（今昆明城）里还有不少东爨族人，他们也有自己的“言语”，“与白蛮不同”：“谓城为‘弄’；谓竹为‘翦’；谓盐为‘眗’；谓地为‘渘’；谓请为‘数’；谓酸为‘制’。”直到元代，昆明城通行的仍然是这些语言，元人李京有《初到滇池》诗称，当时的昆明“天际孤城烟外暗，云间双塔日边明”，城中居民的语言与中原不通，以致诗人“未谙习俗人争笑，乍听侏儒我亦惊”。

明代初期，大批内地汉族军人和移民进入昆明，改变了昆明的民族构成，同时也把南京官话等各地汉族语言带到昆明，这些语言在昆明相互融合，又与本地汉族方言融合，水到渠成，昆明方言由此产生。明初的正统年间，昆明布衣学者、戍军

后人兰茂编成《韵略易通》和《声律发蒙》两部声韵学著作,"尽变古法,以就方音",归纳了当时昆明汉语方音,并与内地官话接轨,整理出20个声母和20个韵部,成为明清两代的启蒙教材,流行全省乃至国内许多地方,被收入清代的《四库全书》,可见当时昆明方言主动向内地官话靠拢并得以成型。到明代中期的万历年间,松江(今上海)进士冯时可来到滇中,就说昆明"士女装束、言语皆如金陵(今南京)"(《滇行纪略》)了。明清之际,大西军、永历帝和吴三桂等集团先后进踞昆明,带来了大批移民,加上从各地流放、贬谪而来者,经商、谋生而来者,昆明人口结构不断改变,不断多元化。清道光年间,昆明进士戴䌹孙在《昆明县志》中说到昆明方言,也注意到"合县军民,籍多源于齐、鲁、赵、魏、吴、楚、蜀,言不可以方囿之"——可见当时的"昆明话"仍然与移民有关,仍然是一个融合体。清末民初,随着滇越铁路开通,护国战争、靖国战争爆发,昆明与内地、海外的交流空前频繁;抗日战争时期,昆明更成为后方重镇,随着军队、工厂、机关、团体、学校迁入的人口和各地难民近20万——所有这些,都对昆明方言产生了很大的影响,留下了深深的烙印。

著名语言学家罗常培谈到昆明方言时说:"大凡省城的话,往往是不很纯粹的。因为省城是政治、文化、商业、交通的中心,为各地往来的人所辐辏,在交际上求

抒情达意的适应，自然不免有互相迁就的地方。昆明话当然也不能是例外。"（《昆明话和国语的异同》）明代昆明移民主要来自江苏、安徽、江西、湖广，还有陕西、山西和河北，清代、近代移民则多来自华北、四川，带来的多为北方方言，而以说江淮方言者最多，其次有华北方言，还有吴方言、四川方言等。各路方言在昆明融会互通，产生了独具一格的昆明方言。其以江淮方言为基础，融入华北方言的若干成分，兼有其他方言影响，又吸收本土民族语言，再自生不少词语，因多元融合而多姿多彩，因扎根本土而底蕴深厚，因保留旧音而古拙朴实，因出于生活而活泼生动，因语汇丰富而表意准确，因影响深广而雅俗共存，颇多可圈可点之处。

在语言学上，昆明方言被归于北方汉语方言西南次方言中的云南方言。昆明方言是一方文化的载体，内涵十分丰富。它反映着一定历史时期昆明的政治、经济、宗教、艺术、科技、教育、习俗和昆明居民的心理素质与性格特征，蕴含着昆明社会、文化、生活变化的轨迹，在不同的时代显示出不同的特点。欲知昆明，不可不知昆明话；欲知昆明人，不可不知昆明话。有人在互联网上开昆明方言课，如是开头：

在昆明，有种态度叫"孔雀"，有种勾引叫"支脚"，有种称赞叫"板扎"，有种难度叫"尖刚"，有种评价叫"嘈耐"，有种感觉叫"肉麻"，有种低能叫"日脓"，有种智商叫"憨包"，有种神武叫"喷缸"，有种猥琐叫"恶俗"……

淳朴正直、词语雅达的"昆明话"

中国语言学家罗常培曾这样评价昆明方言:"音素简明,词汇雅达,语法平正。虽与中原相去万里,而语言固无扞格也。"(《云南之语言》)这个"雅"就是古朴典雅,昆明方言中不但保留着大量的古词语,一听就"雅",老昆明人还重礼貌,与人交谈常用敬称,多用雅词。"达"指昆明方言含义清楚,表义准确,常用词语纯净。其中透露出的昆明人性格,可以用"淳朴、正直、热情、忠厚"来总结(季羡林《春城忆广田》)。

○ 听话知人："古雅拙朴、包容开放"

昆明方言是汉语北方方言中云南方言的次方言。有学者总结昆明方言的特色，用"沉缓松弛、舒展柔和"论其语音，而以"古雅拙朴、包容开放"论其词汇，都十分精当。

昆明方言中有不少古代书面语，显得十分古朴。如结婚叫"毕婚"，自己叫"单个"，软和叫"软乎"，刚才叫"将才"，只要叫"但凡"，辛苦叫"生受"，理睬叫"耳识"，估量叫"量识"，拜托叫"上伏"，不必叫"何消"，麻烦叫"难为"，安静叫"雅静"，值钱叫"金贵"，如果叫"强如"，带劲叫"展劲"，院子叫"天井"，月亮叫"太阴"，西红柿叫"番茄"，便宜叫"相因"，这会儿叫"这辰"……昆明人会对忽悠者说："你莫挨我墨者黑也呢！"而昆明人得知真相，又会说："原来是这种啊，怪之不得。"——此中"墨者黑也""怪之不得"，尽显古朴之气。

普通话的方位词，后缀多用"头""面""边"，如"上头""左边""里面"等。而昆明方言却用一个书面字"首"优雅地"缀"在后面：下头叫"下首"，上头叫"上首""高首"；左边叫"左首"，右边叫"右首"；前面叫"前首"，后面叫"后首"；外边叫"外首"，里边叫"里首"，门里边叫"门首"；家里边叫"家首"；学校里边叫"学校首"——这个"首"的用法，宋代的《广韵》和《集韵》中都有记载，中原失传已久，而昆明犹存。

古汉语中的"之乎者也"也走进了昆明方言，如菜特别好吃，昆明人会说"菜之好吃法"。按此结构还有"成绩之好法"；有"功夫之深法"；有"脸之白法"；有"房子之大法"；有"人之坏法"；有"生呢之子弟法"；有"长呢之瘦法"；有"娃娃之淘法"；有"演呢之鹊洋法"；有"走呢之快法"；有"坐呢之稳法"；有"说呢之仙法"。还有"恶之耐嗓"，意思是出言不逊；有"巴之不得"，意思是非常期待，如此等等。

就语音来说，老昆明人性格"温吞"，说话也"温吞"：发声低沉、音重而不响亮，平直、松弛而少生动，舒缓、柔和而少变化。有学者认为，昆明方言的沉缓松弛源于昆明濒临滇池，平野开阔，夏无酷暑，冬无严寒，四时之气，和平如一，昆明人温饱易得，性情温和，疏懒恬退——此为一说，值得探讨。如

好奇的老昆明人

现代著名学者季羡林所说:"我相信,从一个人的方言的声调中,可以听出他的性格来。昆明方言的声调透露出什么样的性格来呢?透露的是:淳朴、正直、热情、忠厚。当我第一次到昆明来的时候,从本地人说话的声调中,我就得到了这样一个印象。以后我多次到过昆明,同本地人接触越来越多,就充分证实了我的印象。"(季羡林《春城忆广田》)

○普通话和"昆明话"

普通话以北京官话区语音为标准音,以北方话为基础方言、以典范的现代白话文著作为语法规范,是现代标准汉语。中国古代官方标准语称"官话",有汉唐时期的中原官话、元代的大都官话、明初朱元璋时的南京官话、明成祖朱棣迁都后的北京官话和清代的北京官话等。昆明话和明代的南京官话和北京官话的缘分都不浅。明太祖朱元璋大量移民到昆明,主要是应天府人,他们所说的南京官话就成了昆明话的主要源头。明成祖朱棣迁都北京,从全国各地移民数十万,主要也来自应天府,南京官话也随之成为北京官话的基础,而普通话的依据又是北京官话。从明初昆明布衣学者兰茂编写的《韵略易通》和《声律发蒙》两部声韵学著作可以看出,当时昆明汉语方音主动向南京、北京官话靠拢并得以成型。至今昆明方言的大多数语汇、语音、语法都和普通话相同或相近,昆明人多能听懂普通话,而能说普通话的外地人也多能听懂昆明话,这和昆明话及普通话共有的"南京官话"渊源是分不开的。

随着社会的发展,如今昆明方言的"普通化"不断提速,越来越明显,一些特有的方言词已经从昆明话中消失:如一般昆明人已经不再说"热头",而说"太阳";不说"太阴",而说"月亮";不说"洋蜡",而说"蜡烛",不说"洋火",而说"火柴";不说"洋皂",而说"肥皂";不说"胰子",而说"香皂",不说"电油",而说"电池"等等。有些方言词则与普通话并用,如既说"星宿",又说"星星";既说"看电影",又说"瞧电影"等。

还有不少昆明方言词汇与普通话仅"一字之差"。如"云南十八怪"之一的"小姑叫'姑太'",还有砚台叫"砚瓦",围裙叫"围腰",火炉叫"风炉",信封叫"信壳",脸盆叫"铜盆",土坯叫"土基",活该叫"该应",迁就叫"将就",滤水叫"控水",心疼叫"辣疼",声音叫"声气",丢失叫"打失",耽误叫"耽搁",强辩叫"强刚",摘豆叫"扯豆",赶集叫"赶街",驼背叫"背锅",端饭叫"抬饭",装病叫"推病",踢门叫"跛门",撞墙叫"冲墙",抽烟叫"咂烟",前头叫"档头",多说叫"紧说",多走叫"紧走",久等叫"紧等",厌恶叫"恶俗",使劲叫"攒劲",刚才叫"将才",故意叫"霸意",及早叫"紧早",偏偏叫"偏生"，快要叫"要着"，堵路叫"短路"，堵车叫"短车"，堵人叫"短人"，后来叫"落后"，何必叫"何消"，宽敞叫"宽超"，安静叫"雅静"，告验叫"验证"，及早叫"紧早"，晚上叫"晚夕"，早上叫"早夕"，这会儿叫"这辰"，斟酒叫"上酒"，让酒叫"压酒"，欠钱叫"该钱"，横竖叫"横直"，总共叫"刚总"、叫"拢共"，怄气叫"日气"，还叫"肿气"等等。至于药水叫"水水药"，麦芽糖叫"叮叮糖"之类，那也不少。

　　清初康熙帝让满族贵族学北京官话，反过来也影响了北京官话和今天的普通话。昆明远离北方，"山高皇帝远"，保留了大量原生态的明代官话，加之后来各地移民接踵而至，带来了各种各样的方言，在昆明进行了新的融合，昆明方言就更丰富多彩，显示出鲜明的特点。

　　就词汇而言，昆明方言与普通话就有许多"大不同"。如加油叫"攒劲"，斗笠叫"蔑帽"，碌碡叫"碾砣"，拳头叫"锭子"，臭虫叫"壁虱"，讨厌叫"万恶"，好像叫"将达"，生气叫"不得"，昝儿叫"格落"，能干叫"辣操"，身高叫"个把"，难缠叫"渣筋"，汗垢叫"鏖糟"，发火叫"恣火"，自觉叫"生素"，知道叫"晓得"，缺德叫"雀薄"，难缠叫"绞筋"，闲聊叫"款白"，更加叫"越发"，稍微叫"强勉"，幸亏叫"全得"，如果叫"喊声"，怎么叫"咋个"，自己叫"单个"，合伙叫"搭伙"，闲游叫"闪现"，横竖叫"红黑"，暗忖叫"默着"，中毒叫"闹着"，露馅叫"出皮"，批评叫"包弹"，游泳叫"洗澡"，蟑螂叫"灶蚂蚁"，樟脑丸叫"臭蛋"，西红柿叫"番茄"，不中听叫"扛耳朵"，不得了叫"不当子"，十字镐叫"洋挖挖"，出乎意料叫"好玩"，口齿伶俐叫"嘴辣"、叫"嘴快"，可怜叫"肉麻"、叫"造孽"，怄气叫"日气"、叫"肿气"，结实叫"经牢"、叫"经事"，有出息叫"成得"、叫"整得成"，万一叫"喊声"、叫"咋不生"，全部叫"把连"、叫"将总"，叫"疋当"……

　　有的昆明方言词汇和普通话相同，但含义却完全不同。如"白酒"在普通话里指烧酒，而在昆明话里指甜酒；"卵子"在普通话里指卵细胞，而在昆明话里指睾丸。有的昆明方言词汇既有和普通话相同的词义，又有自己的所指。如鼻子在昆明话里也叫"鼻子"，与普通话完全相同，但昆明话还把鼻涕称为"鼻子"，与普通话大不相同。又如昆明话把捆称为"扎"，意思近似普通话，但冷也叫"扎"，这又是昆明方言特有的。昆明话称绿色为"翠"，和普通话相通，但把鲜艳也叫"翠"，却为普通话所无。昆明人称喜好为"爱好"，但"穿着整齐"也叫"爱好"，亦为普通话所无。昆明话称糨糊为"面糊"，类似普通话，但又把腼腆也叫作"面糊"。昆明话和普通话一样，都称凶恶为"恶"，称休息为"歇"，称青色为"青"，称洗身为"洗澡"，称味甜为"甜"，但昆明话还多了个意思，厉害也叫"恶"，睡觉也叫"歇"，新鲜也叫"青"，游泳也叫"洗澡"，味鲜也叫"甜"。昆明话把累叫作"疲"，也近似普通话，但慢也叫"疲"、油滑也叫"瘦"，这些语义都是昆明话独有的。反过来，昆明话和普通话都把扔称作"丢"，把棘手称作"辣手"，但普通话还有多一层的意思，老手也称"辣手"，遗失也称"丢"等，二者的外延不一样。

昆明方言词汇和普通话相比，还有颠倒过来说的，如将才叫"才将"，夜宵叫"消夜"，勉强叫"强勉"，符合叫"合符"，纸钱叫"钱纸"，整齐叫"齐整"，地道叫"道地"等。另外还有：忘记吃了叫"吃忘记了"，忘记说了叫"说忘记了"，很红了叫"红很了"，很咸了叫"咸很了"——也是一种颠倒。

普通话不带"子"的名词，昆明话可以带上它。如火烟可以叫"烟子"，纽扣可以叫"钮子"，小妹可以叫"妹子"，湖海可以叫"海子"，外壳可以叫"壳子"，辣椒可以叫"辣子"，小巷可以叫"巷子"，街市可以叫"街子"等。

普通话不能带"儿"的名词，昆明话也可以带。如"这份儿""那份儿""蒜薹儿""屎盆儿""树叶儿""眼镜儿""瓦盆儿""本钱儿""老倌儿""草墩儿""鸡肫儿""座位儿"等。在昆明话里，这个"儿"还可以放在两个字之间：如今天叫"今儿天""今儿日"，明天叫"明儿天""明儿日"等。一个词里还可以放上两个"儿"。两字词如此：碟子叫"碟（儿）碟（儿）"，台阶叫"坎（儿）坎（儿）"，尖子叫"尖（儿）尖（儿）"等。三字词也有：如很薄叫"薄飞儿飞儿"，很期待叫"候着儿着儿"，很烂叫"烂粉儿粉儿"，很秃叫"秃啄儿啄儿"，很淡叫"淡撇儿撇儿"等。

普通话中的"了"只能跟在词后，而昆明话的"了"还可以放在词中。如"红了红""蓝了蓝""近了近""远了远""正了正""歪了歪""翚了翚""顺了顺""贵了贵""大了大""小了小""矮了矮""高了高""生了生""甜了甜""苦了苦""狠了狠""憨了憨""笨了笨""热了热""冷了冷"等。昆明话两词连用，中间也可以插进一个"了"字，如"相因了相因""温柔了温柔""轻松了轻松""困难了困难""安静了安静"等。

有的时候，昆明话的表达方式比普通话更简洁。如昆明话特有的"给"字句型：走不走说："给走？"看不看说："给看？"玩不玩说："给玩？"骑不骑说："给骑？"对不对说："给对？"是不是说："给是？"洗不洗说："给洗？"乱不乱说："给乱？"跑不跑说："给跑？"坐不坐说："给坐？"还有更特殊的，表达不满，普通话会说"是不是"。如"你不怕病，是不是？"昆明话只是一个字："你不怕病是？"还有普通话："你总盯着我，是不是？"昆明话则说："你紧盯着我是？"都有点儿不高兴。

昆明话里"不"字的用法也和普通话不一样。如"不来"之用：不会讲叫"讲不来"；不会唱叫"唱不来"；不会做叫"做不来""整不来"等。还有"不得"："吃不得"是吃得少；"记不得"是记不住；"走不得"是走不远；"说不得"是不能说；"认不得"是不认识；"晓不得"是不知道；"动不得"是不能动；"记不得"是记不住；"苦不得"是不能吃苦；"听不得"是听不下去；"瞧不得""见不得""看不得"是看不下去等。这里的"得"字还可以用来递进加重语气。如"急不得"——"急了不得"——"急了不得得"——"硬是急了不得得"——"急了不得得硬是"；或者"甜不得"——"甜了不得"——"甜了不得得"——"硬是甜了不得得"——"甜了不得得硬是"等。

昆明话的量词也多有特殊之处。如一阵雨叫"一仗雨"，一支枪叫"一杆枪"，一件事叫"一台事"，一座山叫"一架山"，一行字叫"一路字"，一团棉花叫"一坨棉花"，一把面叫"一簧面"，一座坟叫"一尊坟"，一辆车叫"一张车"，一面旗叫"一杆旗"，一条鱼叫"一尾鱼"，一条裤子叫"一腰裤子"，一件蓑衣叫"一领蓑衣"，一串葡萄叫"一爪葡萄"，一根棍子叫"一股棍子"，一支笔叫"一杆笔""一管笔"，一沓纸叫"一摞线""一沓纸"，玩了一次叫"玩了一盘"，回家一趟叫"回家一转"，打了几拳叫"打了几砣"，煨过三次叫"煨过三道"，咬了三口叫"咬了三嘴"等。

在昆明方言中，还有一套"客气话"，和普通话不太一样。如客气叫"央拘"；多谢叫"难为"；款待叫"招呼"；款待不周叫"没招呼好"，也叫"怠慢"；发请柬叫"下请帖"；讲客气不多吃叫"吃假饭"；饭桌的上席叫"上八位"；下席叫"下首"；打横叫"坐横头"；让菜叫"挝菜""央菜"，还叫"搛菜"；斟酒叫"上酒"；让酒叫"挝酒""央酒"；强为客人添饭叫"挝饭"等。

○ 当代"昆明话"

近年来昆明城市建设提速，内地和省内各地人口大量迁入，他们对昆明方言比较敏感，也让不少独具一格的"昆明话"被挖掘出来，在报纸杂志和互联网上纷纷亮相，从另一个角度看昆明方言，让人忍俊不禁。

这些被"揪"出来的昆明话大多是品评人的。如"块"说人健壮；"大拽拽"说人大大咧咧；恶心叫"嘈里嘈耐""嘈逼实耐"；贪婪叫"饿痨痨""饿逼屎痨""饿眯日眼"；笨叫"笨戳戳""笨逼戳戳"和"笨眯日眼"；脓包叫"日脓""日脓滴沰""日脓吧唧"，还叫"日不浓怂""脓包滴沰"；掩饰叫"装佯"；唠叨叫"喳哇"；够呛叫"够逗"；说二话叫"掂二话""整声气"；"悚"是说人胆小，"悚人"就是胆小鬼；"整得成"是有出息；"吃得成伙食"是吃得开，"吃不成伙食"就是吃不开；可恶叫"拔毒"，更厉害的叫"拔总毒"；"太仙了"是有趣，"仙人"就是有趣之人；"甩佛手柑"是空着手；戏弄叫"治雀"，滑稽叫"太雀了"，滑稽之人叫"雀人"；盛气凌人叫"神逼抖抖"；行为不良叫"嘈耐"，更

在昆明方言里，城墙下的这些土坯都叫"土基"

厉害的叫"槽逼屎奈"；狡辩叫"强刚"，进一步就是"强刚白"——"墙干了就白"。

还有：爽叫"散兴"，太爽了叫"太散兴了"，也可以简化为"太散了"；不爽叫"散闷"，很不爽叫"散干闷"，也可以说"太散闷了""散干闷了"；废话离谱叫"瞎嚼牙巴骨"，简称"瞎嚼"；胡言乱语叫"鬼扯"，也叫"狗扯"；好叫"板扎"；太好了叫"太板扎了"；气人叫"胀脖子"；不服气叫"日气""日鬼气"，又叫"日鼓"；多嘴叫"岔巴"，小姑娘多嘴叫"岔巴丫头"；挖苦叫"掂声气""整声气"；太疯了叫"太芍了"，但"芍姑娘"又是爱称，"芍婆"则有贬义；发神经叫"吃着菌了"或"吃着毒菌了"；像这样叫"仿这份""仿这种"；炫耀叫"抖草"；骗人叫"豁人"；猥琐叫"捂（恶）俗"；不服气叫"跄的起"；不听劝叫"日鼓"；揭短叫"抵干黄"；糊涂叫"颠东"；吩咐叫"支吩"；平白无故叫"好不生生"；不受欢迎叫"勾不走"；不爱说话叫"闷刍刍"；打瞌睡叫"发梦冲"；脸色难瞧，挑剔生事叫"鬼眯日眼"；一味坚持叫"鼓死"；捡便宜笑叫"捡豁皮"；脾气大叫"火色足"；出气包叫"散气包"；教训叫"理麻"；刻薄叫"鹊薄"；骗人叫"水人"；乱出主意叫"教人卖户口册"；寒酸叫"偻馊"；占便宜叫"占马门"；跑不掉叫"铆不脱"等等。

这里还有一堆名词和动词：全部叫"样事""样样事事"；窗户叫"窗凤"，还叫"窗乎"；天气太冷叫"冷眯日眼"；天气太热叫"热眯日眼"；光线太黑叫"黑漆麻古洞"；最前面叫"档头"。

再回到人上来：亲爱的叫"挨砍呢"；小伙子叫"小青酱"；子弟叫"洋芋"；脏鞋子叫"臭腌鱼"；跳花灯叫"崴花灯"；聊天叫"春壳子"；吃饭叫"吃馒馒"；吃撑了叫"憨撑烂胀"；抽烟叫"嗯烟"；睡觉叫"睡喏喏"；害怕叫"害里什怕""害里古什怕"；悄无声息叫"悄悄咪咪"；看看叫"吼吼"，看电影叫"吼电影"，看新媳妇叫"吼新媳妇"——不了解昆明方言的，这四个字要吓人一跳。"吼"定了新媳妇要结婚，又叫"比婚"——有人考证原来是"毕婚"，相当文雅，现在成了攀比的"比"。

还有几个独特的词：

"哝？"意思是"什么？"

"整哪样?"就是"干什么?"

"咋个?"是"怎么?"

而大概,就是"大谱气"了。

○昆明方言里的物名

昆明方言中的物名常常和普通话不一样,不知其意,但听其言,如堕五里雾中。如臭虫叫"壁虱";蟑螂叫"灶蚂蚁";兔唇叫"豁豁";樟脑球叫"臭蛋";斗笠叫"篾帽";碌碡叫"碾砣";砚台叫"砚瓦";粳米叫"吃米""饭米";火炉叫"风炉";驼背叫"背锅";信封叫"信壳";冰雹叫"雪钵子";膝盖叫"磕膝头";土坯叫"土基";麦芽糖叫"叮叮糖";脸盆叫"铜盆";药水叫"水水药"等。

抗日战争时期,江苏青年汪曾祺在昆明求学,到翠湖图书馆借书时,就对昆明话称借书单为"飞子"感到新奇。他说:"管理员把借书单叫作'飞子',昆明人把一切不大的纸片都叫作'飞子',买米的发票、包裹单、汽车票,都叫'飞子'。"(《翠湖心影》)——此之"飞子",当从"菲纸"而来,"菲"意为"薄",昆明人形容物件之薄,就说"薄菲菲(薄飞飞)呢"。普通话语词中,但凡有一个"子"音,来到昆明方言里,多半可以去掉"子"而重叠为一个名词,而且是正式的口语指称,而不是哄小孩的"马马""车车"之类。如飞子叫"飞飞",本子叫"本本",杯子叫"杯杯",刷子叫"刷刷",钩子叫"钩钩",架子叫"架架",扣子叫"扣扣",筛子叫"筛筛",盖子叫"盖盖",瓶子叫"瓶瓶"等。

哄小孩也常用叠字,如昆明儿歌:

月亮公公,打发鸡㞢。

鸡㞢满满,架笔管管。

笔管长长,架绿豆豆。

绿豆香香,架新姜姜。

新姜辣辣,架宝塔塔。

宝塔高高,掼着腰腰。

宝塔矮矮,掼着脸脸。

如此一叠,想象丰富,节奏明快,和谐生动,天然神韵,充满音乐美。叠字一去,则神韵全无。

此类重叠名词还可以加个"儿"音,更有特点。如叶子叫"叶(儿)叶(儿)";罐子叫"罐(儿)罐(儿)"等。

叠词还可以做动词，如"刷刷盘子""架架棚子""扣扣钮子""筛筛谷子""盖盖瓶子""洗洗罐子""拣拣叶子"等，又类似于普通话了。

○昆明方言中的本土成语

这个白衣衙役的做派就是"装洋使气"

昆明方言中有不少固定成型的词组或短句，其源于方言，简明扼要，朗朗上口，众人皆说，成之于语，或褒或贬，色彩鲜明——但因为这些成语太"昆明"，太接地气，非昆明人理解起来，很要费一番工夫。

昆明方言成语多半说的是人情世故。如形容人胖有"红白滥胀"；形容发抖有"抖鳞壳颤"；形容吃惊有"惊头鹿耳"；形容正经有"正古八经"；形容脓包有"日不浓怂"；形容怪诞有"怪里古董"；形容害怕有"害里什怕"；形容生气有"气鼓食胀"；形容渴肉渴油有"嘈心寡辣"；形容废话连篇有"嚼牙巴骨"；形容假惺惺有"假巴意思"；形容头脑不清有"昏头砸脑"；形容发怒争吵有"日鼓愣狰"；形容大喊大叫有"鬼喊辣叫"；形容出言不逊有"恶之赖嗓"；形容笑容可掬有"笑咪乐和"；形容当面下不去有"扫脸扫嘴"；形容声调不对有"左声左气"；形容嘻谕讥讽有"塞言捣语"；形容勉强别人有"恶鼓恶掐"；形容虚张声势叫"装神弄鬼"；形容以势压人叫"哈猫日狗"；形容磕磕碰碰有"跟楞绊倒"；形容手舞足蹈有"疯天杓地"；形容装模作样叫"装洋使气"；形容废话连篇有"嚼牙巴骨"；形容胡说一通有"胡枝扯叶"；形容倒霉有"背时倒运"；形容仓促行事有"旋蒸热卖"；形容动作悠缓有"慢条斯理"；形容当面发火有"劈头盖脸"；形容仰身躺倒有"四仰八叉"；形容穿着太艳有"花里胡哨"；形容肿得厉害有"青膀紫胀"；形容很清醒有"清醒白醒"；形容瞌睡睁不开眼有"眉（读迷）涩眼倒"等。

意思相同或相近的昆明方言成语也有不少。如形容人瘦有"干筋骨瘦"，还有"皮吊叮当";形容乱动有"渣脚舞手",还有"手闲脚痒";形容说谎有"扯白撂谎",还有"扯白撂野";形容胡言乱语有"鬼扯羊肠",还有"狗扯羊肠",简称"鬼扯";形容认死理有"死头干姜",还有"犟头日脑";形容不懂装懂有"神头二五",还有"神头神脑";形容装模作样有"装样（洋）使气",还有"雀神怪鸟";形容鬼祟有"贼头火化",还有"贼头贼脑";形容暴饮暴食有"憨撑滥胀",还有"憨撑屎胀";形容纠缠不休有"涎皮搭脸",有"涎皮赖脸",还有"上头使脸"等。

此外还有多义成语,如"鼻子邋遢"既形容鼻涕直流,又形容人太脓包;"杵手动脚"既形容挑衅,又形容咸猪手——也可以倒过来,叫"杵脚动手"……

涉及事物的昆明方言成语也有不少。如形容肮脏有"脏巴拉矢";形容密度高有"密麻见杆";形容扭曲有"弯不溜秋";形容顺序有"挨一擦二";形容生锈有"锈滴锈淌";形容冷清有"冷火秋烟";形容很早有"大清八早";形容很绿有"绿茵虹霞";形容周围有"轱辘团转";形容偶尔有"三不打时",还有"时不打时"等。

一些昆明方言成语背后还有说法。如老昆明人把"灰龙上天"视为凶兆,眼见得大事不好,就说"灰龙上天了"。"灰龙"之说起于刑场,见之民国《续修昆明县志》和《新纂云南通志》,说早年每逢狂风一起,昆明南教场就有一缕灰尘从地上卷起,开始时只有指头粗细,长一尺多。后来越飞越高,越高越大,一直飞到云中才消失。南教场原来是行刑杀人的地方,每当遇到卷起这种灰柱,第二天肯定要杀人,一猜就准。后来遇到灰柱卷起,第二天到教场做生意,就要早早避开刑场。老昆明人都把这种灰柱叫作"灰龙"——如今南教场早成了繁华的商业区,"灰龙上天"之说也渐行渐远了。

"贼头火耗"被称为典型的昆明方言成语。用来形容那些鬼鬼祟祟、居心不良、暗中坑人者,这个成语出自清代昆明煎销铺的宰客者,本章后面"从三教九流来的昆明话"一节中有详述。

○ "攒言子"：昆明版的歇后语

昆明方言中有不少"攒言子",源自古汉语中的"藏词",类似其他地方方言中的展言子、斩言辞,而昆明的"攒言子"说白了就是昆明版的歇后语。在昆明,能说攒言子的人都是能人,是朋友圈里最受欢迎之人。有俗话说"言子满攒,一肚子的草杆"——能说攒言子的人肚里有料,是有才之人。

昆明"攒言子"的特点和歇后语一样,就是"露头藏尾":说前半句,让对方想后半句。对方想不出来,再"放公鸡"——挑明。不少昆明"攒言子"完全是地方特色,每句攒言子背后都跟着个掌故,不是老昆明人,还真难得听明白。最早的"攒

昆明攒言子有："和尚戴冬帽——与众不同"。此中"冬帽"说的就是这些清廷官员戴的红缨官帽

言子"出在明初，说的是"蓝季子会大哥——饱餐一顿"。据说这个蓝季子是明初征滇大军统帅蓝玉的弟弟，是一个四方游荡之人。听说蓝玉打下了云南，蓝季子不远千里，忍饥挨饿，跑来投奔。一见蓝玉，蓝季子就叫饿。蓝玉让人摆上一大桌酒肉，蓝季子狼吞虎咽，憨撑烂胀，竟然撑倒胀死。

典出清代的昆明攒言子很多。如昆明坊间揶揄人会说"和尚戴冬帽——与众不同"。此中"冬帽"是清廷官员戴的红缨官帽，因清末官员腐败无能，其帽形似乌龟头，被借来骂人。只是殃及和尚，又何其无辜也。

又如"天子老爷改关圣——假头假脑"。此中的"天子老爷"是早年昆明城外南天台小庙里供的"灵光天子"。据说清光绪年间的中法战争中，云贵总督岑毓英率军参战，听说南天台的"灵光天子"不保清军，一怒之下，派人砍下"灵光天子"的脑袋，换上关圣帝的头，于是有"假头假脑"之说。

又如"龙圆局烟囱放屁——闷灶"。这个"龙圆局"是清代洋务运动中在钱局街建起来的铸币厂，厂里有大烟囱，烟囱上有警报器，警报一响，不是火灾，就是空袭，昆明人听到"烟囱响"就紧张、就郁闷、就烦躁。"躁"在昆明方言中发音为"灶"，因此有"烟囱放屁"而"闷灶（躁）"之说。接着还有"龙圆局的烟囱——二气"，这又因为龙圆局有两座烟囱，一冒就是两股浓烟，这叫"二气"。"二气"和今天说的"二"意思相近，有人言行犯傻、莫名其妙、不近情理，昆明人就会教训他："莫二气了！"

1934年，云南广播电台建成，因为昆明民间收音机极少，为扩大影响，当局大南门近日楼设置扩音器，让普通市民收听无线广播，于是有"大南城上吹喇叭——高调"，有几分讽喻当局"唱高调"的味道。

抗战时期，飞虎队进驻昆明巫家坝机场，控制了昆明的制空权，也给昆明带来了几个"攒言子"。说人装疯装傻就用飞虎队的袋状风向标说事："巫家坝的口袋——装风（疯）"；还有"飞虎队装喇叭——空喊""滇池海上吹喇叭——响（想）得宽"。抗战时西山顶上有防空阵地，于是有"西山顶上射靶子——高箭（见）"。日寇飞机轰炸昆明，五华山瞭望塔挂大灯笼发警报，这叫"五华山上的灯笼——高明"，挂大红灯笼是敌机来了,挂绿灯笼是敌机走了,不"高明"不行。

用地方说事的攒言子有:"小火车出南站——开远",旧时昆明人到滇南、滇东南,多半要从火车南站坐小火车先到开远;"云南走贵州——两省",有一举多得的意思;"得胜桥的警察——看桥(看瞧)",从前得胜桥有税卡,有税警;"北教场比武——各显神通",北教场是军队训练之地,早先还是武举乡试之地;"小板桥的姑娘——崴团掉呢",小板桥是昆明的"花灯窝子",那里的姑娘"崴花灯"崴得特别好。

老昆明的攒言子和旧时的风俗有关。清末昆明有"迎春(神)"之俗,扎制"春牛"游街,有赞礼生"春官"走在"春牛"前后,不停地念叨吉令。于是就有了这样的攒言子"春官的嘴——尽嚼好的",还有一句"两个春官同时睡——讲不完说不尽"。昆明富贵人家出殡,送葬队伍中总会有人抬着纸扎"打街鬼","鬼"手上拿着猪尿泡,一路摇晃,驱人"开路"。于是就有了攒言子:"猪尿泡打人——疼是不疼,瘆是瘆人"。旧时下葬要请巫师作法,又有一句攒言子来了:"坟头头上跳舞——装鬼吓人。"

不少昆明攒言子还和民间传说有关。早先昆明人有了乱不清的是非曲直,就会说:"黑龙潭边上照照去——搞清楚又说"。黑龙潭有两个水池,一个清,一个浊。传说早年两池水都是清的,后来一个大贪官饮马池边,那池潭水立即变得又黑又浑又臭,马一惊,将贪官颠进潭中淹死,从此,那半边潭水就再也变不清了。此处旧有一联曰:"有潭一浊一清,濯人自取耳;为吏或循或酷,宦者应思之。"昆明人劝人要有良心,就说"莫学黑龙潭的鱼——烂脊梁"。老昆明传说,古代有个昆明汉子因为老婆出轨,愤而到黑龙潭修道。后来老婆回心转意,几次请他回家,还做了一道他最爱吃的油炸白鱼送来。道士抽出鱼骨头,表示已经"吃"过,领了女人之情,然后把鱼放进潭里,那鱼竟活了起来。后来黑龙潭的鱼就没有脊骨了。除此以外,涉及动物的昆明攒言子还有:"三牌坊的老母猪打架——光动嘴""三牌坊的石狮子——老得大不得""三牌坊上的麻雀——东西不大,架子不小",还有"圆通山的八哥——玩嘴""牛屎拱拱戴眼镜——冒充地理学家"等。涉及植物的也有,如"扯荨麻叶揩屁股——自作自受",上山碰一下荨麻叶,皮肤就又辣又疼,更不用说用荨麻擦屁股了。还有"张三丰下滇池——搞鬼",张三丰是道人,昆明民间传说中驱邪捉鬼的高手。至于"徐文长的苍蝇——呕吼的啦",又出自昆明"徐文长卖呕吼"的智者传说。"呕吼"是昆明方言中的感叹词,表示极为惋惜。传说有个富家子给徐文长出了道难题,出高价向他买"呕吼"。徐文长递给富家子一个火柴盒,富家子打开盒子,苍蝇"嗡"地飞走,富家子不禁"呕吼"了一声,吃了个哑巴亏。

至商业攒言子,虽然多有调侃、讽刺之意,但也不失为老字号的口碑。其中最著名的就是那句"王运通的膏药——拔尽总毒"。这"拔总毒"在昆明方言中是个双关语,"拔毒"有"心狠过分"的意思,"拔总毒"就是"心太狠",而从字面上看,"拔毒"又有是拔除毒素的意思。清代昆明名医王太和创制了膏药,专治跌打损伤、疮疡痈疾,效果奇好。其儿子王运通加以改进,改膏药名为"拔毒膏",后来以攒言子的方式在坊间不胫而走,广为流传。"王运通"三字在昆明走红,成为一个成功的营销案例。此类攒言子不少:旧时昆明西院街(福照街)上旧衣铺林立,生意红火。除了收购昆明城内外的旧衣外,还从北京、江浙、四川、湖广等省进货,把各种旧衣服运昆明,再分销到省内各县,其中有商贩造黑心棉,请"托"骗人,于是有"西院街的生意——豁豁哄哄",此之"豁哄",又有"忽悠"的意思。昆明大道生的布质量好,多被军队买去做军装,又有"大道生的布——兵穿(宾川,滇西的一个县)";昆明最早的照相馆是水月轩,所用黑白底片让昆明人十分惊异,于是有"水月轩的底片——颠倒黑白";卖蜡烛的毕家做了个蜡烛模型刷上红漆当招牌,于是有"毕家的大蜡烛——徒有其表";正义路邱家巷口有家庭院式茶馆叫"大华交益社",是昆明"中产"的交谊中心,"大华"卖的松子精心加工,特别好吃,于是有"大华松子嗑出虾米来——什么仁(人)都有";市中心的华丰茶楼有三层,可以喝茶、洗澡、吃饭、办红白喜事,服务态度好,于是有"华丰茶楼上摆手——壶(胡)来";长春坊(今长春路)几家素酒店的高度酒很受酒客欢迎,于是有"长春坊的苞谷酒——冲劲大";南门外三市街的馆子多,所用猪油都得自己炼,老板总要千方百计炼出最后一滴油来,于是有"三市街的油渣——炼透了";三牌坊有家馆子叫"仁和园",卖过桥米线和剔骨鸡,烧卖也有名,于是有"仁和园的烧卖——撮着嘴(闭嘴,莫胡说)";早年盘龙江水可以喝,于是有"盘龙江边上卖水——多此一举";三纛巷(今民权街)旧日有不少棺材铺,于是有"三纛巷的生意——赚死人的钱";三纛巷附近又有"大索行",专门管挑棺材,他们抬棺材的杠子有椽子那么粗,叫"棺材杠",于是有"大索行请人——抬杠"等等。

有的昆明攒言子非得和昆明方言配起来,才能理解它的含义。如"蜂窝煤上呢孔雀——孔上加孔",你得知道这里的"孔雀"在昆明方言里是"自作多情"的意思,又可以简称"孔";又如"对得口缸放屁——喷缸",这个"喷缸"的意思是时髦;还有"芋头叶遮屁股——怀鬼",这个"怀"的意思是哄;再有"椅子上面蒙铁皮——板扎",这个"板扎"是平整扎实,也说人穿着整齐体面;至于"豁豁吃米线——双逮","豁豁"是兔唇,"双逮"是两头讨好,两头得益。

昆明攒言子还有连环的:先是"古井打水——吊老桶索",接下来是"吊老桶索——屙屎",简直是"双重攒言子",绝了。

○ "以柔克刚"的语气词

昆明方言直冲冲，直杠杠，直愣愣，语气硬扎，语调平直，很少转弯，于是就用"嘎""呢""嘛""噻""改"之类的词来调整语调，缓和语气，准确地表达自己的意思。如反问时说"你呢"，语气就有点儿硬，发声重语气就显得硬，而轻声说："么你呢（那么你呢）？"语气就柔和多了。

昆明人嘴边的常用的感叹词是"嘎"。如云南民歌唱词中有一句："阿老表，阿老表，你要来呢嘎。"其中一个"呢"一个"嘎"，就让原来强硬的语气亲切了许多。在日常生活中，说"我先吃了"或者"我先吃了嘎"，语气上的软硬也不一样："嘎"音重，语气比原来强；"嘎"音轻，语气比原来弱。类似的语气词还有"嘛"和"噻"，既能调和语调，又能丰富表达。

昆明人求你办事，最后说声："嘎？"意思近于"啊？"但表意更丰富，意思是："求你了，好不好？"如果说："我要讲了嘎？"就带点威胁的味道。至于"整不得嘎"，又有警告之意："这种事做不得啊！"说"走不得嘎！"也有这个意思。

在昆明话中，"气"也成了语气词，从"有点儿老"到"有点儿老气"，从"有点儿脏"到"有点儿脏气"，从"有点儿乱"到"有点儿乱气"，从"有点儿滑稽"到"有点儿滑稽气"——句尾加上一个"气"字，程度就更轻一些。

昆明人动不动就说"改"。这个"改"相当于普通话中的"吗"，有惊叹、反问、疑问、停顿之用。普通话里，"你想通了吗？"放在昆明话中，就是："你想通了改？"网友"大虫"把这个"改"归于"最具女人味的话"。说这个"改""集滇南话的绵软、滇西话的清亮于一身，其意相当于广东话的'哇噻'、北京话的'是吗'、上海话的'喏'、四川话的'要得'等等，含义丰富"——"一个'改'字要尽了女人娇、嗔、嗲、狂、暴、矜、噪等等十八般武艺"。所以"昆明女子说话时将'改'字放在一句话的结尾，意犹未尽，这时候你就要特别留神她的语调了"：

吃饭的时候，她问："你不吃了改？"简简单单一句话至少有四重含义，尽在尾声"改"字中。语调上扬的"改"是疑问。你怎么不吃了，是不是饱了？还是哪儿不舒服？"改"翘个小尾巴，关心你哩！语调短促的"改"是肯定和总结。看来你肯定是饱了，那么，那盘昆明特色菜青辣椒炒鸡蛋就属于她了。语调拖得很长的"改——"，意在言外，尾声的作用是决定性的。尾音下坠，掷地有声，属于愤怒和威胁：你怎么不吃了，是不是在哪儿吃过了？跟谁一起吃的？你胆大包天，竟然背着我跟谁去鬼混，看我怎么收拾你！尾音上扬，余音绕梁，就属于女人惯有的撒娇了：喔，亲爱的，不吃了？你减肥的决心好好大喔！你好可爱哟！

昆明人反问别人不说："为什么？"而说："哪样？"或者："为哪样？"不说"你干什么？"而说："你整哪样？"或"你干哪样？"夹了点埋怨的意思。如果说："你整些哪样？""你干些哪样？"接下来几乎就要翻脸了。有时还拖一婉转的长声，意思就成了："什么！"或者是惊奇，或者就是威胁。

昆明方言有惊叹词"买来"，更惊讶是"买来来"；还有"呃嘞"，更惊讶是"呃嘞嘞"；如今说得最多的是"美美桑"和"美美桑桑"，另一个发音是"买买桑"和"买买桑桑"。有学者建议用"买来来""买买桑"或者"买买桑桑"代替"噫吁嚱"，高声朗读大诗人李白的《蜀道难》：

买买桑——
蜀道之难，
难于上青天！
或者：
买来来——
危乎高哉！
蜀道之难，
难于上青天！

虽然这近乎昆明的"马普"——"马街普通话"，甚至"才到梁家河"，但"喊读"完毕，那才叫一个痛快，一种酣畅淋漓，无言可替，无语可比。

○近乎英语助动词"do"的"咯"

昆明喜欢说"咯"，用在疑问句中，出现的频率极高，几乎无"咯"不成话。

昆明人不说"好不好？"而说"咯是？""咯好？"类似的有"咯坏？""咯长？""咯短？""咯高？"

昆明人不说"吃不吃？"而说"咯吃？"于是有"咯看？""咯想？""咯仿？""咯走？""咯进？"

昆明人不说"知道吗？"而说"咯晓得？"于是有"咯认得？""咯整得？""咯乱得？""咯吃得？"

昆明人不说"不去吗？"而说"咯是不去？"于是有"咯是不吃？""咯是不想？""咯是不动？""咯是不听？""咯是不写？"最可怕的是："咯是你想死？"

有学者把这个"咯"看作英语里的助动词"do"，"咯"和"do"的句式竟然相差无几，都放在句首，都是疑问句——比如昆明话说："咯懂了？"英语说：Do you understand？昆明话："咯走了？"英语：Do you leave？

有人说这是昆明方言中独有的现象，不过，据专家考证，早在明清时期的白话小说中，就有类似的句式了，只是句式的"助动词"不是"咯"，而是"可"。而在如今的江淮方言和吴方言中，也有这种句式，至于"助动词"的读音，在苏州话中是"阿"，在合肥话中是"克"，如此而已（见张映庚《昆明方言的文化内涵》）。

其实，还有一种可能：由于省略主语，这个"咯"才意外地成了助动词——"你咯好"省略了"你"，才成了"咯好"；"老王咯晓得"省略了"老王"，才成了"咯晓得"；"他　是不去"省略了"他"，才成了"咯是不去"，如此等等——英语疑问句用了助动词"do"，主语仍在，二者之间还是有区别的。

○奇妙的强调语句

昆明方言组词组句，也有奇特的地方。

如强调语气句式，有"好了不得得"，于是有"喜欢了不得得"；有"难过了不得得"；有"累了不得得"；有"气了不得得"；有"饿了不得得"；有"省了不得得"；有"怪了不得得"等。

再有"好了好"，于是有"矮了矮""气了气""高了高""憨了憨""笨了笨""急了急""叫了叫""跳了跳"等。

昆明方言还可以"隔字叠"，组成四字词，以加重语气。如"挨一挨二""锈滴锈淌""赖毛赖屎""乱五乱六""扯东扯西""扫脸扫嘴""鬼说鬼讲""颠里颠东""白扯白曳""白说白讲""左声左气"等。有的"隔字叠"还有固定的句式。如说人"憕懂"，进一步就有"憕里憕懂"；说人"颠东"，就有"颠里颠东"。这个句式用得很多，如"鏖里鏖糟""偻里偻馊""背里背时""隔里隔磴""糊里糊涂""唠里唠叨""疙里疙瘩""啰里啰唆""合里合法""面里面糊""洋里洋扯""聒里聒煎"。昆明人说人"硬气"，强调一下就是"硬里硬气"，于是就有"粉里粉气"，有"流里流气"，有"怪里怪气"，有"鬼里鬼气"，有"憨里憨气"，有"昏里昏气"，有"小里小气"，有"犟里犟气"，有"拽里拽气"，有"楞里楞气"，有"闷里闷气"，有"娇里娇气"，有"妖里妖气"，有"奶里奶气"等。昆明人还说"神头神脑"，由此又有"贼头贼脑"，有"狗头狗脑"，

老昆明街上"多了多"的草帽

有"犟头犟脑",有"憨头憨脑",有"秃头秃脑",有"疯头疯脑"等。

昆明人对"憨"敏感,一个"憨"字不够,就有两个字的"憨包""憨乌""憨狗""憨猪",进一步是三个字的"憨包子""憨日浓""憨乌乌""憨蹦蹦"。再不过瘾,还有四个字的"憨不噜乌""憨里憨包""憨包气喘""憨头日脑""憨包滴沥""憨包气喘""憨眯憨眼""憨眯日眼""憨头憨脑""憨头日脑""憨里憨气""憨里十气"等等——就是憨人吃饭,也有"憨撑憨胀""憨撑滥胀""憨吃憨胀""憨吃憨长"等等。

昆明方言的加强语气还有个"～眯日眼"结构,如前面的"憨眯日眼",表达的多是负面情绪。如"烂眯日眼""怪眯日眼""恶眯日眼""大眯日眼""小眯日眼""笨眯日眼""远眯日眼""黑眯日眼""红眯日眼""白眯日眼""闹眯日眼""吵眯日眼""黑眯日眼""凶眯日眼""冷眯日眼""热眯日眼""饿眯日眼"等。另一个加强语气结构是"老～八～",多用在形容词上,如:比重还重是"老重八重";比大还大是"老大八大";比高还高是"老高八高";比贵还贵是"老贵八贵";比厚还厚是"老厚八厚";比远还远是"老远八远";比早还早是"老早八早";比晚还晚是"老晚八晚"等。

○叠字递进"步步高"

城门口的警察让人走到这里就"心慌慌"呢

还有叠字。"早"进一步是"老早",再进一步是"老早早",于是就有"老晚"和"老晚晚";"老远"和"老远远";"老厚"和"老厚厚";"老贵"和"老贵贵";"老高"和"老高高";"老个"和"老个个";"老大"和"老大大";"老巴"和"老巴巴"。此外还有"老鲜鲜""老重重""老谱谱""老广广"等。

不用那个"老"也可以叠起来,如形容词"油叽叽""小咪咪""厚档档""薄飞飞""蔫瘪瘪""瘪塌塌""憨绌绌""咸滴滴""热嚯嚯""瘦精精""犟拐拐""蛮格格""贼惊惊""惊潋潋""嚷麻麻""阴哝哝""晕叨叨""蛮艮艮""眼巴巴""眼鼓鼓""空猫猫""空闹闹""一下下""乌皂皂"等,都是强调语气。

论颜色,昆明人对黑最敏感,一说"黑"就有"黑碌碌""黑掐掐""黑耸耸""黑洞洞""黑黝黝""黑麻麻",接下来就有"花碌碌""火燎燎""阴森森""惨巴巴""杓颠颠""神抖抖""神戳戳""木登登""木壳壳""吃闯闯""焉瘪瘪""板塌塌""偻馊馊""憨蹦蹦""笨绰绰""差滴滴""刁施施""野叉叉""胖冬冬""大拽拽""嚷麻麻""粉争争""面冬冬""满当当""肉麻麻""肉呵呵""软趴趴""稠董董""汗叽叽""碎糟糟""疯叉叉""猥琐琐""稳妥妥""湿鲊鲊"等。

　　此类叠字还可以多用,多约定俗成。如"热和和""暖和和"和"热乎乎""烫乎乎""泡乎乎""灰乎乎";又有"瘦叽叽""酸叽叽";还有"乖噜噜""顺噜噜""光噜噜";有"化央央""嫩央央";有"水汪汪""清汪汪";有"好生生""粉生生""脆生生"等,语气中显出几分亲切。但说到"长甩甩""犟甩甩""活甩甩"和"犟坯坯""歪坯坯",加上"洋扯扯""绵扯扯",还有"臭滂滂""潮滂滂"和"红稀稀""绿稀稀",就有点儿不胜其烦了。

　　昆明话的叠字名词也不少,如"小媄媄""鬼娃娃""脚弯弯""洋挖挖""药面面""药片片""牛犊犊""马犊犊""鱼嘤嘤""羊嘤嘤""花包包""花朵朵""大柜柜""长棍棍""光架架""山箐箐"等,多是说给娃娃听或娃娃说的,很萌很稚嫩。

　　方位词也可以"叠",一"叠"语气就重。如很高叫"高高上";很低叫"底底下";很边叫"边边上";正中叫"中中间";边角叫"角角上";最里面叫"里里首"等。

　　昆明方言的叠字还会叠出不少同义词或近义词,如新有"新噜噜""新崭崭";绿有"绿茵茵""绿汪汪";说高有"高撂撂""高闪闪""高耸耸",说矮就只有个"矮绰绰"了;说黄有"黄生生""黄焦焦""黄灿灿";说"哑"有"哑绌绌""哑咪咪""哑悄悄";说长得漂亮是"水",有"水生生""水灵灵",还可以说"翠生生";水多而潮湿就是"水鲊鲊"了;说胖是"胖冬冬""胖嘟嘟";说不认真是"洋",有"洋垮垮""洋铲铲""洋扯扯",还可以说"皮扯扯""歪扯扯""鬼扯扯";说稀有"稀拉拉""稀汤汤""稀嘚嘚";说硬有"硬生生""硬拐拐""硬桨桨""硬铮铮""硬跷跷""硬板板";说稳有"稳当当""稳妥妥""稳夺夺";说直有"直冲冲""直杠杠""直愣愣""直瞄瞄";说灰尘多有"灰普普""灰糊糊""灰乎乎";说不振作有"萎缩缩""猥琐琐"等。

　　昆明方言中不仅有叠字,还有叠词,"叠"来"叠"去,语气就加重了。如"苦凉苦凉""干笑干笑""干跳干跳""屎臭屎臭""二佯二佯""佯扯佯扯"等。叠词可以"重叠",还可以"拆叠",也有加重语气的效果。如"悄密"叠成"悄悄密密";"惑哄"叠成"惑惑哄哄";"伸展"叠成"伸伸展展";"渣筋"叠成"渣渣筋筋";"实落"叠成"实实落落";"板扎"叠成"板板扎扎"等。

老方言

○昆明方言绕口令："瓷盘儿碰石坎儿"

昆明话要说好也不容易，坊间也流传着不少方言绕口令，帮助昆明人特别是娃娃说好昆明话。

如昆明话里的儿化音特别多，许多名词都可以"儿化"，如一首昆明儿歌这样唱"大舅"：

开门见大舅：
帽子戴着大半片儿，
衣裳打齐肚脐眼儿，
裤子打齐脚连杆儿，
鞋子拖着两半截儿，
左手抬着土大碗儿，
右手拿着竹拐棍儿。
大舅真可怜。

儿化音要咬准也有点儿难度。于是有这样的绕口令：

挑瓷盘儿，上石坎儿，
瓷盘儿碰石坎儿，
石坎儿碰瓷盘儿，
打烂瓷盘儿赔石坎儿，
打烂石坎儿赔瓷盘儿，
不知是瓷盘儿碰石坎儿
还是石坎儿碰瓷盘儿。

清末昆明街头的娃娃和持枪兵勇

在昆明方言中，"坎"读作"刻"，"盘"读作"pe"，两字同韵，加上儿化，更不易区别。

儿化音绕口令还有一个：

东山有个小和尚叫斑琅白，
西山有个小和尚叫白斑琅。
斑琅白会炸油折儿，
白斑琅会煮汤圆儿，
斑琅白不吃白斑琅煮的汤圆儿，

白斑琅不吃斑琅白炸的油拆儿。

还有一首：

一披杨柳叶儿，夹着两披杨柳叶儿；

两披杨柳叶儿，夹着三披杨柳叶儿……

这样要一直数到"十"。其中的"披"是昆明方言，意思是"片"。

另一个绕口令结构类似：

一棵大白菜，扳一披，洗一披，放进烧箕；

两棵大白菜，扳两披，洗两披，放进烧箕……

这样也要一直数到"十"。

在儿歌绕口令中，涉及吃的不少：

爸爸给我钱要我买爸爸想吃的粑粑，

我买着爸爸想吃的粑粑喊爸爸来吃粑粑，

不要听成喊粑粑来吃爸爸，

要听合了是喊爸爸来吃粑粑。

这都要用昆明话来念，才显得出难度。下面一首含有昆明方言特有的叠音名词，看着简单，用昆明话来念就难了：

包包和炮炮，

炮炮和包包。

炮炮打包包，

包包打炮炮。

有的不管用昆明话还是普通话来念，都有难度：

嫂嫂织布，哥哥卖布。

小弟弟裤破，哪有补裤布，没有布补裤。

哥哥拿来补裤布，嫂嫂用来布补裤，为小弟弟补布裤。

在昆明安宁，说起各村镇的民间风情，还有一大段说词，末字都是一个"儿"：

山口村的金殿坎儿，燕塔村的滑石板儿；

权甫村的瓦盆罐儿，德兹村的花瓷碗儿；

礼义村的山林果儿，白登村的砀山梨儿；

大屯村的黄萝卜儿，山光甸的蚕豆米儿；

打金甸的甜荸荠儿，小菜园的大葱头儿；

大地村的芋头片儿，小汉营的韭菜薹儿；

连然街的竹篾篮儿，温泉镇的洗澡盆儿；

天进山的娃娃吹芦笙儿，王家庄的娃娃吹瓜秆儿；

上截儿的木匠会加楔儿，下截儿的木匠会加钱儿……

"昆明话"里的古词古音

昆明地处边疆，与内地山水阻隔，社会环境相对封闭，语词新陈代谢相对缓慢，保存了不少内地已淘汰或极少使用的古代词汇和古代语音，成为昆明方言的一大特点。

有人笑昆明方言用词、发音奇怪，却不知这些发音恰恰出自古代中原官话，没有受到北方游牧民族的影响，古风犹在，古貌犹存，非常纯粹，非常难得。如昆明方言中没有翘舌音 zhi、chi、shi，只有 zi、ci、si，l 和 n 不分，还没有撮嘴音，被认为是学习普通话的大难点，甚至是昆明话"老土"的证明。但据学者考证，明代北京官话里就没有 zhi、chi、shi 的发声，而当时北京的"京"也念……jin 而非 jing——可见昆明方言里保留了古代官话发音，而普通话的发音受北方游牧民族的影响较多，反而少了一些"古韵"。元末明初江苏诗人顾瑛有一首《自题像》诗：

儒衣僧帽道人鞋，天下青山骨可埋。

若说向时豪侠处，五陵鞍马洛阳街。

按普通话来读，此诗怎么也不押韵。如果改用昆明方言，鞋读作"孩"，街读作"该"，整个韵脚就顺了。

谈到中国传统文化，学界有"失之中原，得之四夷"之说，这在昆明方言中也可以得到印证。从一定的意义上说，昆明方言称得上是中国古代语言的"活化石"。

○ "昆明话"里的"上古词"

从先秦至魏晋时期（约公元前10世纪~公元5世纪）的词汇在语言学中叫"上古词"。保留在昆明方言中的"上古词"就不少。如昆明人常说"滴沥"二字，用于加深"贬人"的语气，如：脓包滴沥、日脓滴沥、憨包滴沥、鼻子滴沥、眼屎滴沥、鏖糟滴沥、腌臜滴沥、花子滴沥、烟渣滴沥等。据专家考证，这个"滴沥"是象声词，源远流长，东汉崔寔的《四民月令》里就有这两个字，元杂剧里也有，都用来表达下雨滴水的声音，昆明人就说滴水是"滴滴沥沥"，但没想到竟然还是个"上古词"。

清嘉庆年间，山东曲阜进士桂馥到云南做官，其精于考据，写下一部《滇游续笔》。他听到昆明人死叫"坏"，"其父母死亦曰'坏'"，有人"闻而大怪之"。桂馥考证了一番，在汉人刘熙的《释名》中找到了这个"坏"的出处："诸侯曰'薨'。'坏'之声也。"——诸侯死叫作"薨"，汉代读做"坏"。《曲礼》也说："天子死曰'崩'，诸侯曰'薨'。"郑注："自上颠坏曰'崩'。薨，颠坏之声。"何休《公羊解诂》也说："崩，大毁坏之辞"；"薨，小毁坏之辞"——昆明人把老年人去世称为"坏嘚了"，原来是汉代古音、上古词语。

昆明方言中类似的"上古词"还有"儇实"，意思是精明能干；有"相干"，意思是关联；有"跛门"，意思是踢门；有"冲墙"，意思是撞墙；"一党"，意思是"一群"，如"一党鸭子"之类；有"独"，意思是自私，如"独吃独生疮"之类；有"断"，意思是判决，如"儿子断给妈了"；有"踪"，意思是"跟"，如"莫紧踪得我了"；有"恶"，意思是厉害，如"这个辣子太恶了"；有"披"，意思是断裂、失败，如"这根竹子披掉了"，"这件事做披掉了"；有"块"，意思是高大魁梧，如"这个伙子太块了"；有"访访"，意思是"征求意见"，如"访访你的老师去"等。其他还有"粪草"，就是垃圾；有"坚牢"，就是坚固；有"交接"，就是交涉、交代；有"素请"，就是白吃；有"开梭"，就是开溜等等。

至于单字，昆明话里旺子的"旺"；抿一口的"抿"；焙药的"焙"；炕粑粑的"炕"；滗汤的"滗"；钳鸡毛的"钳"；尿脬的"脬"；泔水的"泔"；冲壳子的"壳"；汤鼓子的"鼓"；绲边的"绲"；神头神脑的"神"等等，也都是"上古字"。

昆明有一种野菜叫"灰藋菜"，这个"藋"出自《庄子·徐无鬼》中"藜藋柱乎鼪鼬之迳"之句，也是上古字，指一种藜类植物，嫩叶可以吃。

昆明坊间有儿歌唱道：

媒婆媒婆，两边说合。

下几颗蒙淞雨，沥死沥活。

这里的"蒙淞雨"就是小雨，早在汉代的《说文解字》上就有记载了，是上古词。"沰"是"滴沰"的沰，也是上古词。

○《周易》《诗经》中贬出来的"二"

老昆明人求福、禄、寿、喜，求多子多孙，这些愿望都附有吉祥数字，如"四喜""五福""四季平安""五谷丰登""六六大顺""八方呼应""九九至尊""十全十美""百年好合""万寿无疆"等——有意思的是，一"福"一"禄"叠加是大吉，应该有个"二"，昆明人却又只说"福禄双全"，偏不称"二"，这却是为何？

在《易经》中，一生二，一分为二，二是一的对立面，所谓"独一无二"，历史上就有"原罪"，被称为"道德贬义"。如《诗经·大明》"上帝临女，无贰尔心"——"贰心"就是不专心，不忠心。这个"原罪"在昆明方言中被用到了极致。

昆明人称半吊子为"二气"，民国《昆明市志》说这个"二气"是骂人"言行不循礼也"，比"二气"更恼火的是"二里二气"，昆明有俗话称："二气带朸，走路带摇"，由此又有"二朸哥"之称。在昆明方言中，诸如此类的"二"不少：吊儿郎当叫"二不郎当"；犟头犟脑叫"二鼓二鼓"；又憨又犟叫"二憨"；说话行事荒唐叫"鬼老二"；讲怪话发牢骚叫"拈二话"；牢骚话多叫"二话郎当"；漫不经心是"二洋二洋"；风气不正是"上梁不正二梁歪"；小偷扒手叫"二级钳工"；无端挑衅叫"二衅二衅"；做事不牢靠叫"二不黄昏"，轻浮也叫"二不黄昏"；而不知深浅地胡来是"铁锅头煮汤圆——二冲二冲呢"！

昆明人还把轻浮、不正经叫"二四"，还叫"二五"，叫"二五郎当"，又叫"神头二五"，无理纠缠就叫"二五裹搅"，话说不清也是"二五裹搅"，关系不正常还是"二五裹搅"——据说因为五减二得三，六减二得四，所以"不三不四"也叫"二五二六"——可谓欲加之"二"，何患无辞！

这个"二"的负能量还牵连到"下家"的那个"三"，所谓"络二连三"是也。如从"二流"到"三流"，还有"三只手""三只眼""三长两短""三心二意""三姑六婆"等，无不殃及。

在昆明话中，几乎只有一个"正二八经"把"二"引成正面的褒义，但再一查，在更早的昆明方言里，这个"正二八经"却叫"正古八经"——还是没有那个很"正"的"二"！

○从古书中演绎出来的"鬼话"

所谓"鬼",一般解为"人死后之精灵"。孔圣人有"未能事人,焉能事鬼"的名言,但古书中"涉鬼"文不少。东汉郑玄所注的《易》中称"游魂谓之鬼",民间也信鬼,昆明人就多"鬼话",却多从古书中来。

春秋《左传》称:"鬼犹求食,若敖氏之鬼不其馁而!"于是昆明人就有"鬼抹肠子"之说,有"饿痨鬼"之说,还有"鬼扯羊肠"之说——尽管后者有点儿不靠谱。

南北朝《世说新语》曰:"鬼子敢尔!"昆明人就说"你这个鬼老二也仿这种讲?"

唐代杜甫的《玉华宫》诗云:"阴房鬼火青"。昆明也说"发鬼火",而且"鬼火绿"——当然说的是发脾气。

宋元《文献通考》有"鬼才"之评,全为褒义,昆明人则说"鬼主意""鬼点子",褒贬都可,至于"小鬼头",则是正话反说,多为褒义了。而"小气鬼""捣蛋鬼"甚至"背时鬼"之类,就完全贬义了。

先秦《列子》称"有一人从石壁中出,随烟烬上下,众谓鬼物",这就是"游魂"(《易》),可憎可怖,昆明人怕鬼,骂人就说"见鬼""活见鬼",说"鬼难实瞧"、说"好瞧个鬼"、说"鬼画桃符",还有"鬼慌什乱",简称"鬼乱",有"鬼眉日眼""鬼眉鬼眼",简称"鬼眉";昆明人怕听鬼语,又骂人"鬼吵什闹""鬼喊辣叫""鬼叫辣喊""鬼说鬼讲""鬼话郎当"——总之就是"好个鬼",或者再强调一下:"好个鬼了么好"!

○"昆明话"里的隋唐五代词

老昆明人称叔叔为"耶";二叔叫"二耶"、三叔叫"三耶",而小叔叫"老耶"——这个"耶"也是个古词,隋唐五代时就有了。在语言学上,这个时期的词汇属于中古词,时间是从南北朝到唐宋,公元5世纪~13世纪。

昆明话说批评人叫"包弹",如:"你莫包弹他了,他也是没得办法。"说人好就说:"这个人做事没得哪样包弹的。"这个"包弹"可以从唐人李商隐的《杂纂》中找到,叫"包弹品味"。还可以从明人高明的《琵琶记》中找到,说"一个没包弹的俊脸"——和昆明方言的表达一模一样。

在昆明方言词汇中,臭虫叫"壁虱";惹祸叫"掇祸";花开叫"花发";车前子叫"蛤蟆叶儿";干腌菜叫"鲊菜";干腌鱼叫"鱼鲊";吓着叫"赫着";摆放叫"顿";记忆能力叫"记功";随便他叫"任随他""随由他"或"由随他"等,都出自隋唐五代。还有拦叫"断（发音'短'）"，如"在路上断着他"；不如叫"不敌（发音'抵'）"，如"薪水不敌他的多"；该说叫"合说"，如"合说说他了"；蒙骗叫"和（huō）"，如"和和哄哄""和和骗骗""和人哄人"；别叫"莫"，如"莫说了""莫讲了""莫挨他玩"；尾随叫"尾"，如"尾得我走"；招供叫"款"，如"款款你这个钱从哪点来的？"

昆明话还会说"揩着背上""坐着前首""摆着家首""丢着外首""顿着左首"，这个"着（发音'dē'）"句式也出自隋唐五代。其中"首"是个方位词，又出自宋代，意思是"那里"——一语而出两代，真是"神"了。

○"昆明话"里的"宋词"

昆明方言中的不少常用词都是"宋词"——宋代词汇。昆明人天天要吃饭，叫"吃馒馒"，这是"宋词"；吃好了长胖了，叫"颠嘟嘟"，也是"宋词"。"吃"有个贬称叫"噇（音肿）"，吃饭叫"噇脖子"，还叫"捣脖子"，叫"捽喉眼儿"，形象之极，这个"噇"也是宋词（北宋《集韵》：噇，食无廉也）；吃了肯定要"屙"，"屙屎""屙尿"，这个"屙"还是"宋词"。

昆明人喜欢到乡村集市买土产，说是"赶乡街子"，把集市叫作"街"，这是"宋词"，买得便宜就说买得"相因"，这个"相因"也是"宋词"。

昆明谚语说"有雨山戴帽"，意思是山顶云雾笼罩。按宋人范成大的《吴船录》所记，当时江西也有谚语"庐山戴帽，平地安灶"，可见"戴帽"至少也是个"宋词"。

"宋词"属于中古词。昆明话里的"宋词"很多。如"索子"，即绳子；"阁落"，即角落；"索粉"，即粉丝；"岸口"，即渡口；"鏖糟"，即肮脏；"倒反"，即反而；"鬼慌"，即慌张；"掂声气"，即讥讽；"鬼闹"，即胡闹；"纵"，即跳；"斗钱"，即凑钱；"吼吼"，即看看；"记不得"，即"不记得"；"恶辣"，即狠毒；"马兀"，即大方凳；"瓜葛亲"，即远房亲戚；"二四"，即不正经、不正常；"撑展""撑脱"，即漂亮等等——还有个"漏风掌"，说的是抽耳光，一巴掌甩过来，指间疾风骤起，生猛无比，生动之极。

○元仁宗颁赐筇竹寺圣旨中的元代白话

元至大三年（1310年），昆明筇竹寺方丈玄坚赶到北京，为元武宗海山祝寿，海山特赐《大藏经》，以示皇恩浩荡，怀柔天下。玄坚将《大藏经》运回昆明，分别藏于筇竹寺和圆通寺。到延祐三年（1316年），元仁宗爱育黎拔力八达颁赐圣旨，命筇竹寺住持玄坚立教法门，护持藏经，并令地方官府保护寺产，免征赋役。玄坚接旨后，刻为石碑，立在寺中，称《圣旨碑》。

中国古代碑刻文字基本上都是文言书面语，只有元碑不同，多把朝野口头语直接刻到碑上，留下了独具一格的"白话碑"。其中云南有两块，一块是大理的《大崇圣寺碑》，今已不存。另一块就是昆明筇竹寺的《圣旨碑》，又称"白话碑"或"白话圣旨碑"，保存在筇竹寺大殿左侧。这是一方砂石碑，高1.5米，宽0.85米，碑文不署年号，只说降旨于"龙儿年四月二十三日"，即元代的延祐三年（1316年），这一年是丙辰年，属龙。把龙年称为"龙儿年"，是为儿化音，可见当时口语如此。这块碑在研究历史、地理、语言、文字、佛教、寺院经济等方面都有重要价值，已被列为云南省重点文物保护单位。其"白话"碑文如下：

筇竹寺的元代"白话圣旨碑"

长寿天气力里、大福荫护助里皇帝圣旨：

军官每根底、军人每根底、城子里达鲁花赤官人每根底、来往使臣每根底——宣谕的圣旨：

成吉思皇帝，月阔台皇帝，完泽笃皇帝，曲律皇帝圣旨里：

  和尚，也里要赐藏经与筇竹寺里，命玄坚和尚住持本山转阅，以祝圣寿，以祈民安。凡不拣甚么休当，告天祝寿者么道有来。如今依先的圣旨体例，教甚么差发休当，告天祝寿者么道。云南鸭池城子玉案山筇竹寺住持玄坚长老，为头和尚每根底，执把大藏经帙与了，圣旨□玄坚教修本寺里藏经楼，并寺院房舍完了者。差发、铺马、祗应休当者，税粮休当者。但系寺院的田园、地双、人口、头足、铺面、典库、浴堂，不拣甚么的，是谁休夺要者，休倚气力者。更者，和尚每，有圣旨么道：没体例的勾当做呵，他更不怕甚么。

  圣旨。

  龙儿年四月二十三日，大都有时分写来。

  碑文中有蒙古语和白族语的音译，如"鸭赤"为当时昆明城名；"龙儿年"可见其时仍以十二属相纪年;"双"为白族语,大理国时期的田亩面积单位。据明代《滇略》之说,"田四亩谓之一双,盖西域语","滇西近天竺,故其方言云尔"。此中"天竺"指印度,可见这个"双"还是当时的印度语。

这道圣旨写得通俗可爱,又威势逼人,有元曲之风。只不知是"官译"还是"私译",竟有如此效果。其中"城子"和"军人每(发音mē)"等语,至今仍在昆明方言中使用。清道光《昆明县志》就说昆明人自称"我每",二者之间,可见昆明方言的源头之一,值得研究。

○ "昆明话"里的"元曲"

这个官的样子就是"恶嗽嗽呢"

20世纪40年代,语言学家罗常培研究了昆明方言,认为昆明方言话音主要源头是元大都(今北京)话,同时也受了南京话的影响(《云南之语言》),这是有道理的。至今不少昆明方言词语都可以在元代杂剧的戏词唱曲中找到。如这段昆明老奶数落老倌的话:

老倌儿(见《东坡梦》,即老头儿),老祖公(见《张天师》,祖父),赶紧(见《汉宫秋》,急),等不得(见《调风月》,等不住)了,饿呢嘈心(见《忍字记》,渴肉)寡辣的,莫说些不打紧(见《救风尘》,不要紧)——哪样?你只昝(见《鸳鸯被》,时候)还没笼火(见《合汗衫》,生火)改?冤业(见《百花亭》,冤家)啊!你莫伊里乌芦(见《冻苏秦》,啰里啰唆)呢,我绝早(见《临江驿》,清早)去赶斋(见《破窑记》,到庙里讨斋饭),晌午(见《冤家债主》,下午的点心)都某嚓(见《小尉迟》,吃)着,这晚夕(见《东堂老》,晚上)才回来,央及(见《救风尘》,央求)过你煮煮饭。你这个老毛贼(见《幽闺记》,盗贼),偏生(见《东堂老》,偏偏)挂将将军不下马(见《虎头牌》,一种打开取不下钥匙的锁),就料(见《罗李郎》,急走)到外首赶饭(见《杀狗劝夫》,蹭吃喝),这昝(见上)转来(见《陈州粜米》,回来)坐得马机(《张天师》,凳子)上,还挺得肚囊(见《李逵负荆》,肚腹)皮坦坦地抹(见《昊天塔》,捋)胡子,看见我还想撂(见上,溜)?

望着（见《合汗衫》，朝着）我整哪样？瞅（见《杀狗劝夫》，看）哪样瞅？是我恶噷噷（见《两世姻缘》，恶狠狠）还是你恶噷噷呢？我都气呢裹食（见《冤家债主》，生气引起消化不良）了，鬼抹肠子呢咋处（见《燕青博鱼》，怎么办）？合（见元人许衡《鲁斋遗书》，正确）了，我倒灶（见《桃花女》，倒霉）了我！不是我杓（见《玉壶春》，傻、笨），不是我聒煎（见《秋闺》，聒噪），也不是我根究（见《临江驿》，追究）、一惊一乍（见《鸳鸯被》，惊恐）呢，在前（见《东堂老》，以前）我就是赔钱货（见《黄粱梦》，女儿的贱称），一了（《冻苏秦》，一向）不听别个（见《调风月》，别人）劝，烧了断头香（见《救孝子》，中途烧灭或折断的香），鼓得来你家当媳妇（见《杀狗劝夫》，妻子），嫁给你这个老古憋（见《金钱记》，执拗），和和哄哄（见《来生债》，蒙骗）地嗳（见《桃花女》，诱使）到手了，落（见《陈州粜米》，克扣）了我的人，一处（见《杀狗劝夫》，一起）那么些年，偏生（见《东堂老》，偏偏）说我上不得台盘（见《遇上皇》，上台面），独独（见《张生煮海》，唯独）见不得（见《争报恩》，看不惯）我。这阵蹬都蹬不脱（见《曲江池》，断送），我都碜（见《萧淑兰》，害羞）不得了。

将得（见《鸳鸯被》，顺便）手就做得了的事，趔（见《离魂》，挪动）下脚，动下手，尽够（见《杀狗劝夫》，足够）了。手爪子（见《燕青博鱼》，手）往灶窝（见《虎头牌》，灶洞）首搞把柴，往锅首掭（见《陈州粜米》，舀）瓢水，饭就焖（见《蒋神灵应》，焖饭）得了，也不打紧（见《元典章》，要紧），你贪酒溺着脚后跟（见《智勘后庭花》，好吃懒做），咋个会整了仿（见《东堂老》，像）这种糠皮（见《陈州粜米》，秕糠）料草（见《借马》，草料）呢？你倒是丁一卯二（见《儿女团圆》，丁是丁，卯是卯）呢讲清楚。我说的都不当数（见《元朝秘史》，不当回事），你根底（见《岳阳楼》，从来）不做，还挨我打牙料嘴（见《后庭花》，耍贫嘴）呢，推哪样病（见《窦娥冤》，托病）？说哪样不自在（见《西厢记》，生病）？硬挣挣（见《陈州粜米》，硬是）呢还不服烧埋（见《张天师》，不服气），没有滴滴承头（见《范张鸡黍》，承当），底根儿（见《岳阳楼》，压根儿）就是不想做，见不得（见《争报恩》，看不惯）我多耷（见上）闲一下，也不急忙（见《汉宫秋》，赶紧）整顿饭。不兴周周正正（见《玉镜台》，端端正正）呢做一台事，把（见《灰阑记》，占着）得茅斯（见《老生儿》，厕所）不屙屎，转来（见上）积点阴功（见《小张屠焚儿救母》，积阴德）都不会。仿（见上）你这种，小心我破（见《对玉梳》，豁出去）着喷（见《合汗衫》，训斥）你一台，给你眼扎毛（见《生金阁》，眼睫毛）都不留一根，挨你放翻（见《风光好》，摆倒）掉。

——按语言学的分期，这些元曲里的词汇都是近古词。

○ "昆明话"里的近古"官话"发音

不少昆明话的发言和普通话不同,被认为是"土",还编排了不少笑话。但是,在语言学家的眼里,这些"本土"正是大雅,保留了不少古代的读音,很有研究价值。

旧时昆明坊间笑话,一个女孩生了虫牙,说话自忌大开口。人问其姓,答曰:"姓吴。"问其名,答曰:"叫务。"问其年龄,答曰:"十五。"问其住址,答曰:"翠湖。"问其何时出门,答曰:"中午。"问其婚否,答曰:"可恶。"笑完了,再来看女孩"答口"的句末之字,"吴""五""务""铺""午""恶",按昆明方言的发音,声母都是(V),在语言学中叫"唇齿浊擦音",这是宋代以前的发音,记录在《广韵》里。现代普通话里已经没有这个声母了,变成了半元音(W)。

昆明方言中"孩子"和"鞋子"不分,坊间编排了不少笑话。说北京人到昆明,在街上把孩子挤丢了,请警察帮助寻找"孩子",警察见他的"鞋子"还好好地穿在脚上,认为他有神经病。殊不知昆明方言里这个"孩"的读音资历很深,是中古音。类似的读音还有世界的"界"、街道的"街"、解放的"解"、机械的"械"、螃蟹的"蟹"等等。元末明初江苏诗人顾瑛有一首《自题像》,按照当今的普通话语音,怎么读也不押韵:

儒衣僧帽道人鞋,天下青山骨可埋。
若说向时豪侠处,五陵鞍马洛阳街。

如果用昆明方言来读,鞋读作"孩",街读作"该",整个韵脚就顺了。

再说哥哥,昆明方言发音是"锅锅",这是元代以前的读音;昆明官渡方言叫"高高",更是上古音。类似的有"戈壁"发音"锅壁";"歌剧"发音"锅剧";"诗歌"发音"诗锅";"割肉"发音"国人",还有"适合"发音"适霍";"禾苗"发音"活苗";"河流"发音"活流"等等。

诸如此类的例子还有不少。如老昆明人把"光荣"读作"光涌";"内容"读作"内涌";"融合"读作"涌活";"融化"读作"涌化"——这个近似于"涌"的发音也是元代以前的"古董"。

昆明方言没有撮嘴音。老昆明人把"教育"读作"教油";"歌曲"读作"锅求";"委屈"读作"委求";"屈服"读作"求服";又把"战略"读作"战流";"喧哗"读作"先哗"——据学者考证,这都是元代甚至宋代以前的发音,都是古音。

昆明方言没有后鼻音,"民"和"明"都读"民";"单"和"当"都读"单";"亲"和"轻"都读"亲"。昆明方言没有"知""痴""诗"三个音,发音是"资""雌""丝"——

于是把"上税"读作"上岁";"睡觉"读作"岁觉";"吃饭"读作"慈饭";"上海"读作"三海";"老师"读作"老司"等等——这都是元代甚至宋代之前标准的中原发音,也就是当时的"官话"发音。

有人嘲笑昆明方言发音奇怪,殊不知这些发音恰恰是宋代"官话"的标准发音,没有受到北方游牧民族的影响,古风古貌犹存,非常难得。

○朱元璋"敕谕"昆明的江南口语和书面语

明代昆明方言的源头在明太祖朱元璋。其送到云南和昆明的,不仅有数百万江南移民,还有江南各省的方言,其中影响最大的,就是当时朝中通用的"官话",可见于明初朱元璋颁发给征滇将领的谕旨中。

明洪武年间,云南左布政使张紞曾收录当时朱元璋下达云南的诏令,编为《云南机务抄黄》。其中有洪武十五年(1382年)八月二十九日所发的一道"敕谕",全以口语写成,可见当时"官话"大概,原文如下:

敕谕总兵官征南将军颍川侯、西平侯:

云南地方粮食,生受各处安放,军卫务要活落调遣,庶使军官军人不致艰辛。若安顿不如法,大军一回,诸夷作乱,人少难以制伏。若差去舍人至军中,须要把逃军的缘故说与各处守御军士知道。这蛮人地面里,凡在逃军人,但下路的,不曾有一个出得来,都被蛮人深山里杀了。不杀的,将木墩子墩了,教与他种田。差去舍人,到时可即将蓝玉、费聚、吴复三侯,王、张、郭三都督这几个领的军都会做一处,搜山杀蛮。军势既大,蛮人地方窄狭,可以擒获。无粮处休教军守。止于赤水立一卫,毕节立一卫,七星关立一卫,黑张迤南、瓦店迤北分中立一卫。如此分布守定,往来云南便益。其水西、霭翠地方,必会十万之上军数踏尽了,然后方是平定。此等料度,皆是我坐家说的,不知可行不可行,军中自从其便。如敕奉行。

洪武十五年八月二十九日

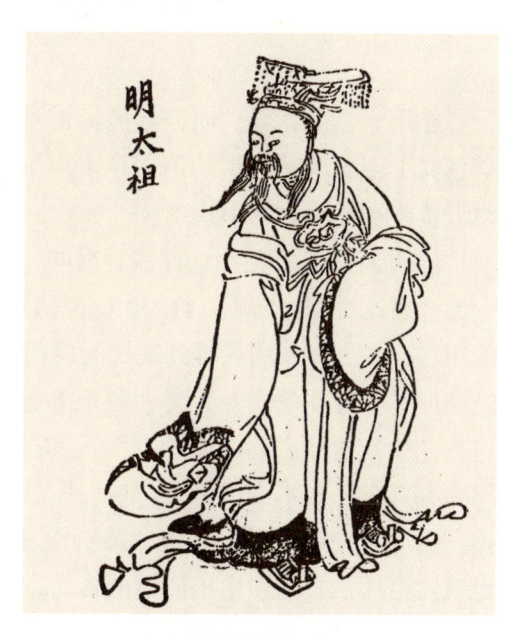

明太祖就"仿这份样子"

这篇"敕谕"明白如话，简洁生动，刚柔相济，虎视眈眈。其中"生受""活落""地面"等语，今天的昆明方言还在用。而在《明太祖实录》中，这番白话成了一纸文言，"生受""活落""地面"都不见了：

遣使谕征南将军颍川侯傅友德、右副将军西平侯沐英曰：

云南士卒艰食，措置军事，贵乎得宜。不则，大军一回，诸夷复叛，力莫能制其。士卒逋逃者既入蛮地，不复能出，盖非蛮人杀之，则必为禁锢深山，使之耕作。凡守御之处，当以此晓之。蓝玉、费聚、吴复三侯，王、张、郭三都督，会所部兵马，穷索山林，则余寇可悉擒也。兵既艰食，固不宜分。止于赤水、毕节、七星关各置一卫，黑张之南、瓦店之北中置一卫。如此分守，则云南道路往来无碍矣。霭翠之地，必以十万众乃可定也。凡此数者，朕所见大概耳。万里之外，岂能周知，若军中便宜，则在将军等自处置也。

一文一白，两相比对，读来甚有趣味。

明初江南白话对昆明方言影响不小。明成化年间，云南镇守太监钱能"淫虐"而"民不堪命"，巡抚王恕揭发钱能，竟被调离。昆明城中有民谣曰：

王恕再来天有眼，

钱能不去地无皮。

完全白话，至今读来毫不费力，当时"民谣如此"。（清嘉庆《滇系》）

○ "昆明话"里的明清小说语言

在语言学上，元、明两代的词汇被归于近古词，清代的词汇属于现代词。从这个意义上说，明清小说的语言承上启下，成为现代语言形成的重要基础，其中不少词汇也能在昆明方言中找到。

昆明人把暗中克扣、吞钱吞财叫"落"，多用在熟人之中，元曲《陈州粜米》中已经有这种用法，《西游记》也说猪八戒想"落他二三两银子"。可见，这个"落"的用法，从元代到明代再到现代的昆明方言里都有，历史久远。用力往上推举东西，昆明叫"凑（阴平）"，《西游记》里也有孙悟空"伀"着唐僧的脚下马的说法，这个"伀"也读"凑（阴平）"，和昆明方言里的"凑头扶脚"一模一样，只是在昆明方言里还有不少引申义，如搀扶、推选、支持、奉承、唆使，组成词又有"凑贺""凑捧"等等。在《西游记》里，孙悟空喜欢使坏、恶作剧，叫作"鹊薄"，昆明方言也有这个用法，还引申出滑稽的含义，叫"鹊"或者"鹊洋"。

明代小说《金瓶梅词话》中有"半中腰"的说法，在昆明方言里也有，意思都是中间、半截，如爬山"爬到半中腰"，还说"半中拿腰"，语气更重一些。《金瓶梅》里还有个"磣"字,意思是话丑难听,甚至恶心之极,不是"磣死了",就是"磣杀了我"。这个"磣"昆明人常用,意思有轻有重:轻的意思是"羞",如"磣死了""莫瘆人了""不准说磣话"等,多用来教育小孩。而"喳磣"和"磣不死的"意思是"恬不知耻",还有"咯是认不得磣?"多在吵架中出现,话就重多了。昆明人把肥胖柔软叫"肉呵呵""肉肋肋",还叫"肉奶奶",《金瓶梅》里也有"肉奶奶",意思相同。

昆明人家里洗菜用"筲箕",《儒林外史》中也有。昆明常说"把窝子""发梦冲",替人"打背公""上复"老爷、"辣燥"媳妇等,又是《儒林外史》中的词。

昆明人把代人受过、替人受罪叫"垫背";控制不住叫"撑不住";另外叫"替另";知其不可而为之叫"挣命"等。这些词《红楼梦》里都有。猥琐邋遢在昆明话里叫"烟渣",《红楼梦》里叫"腌臜";撞鬼遭灾在昆明话里叫"撞磕",《红楼梦》里叫"撞客";作孽在昆明话里叫"不当子",也叫"不当子花花呢",《红楼梦》里叫"不当家花拉的"——似乎可以据此探讨一下其中的源流关系。

再有,昆明人称赶快离开为"闪人",冯梦龙《情经》中则有"你闪人,人闪你",都是一个意思。

○明万历《滇略》中的明代昆明方言样本

明代初期,昆明杨林御守千户的"军二代"中,出了个布衣学者兰茂,其设馆教学,自编了两部识字教材,一为《声律发蒙》,沿用《中原音韵》系统编成,一为《韵略易通》,以推广官话音韵。《声律发蒙》在当时"村塾启蒙,几乎人手一编",传遍全省,流至外地,"一时学者宗之"(《云南乡贤事略》)。可见当时推广中原官话之规模,同时也奠定了昆明方言的基础。

明万历年间,松江进士冯时可到云南做官,但见昆明"城郭壮丽,街衢整洁",更见"士女装束、言语皆如金陵(南京)"(《滇行纪略》)。同在万历年间,福建进士谢肇淛到昆明任云南右参政,对滇中方言印象很深,其在《滇略》中说,明初朱元璋把江南"良家闾右"和"有罪窜戍者"一家家迁到云南,以致当时昆明城中"土著者少"而"寄籍者多"。而"汉人多江南迁徙者,其言音绝似金陵(南京)"。昆明城中,"衣冠礼法,语言习俗,大率类建业"——大多和南京差不多。他还举了一些例子,说昆明人把院子叫"万",把街叫"该",鞋叫"孩",虹叫"水椿",松树火炬叫"明子",蓄水叫"海子",岭叫"坡子",沟叫"龙口"——这应该是明代昆明方言的最早记录,其中称虹为"水椿"已很少听到,还有些老人会称院子为"万子",其他词汇至今仍旧——街还叫"该",鞋还叫"孩",仍然是"昆明话"的"标配"。

近代昆明老人罗养儒也说:"往昔昆明人之语言,实多与南京人之语言相同。其最显明者,是向人谈话,口头恒不离去'您家'两字。昆明人只以口音重浊,将'您家'念成'您且'('且'读作平声)。"〔《纪我所知集》(《云南掌故》)〕

还是明万历年间,湖南进士邓溪到云南任巡按御史,曾赋六言诗一首云:

地控双关金碧,云开两迤东西。
盈尺海波弥弥,四时草色凄凄。
峰头半起云彩,江曲初生月牙。
荻岸芦洲相向,碧鸡山下人家。
细雨斜拖白练,春风自剪红罗。
感此惊心溅泪,故国归去如何?
沙木和边月白,花桥关下鸡鸣。
风递一声画晓,星残几点松明。
又有日出高原,烟水雷鸣初澍。

诗中用了不少昆明方言,诗下有注做了说明,说昆明人把聚集的水都叫作"海";云叫"云彩";初生的月亮叫"月牙";乐器画角叫"画晓";松木火把叫"松明";高山上的田叫"雷鸣田",意思是要打雷下雨才可以耕种。"拖白练"是鸟的名字。"剪红罗"是花名。"沙木和"和"花桥关"都是地名(雍正《云南通志》)。如今"画晓"听不到了,雷鸣田叫"雷响田",其他几个方言依旧,可见昆明方言的稳固性。

○清乾隆《滇云历年传》中的清初昆明官话

清康熙年间,云贵总督巴锡是位满族,史称其为官公正廉洁,仁爱惠民。旧时新官到昆明上任,都要来拜谒总督,总督自然得勉励一番。这位巴锡不通汉文,说话非常质朴,可见"一段佛心",为他人少有。巴锡说的是纯粹的官话,记在清乾隆初成书的《滇云历年传》中,如今读来,也很感人:

天生我为人,又与知觉,此恩不可负。

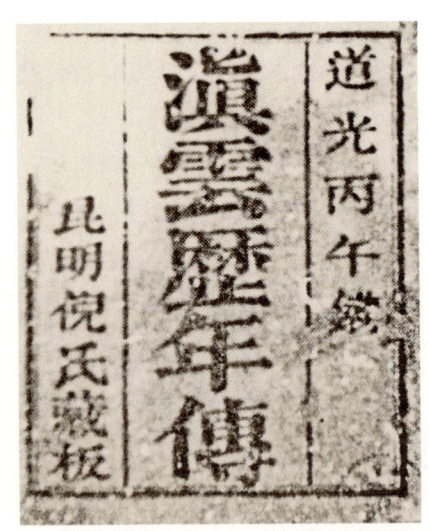

这本《滇云历年传》记载了不少清初昆明方言

皇上赏与官做，把地方付托了，若不实心为百姓，把地方弄得不像样，便负朝廷的恩了。父母生养儿子一场，好容易得他做官，若儿子贪赃枉法，害百姓，那些人定要骂到父母上去，这里就是大逆不孝了。

记完这段"官场白话"，《滇云历年传》的作者倪蜕称赞说："巴锡语言十分质朴，但其中的道理，就是读了不少书的儒生，也难得超过他。"

○清乾隆、嘉庆年间昆明调子里的清代昆明方言

清乾隆、嘉庆年间，云南学者师范在《滇系》里记载了9首滇中调子歌词，这些调子是用当时的昆明方言演唱的，至今读来仍然明白如话，通俗易懂。师范说这些调子"皆田间所唱，不知始自何人"。据现有资料，其中一首曾出现在清康熙年间的《明诗综》和《池北偶谈》中，即《妹相思》：

妹相思，不作风流到几时；
只见风吹花落地，不见风吹花上枝。

另有四首在《池北偶谈》中可以找到：

思想妹，蝴蝶思想也为花；
蝴蝶思花不思草，兄思情妹不想家。

又有：

姐在一岸也无远，弟在一岸也无遥；
两岸火烟相对出，独隔青龙水一条。

还有：

妹娇娥，怜兄一个莫怜多；
姑娘莫学鲤鱼子，那河又过别条河。

最后有：

妹想思，妹有真心弟也知；
蜘蛛结网三江口，水推不断是真丝。

清初编成的《明诗综》和《池北偶谈》把这些诗列入"浔州"民歌之列，这个浔州在今天的广西。而此后百年成书的《滇系》又记载了歌词相同的滇中调子，可见当时的昆明方言已完全接纳了这些内地民歌歌词，类似的情况应该还有不少，这和清初内地向昆明的大规模移民是分不开的。

《滇系》另记四首调子词，为《明词综》和《池北偶语》中所无，不知是不是昆明调子高手的原创：

妹同庚，同弟一年一月生；

同弟一年一个月，大门同出路同行。

再有：

妹珍珠，偷莲在世要同居；

妹有真心兄有意，结成东海一双鱼。

又有：

妹金龙，日思夜想路难通；

寄歌又没亲人送，寄书又怕人开封。

还有：

谁说高山不种田，谁说路边不偷莲；

高山种田食白米，路边偷莲花正开。

可见当时的昆明方言，和今天已经很接近了。

《滇系》中所记昆明方言还称街市为"街子"，称积水为"海子"，称山岭为"坡子"，称沟渠为"龙江"，称院子为"万"，称关为"官"，称松炬为"明子"，称虹为"水椿"，"皆土俗方言"，和明代相差无几。可见明清两代昆明方言已大致定型了。

清代《滇系》里记载的"妹相思"调子歌词

○清道光《昆明县志》中的清代昆明方言样本

清道光年间，昆明进士戴䌹孙纂修《昆明县志》，这是云南第一部私人编纂的地方志。其中特辑《謏文》一篇，收录昆明方言词汇五百余条，并收谚语六十余条，十分宝贵。但清光绪年间刊印时，《謏文》竟被删去，幸而有私家收藏底本，仍然可查。《昆明县志》为戴䌹孙在北京任职时所撰，用当时的官话注释方音，自然方便，为我们留下了清代昆明方言样本，十分宝贵。

与明代不同，清代昆明移民更多元化，方言也更丰富。戴䌹孙说，昆明县军民的祖籍多是山东、河北、江苏、浙江、湖南、湖北、四川等地，语言自然也融进了各地成分，于是他"博采而详录"，收集了不少方言词汇，分为天文、时令、地理、宗党、身体、食饮、动作、疾瘼、宫室、器用、事物、常语等13类，可见清代昆明方言的大概面貌。

明万历年间谢肇淛在《滇志》中所记载的昆明方言，到清代的道光年间还在讲，如谢肇淛所记"松炬曰'明子'"，戴䌹孙则记"劈松柴片引火曰'明子'"，谢肇淛记"蓄水曰'海子'"，戴䌹孙则记"积水成潭曰'海子'"，如出一辙。

上至于天，清道光年间昆明把太阳叫"热头"，中午叫"下昼"，又出太阳又下雨叫"分龙雨"，如今都不太听说了。但打雷叫"升雷"，闪电叫"扯闪"，星星叫"星秀（宿）"，云叫"云猜（彩）"，虹叫"杠"，冬至叫"过冬"，下雨夹杂冰叫"下凌（音另）"，至今依旧。雾叫"罩子"也听不到了，但山顶雾仍有"山戴帽"之说。下至于水，水上涌称"冒"，桥洞叫"桥淹洞"，船着底叫"括"，至今如此。

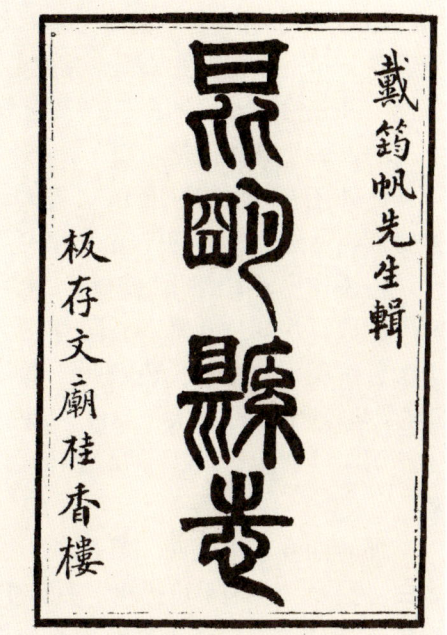

清道光《昆明县志》记载了不少当时的昆明方言

昆明人的十二时辰都和生活节奏有关：天亮是寅时，太阳出来是卯时，吃早饭是辰时，早饭后是巳时，太阳当顶是午时，太阳偏西是未时，吃晚饭是申时，太阳落山是酉时，天黑上灯是戌时，夜深人静是亥时，半夜是子时，上床睡觉是丑时。天黑定又叫"定更"，中午十二点又叫"晌午"，而"晌"读作"赏"，又是中原雅音。

人称也有意，清代昆明人父称"爹"，母称"嫫"，父之姊妹称"姑嫫"，母之兄称"舅爹"，母之弟称"舅耶"，舅之妻都叫"舅嫫"，母之姊妹称"姨嫫"，其夫称"姨爹"，祖父称"老爹"，祖父的姊妹称"姑奶"，姊妹之夫称"姑老爹"，又夫弟称"小叔"，夫兄称"大伯"，"女儿"两字并其声而急呼之曰"囡"——在这一串称呼中，除近年以普通话的"妈"替代了"嫫"以外，其余无大的变化。还可见当时不仅昆明城外四乡称母亲为"嫫"，城里人也称母亲为"嫫"。此外，"男巫谓之'端工'"，"女巫谓之'师娘'"，亦至今无改。

还有："'背时'谓事事失败，抑郁不得志，亦曰'背霉'或'倒霉'"——这"背时""背霉"，如今仍是昆明人的口头禅。击打叫"董"，"做事而多坏者"叫"董坏"，石头坠地、物坠水中，都叫"董"；用力扔东西叫"掼"，走路摔一跤也叫"掼"——"董"一"掼"，皆从"象声"而来，十分生动，依旧是今天的常用词。生病叫"不自在"，生干疮叫"干格痨"，发怒叫"磧"，"不欲曰'莫'"，"辞不屈曰'謽'"——除了那个"干格痨"，今天仍然常用。

说人做事，"戏玩曰'耍'"，有忽悠、戏弄的意思。这个"耍"现在还挂在昆明人嘴上。如"耍人""你莫耍他了""你耍得我玩改"。由此引申，只说不做也是耍，如"耍嘴""耍嘴巴""耍嘴巴子"；赖皮也是耍，如"耍赖皮""耍死皮"等。

"耍"的另一个意思是"游观",就是游玩,而比起"游玩"来,这个"耍"更潇洒、更通脱,问声"兑(去)哪点儿耍耍?"山山水水都可以耍,"耍海""耍山""耍滇池""三月三,耍西山",甚至舞龙灯也可以耍,叫"耍龙灯"。身上只有独一无二的衣裤、鞋袜也是"耍",叫"耍独龙"。

此外还有:动作快叫"窜",催人动作快也叫"窜";磨物件叫"礳",锥物件叫"矗",推物件叫"耸",铸物件叫"倒",而"醵钱"叫"赊",如今依旧。

再说住房,屋檐叫"檐口",石阶叫"石坎",门扣叫"老鸹嘴",数正房叫"几间",数耳房叫"几耳",随着住房的新陈代谢,除"石坎"外,都说得少了。至于颜色鲜明叫"翠",色败叫"蔫",今天多用来形容人,称赞姑娘漂亮,就说长得"翠生生"的,称小伙子英俊,就说"子弟"。而聪明伶俐叫"纳造",认真叫"把稳",不精明叫"陋馊",迟钝叫"憷憷",散漫叫"塔散",不洁叫"邋遢",也叫"龌龊"。

那时四乡集市就叫"赶街子"了。赶街所带用具,"盛物竹器曰'箩',其小者曰'提箩',一手可提也。系于担而肩挑之曰'挑箩'","重曰'重銣銣'",贵人赶街是"耍",还要坐轿子,"轿夫曰'大帮'"。街子上买小铜锅,叫"罗锅",还有"扬米器曰'簸箕'","舀水器曰'戽斗'",点灯的火草又曰"发烛"。当然还是吃的东西多,"蒸糯米砻之揉为饼曰'糍粑',作丸曰'粉团',丸以豆粉为衣曰'豆面团'(食皆蘸以糖),作丸以汤下之,其有馅者曰'元宵',无馅者曰'汤圆'";还有"水豆脯曰'豆脯脑',以菜和食之曰'菜豆花'","油炸面缕曰'馓',"面浆曰'面糊',一曰'糨子',其刷帚曰'糊刷'"——经此一读,如果我们跑去赶清代的昆明乡街子,也不至于听不懂老乡的话了。

○民国《昆明市志》中的民国初期昆明方言

1924年出版的《昆明市志》有"人情风俗及方言"一节,收录了近两百个昆明方言词汇,其中不少词现在已经不再使用或极少使用,还有一些词汇虽然还在使用,但含义也有变化,可见近现代昆明方言新陈代谢提速之快,现在读来,仍然饶有兴味。

如儿从命称"乖"、人得志称"歪"、人才好称"标"、事事失败和抑郁不得志称"背时""背霉""倒霉"——如今依旧。

祖父叫"老爹"——如今用得不多了。

僧道称"师兄",尼僧称"师姊"——现在多以"师兄""师姐"称同校高年级同学,岂非源出于此?

大官称"大脑壳""大人物"——如今还在用。

军人称"红边边"——当时的军帽上多有一圈红边。

夫称妻为"家中（的）"，妻称夫为"当家（的）"——这是当年夫妻分工的证据。

无业浮浪之人称"流氓"，乞丐称"告花子"——和今天差不多。

轿夫称"大帮"、土匪称"老棒"、村人称"乡大爹"、村妇称"乡大妈"、外县外乡人称"乡老"、商号中歇称"倒号"、入店当学徒称"学事"、商人常驻贩卖称"坐地"、充抵称"烧料"——这些称呼如今都很少听到了。

"慢请"是送客，意思是慢走，现在请客吃饭多说"慢请"，意思是"慢用"。"坐坐"为留客，意思是再坐一下，现在说"坐坐"多是邀请，所谓"得闲来坐坐"。

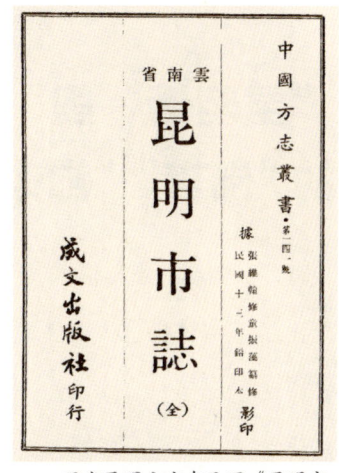

现代昆明方言在民国《昆明市志》中记录了不少

评价起人来，"肘架子"说的是自高身价；"抖声口"说的是装腔作势；"穿逗"指狼狈为奸以作假；"机器"是骂人板滞，不知变通；"不照闲"是不管闲事；"嚼咀"骂人言语狂妄；"鸡蛋"说人圆滑过度；"钻干"是奔走权势以谋事——这些话如今都难听到了。

另外一些评价词还在用："走狗"指为人奔走；"有眼水"指知人办事至明；"混天董"是糊涂之至；"懒散"指怠惰懒做事；"二气"是言行不循礼，如今又称"逗二气"；"渣襟"谓人之人品低劣，事事累人，如今又写作"渣筋"，似乎仅剩"累人""啰唆"之意了。

当时说人不明事理，做事发言皆不中肯是"吃黄糕（屎）"，如今则说"放黄腔"，再说全面一点，就是一句歇后语："吃荞糕，放黄腔。"当年说"酱油鸨"是骂人纵妇为娼，如今说"酱油宝"，指的却是脾气犟——音虽同，意思却完全不一样了。当年的"坚钢"是真实，如今称"尖刚"，说的是真实，过硬，技术含量高；当年驳人短处叫"跄叫"，又叫"拈骨头"，如今多说"跄得起"，又说"鸡蛋首拈骨头"，也不一样。

当时的方言往往还成组：如一个"猪"字，"吃猪"指用诈术诱取财物，使人不觉，又叫"吃空子"。那被"吃"的就是"猪头"，不明世情，事事吃亏。比"吃猪"还厉害的是"拉肥猪"，那就是盗匪劫人索钱赎取，用今天的话来说，就是绑架。如今"猪头"还在用，指上当吃亏之人，甚至用于自嘲："我也是个猪头，上他的鬼当！"

"昆明话"里的"佛言""佛语"

不少老昆明人信佛念佛，念出了一口"佛言""佛语"，言语之间，不知不觉就"出口成佛"了。

○昆明人的"口头佛":"阿弥陀佛"

正盼望着谁来,谁果然来了,老昆明人会说:"阿弥陀佛,你总算来了!"来人说他两手空空不好意思,主人又会说:"你能来就阿弥陀佛了,还带个哪样东西!"来人问主人在外的儿子常回来否,主人还会说:"他能打个电话来就阿弥陀佛烧高香了,哪点还指望他回来看看!"——

老昆明人烧香念佛

这里的"阿弥陀佛"是好的意思,是求之不得的意思——娃娃摜了一跤,大人扶起来看看没事,也会念:"阿弥陀佛,没得事,没得事!"

在佛经里,这位阿弥陀佛是西方极乐世界的教主,只要信众经常念诵他的佛号,死后就可以往生西方极乐世界享大福。老昆明人表示做好事做到底,常说"送佛送到西天",这个"西天"指佛祖的故乡,也指阿弥陀佛教化的西方极乐世界。

有人想隐瞒什么露了馅,或坏人坏事被揭露,昆明人就说他"躲不过如来佛的法眼"。有心事被别人说中,昆明人也会说:"真是逃不出你的法眼。"——佛经中有法眼、佛眼之说,法眼让人知晓佛法,佛眼则"无事不知","无不见知",达到极致。

昆明方言里的"涉佛"语不少:

老昆明人爱说"归依佛法"。骂娃娃不听话:"你挨我归依佛法点儿!"娃娃听话了,又会说:"这回他算是归依佛法了。"还会说:"那个老师扎实厉害,一下子就给他收拾了归依佛法呢!"在昆明方言里,"归依佛法"又简称"归依",事情做好、做完、做规矩,叫作"归依":"你给整归依了?""等我整归依掉又说。"娃娃上学上班,大人会叮嘱:"不管整哪样,都要做了归归依依呢,给听见了?"

这个"归依"又称"皈依",是佛教徒的入教仪式,表示对佛、法、僧三宝归顺依附。如《大乘义章》所说:"归投依伏,故曰归依。"

有些昆明话不说"佛"字,也和佛有关。求人开口表态,昆明人会说"就开开金口嘛！"形容人不轻易承诺，就说："你是金口难开啊！"——此之"金口"，出自佛教的《法华经玄义》："如佛在世，金口演说"。佛为"金身"，故称佛口为"金口"，表示为佛亲口所说，真实可信。

对口才非凡者，昆明人称："他能说出朵花来！"不相信他人言之有理，又会说："你还会说出朵花来？"——这个"说出朵花来"出自佛教典故"口吐莲花"："莲花"是佛教的象征，说法微妙为"口吐莲花"或"舌灿莲花"，佛门念经、念佛有"莲花念诵"一门，念诵时想象自己舌心上有莲花，莲花上有白螺贝，从螺贝中发出妙音，产生念诵。

昆明人打牌、玩游戏输了，要给赢家好处，上缴好牌，这叫"上供"，后来行贿也叫"上供"。这个"上供"本来指向佛、菩萨等贡献供养品，又泛指用物品祭祖或敬神，用到玩场、赌场、官场上，有股说不出来的味道。

○从佛经中走来的善恶观："作孽"和"现时报"

涉及善恶，不少昆明话都出自佛教。

昆明人称赞正派人为"善道上的人"。这个"善道"出自佛经中的"三善道"，即"六道"中的天道、人道和阿修罗道，而饿鬼、畜生、地狱则被称为"三恶道"，昆明人痛骂"畜生"，就是咒他五逆十恶，爱见为根，悭贪为业，来世变畜生。这又叫"报应"，所谓"恶有恶报，善有善报"，"一报还一报"是也。按佛经的说法，报应有三种：一是现报，一是生报，一是后报。昆明人把"现报"叫"现时报"，作恶者栽了，就叫他挨了"现时报"，意思是"善恶始于此身，即此身受"——与此相反的是"好心有好报"。

昆明人还爱说"造孽""冤孽"。"造孽"在佛经里叫"作孽"，凡背时倒运，都是前世造孽的报应。但昆明人说"造孽"，更多的却是同情。在昆明方言里，干坏事叫"作孽"，如："那个家伙太作孽了！"又简称"作""恶作"等。如"你莫恶作了！""他太作了！""你作死改？！"佛经中有"诸恶莫作"之说，"恶作"又指作恶之后又追悔，如佛经《俱舍论》所说："恶作者，谓缘恶作心追悔性。"但昆明人说的"恶作"，单指作恶。《俱舍论》又说"造作名业"，意思是报应。昆明人则说："天作有雨，人作有祸。你莫作了给得？"

昆明人把贪吃叫"饿痨"，特别贪吃叫"饿痨痨"，叫"饿痨鬼"，叫"饿痨鬼托生的"。这个"饿痨鬼"出自佛经所说六道之一的"饿鬼道"。佛经说，如果前生造恶业、多贪欲者，死后生为饿鬼，常苦于饥渴。

○从佛经中"借"来的方言名词

昆明方言中的一些名词也来自佛经。

"摩登"一词来自近代英语,意思是时髦。但"摩登"被用来专指时髦女郎,且有不正经之意,又和佛门《摩登女经》有关。这个摩登女爱上了佛祖的高徒阿难,用尽邪术,阿难几乎不能脱身,后来还是佛祖施法,阿难得保,摩登女也归依佛法了。在古代作品中,这个摩登女就简称"摩登"。

昆明坊间对女性的一个称呼是"老姆"或"老母",其或为敬称,如称观音菩萨为"观音老母";又或有贬义,如坊间顽童会说:"老姆来了,赶紧跑!"此之褒贬二义,都可以在佛经中找到。如《百

老昆明人念经念出了"教化子"

佛门所谓"千万亿化身"也走进了昆明方言

喻经》中有"老母捉熊喻"故事,称赞老妇之智。《修行本起经》则称佛祖得道之时,魔王派三个女儿前来色诱干扰,被佛祖化作三个"老母",皆"头白齿落,眼冥脊伛,拄杖相扶"——顽童口中之"老姆",应从此而来。

昆明人称乞讨者为"叫花子",此中"叫化(花)"出于佛经之"教化"。教化的原意是教人化恶为善,又称劝化,又有化缘、募化之义。如《撰集百缘经》所记,须达长者为佛祖修建祇园精舍时,自己倾囊而出,还乘大白象"劝化"贫民"布施"。一时"街巷里陌","时诸人等,心怀欢喜","随家所有",竞相布施——于是就有了"劝化布施"或"教化布施"之说,求人施舍是"劝化"或"教化",求乞钱财者就是"劝化子"或"教化子",一音之转,就成了"叫化(花)子"。由此延伸,"化(花)子"在昆明话中又成了依赖、迷恋某种事物者的代称,近似

于今天的"粉丝"之义。如迷恋戏剧者为"戏花子"、迷恋花灯者为"灯花子"、迷恋下棋者为"棋花子";迷恋打球者为"球花子"等等。

昆明人形容言行出格、不靠谱为"飞天神顽":"他改,飞天神顽呢,挨他说不成。"——此之"飞天"也出自佛经,指飞行空中,以歌舞香花等供养佛、菩萨的天人;也指"飞天夜叉",一种勇健捷疾的食人鬼。如《法华经玄赞》所说:"夜叉,此云勇健,飞腾空中。"据说夜叉会吃人,又叫"能啖鬼"。昆明人口中的"飞天神顽"也有贬义,但也仅仅是讨厌而已,无关"吃人"。

昆明人称便宜为"相因",买东西讲价时会说:"给可以相因点儿?""相因点儿吗?"——此之"相因"出自《增一阿含经》之"世间诸法,相因相成",意思是世间事物都是相互承袭的,在昆明方言中引申为买卖双方相互退让,亦有佛意。

昆明人称浮肿、泡胖为"膀尸烂胀",出自佛典《思惟略要法》,称修法必须制欲,"如波利仙人初学禅时,道见死女膀胀烂臭"。

昆明人称漂亮为"养眼睛",出自佛典《瑜伽师地论》:"食所长养眼,睡眠长养眼,梵行长养眼,定所长养眼。"——有"养眼"二字,没有"漂亮养眼"之说。

昆明人把人不停地原地转圈叫"转摩尼转",出自佛教徒之转经,即一边念经一边转塔、转寺、转山,因所念经文中有"摩尼"之音,称为"摩尼转",转经时手摇的经轮也叫"摩尼转"。

昆明话又说"酒后吐真言",此中"真言"指真话,私密,原出佛经,指真实而又含有深奥教义的秘密语句。

昆明人又称露马脚为"现原形""现形",出自佛教《法华经》,本意是妙音菩萨能变化各种形状为众生说法,如佛、菩萨等等,"随所应度者,而为现形"——昆明人以"现形"称露马脚,成了贬义。

○从禅语引申出来的方言词汇

一些佛教禅语也走进了昆明方言。

昆明人称狼狈为"灰头土脸",见之佛教禅宗的《碧岩录》:"若出世,便灰头土面"——这里指修行有成,仍化现凡夫形象,返回尘世,救度众生,也有真人不露相的意思,都是褒义。

昆明话有"骑着马找马"之说,出自禅宗《景德传灯录》,原话是"骑牛觅牛""骑驴觅驴"。

昆明人把反复说理称为"横说竖说",别人硬是不接受叫"横竖不得"——也出自《景德传灯录》。在佛经中,"横"指空间,"竖"指时间,"横说竖说",即无时无地不说,可谓极矣。

"昆明话"里的本土掌故

昆明方言出在昆明这块"山国"土地上，无论五湖四海的移民带来了多少母语，都得在这块土地上交流、贯通、融汇，都会染上这块"山国"土地的色彩。昆明方言中就不能没有少数民族词汇，不能没有从本土历史、本土地名、本土动物、本土民俗、本土游戏，本土戏园、本土三教九流而来的本土词汇。离开了这些"典"，就很难理解这些昆明人自产自说的"马街话"，还有"本土"化的"马街法语"和"马街英语"，那又是从修滇越铁路来到"本土"的法国人和因援华抗战来到"本土"的美国人那里"本土化"来的……

○ "昆明话"里的少数民族因子

昆明郊区彝族称母亲为"嫫",昆明汉族方言也称母亲为"嫫"

我家昆明的"昆明"这两个字就出自《史记》中的昆明人或昆明族,又称"昆弥"等等,这就不用说了。老昆明人把"毒"叫作"瘆",发音为"闹":毒药叫"瘆药",毒死人叫"瘆死人"等等。汉代《说文》解释这个"瘆"字称:"朝鲜谓药毒曰'瘆'。"可见这个"瘆"出自汉代的朝鲜族,要算是昆明话中历史最悠久的少数民族语言词汇了吧?

明清以后,昆明城里多是汉族,但周围少数民族不少,省内、府内许多少数民族居民也到昆明城谋生。昆明汉族融合了少数民族,少数民族中也融合了汉族。这样,昆明汉族方言中出现一些少数民族词汇,就不奇怪了。

昆明方言的称谓中,有几个特殊的称呼,都和少数民族语言有关系。老昆明方言称母亲为"嫫",于是,凡沾"妈"处,均以"嫫"代之:伯母称"大嫫",姑母称"姑嫫",姨母称"姨嫫",舅母称"舅嫫",等等。昆明坊间民歌这样唱道:

嫁个姑爷不成才,又喝酒,又打牌。

大姨嫫,二姨嫫,这个日子咋个过?

据考证,彝族大多数支系都称母亲为"嫫"。在彝语中,"嫫"指雌性。一些地方的白族、纳西族、拉祜族也称母亲为"阿嫫",且由来已久。有一首昆明儿歌开头就唱道:

许老二家嫫,得闲么来坐坐。

这个"许老二"的"许"在昆明话里读作"写",用在排行或乳名前,意思是"小",如许老三、许二狗之类,意思就是"小老三""小二狗",叫起来很亲切。据考证,这个"许"来自昆明市西北郊区的白族语言,而白族语言里的"许"又很可能借自汉语的"细"——转了一大圈,读音和意思都相近,成为昆明各民族语言交融的一个案例。不过昆明人既说"许老三""许二狗",又说"小老三""小二狗",都是昵称。有意思的是,虽然排行前都可以加个"小",但到排行最小者,却要把"小"省去,但留一个"老"字:如老儿子、老囡儿、老婶、老耶、老孃、老妹、老弟等等,但"老爹"叫的却是祖父！再来看"小"。昆明人口中的"小贼"或"小贼盗"，竟是对小孩的昵称，相当于"小鬼"和"小鬼头"。昆明人会说："我家那个小贼会喊他爹了！"常常让外地人听得莫名其妙——此中是不是有少数民族语言的影响，待考。

昆明人的感叹词有"阿嫫"和"阿嫫嫫"，就有点儿"我的妈呀"的意思。同样的感叹词如"阿白白""阿来来""阿得得""阿得得得得"，还有前面提到的"美美散"和"美美散散"，有人认为也来自少数民族。

昆明人称父亲为爹，父亲的哥哥叫大爹，父亲的弟弟叫"耶"，母亲的哥哥叫"舅爹"，母亲的弟弟叫"舅耶"——有的学者认为这个"耶"是中原的上古词，另有学者认为，这个"耶"是从一个古老的土著部落那里"借"来的。

还有个"波罗"，昆明人称膝盖为"波罗盖"，老公羊则称"老波罗"，昆明还有个"波罗村"。按唐代《云南志》（《蛮书》）记载，那时的南诏把老虎称为"波罗"，后来彝族部落首领披虎皮，彝民则披羊皮，也称波罗皮。老公羊被叫成老波罗，应该是从这里来的。而"波罗皮"一直披到脚踝，膝盖也就叫"波罗盖"了。

清代学者师范认为，云南的一些带"甸""赕""峻"字的地名，都是南诏、大理的遗风。还有山川村落多用"矣"字、"者"字打头，村哨谓之"喧"，保甲谓之"牛丛"等，"实难晓其义"，其实都来自当地民族语言（《滇系》）。

清代进入昆明的满族不少，今天的光华街、如安街、三转湾一带，都是满族聚居区。不少满族词汇先是走进北京官话，再借着官方的推广走进昆明方言。如昆明话叫温吞水为"乌突水"，喝水叫"乌碗儿"，不振作叫"懒散"，取笑叫"作践"，利索叫"麻利"，化妆叫"打扮"，弯腰叫"哈腰"，好相处叫"随和"，损坏叫"糟践"，腋窝叫"嘎肢窝"，喜欢叫"稀罕"，下垂叫"耷拉"，不顺心叫"别扭"，揩油叫"克扣"，甚至称女儿为"姑娘"，称女婿为"姑爷"，据说源头都是满语。

一些满语来到昆明后，还被"昆明化"了。如动作慢在满语中称"磨蹭"，昆明话则说"磨得"；发霉变味满语称"哈勒"，昆明话叫"哈掉"——更为干脆直白。有的又有变化或延伸，如满语称散步为"压步"，昆明话则称"轧马路"；满语称唠叨为"啰唆"，昆明话既说"啰唆"又说"啰里啰唆"；满语称肮脏为"邋遢"，昆明话既说"邋遢"又说"邋里邋遢"和"鼻子邋遢"；满语称穷困为"叮当"，昆明则叫"穷叮当"，甚至把瘦也称为"叮当"，有"皮吊叮当"之语；不认真在满语中叫"马虎"，过得去叫"马虎点"，而相同的意思，昆明话既说"马虎"又说"玛萨""玛萨点"，更把天蒙蒙亮也叫"玛萨亮"；满语表达很期望说"巴不得"，昆明话也说"巴不得"，还说"巴之不得"，还引申出"求之不得"，引申出"怪不得"和"怪之不得"；满语称动作迅速是"喊哩咔嚓"，昆明话也说"喊哩咔嚓"，还说"喊喊喳喳"，而"咔嚓"还成了砍头的隐义词。

除此之外，还有一些"无厘头"的昆明方言词，如肉叫"嘎嘎"，说话不实叫"扯躲躲",眼泪直流叫"哭咪拉西",闲皮搭脸叫"嘻里嘿嘞",草草了事叫"嘻里呼噜",腥气很重叫"腥气膀啷",到处油渍叫"油脂抹赖",漆黑一团叫"黑咕隆咚",表面不平叫"赖里枯杵",密密麻麻叫"密麻见杆",唠叨不停叫"呜哩摆徕"——如此等等,有人认为,都有可能是各民族语言融合的结果。

至于现代,随着一批边疆插队知青回城和少数民族餐饮进入昆明,一些少数民族词语也走进了昆明方言,如傣味蘸菜吃的佐料"辣咪"、傣式凉菜"撒撇",还有树瓜"麻山坡"等。

○ "昆明话"里的"祖宗语"

清末昆明官衙前戴枷示众的"军犯"

昆明说臭得不得了是"潘臭"。汉代的《说文》记载:"周谓'潘'曰'泔'。""潘臭"就是酸泔水臭,这是周代的用词,至少也是春秋战国时期的词汇了。用潘臭形容极臭,应该是后人的发挥。

昆明人爱吃饵𫗦,《周礼·天官·笾人》中记有古代祭祀宴享的食品"糗饵",东汉经学大师郑玄注解说"合蒸曰'饵'"。清代到云南做官的学者桂馥据此为饵𫗦正名,认为这种"合蒸而成的米饼"不应该叫"饵𫗦(𫗦)"而应该叫"𫗦(𫗦)饵",如"香饵"之类。其实,汉族眼里的"颠倒组词"在少数民族语言中很常见,这应该是一句按土著民族语言的组词法组成的方言词汇。

不能排除,这些春秋战国语词,就是当年"庄蹻王滇"时带来的。早在两千多年前,这些词汇就糅进了本土元素,又被明清时大举进入昆明的汉语所容纳,约定俗成,至今不改。

昆明又有童谣曰:
曹操的兵是老憨兵,曹操的将是豆瓣酱,
精得屁股去打仗,一枪打得屁股上……
用"豆瓣酱"代称"老憨兵",大概又和三国时期诸葛南征,昆明汉族中融入了不少"诸葛兵"有关。

明清时期，昆明成为一个以汉族居民为主的城市。这些居民主要来自驻守和屯田的士兵、从内地迁来的移民，还有充军、流放来的形形色色的罪人等。不少昆明方言词汇都和这各色人等有关。

昆明人称吃得痛快叫"甩"。如"甩了两大碗肉""甩下一斤饭"等。这个史无前例、外无可

这几个老昆明人"甩"饭"甩"得好痛快

证的用法从何而来？有人考证说，古代驻扎昆明四周的军士要四脚四手地爬到崖子上放哨，吃饭时间到了，送饭就很困难。后来送饭的人想了个办法，把饭菜包好，用力甩上崖子，后来吃饭就叫"甩饭"了。

古代被充军的罪人叫"军犯"，这个词现在还在用，成了老昆明人骂人的话。骂老的是"老军犯"，小的是"小军犯"，有的还和一些血淋淋的词一起用，如"砍头的""背招子的""砍血脑壳死的"等等，都有那个时代的痕迹。押送"军犯"的是旗军（明代军队名称）兵勇，当年叫"军爷"，如今叫"小勇"，但意思有变化，指"跟班的小弟"。当年"小勇"不把"军犯"当人，催军犯行路不说人话"快点走"，而把赶牲口的吆喝"窜当"搬过来，连声吼"窜当点儿！"这个"窜当"也进入了昆明方言。民国《续修昆明县志》说："谓行之速者称'窜'，促人速举事亦曰'窜'。"

军犯押送昆明，千里迢迢，山高路远，虽说一路有驿站，但前途未卜，干粮又在"小勇"手里，"军犯"挨饿总是难免的。此时此刻，路边随处可见的火把果就成了"军犯"充饥之物，无数次救急之后，火把果就成了"救军粮"，一直叫到今天，叫了三百多年——明万历《滇略》称："又有草，丛生山径，白花若薇，子赤可啖。四五月间，饥者茹之，谓之'救军粮'。"

为防止半路逃跑，"军犯"们上路要戴枷或捆手，捆绳长达一丈，绑得十分结实，据说老辈昆明人总是倒背双手走路，就是充军路上被反绑双手留下来的习惯，后人模仿，代代相传，已有六百年之久。清道光《昆明县志》说昆明人把大小便叫作"解手"，这个"解手"也和充军有关。万里充军，"军犯"戴枷绑手，内急之时，总得解枷松绑，把手解放出来，才得"方便"——这就叫作"解（音'改'）手"。"方便"有大小之分，"解手"时也得事先声明，于是又有了"解大手"和"解小手"之说："解大手"是拉屎，要解开两只手；"解小手"是撒尿，只解开一只手——充军路上的"方便"语带到昆明后仍然使用，据说昆明三牌坊前被"锁系铁杆"、戴枷示众的人犯有了"三急"，也要大呼"解手"——"解手"一词由此普及，成为昆明方言。

○ "昆明话"里的本土典故

老昆明人的"背秋时"表情

昆明方言中还有些词汇既不是古词，也不是外来词，而是从本土生活中总结创造出来的，背后都有一个地方掌故。离开了这些"典"，就很难理解这些昆明人自产自说的"本土词汇"。

昆明说得最多的赞语是"板扎"，称赞人长得英俊是"板扎"——特别英俊是"板板扎扎"；称赞事做得漂亮也是"板扎"——做得特别漂亮是"板板扎扎"。这个"板扎"最早的意思是平整扎实，形容的是滇越铁路通车后运进来的洋纺织品，后来用来形容人的整洁体面，再形容人的英俊结实，最后引申到做事踏实妥帖。

提起不板扎的人和事，昆明话也有不少带典故的方言词。

昆明人把逞能、逞英雄叫"充血大汉"。这个"血大汉"出自明末清初的昆明书生薛大观。吴三桂率领清军打进昆明，薛大观发誓"为天下明大义"，率全家7口包括丫头、婴儿投入城北的黑龙潭殉死，连家中的猫狗也自投潭中。此事轰动一时，后来昆明人斥责说大话者，就说"莫充薛大观"，意思是有真心就学薛大观以死证明，否则就不要"充"。后来"充薛大观"转音为"充薛大汉"——"大汉"之意，与清朝相对——再后来就成了"充血（音'锡'）大汉"。

昆明人把做事不负责任、敷敷衍衍叫"打蘸水"，来去匆匆，仓仓促促也叫"打蘸水"。这个"蘸水"是昆明人餐桌上的配有辣椒、酱醋、香菜的汁水，用来蘸肉菜，以增其味。敷衍是表面应付，来去匆忙是一闪而过，称之"打蘸水"，十分形象。

昆明人称油头滑脑的厚脸皮为"荡刀皮"——旧时理发匠磨荡剃刀的长条牛皮，天长日久，牛皮被"荡"得又黑又亮。脸皮成了"荡刀皮"，可见其厚、其黑、其油。

奉承在普通话里叫"拍马屁"或"抱大腿"，昆明人还有更形象的说法，叫"捧泡"，"捧泡"的人被称作"捧泡匠"——这个"泡"在昆明方言里是尿泡的"泡"，有时干脆就明说"捧尿泡"，直截了当，生动之极。

对于只敢在家犯横、耍刁的人，昆明人有种说法叫"闭起门来当皇帝"，更生动的说法是"门槛侯"。说这种人"称侯"出不了门槛，只会躲在家里窝里横。这个"门槛侯"还被称为"门槛猴"——老昆明人养猴如养狗,用链子拴住猴脖子看门,那猴总蹲在门槛上,生人一来就发威,张牙舞爪。

赔笑而得便宜昆明人叫"捡豁皮笑"。这"豁皮"是干裂的树皮,木匠修木料时会把树皮削下来,旁人捡来烧火叫"捡豁皮"。"捡豁皮笑"就是不要成本的笑,跟着笑,赔笑,又引申为幸灾乐祸的笑。骗人在昆明话里叫"豁豁哄哄":"豁"是合不拢嘴,"豁豁"是兔唇,说话不关风,不牢靠,昆明民谣称:

豁豁哄哄,得些噇噇(吃)。

勾引朋友的恋人,昆明人叫作"端飞簸箕"——辛辛苦苦地好不容易把谷子簸好扬好,却被别人现现成成地端走了——形象之极。

昆明人把"能""狠"称为"歪",不知天高地厚、一味耍横也称"歪",而调教此等人就是"螺蛳歪了用棒棒杵!"这句话是从昆明人吃凉拌螺蛳来的——螺壳旋扭,堪称"歪"。吃螺蛳要先掏出螺肉,冲去泥沙,取下螺盖,再放进盆里碗里,用草把或木棒来回杵动,把螺肉里的涎汁压出来,再洗干净——螺肉就此"成材",可以加佐料凉拌入口了。

昆明娃娃到河里塘里戏水,多会"闷老姆",就是潜水;又会"插老姆",就是跳水。"老姆"是女性的俗称,和潜水、跳水无关,有人认为应该是"脑目",潜入水底、跳进水中,"脑目"也"插"了进去,被"闷"住了。没想到最权威的说法是:早年娃娃戏水都是"解放式"的光屁股,一见"老姆"来了,就得赶快跳水、潜水,以免被"盗宝",所以叫"闷老姆"和"插老姆"(徐刚《根究昆明》)。"老姆"本来是敬称,昆明称观音菩萨都是"观音老母(姆)",但到了娃娃的嘴里,这个"老姆"有点儿轻视的意思,至于贬称,就叫"老女拐",相应的则是"老男拐"——一个不饶一个。

娃娃不听大人的话,跑去"闷老姆",回家的后果之一就是"吃跳脚米线":老妈一怒之下,会从扫帚上抽出一根细竹条,照着娃娃的小腿上抽一顿,打得又疼又不伤人,过几天就没事了。一说那竹条细如米线,娃娃被抽得又蹦又跳,又喊又叫,被形象地称为"吃跳脚米线"。另外还有一说,娃娃被打时疼得又是鼻涕,又是眼泪,一条条流得满脸都是,状如米线,又被娃娃唆(吸)进嘴里,于是叫"吃跳脚米线"。

昆明话坊间骂人会说"背招子的"和"砍秋脑壳的",这两句话都有来历。旧时要砍犯人的头,要把姓名和罪行写在木牌上又插在犯人身后,这木牌叫"亡命牌",昆明人叫"招子",骂人"背招子"就是咒人挨杀头。旧时又有"秋决"的法律,在秋季执行斩首之刑,所以叫"砍秋脑壳",说简单一点儿,就是"砍秋头"。昆明人"背时"已极,就说"背秋时",也和这个"秋决"有关。

抗战时期的昆明"攒言子",如前面提到的"巫家坝的口袋——装风(疯)""飞虎队装喇叭——空喊""滇池海上吹喇叭——响(想)得宽""西山顶上射靶子——高箭(见)""五华山上的灯笼——高明"等,也都出自本土典故。

○从"三教九流"来的"昆明话"

老昆明城不大,也"三教九流"俱全,人人都离不了。天长日久,耳濡目染,昆明方言就少不了"三教九流"的痕迹。

"三教九流"首先是"教",有"教"就有"庙"。昆明人崇敬神佛,也崇尚口福,视肚腹为神庙,叫作"五脏庙"。吃好喝好,满足腹欲,伺候好肚子,叫作"盖五脏庙",表现了老昆明人对"民以食为天"的终极理解。

不少昆明方言词出自街市。"贼头火耗"被称为典型的昆明方言成语。用来形容那些鬼鬼祟祟、居心不良、暗中坑人者。此中"贼头"好理解,"火耗"却让人一头雾水。所谓"火耗",原出自清代昆明街头的煎销(煎熬销镕)铺,这些铺子里有手工银炉,为人鉴定、改铸杂银,并进行兑换,以大换小、以小换大、以优换劣、以劣换优等等。由于清代币制混乱,银两成色不一,铜钱轻重各异,纸钞币值不稳,煎销铺兼营工商,哄抬抑压,扣取费用,从中渔利,由此大发"银财"。收进银料时,无论生料还是熟料,煎销铺都要压低成色1%到5%,称为"火耗"。而兑出时则抬秤抬色,再加上火耗费、炉耗费,利润丰厚。当时有人说:"拿一两银子由马市口到三市街,遇着(煎销)兑换店就换,换来换去,到头只有六七钱了。"(1993年版《昆明市金融志》)——所谓"贼头火耗",一说就是从这里来的。

老昆明人说谁会打算,运气好,就说:"你给是坐(住)在'合香楼'底下了!"这"合香楼"是昆明最早的糕点铺,创办者是清代后期云南官府厨师胡增贵。这位胡大厨师是满族正蓝旗人,后来在距巡抚衙门(今福照街老昆八中址)不远的三转湾(今如安街)开了家"合香楼"糕饼店,旁边就是满洲巷(今华兴巷),当时是昆明城内满族聚居之地,又叫"旗人街"。胡氏也是满族,所做清宫糕点,当有满族口味,深受满人欢迎,一时生意红火。于是人有天时地利,诸事顺利,大家就会恭喜说:"你给是坐(住)在'合香楼'底下了!"

近代老昆明人请客时会说:"走,培养一下正气去!"权威的解释在小说家、美食家汪曾祺的《昆明菜》一书中,他写道:"过去昆明人一说:'今天我们培养一下正气。'听话的人就明白是去吃汽锅鸡。'培养正气'的鸡特别鲜嫩,而且屡试不爽。"——那"培养正气"原来是一家汽锅鸡名店。

清末民初,"西洋镜"传入了昆明。所谓西洋镜,就是透过圆洞看装在黑箱里的画片,是舶来品,洋人叫"peepshow",北方人叫"拉洋片",十分形象。由于运用了光学原理,又是黑箱操作,放的又是外国风情,很有些神秘感,吸引了不少娃娃和年轻人。然而打开箱子,无非是几张图而已,毫无稀奇之处了。所以老昆明人会对好奇的围观者说:"看哪样看?看西洋镜改?"或者说:"去那边看你的西洋镜去！"

"嘣咚"是早年昆明娃娃最喜欢的玩具，用玻璃吹制而成，顶部是中空的半球状，伸出一根细玻璃管，大的长几尺，小的长几寸，用嘴在玻璃管口轻轻地一吹一吸，就会"嘣咚嘣咚"作响——"嘣咚"也由此得名。嘣咚十分脆弱，吹多了吹重了或者磕碰了，它就"哗"的一声碎了，老昆明有童谣道："嘣咚嘣咚，即时买来即时送。"老昆明人还有这样的说法："你咋个又伤风了？也太'嘣咚'了嘛。"

近代昆明街头有两轮的马车、牛车，还有人力车。早先这些车多用木轮或铁轮，后来又用橡胶，昆明人叫木头轱辘、铁轱辘、橡胶轱辘。轮子有轮心，以辐条向周围延伸，形成轮辐。于是，老昆明人就把周围称为"轱辘团转"，语气更重一些，如"这点轱辘团转给有茅司（厕所），我急不得了！"或"我们轱辘团转都找过来了，就是没找着！"昆明坊间有童谣唱道：

轱辘团转，团转轱辘。
约好大姐约大姑。
耍耍西山，唱唱小调，
背着娃娃还要去读书。

老昆明人称拉货的推车为"板车"。这些板车两轮两杆，上置木板，并装有一两尺高的木框，可载重成吨的物品。板车拉的多是建筑材料和农产品等，行走全靠人力，可由一人在前面拉或在后面推，还可以一人拉而数人推。昆明城里坡多，拉车、推车不易，是个重体力活儿，旧时娃娃不听话，大人就会骂："再不听话，给你拉小板车去！"

不少昆明方言词是从戏园子来的。如占了便宜叫"占马门"，这个"马门"是戏台的上场门和下场门，是演员"出马"之地，"占马门"就有了"占先机"的意思。旧时"马门"还是徒弟偷学师艺之地，是观众廉价看戏之地，还是"有关系"者不出钱"蹭戏"之地——所有这些，都是占便宜之事，后来就把占便宜叫"占马门"了。黑市价格也叫"马门"，还有"马门票"，那是二道贩子倒来的高价票，说的是来路便宜，但价格就不便宜了。昆明人把那些大喊大叫者、走调大吼者、胡乱起哄者称为"吼巴头"，又叫"吼班头"，这个名称也出自戏台——滇剧里帮腔跑龙套就叫"吼班头"。

在戏园里，冷僻戏叫"背阴戏"，悲情戏叫"苦戏"，现编现演叫"打秋皮"，唱腔走调叫"别别腔"；在生活里，有人暗中使坏就说他"尽唱些背阴戏"，有人装苦装穷就说"莫演苦戏了"，有人支吾搪塞找借口就说"你尽打秋皮"，有人闹别扭就说"你咋个老是唱别别腔"。昆明人叫玩得好甚至玩得有点儿油的玩伴叫"老玩友"，这个词也出自戏园，本意是票友。对歌打咯噔说你"打吆台"，本义是散场锣鼓。

城里的小庙前支着长把伞

城外集市的小吃摊支着长把伞

旧时嫖娼、玩弄女人叫"拿脚",其实"拿"的是"角"而不是"脚",虽然读音相同。这个"角"是唱戏的女角,旧时有的戏班子走斜门,找一些妓女来唱戏,"色艺双售",既卖艺又卖身,长得好看叫翠角,长得不太好看的叫渣角,嫖女戏子就叫"拿角",进而嫖娼、玩女人都叫"拿角"了。老昆明人还把嫖娼、玩女人叫"钓旦",说的也是嫖女戏子。这些女戏子演的都是旦角,如"正旦""花旦"等,其"色艺双售"的一个渠道是皮条客办的"钓台",到"钓台"去找女戏子就叫"钓旦"。

一些昆明方言词来自妓院。如骂人"酱油保",原称应为"酱油鸨",指旧时公娼妓院的打杂者,也指纵妇为娼者,平时替妓女、嫖客买烟、打酱油等,有时也蹭嫖,被戏称为"酱油鸨",后成为骂人的话,再转为"酱油保",又衍生出"酱油""打酱油""小酱油""老酱油",由于昆明人又称酱油为"清酱",于是又有"打清酱""小清酱"和"老清酱"等说法。此中"酱"与"犟"谐音,说人脾气犟也会说"酱油宝"。

昆明方言的骂人语还有个"冬帽"。冬帽是清代的红缨官帽,形状酷似乌龟头,戴帽者又多腐败,"冬帽"竟演变为男妓的代名词,常被用来骂人,有"扒灰""乱伦"之意,后来就和"混账""混蛋"的意思差不多了,如骂"小冬帽""老冬帽"等。

看见有人不正经,吊儿郎当,忽悠鬼混,昆明人会劝他:"莫挨我烘哄哄的了给得?"这个"烘哄哄"也出自妓院,可以在明代文学家冯梦龙的《情经》中找到:"青楼中有三字经曰'烘哄哄',又曰'烘如火''哄如蛊''哄如虎'。金樽檀板,绣幄香衾,馋眼生波,热肠欲沸,所谓'烘'也。粉阵迷魂,花妖醉魄,情浓若酒,盟重如山,'哄'人伎俩,兹百出矣。已而愿奢未遂,誓重难酬,寡醋谁堪,闲槽易跳,百年之约,一'閧'而止。故曰'十分真只好当三分用',识得此意,大落便宜。"

旧时昆明人把挑棺材的汉子叫"棺材汉",又借称粗鲁的大汉;拴棺材的绳索叫"棺材索",又借称粗大的绳子;挑棺材的木杠叫"棺材杠",又借称粗圆的杠子。

清代《滇海虞衡志·志器》记铜罗锅在昆明很普及,"窭丐亦背以行"——叫花子也会背上铜罗锅去讨饭,于是讨饭在昆明又叫"背罗锅"。昆明人话说不拢,生了气会骂道:"背你的罗锅去了!"小娃娃吃饭憨撑滥胀,吃得肚子圆鼓鼓的,或者大人营养过剩,肚子鼓起,也叫"挺罗锅肚"。

还有一些方言词是从麻将桌上来的。如"卖码",说的是出卖同伙或嫁祸于人,这两个字出自打麻将的一手"臭牌"的名称。还有"支老桩",指打牌、打麻将时连续坐庄,后来把长久待在一个地方叫"支老桩"。

昆明人还把凭空承诺、开空头支票的行为叫作"支长把伞"。云南边地居民用伞,有时伞把可长到两三米,多在摆摊时使用,雨点斜射、阳光斜照时就成了摆设,空口白说的话当然也就是"长把伞"了。空口白说还被称为"支水车"——水车抽水转个不停,但却从不移动半步。

昆明人说的"窝子"是指钓鱼人用鱼饵在下钩处撒出来的鱼窝子,"窝子"被扰乱或故意捣蛋叫"搅窝子"。据说又被黑道中人用来指地盘、门派、山堂等,结果成了黑道语——搅了黑道的地盘、坏了黑道的规矩就叫"搅窝子",又有人借这个黑道词来耍酷——"搅窝子"重回江湖时,意义也"黑"了不少。

给人下套、设陷阱,昆明话叫"支花篮"。这个"花篮"是昆明人拿鱼的工具,有竹编的,也有线织的。制成长桶状,"桶"里设有倒刺或倒须,下端封闭,上端有一个"漏斗"。拿鱼时把花篮放进小河或水沟里,以"漏斗"迎水,鱼顺水游进"漏斗",滑入"水桶",被倒须挂住,加上"漏斗"下口狭小,再想逃出,已不可能,成了渔人的"篮"中之物。昆明有童谣唱道:

支花篮,盖杂草。

第二天,再来找。

天亮了,揭杂草。

大鲤鱼,关着了。

○ "昆明话"里的地名典故

老昆明人咒死有好几个委婉的说法。一种说法是"下教场坝",这个"教场坝"指南教场,在今天的宝善街东段,明清时是昆明的刑场,砍头凌迟都在那里,那里还是流浪者的聚居地。还有一种说法是"挂南城墙",在今天近日公园两侧,明清被判"斩首示众"的,罪犯脑袋在南教场砍下来,又挂到南门城墙上示众。近现代又说"拉去小虹山"——小虹山是继南教场之后的昆明刑场,是热兵器普及后,让

这里赶的是"门口的街子"

犯人"挨枪子""吃花松米""敲沙罐"的地方。现在比较温和的说法是"进跑马山",因为跑马山有个火葬场。从前骂人唬人还说"送去西山敲小石头"或"送去西山挑小粪箕"——从前西山脚有座监狱,犯人就在山下采石敲碎、然后用竹筐挑走,送到那里干活就是"劳改犯"了。早年骂女人还说"你这个站大井巷呢"——旧时大井巷多有妓女"站巷"揽客,因有此说也。

昆明方言词汇还对城外的乡街子情有独钟。如果谁做事急急忙忙、鬼慌鬼乱,昆明人就说:"忙些哪样?又不是赶小板桥。"——小板桥在昆明东边,是有名的乡街子,旧时为早街子,到中午就散了。赶小板桥街一定要赶早,去晚了卖东西的占不到摊位,买东西的会落得两手空空。昆明人说普通话时本地腔太重,叫作说"马街普通话",这个"马街"又是昆明城西郊的一个大乡街子,乡里人说普通话方言音更重,就成了"马街普通话",被缩减为两个字又叫"马普",这还是名词,再缩为一个字:"马",就变成了形容词:"你说的普通话太马了。"梁家河在老昆明城和马街之间,普通话说得马马虎虎就是"还在梁家河,没到马街。"以此类推,后来又有了"马街英语"和"梁家河英语"的说法。

○ "昆明话"里的本土民俗

昆明方言里的不少语汇是从本土民俗中土生土长出来的。离开了这些民俗,这些语汇就永远说不清楚。

昆明人常把自吹自擂、自我炫耀称为"抖草",这就和早年昆明"晒红绿"的习俗有关。那时每到夏日来临,六月之初,老昆明人都要把自家的铺盖抱到太阳底下暴晒,一是防霉,一是驱邪。有钱人晒的当然是红红绿绿的被褥,叫作"六月六,家家户户晒红绿"。穷人晒的多半是垫床的草席之类,边晒边拍打,再拎起来抖掉灰灰尘尘、虫虫卵卵,有人就讥讽穷人凑热闹,别人晒被褥他"抖草"。后来竟成了炫耀的代名词。

有人脾气憨犟、一根筋,认死理,昆明人就会说他"死头干将的"。此话出自昆明娃娃的"斗将军草"游戏。大家采来牛筋草,以草秆打结,互相套结猛扯,谁的草断谁就输。有的娃娃把牛筋草秆晒到半干,以加强韧性,争夺胜利。这种半干的将军草被称为"死头干将军"。用到某个人身上,意思是其犟如牛筋,不可理喻。

旧时昆明大人会骂娃娃:"你给是拗蚂变的!"这个"拗蚂"是"芒神",就是"司春神"。直到清末,每逢立春节令,昆明都要举行"迎春"典礼和游行,迎的就是这个"拗蚂"。据说"拗蚂"的穿着都由朝中掌管全国历法和天象的钦天监按照《易经》来决定,从这些穿着上可以预知新的一年是否风调雨顺。但"拗蚂"的衣装和预告是反的:"拗蚂"赤脚披蓑衣,表示这一年天要大旱;"拗蚂"穿鞋穿布衣,这一年雨水就多——无一不反。老人骂娃娃是"拗蚂变的",意思就是:"你咋个会这种死犟!"

昆明人上了赌桌,想赢回输掉的钱叫作"翻梢";无本而赢、空手套白狼叫"翻空梢"。这个"翻梢"来自昆明过年的习俗。大年三十夜

旧时以扁担挑货谋生者被称为"散扁担",如今"挑扁担的"没有了,但"散扁担"这个词还在用,指文化素质不高,四处游荡求生者

里,老昆明人家要"封门":用两根甘蔗顶在大门后,蔗梢朝下,这一"倒"就是一年到头,甜甜蜜蜜。大年初一开门时,又把两根甘蔗正回来,蔗梢又朝上,这叫"翻梢",意思今年进财翻番,无忧衣食。"翻梢"二字走上赌桌,又有了"翻本"或"搬本"的含义,而且吉利。

昆明集市叫"街子",赶集叫"赶街",买集市上最后剩下的货物叫"扫街",买来的东西叫"扫街货",多指蔬菜,如"扫街萝卜""扫街辣"等。在宋人周密的《乾淳岁时记》中,这个"扫街"是元宵之时,"至夜阑,则有持小灯照路拾遗者,谓之'扫街'。遗钿堕珥,往往得之"。此之"扫街"是捡拾他人遗失之物,和昆明人的"扫街"不一样。

昆明人讽刺横行街巷、无法无天者是"都天太岁"。这"都天太岁"是供奉在昆明北城楼上的神像,据说就是《封神榜》上的殷郊,是道家的护法神,塑得三头

五华山上这窝人的气势就叫"都天了"

六臂,张牙舞爪,凶神恶煞,借以镇压北城外荒郊野坟上的幽灵。殷郊号称"都天",谁都管不了他。于是,横行霸道、无法无天就叫"都天太岁""都天大王""都大王""都天",语气递减,最后只有一个字——"都":"你也太都得点儿了!"

旧日昆明人过年吃年糕、吃饵𬊦等,要到正月的第一个属猴的日子才开始吃米饭,这叫"猴攒食"。平时有人把某种食物"攒"起来,准备到某日或某时大快朵颐,昆明人就说他"猴攒食"。

把葬礼用词搬过来咒人,这是个毒招。

如前所述,昆明老人死后要在堂屋停尸等待装殓——于是坊间有人看不惯别人偷懒躺倒,就会大吼一声:"你挺尸改?"

家中老人咽气时,儿女要嘴对嘴接下老人的最后一口气,这叫"接气"。于是坊间会这样骂不孝子:"仿你这种有哪样用?'接气'改?"

装殓逝者时要在遗体下放玉石之类,称为"垫背"——于是坊间称替罪羊、替死鬼为"垫背":"死了也要找个垫背的!"

如果母亲逝世,最后一颗锁棺木钉要送礼请舅舅或母亲的内侄来敲,这叫作"升钉",表示母家认定逝者为正常死亡。有时母家来人漫天要价,或声称逝者死得不明不白,要告官辩冤——坊间称之为"敲钉锤",意思是敲诈钱财。

富贵人家出殡要抬着纸扎"打街鬼"挥舞猪尿泡开路——于是坊间就有了这样的攒言子:"猪尿泡打人——疼是不疼,瘆(羞)是瘆人"。

出殡时家中女眷往往号啕大哭,又"哭"又"诉",坊间称"哭丧"或"号丧"——于是老昆明人听到哭叫心烦,会骂哭叫者称:"莫号丧了!"或:"你号丧改?"或:"你号些哪样丧!"简称:"你号些哪样?"

早年昆明人认为人死后七天,亡灵会回到生前所到之处,把脚印(迹)全部收走,又叫鸡脚神——于是坊间把到处乱跑称为"收脚迹"。

旧时墓穴挖好后,要扔下一只公鸡,让它又跑又跳,表示送阴魂上路,这叫"跳圹"——于是坊间把乱跑乱跳、找事生事的人叫"跳圹的",骂娃娃则说"小跳圹的"。

后来简称为"跳":"他太跳了,怕要出事!"

老昆明人相信祖坟葬地与活人运道相关——于是坊间说谁运气好、做事顺,就会说:"他家的祖坟葬得好!"

旧时有"喊魂"之俗,认为有病是丢了魂,喊叫失魂者的姓名可以治病——于是有谁不断呼喊,喊得人心烦,会骂一句:"你喊哪样喊?喊魂改?"

老昆明人得病要熬中药吃,吃不好就把药渣泼到街上,据说让过往的车马行人一踩,就可以把病带走——于是坊间把背后使坏叫作"撒烂药",有民谣这样唱道:

太阳要落让他落,旁人要说让他说。

只要郎心合妹意,不怕坏人撒烂药。

○ "昆明话"里的动物典故

昆明人提到肮脏、卑鄙、龌龊、黄色之类,都会用"嘈耐"两个字来形容,有恶心的意思。"嘈耐"不唯出气,还会说"嘈耐耐",更加一等。这个嘈耐又写作"蛴奈","蛴"是金龟子的幼虫,又称土蚕,白色,居土之中,好吃农作物根茎,形似蛆虫之类。"蛴奈"就是蛆虫在粪土中蠕动的样子,当然恶心到头了。还有一种躲在居家板壁中的臭虫,昆明话叫

北教场这样练兵就是"狗解手"

壁虱,乡下人又据此创造了个"街壁虱",讽刺一些城里人是寄生虫。一年一度飞临的海鸥是昆明冬天的标志和昆明人的至爱,但换个场合,昆明人又把爱打扮、水性杨花的女人称为"红嘴鸥",真委屈了这些漂亮的候鸟。

昆明人说谁自作多情,就说他"孔雀"。雄孔雀以开屏吸引雌性,在动物园里则可以取悦游客,雄孔雀被训练得随时都可以开屏,却很难得到雌孔雀的青睐,成了自讨无趣的"没事瞎开屏"。由此引申,不自觉、不生数、自我炫耀、华而不实、牛不知脸长、马不知自丑之类,都是"孔雀",而以"孔雀站在甘草上"为自作多情的极品——甘草是一味中药,什么配方都可以用。

老昆明人爱养猫狗,多半不是当宠物养,而是实用:养狗看门,养猫逮鼠。这"猫"

和"狗"也是昆明方言里的常见词。

先说"猫"：吓坏了叫"要猫命"，坊间传说猫有九条命，吓得猫命都没有了，可见吓得厉害；猫拉屎后会用前脚随便刨点土盖上，昆明人就把工作不踏实、玩表面功夫叫"猫盖屎"；猫是捉老鼠的，和老鼠打成一片的猫不是好猫，警察是逮小偷的，和小偷狼狈为奸的警察也是"猫菜（老鼠）"；猫胃口小、吃得少，人也吃得少就叫"吃猫饭"；猫的屎尿不多，把人的眼屎叫"猫屎"，人流泪叫"淌猫尿"；逗猫玩容易被猫抓，开玩笑好翻脸就叫"猫抓脸"。

再说"狗"，走进昆明方言，多半是负面词。狗贱，不如猫，昆明人说"猫命"是说自己，说"狗命"是骂别人；公狗拉尿要翘起一只后腿，于是摆姿势、玩花招就叫"狗解手"；字写得难看叫"画狗脚迹"，差劲、糟糕叫"狗屎"；发脾气瞪大眼睛叫"鼓的狗卵了"；摔了一跤叫"狗抢屎"或"狗啃屎"；不知趣而到处乱挤叫"狗挤窄处"或"狗挤窄窝"；领带叫"狗舌头"；臭黄菇叫"狗屎菌"；附地草叫"狗屎花"，还进入了民谣：

狗屎花，自己夸。

脸朝黄土背朝天，头上戴朵狗屎花。

我还以为你是棵灵芝草，原来是朵狗屎花。

"狗念经"就是唠叨，也有民谣：

不听不听狗念经。

昆明人的"涉狗词"中，只有一个好听的：娃娃过生日叫"狗爬坎儿"。

猫狗同堂，也"生"出不少方言词。听得多的一个词是"哈猫日狗"，比喻虚张声势，吓人唬人。"哈"是嘴里喷气，猫常常哈气唬狗，这叫"哈猫"。大概狗也有绝招，你来我往，于是就有"哈猫日狗"之说，都来自狗和猫斗的场面。

昆明方言词里的动物，还涉及水里游的鱼：布陷阱坑人叫"支花篮"。"花篮"是一种篾箍线织的锥形捕鱼工具，鱼进得去而出不来。还有地上跑的羊：用头撞人叫"鏊羊头"，就是羊打斗的架势。天上飞的鸽子也少不了：母鸽为小鸽嘴对嘴喂食叫"渡食"，母鸽子为才破壳的小鸽子嘴对嘴吹气叫"渡气"，后来人亲嘴也叫"渡气"，如童谣：

渡气渡气，老公老姆咬嘴皮。

昆明年轻人嫌老人话多，就说是"咯咯虫"，还说人老是"老咯咯"的。咯咯虫是昆明居家壁缝里的一种昆虫，能入药祛风，常发出"咯咯咯"的声音，因此得名。昆明坊间儿歌这样唱道：

咯咯虫，咯咯虫，家家都有咯咯虫。

有了咯咯虫，到老不受穷。

○ "吃"出来的"本土词"

早年昆明人特喜欢什么就说"喜欢了（得）抖春袋"——这个"春袋"是旧时乞丐讨饭时用来装剩饭剩菜的讨饭袋，乞讨不容易，施主拿来饭菜，乞丐会高兴地抖开袋子连忙装好，所谓"十人见了九人爱，花子见了抖春袋"，说的就是这个意思。

昆明人称吃得痛快叫"甩"，这在前面已经提到了。近来又

这当兵的"划了"一大碗米线

有人说，这个"甩"和昆明人的小吃"米线"有关。米线又细又长，要用筷子夹着不断抬高，米线悬空甩动，甩到嘴边时，再立马张口接住，连吸带咬吃下去，非常痛快，这叫"甩吃"。昆明人把"甩"用作"吃"，最早就是从"甩米线"开始的。时间一长，凡吃得多、吃得痛快都叫"甩"了，如"甩肉""甩两碗饭"等。

吃得痛快昆明人还叫"划"，筷子一动，"划"上几下，一碗饭就下肚了，这叫"划碗饭""划大碗"，还有"划碗米线""划碗面条"等。

昆明还把痛快之吃叫"干"，如"干饭""干肉""干包子"等。这一"干"还曾"干"出祸来。据说护国起义之前，万钟街一家卖素包子的甜浆店来了两个客人，一人做东，进门就问朋友："你干哪样的？"朋友答："我干糖的。你呢？"那人说："我干菜呢。"当时蔡锷逃到昆明不久，正与唐继尧谋划护国起义，袁世凯多次派人刺杀，时局十分紧张。店中坐有一官员，听此二人一个要"干"掉"唐"，一个要"干"掉"蔡"，那还了得，马上把二人抓了起来。二人好不容易才为自己洗白，被放了出来。

昆明人的餐桌不欢迎"牛头饭"。这个"牛头饭"指的是烂饭，煮饭时加多了水，糊成一团，像个牛头，所以叫"牛头饭"。昆明人吃东西不对口味，就说那食物"甜不粘咸"——不颠对，不好吃。在这个"甜不粘咸"的背后，是昆明甜是甜、咸是咸的传统口味偏好，甜咸一串味就"甜不粘咸呢吃不成"。还有一句话是"甜不粘咸，唧唧唧，咚——"那就是要扔到地上去了。

昆明人下午三四点吃东西叫"吃晌午"。这个说法出自农村，昆明乡间农忙时要吃三顿，早一顿、晚一顿，中午三点左右还有一顿，时在晌午，所以叫"吃晌午"。

昆明人称赞谁就说他"真是朵鸡枞"——"鸡枞"自古为昆明名菌，一大山珍，

味道极好。昆明人又说那些徒有虚名、有名无实者是"草鸡㚇"——这"草鸡㚇"与鸡㚇外貌相似而肉质相去甚远,吃来一股草腥气。

○ "斗嘚嘞"斗出来的"本土词"

这个老唐太"喷缸"了

旧时昆明街巷里的男孩子喜欢打架比武,还定下一些规矩,如要一对一,年纪相当,旁人不得帮手,不得使用棍石,不得用脚踢等,简直就是初级版的街巷拳击比赛。比赛冠军叫"头缸",亚军叫"二缸",季军叫"三缸",以下顺着排,有的还排到了"九缸""十缸",娃娃们称之为"封缸"。

这个"封缸"来自斗蟋蟀,昆明娃娃叫"斗嘚嘞",又叫"斗蛐蛐儿(音'奇切儿')"。"缸"就是装养"嘚嘞"的小瓦罐、洋铁筒、小瓷缸等,又叫"养缸"。蛐蛐儿养在一起会"咬架",必须让每只蛐蛐儿独养一"缸",而且有顺序:养"咬架"冠军的是"头缸",养亚军的是"二缸",季军是"三缸",照此类推。如此"排缸",所谓"头缸""二缸"等等,原来指"嘚嘞"的"咬架"能力,后来转指男娃娃的格斗能力,再转称一个人的技艺或本领的高下,如说某人"挖地是头缸"等。由此而来的昆明方言词还有"充缸",意思是假充、冒充;有"甩缸",意思是"甩出缸去",让对手出局;有"码缸吃尽",意思是压服、超过所有人——还有个"喷缸",不知为什么,意思竟然是时髦!

"斗蛐蛐儿"引出的昆明方言词还有一些。如喂蛐蛐儿的叶子花,又叫"蛐蛐儿花";斗蛐蛐儿时双方咬死不放,这叫"咬死嘴",在昆明话里成了"恶斗"的代名词。斗败的"嘚嘞"眼看没气了,只要放到泥地上,多半就转过来了,这叫"沾地气"。这个"沾地气"也走进了昆明方言词,意思是用土办法解决身心方面出现的问题:"心首不安逸也没得事,沾沾地气就好了。"

蛐蛐儿种类不少。背上有金色斑点的叫"金蛐蛐儿",土黄色的叫"土蛐蛐儿",

在昆明话里,"土蛐蛐儿"或"土嘚嘞"被拿来形容"土包子"。反过来,穿着时髦的人又叫"金蛐蛐儿""金嘚嘞"或者"洋嘚嘞"。

○ "昆明话"里的"马街法语"和"马街英语"

昆明筇竹寺的元代白话圣旨碑上有"地双"一词,指的是田亩。清代云南学者师范认为,当时昆明人以四亩田地为"一双",属于"西域语"。他还引用金代诗人王庭筠的诗句"寺僧乞与山前地,招客行开四十双"为例,认为这个"双"来自天竺,即古代的印度。他还说:"滇

"吉普车!""顶好!"

西近天竺,故其方言云尔"。而早在《唐书·南诏传》中,就有"五亩为一双"的说法了(《滇系》)——若此说成立,那么这个田亩的单位"双"堪称千年前最早引进云南、昆明的外域来词了。早在唐代,大量古印度语随着佛教传入昆明,如菩萨、罗汉、阎王、魔鬼、报应、普度、姻缘等,都来自佛教,被称为"佛源词",这个"双"是其中最有本土特色的一个。

近代昆明方言里更有不少外国词汇,如钱叫作"得琅",早先人们以为,这是个象声词,是点数金属钱币时发出的声音。又有人认为,这个"得琅"出自古波斯语,是古波斯人对钱币的称呼,是随着古西南丝绸之路和西域民族进入昆明的。还有人考证,"得琅"就是英语词dollar(美元),是昆明人的"马街英语"音译的结果。近代以来,昆明方言接受了不少普通话中音译的"英源外来词",如饮料coffee叫"咖啡",座椅sofa叫"沙发",计量gallon叫"加仑",话筒microphone叫"麦克风",床垫mattress叫"席梦思",并一直用到今天。另外还有一些早年的"英源词"今天已经不用了。如vitamin原来叫"维他命",如今叫维生素;violin原来叫"梵婀铃",如今叫小提琴;penicillin原来叫"盘尼西林",如今叫青霉素等。

旧时,昆明坊间把妓女叫"皮蛋",骂女流氓和不正经的女人也是"皮蛋",这个词在汉语总是找不到出处。后来有人在滇越铁路通车前后大规模进入昆明的法国人那里找到了答案。大概法国人当初到了昆明,寻妓时总会打听何处有"putain"(妓女),搞得这个"putain"人人皆知,经过"马街法语"一转译,就成了"皮蛋"了。而法语"putain"还有一个义项正好就是"荡妇,生活不检点的女人",和昆明方言"皮

蛋"的另一个义项完全相同。

清末民初，一大批留日学生和汉译日本书籍还把不少"新派"日语词汇带进了昆明。由于留日学生后来多半成为学校教员和官府大员，这些"日源新词"又多用汉字造成，象形会意，浅显明白，在昆明传播范围很广，影响不小。如警察、银行、学校、电话、电报、邮政等。有的"日源词"还和"英源词"展开了竞争。如电话是"日源词"，而它的"英源词"是"德律风"，从英语 telephone 音译而来，结果是"电话"胜出，一直使用到现在。老昆明人使用"日源词"也并非照搬照抄，也有自己的发挥。如"日源词"中的机械，老昆明人多半叫"机器"，并加以延伸，称自来水为"机器水"——意即经过机器处理的水。20世纪80年代，随着"机器水盘"（公用水龙头）退出街头，"机器水"才逐渐被"自来水"取代。而"机械"又引申为不知变通，所谓"你太机械了"，至今如此。

昆明人使用"英源词"也有创新。如新潮、时髦叫"摩登"，出自英语的"modern（时髦）"，这和内地差不多。一般说"摩登"多少有点儿贬义，如烫头发叫"摩登头"，冷天穿得暴露叫"摩登不怕冷"之类。早年昆明女人穿得太时髦，就会有男孩远远地跟在后面喊："摩——登，上街找先生！"老昆明人把穿着漂亮也叫"摩登"：老人穿好了叫"老摩登"，娃娃穿好了叫"小摩登"——这里的"摩登"含义又正面一些。昆明人更把一种奶油烤饼叫作"摩登粑粑"——把"马街英语"和昆明方言糅在一起组词，又是一种创造。在英语中，"走"和"走开"称之为"go"，进入昆明方言称"勾"，但也有发挥，让人走开叫"勾了""勾远点儿""勾过去点儿"，转化为骂詈语就难听了，叫"勾逼死远点儿"！

昆明人打扑克，放弃叫牌权时说"派（音'扒'）司"，后来放弃一件事也说"扒司"，这个"扒司"来自英语 pass，意思是"通过"和"通行证""入场证"等。后来"扒司"也简称为"扒"，甚至译为昆明话说"过"，意思都没有变。再后来又有延伸，打扑克时暗通信息、违规作弊被叫作"打扒司"，球场上传球则叫"扒司"等等。再用到日常生活中，放弃也叫"扒司"，或者简化为一个字"扒"："你还想去？我倒是扒了。"打扑克翻倍叫分称"刀簸"，语音出自英语：double（翻倍）；打扑克出主牌而赢叫"剖"，也叫"闯"，后者语音出自英语 trump（出主牌）；比赛玩游戏被淘汰出局称"改目"或"改"，出自英语：game（竞赛），均属"马街"之列。

昆明话中的"马街英语"还有个"克珞米"，从英语 chromium（铬）的发音而来，意思也一样。如镀铬叫"镀克珞米"等。昆明人还把公制单位的尺子叫"米达尺"，又出自英语量词 meter（米）的发音，还有人说这是法语的发音。1914年，昆明石龙坝电厂建成后立了一块《商办云南耀龙电灯公司石龙坝工程纪略》碑，碑文中就说电厂引水渠"长千四百七十八密达"。此中"密达"，也是 meter。1914年6月23日，《滇声报》报道"兵工厂仿造德国七米利步枪两支"，这个"米利"也是英语 millimeter（毫米）的"马街发音"，直到20世纪末，昆明一些老工人还称毫米为"米利"。

昆明人把西洋人称作"洋老眯"或"老洋眯"，这个独创名词让许多人不知所以，大惑不解。后来有人考证出，"洋"是外洋，外国人都属"洋"；"老"是"老外"的"老"，"老外"是内地的说法；"眯"出自英语 mister（先生）、misses（太太）和 miss（小姐），昆明人称特嗲的女孩叫"嗲眯丝"。在"马街英语"里，洋人的 mister、misses 和 miss 发音开头都是一个"眯"，混进昆明方言，就叫"洋老眯"或"老洋眯"了。冒充"洋老眯"的叫作"假洋眯"——早在民国时期，昆明就有儿歌唱道：

假洋眯，假洋眯，
头戴外国帽，身穿外国衣。
手拿哭丧棒，咕叽又咕叽。
见着中国人，假充洋老眯，
见着外国人，吓了哭兮兮。

老昆明人围观美国大兵

○从美国"飞虎队"而来的"昆明话"

旧时，对妓女、女流氓和不正经的女人，昆明话叫"烂使"，极端贬义，骂人时才用。如果用另一个同音字说出来，就更难听了。这个"烂使"被认为是一个无厘头的昆明方言词，不过，还是有人把这两个字背后的"厘头"清理出来了。

抗日战争时期，美国志愿航空队（飞虎队）和其他美国援华抗战军事人员来到昆明，昆明街头的英语声越来越多，越来越大。美国大兵喜欢到城里寻欢，看见穿着暴露的漂亮女人就叫："nice，nice！"nice 的意思是漂亮、很好。而在老昆明人眼里，那些 nice 都是妓女、女流氓，至少也是不正经的女人，于是跟着喊起了 nice。由于"马街英语"效应，喊来喊去竟然把"nice"喊成了"烂使"。

抗日战争时期，随着盟军进入昆明，又有一批"英源词"进入昆明方言，如电动机 motor 叫"马达"，发动机 engine 叫"引擎"，美式军装 jacket 叫"夹克"，汽车 jeep 叫吉普车，步枪 carbine 叫卡宾枪等。飞虎队员进城时，都穿着军用大头皮鞋，踏上昆明大街，"卡拉卡拉"直响，这大头皮鞋就被昆明人叫作"卡拉"或"洋卡拉"。

飞虎队员还把交谊舞带进了昆明城，昆明人对"慢三步"的洋鼓洋锤声印象深刻，就把这种西洋舞叫作"嘣嚓嚓"。飞虎队员又爱吃芹菜，因为飞虎队是开飞机的，昆明人就为芹菜取了个别号，叫"飞机菜"。当时昆明有童谣唱道：

天不怕，地不怕，就怕老美打电话。

老美在嚼口香糖，小小日本命不长。

○逐渐"蒸发"的昆明方言语汇

昆明方言词汇如同江河，一路前行，不断有支流汇入，也不断有水量蒸发。近百年来，社会急剧前进，生活急剧变化，观念急剧更新，昆明方言词"吐故纳新"之快，让人大有"逝者如斯"之叹。

两人轿在昆明话里叫"对班"，如今没了轿子，就没了"对班"

随着近年来普通话的推广，广播、电影、电视的普及，昆明方言有迅速"普通"化的趋势。出现了更接近普通话的"新派方言"和更原生态的"老派方言"，如从明代到民国，昆明人都称"院"为"万"，如今在农村还有老人读"万"，这是"老派"；城里昆明人则读"艳"，这又是"新派"，虽与普通话读音仍然不同，但相较"老派"而言，还是更接近普通话了。

四人轿的头前一人称"掉头子"，第二人称"亮叫子"，第三、第四人称"舵把子"，随着轿子消失，"掉头子"和"亮叫子"都没有说了，"舵把子"则被用来指亚群体的小头目，简称"舵把"

近代不少行当在消失，相关的词汇也随之"蒸发"。以交通运输为例：旧时挑东西要用畚箕，拴有八根绳索，叫作"八股弦"；多人扛运重物，两前一后叫"三吹火"，两前两后称"四平肩"，八到十多人合力则称"多脚虫"；两人抬轿叫"对班"，三人抬轿叫"丁拐"，八人抬轿叫"八人抬"；四人抬轿，头前一人称"掉头子"，第二人称"亮叫子"，第三、第四人称"舵把子"；挑棺材叫"大索行"，挑棺材者称"棺材汉"；夫行护送棺材叫"黑差"，运送人、货叫"红差"；街头黄包车兜叫"葫芦兜"；背人上西山者被叫作"背人罗罗"等——

有的明显带有轻侮意味，如今已从昆明方言中消失。

因物事消逝而消逝的方言词汇也不少。如老昆明人经商的中介有"牙行"和"堆栈"，"物"与"名"都走进了历史。又如旧时银圆都有一圈花边，昆明人称之为"花钱"；流入昆明的越南银圆被称为"公仔钱"或"板椿钱"；墨西哥银圆被称为"飞鹰钱"，香港银圆叫"站仔"，又叫"站板椿钱"——所有这些名词，早就听不到了。

在早年的昆明，顽童在巷子里玩游戏，输了要合上双掌让赢家弹，这叫"弹蚌壳"，弹脑门则叫"吃爆栗子"；拳头叫"皮砣"，出拳叫"挺"，打架叫"挺皮砣"；横扫几拳叫"排砣"，于是打架又有"挺排砣"，被揍了一拳叫"挨了一皮砣"，先后往心背上打叫"前心后砣"，抽耳光叫"抽耳屎"。随着儿童游戏的与时俱进，这些方言词也多退出了历史。

近百年来。昆明风俗改变很大，相关的词汇也多淡出了昆明方言。如旧时婚俗，订婚时男家送到女家的半扇猪肉，头尾身割开，连而不断，称"三道割"；婚礼前男方要提前把一只活猪和一只活羊送到女家，叫"鞭猪"，同时送去一块猪腰花，让新娘结婚前一天炖汤喝，又叫"离娘肉"。出嫁时母亲塞给新娘一个红布小袋，要在半路上扔掉，叫"口舌荷包"，还有新婚头一天的"捶门束"，复门时新娘去来拜别的"高叫声"等等，如今都听不到了。

由于城市发展，沧桑变化，一些"以地起意"的方言也退出了历史舞台。早年昆明西站外的小虹山是枪毙人的地方，老昆明人咒人就说"给他拉去小虹山"；从前西山脚下有监狱的采石场，昆明人骂人唬人会说"给你送去西山敲小石头"或"送去西山挑小粪箕"；从前大井巷多有"站巷"的妓女，昆明人用"站大井巷呢"骂女人——如今虹山成了居民区，采石场成了风景区，大井巷也改成了濂泉巷，这几句话语便成了明日黄花，无人再提。

也有的昆明方言词汇因时过境迁而消逝，如把抗战胜利的1945年称为"放炮仗那年"，之前两年称为"放炮仗前两三年"，之后称为"放炮仗后两年"——可见抗战胜利昆明放鞭炮之多，昆明人印象之深刻，如今也随着时间而流逝了。

有的方言词时过境迁仍然在用，但语义却有了变化。早先昆明叫花子总是背着铜罗锅讨饭，被叫作"背罗锅"，如今此景不再，昆明人还说"背罗锅"或"背锅"，指的却是驼背。旧时以扁担挑货谋生者被称为"散扁担"，如今"挑扁担的"没有了，但"散扁担"这个词还在用，指文化素质不高，四处游荡求生者。旧时三人抬轿叫"丁拐"，因配合不易，昆明人如今还说"丁拐"，意思是做事人心不齐。四人抬轿的后两个轿夫称"舵把子"，后在昆明口中简称为"舵把"，指民间帮派的头目。"滑竿"是简易轿子，昆明已经不见，昆明人常说"抬滑竿"，指的是打麻将不"和牌"，满盘皆输也。

昆明老谚谣

昆明谚谣是经长期积淀,约定俗成,成为坊间处世智慧的结晶,后人观风知俗的窗口。老昆明的世态炎凉、人情风俗、价值观念,尽在其中。如昆明民谚为城市相面:"一见市容,就知民风"——"穷城出将,富城出相";"街心泼污水,行人跌断腿";"门口养恶狗,过路难行走"等。

谚谣往往还被赋予某种谶谣的意味。明末清初,大西军将领孙可望在五华山大兴土木,营建宫殿王府,坊间小儿有歌谣曰:

怕你修,怕你盖,

自有人儿现现戴。

《滇南纪略》据此称:当时滇中"三尺之童,亦知(孙)可望谋之为不善也"。后来这个孙可望果然成为"扶明抗清"的搅局者,下场不妙,而其所建宫室,先是做了南明永历帝的皇宫,后来又做了吴三桂的王宫。

后来吴三桂在昆明大肆敛刮民财,扩建宫室,穷奢极欲,昆明又有民谣唱道:

吴宫压地金三尺,

不博昆明土一丘。

吴三桂果然死无葬身之地。

○ "相城"谣："有城无花，民心窄狭"

地处大小"三山一水"之间的老昆明人，很看重自己的生活环境。他们认为"有城无花，民心窄狭"；"有城无树，民心躁怒"；"街巷绿荫，凉快爽心"；"城多树与竹，疾病不进屋"。花木有利身心健康，就是家中，也"莫嫌天井小，多栽花木养小鸟"；"街上花香木秀，居家延年益寿"。不仅如此，老昆明人还重视城郊的林木和水土保持："山上树多水长流，河堤树多掀浪头"；"城外山不青，栗炭贵如金；城外乱砍树，城内无房住"；"城外森林多，城中疾病少"；"春插杨柳夏栽桑，正月种松好时光"；"三年护林人养树，十年成林树养人"；"绿了荒山头，油盐柴米不用愁"。而不能"毁一片林，荒一片城"；"折断一枝荷，烂掉一支藕"；"一年烧山十年穷"。

昆明人为城市"相面"，亦有谚曰："一见市容，就知民风"——"穷城出将，富城出相"；"街心泼污水，行人跌断腿"；"门口养恶狗，过路难行走"等。

由于"望见城，走死人"，所以，"若要城市富，四通八达都修路"，"山上建城，街顺坡行"，"屋檐要宽，街面要平"，"大街要宽，小街忌弯"，而"城有空旷坝，再挤也不怕"，这已经有城市避难所意识了。

旧时昆明多火灾，于是又有谚语："城里街连街，小心防火灾"，"家家都有风火墙，隔断火害少祸殃"。

旧时昆明更多水患，这也有办法："城在水边高筑堰，城在山前低开沟"，"水边城要护，堤岸要牢固"。

○ 咒谣："小小童子哭哀哀，撒下秧苗不得栽"

大概是因为童言无忌，上苍垂怜，老昆明人求雨求晴，都要让"娃娃兵"先上阵。清代昆明每遇大旱，就要发动城内外小孩高唱：

小小童子哭哀哀，撒下秧苗不得栽，
求祈天龙降大雨，乌风暴雨一起来。
天久大旱怎得了？五谷不生人卧倒。
小儿洗手拜上苍，滂沱大雨下来了。

传说此谣为道士张三丰所授，十分灵验。此外还有：

青龙头，白龙尾，唯愿老天下大雨。

边跑边唱的昆明娃娃

老昆明街头的好奇娃娃

小雨大大下,大雨我不怕。
大雨下在城外边,小雨下在城中间。
四方四角涨大水,小儿洗手拜上天。
也有简单的:
敲着铜盆来求雨,难为老天下大雨。
祷告老天下大雨,载黄秧,吃白米。
这些都比较虔诚,还有诙谐的:
大雨大大下,白米慢慢不涨价。
娃娃要饭吃,两口子撕皮挂。
更简单的也有:
青天青天,百姓可怜。
求天下雨,救活秧田。
据说如此多唱几遍,雨就会来了。
雨多了要求晴,昆明娃娃这样唱:
太阳太阳赶紧出,两块干巴两块肉。
太阳太阳快热乎,给你三头大胖猪。
太阳太阳你照过来,那边的娃热死啦,
这边的娃娃冷死啦。
简单的只有四句:
太阳太阳过来,过来糯米香香;
阴凉阴凉过去,过去猪屎臭臭。
雨下不停,昆明童子会反复大喊:
风门风门开——开!
铁门铁门关——关!
求雨则反过来,也要大喊:
风门风门关——关!
铁门铁门开——开!
遇到"火烧天"就唱:
糯米糯米团——团,火烧龙船。
有人买米,掼下海底。
海底开花,结个大金瓜。
遇到下雨则喊:
云走东,有雨变成风! 云走南,有雨下不长!

据说多喊几遍，风雨就会停，天气就会晴，就可以放心地玩耍了。

如小伙伴们要到郊外玩，需要预测天气，就可以用左手的拇指点着其余四个指头，口中念道：

我是小小诸葛亮，掰开指头算一算：

今天要是不下雨，就请落在中指上！

念的时候一字一顿，念一个字点一个指头，顺序点去，念到最后一个字时点在中指上，就会有好天气，如果不在中指上，则会有坏天气。这时小孩子总是不服气，换一种说法又重来，直到点在中指上证明有好天气为止。

天气阴阳无定，娃娃就念：

又出太阳又下雨，栽黄秧，吃白米，

青蛙出来讲道理，逮着老天去评理。

娃娃到田沟捉泥鳅是个技术活儿，讲究"轻拿泥鳅重拿鱼"。而按昆明人的说法，泥鳅难拿，却信人哄，抓到泥鳅后，要轻捏手中，口中轻声唱道：

泥鳅泥鳅乖乖，我是你姑奶奶。

泥鳅一乖，就不会"溜"掉了。

○城乡谣："城里讲迷信，乡下鬼敲门"

昆明城谚就是昆明城历史的镜子。

旧时昆明多匪乱，民谚就说："小匪扰乡，大匪扰城"。小民应对的办法就是"小乱居城，大乱居乡"。筑城则"城墙宽又高，防兵又防盗"。更深一层说："管城靠官，保城靠民"；"固城在固民，固民在固心"；"城中不缺油盐米，祸乱从何起？"

老昆明人认为"乡下好榜田，城里好赚钱"

昆明城的"赌""毒"历来是两大害："赌场赌场，汇集豺狼；烟馆烟馆，一群猪犬"；"烟馆进，酒馆出，家里娃娃婆娘哭"；"最好不过白米饭，最毒不过鸦片烟"。当年昆明歌谣唱道：

吹鸦片，吹鸦片，

面黄瘦如柴。

身无四两肉，
当衣又卖裤。
鸦片害死人，
卖田又卖屋，
妻儿日夜哭。

旧时城乡差别大，"乡下好耪田，城里好赚钱"，"宁在城里卖豆腐，不在山中当财主"。城市对乡下的影响大，谚语就有"城里好读书，乡下好养猪"，还有："城里讲迷信，乡下鬼敲门"，"城里看重读书郎，四境八乡无文盲"。城里人的势利是一大毛病；"乡下人进城一顿站，城里人下乡一顿饭"；"城里人，空蒸甑子来哄人，手抱娃娃脚关门"；"街壁虱，白脚格（杆），吃人碜，白得得"；"城里人，眼前化，大阴下雨吃泥巴"。城里人则编歌谣嘲笑乡下的"大裤裆"和"老纵"：

我们官渡人儿，哪点儿不如人儿：
象牙烟锅刁春城儿，毛泥裤子系草绳儿，
的确良的衣裳层摞层儿，飞鸽单车带女人儿。

至于儿歌，乡间娃娃这样唱：

东寺街，西寺街，
城里街，对排排。
妈妈说，小乖乖，
年纪小，莫上街。
爸爸真奇怪，天天跑街街，
又不会打失，自己走回来。

还有：

磨哩转，磨哩转，
转到城里赶早饭。
赶早饭，挑着担，
得胜桥头卖鸡蛋。
东寺街中卖鸭蛋。
磨哩转，磨哩转，
迷了路，丢了担。
南屏街有西洋镜，
圆通山里看大象。
菜海子边看划船。
磨哩转，磨哩转，

转回家来吃晚饭。
城里的娃娃则这样唱：
乡下人，上街来，
赶街街，卖菜菜，
挑萝卜，挑菜薹。
妈妈说，学勤快，
光会吃，懒材材，
多做活，有能耐，
勤快娃娃人人爱。
还有：
大板桥，耍一耍，
新箩箩，耍回来。
官渡街，耍一耍，
白饵块，耍回来。
小板桥，耍一耍，
凉篾帽，耍回来。
昆明城，耍一耍，
新衣裳，耍回来。
相对之下，还是儿歌更纯善。

老昆明"乡下人进城一顿站，城里人下乡一顿饭"

○"颠倒歌"："养只小兔会生鹅"

"扯白歌"又叫"颠倒歌"，故意颠倒日常生活知识和常理，编成儿歌让娃娃唱，幽默生动，既让娃娃好笑，又能增长知识，透出老昆明人的一分狡黠，九分智慧。

在昆明话中，"扯白"就是"扯白话"，意思是说谎话，编成"扯白歌"，就成了这样：

要扯白，就扯白。扯起白来了不得。
三日小猪宰八百，摆了八十八桌客。
四日小马骑得跑，五日小牛就犁得。
千斤铁链都挣断，一根秧草犁到黑。
拿人来"扯白"的也有：
倒唱歌来顺唱歌，老鼠咬着猫耳朵。
养只公鸡会下蛋，养只小兔会生鹅。

铁树开花马长角,马尾巴上雀做窝。
瞎子看见马卜蛋,聋子听见鬼唱歌。
一出门来人咬狗,拿起狗来砸石头。
螃蟹洞首斑鸠叫,阴沟踩在鞋子首。

还有一种唱法:

月亮堂堂,月亮光光,
有个贼来偷酱缸,瞎子看见忙起床。
聋子听见走出房,哑巴出门大声喊。
摔子拼命紧追赶,一追追到枯井里。
拉着辫子提上来,看看是个和尚。

○经商谣:"物产不能四方走,抬着金碗也讨口"

老昆明人重工商,"工商盛,城市兴","坐城不做工,坐吃山空;坐城不经商,卖掉婆娘"。

一般来说,"城有工匠,百业兴旺",但"物产不能四方走,抬着金碗也讨口"。老昆明人还看到了城乡经济的互补关系:"农民不赶街,城中必有灾;农民少赶街,工商要看衰";"城郊要有鱼米乡,日子好过利工商"等。不但城市农副产品要靠农村供应,城市工业产品也需要农村市场:"城里工商,销路在乡","城郊农不富,工商无出路。"最后的结论是:"城不护农,冷落受穷。"

老昆明人择业有自己的标准:"坐城选职业,先看哪样缺",又认为"树搬三架山难活,人改三次行无能"。

○官民谣:"不怕衙门法大,只怕衙门无法"

老昆明人对官民关系认识深刻:"好事官开路,坏事官带头";"官勤民发奋,官正民风好";"民忌懒,官忌乱;官若贪,世风衰";"官是春风,民是花草";"水清鱼自现,官清民自安"。官府不作为不行,乱作为也不行:"不怕衙门法大,只怕衙门无法";"县官不如现管";"不怕官,只怕管"。于是平民百姓"见佛要拜,见官要赖";"见官莫朝前,做官莫缩后";"宁死做官的爹,也要讨饭的娘"——"做官的福大,为民的命大。"

旧时社会官僚形象极差。昆明民谣称:

武官会杀,文官会刮。
官官相护,贪赃枉法。
于是"厨房无人莫乱钻,朝中无人莫做官";"不会当官看旁人";"清官出不了滑腻油的手";"不当官时说官赃,当起官来比官赃";"升官发脾气,坏事出衙门";"升官发脾气,发财讲阔气";"大官酒一樽,百姓苦一春";"一代做官,三代不穷";"一人有福,牵带一屋"——昆明有童谣唱道:

老昆明社会"升官发脾气,发财讲阔气"

赃官赃又赃,捡块牛皮拾裤裆。
五六月,雨水天,拖得牛皮一庞相。
冬腊月,烧火天,烤得牛皮黄又黄。
老婆说,牛皮臭,老爷说,干巴香。

○ "相人"谣:"丑死一家人,好死是外人"

老昆明人看相也有谚谣,瘦人矮人都吃亏,如"瘦人作怪,瘦马难卖""树矮根多,人矮心多""丑人多作怪,瘦狗乱爬墙"之类——但自家人例外:"丑死一家人,好死是外人"。

脸上长麻子也亏,如"十麻九作怪"。但脑袋长得前后突出好:"前贡金,后贡银,两头贡了吃不赢";脚大也好:"脚大江山稳";嘴不能勾:"鹰嘴勾嘴,吃人脑髓";嘴大嘴小好不好则男女有别:"男人嘴大吃猪羊,女人嘴大吃四方"——"吃四方"寓意"改嫁",对男人不利。

客人来前会有预兆:"喜鹊叫,客人到""喜鹊檐前叫,必有贵客到;乌鸦屋顶鸣,必

老昆明人认为"丑死一家人,好死是外人"

有忧事临"。福兮祸兮，主人身上也会有预兆："馋咬舌头瘦咬腮，咬着下唇客人来""左眼跳，财来到；右眼跳，棍棒到""左眼跳，财运到；右眼跳，祸事到"，又说"左眼跳财，右眼跳喜"，各种说法都有。动物来了也有说法："喜鹊不进愁门""猫来穷，狗来富"。自家养的鸡也会预示点儿什么，如"鸡吃豆，出贼寇"。

○儿歌趣谣："小娃娃，玩泥巴，爸爸回来打嘴巴"

昆明娃娃最早听到的儿歌，大概就是襁褓中妈妈念叨的催眠谣了：
月亮公公，打把鸡枞；
鸡枞满满，架笔管管；
笔管漏漏，架绿豆豆；
绿豆香香，架新姜姜；
新姜辣辣，架宝塔塔；
宝塔高高，扭着腰腰；
我家宝宝，快睡觉觉。
还有：
媄媄（小娃娃）乖乖睡，妈妈去舂碓。
舂得三升糠，买件花衣裳。
拿给小心肝，心肝不愿穿。
拿给小狗穿，小狗不愿穿。
拿给小猫穿，小猫咪，心喜欢，
穿着花衣打滚玩。
短的也有：
小青蛙，不要叫，小狗狗，在睡觉。
盖上被窝闭上眼，梦里来到小板桥。
这些催眠谣语调平稳，节奏悠缓，语言亲切、谐趣，还伴随着轻轻地拍打和摇动，在妈妈的怀里听着这样的歌谣进入梦乡，是老昆明人最甜蜜的回忆。
不过，催促娃娃起床的儿歌，就有点儿吓人了：
小老囡，娇滴滴，躲进被窝耍死皮。
妈妈喊你不起床，爸爸的棍子来了咢兮兮。
鼓励娃娃的儿歌也有。教娃娃站立时，大人会唱：
蹬蹬哥，稳稳站。
媄媄（娃娃）小，莫摜倒。

娃娃摔了跤，大人会拉起娃娃，一边为娃娃拍去身上的灰，一边唱道：

不怕，不怕，娃娃掼大，
胆子骇大，葫芦麦瓜吊大。

昆明娃娃长大了，会逗趣了，自己也会唱儿歌，口口相传，看见什么念什么。看见有人玩泥巴会念："小娃娃，玩泥巴，爸爸回来打嘴巴。"看见有人生气噘嘴又念：

老昆明街头"铁匠一盘八卦炉，炼就镰刀炼就锄"

"瘪嘴老奶奶，走到三市街，想吃糯米饭，嘴也张不开。"看见张三乱敲东西也念："张三敲当当，敲到金马坊，捡着个烂口缸，买碗米线汤，泼了一裤裆。"有谁摔了东西，或向谁要东西吃而他竟然不给，就念："糯米稀饭，缸缸打烂。"有谁放屁熏了小伙伴，还不承认，小伙伴就会念："莲花白，白又白，哪个放屁我晓得。咯承认？不承认，小朋友们给他挣。"看见小伙伴敲瓦渣砸了手可以念："小娃娃，乐哈哈，闲着无事敲瓦渣。东敲西敲敲着手指甲，又哭又嚷叫妈妈。"被眼睛大的人欺负了就念："大眼睛，偷钱买点心。你不给我吃，我告你老母亲，点心买不着，挨了两排陀，你妈打了你，我拍手高兴！"如果被大个子欺负，也会念："人大老草包，人小志气高。"欺负你的人头大，就念："大头大头，下雨不愁，别人有伞，我有大头。"欺负你的人头小，也可以念："小头螺丝钉，上课不专心。吃菜专吃白菜心，走路专走大街心，屙屎专屙麻辣丁。"如果欺负你的是留级生，那就更有念场了："留级生，不讲卫生，脱开屁股打两针。"惹了祸被人告诉父母或老师，便咒"告密者"：

告嘴婆，洗拐脚，洗到太阳落。
掼下洗马河，捞也捞不着。
捞着一只小裹脚。

另一个版本是：

告嘴婆，洗拐脚，洗到太阳落，
太阳公公给你两大脚！

对自己不喜欢的人，昆明娃娃也会幸灾乐祸，看见他们倒了小霉，会幸灾乐祸地唱："我喜欢，鸡蛋炒馒馒（'馒馒'平声），馒馒炒不熟，抱得锅盖哭。"看到他们戴草帽就念："顶锅盖，油炒菜，炒着哪个莫来怪。"看到他们搂在一起就念："搂肩搭脖，花子滴夺。"看到他们肚子疼就念："肚子疼，找老陈，老陈不

集市旁有"小娃娃，玩泥巴，爸爸回来打嘴巴"

在家，关起门来牛娃娃！"看见他们玩石头砸了手，就念："小娃娃，敲瓦渣，一敲敲着手指甲。"看见他们摔了跌，也有唱的："日脓包，踩高跷，踩了掼一跤。"看见他们打翻了碗，更会唱："××敲当当，敲到金马坊，捡着个烂口缸，买了碗米线汤，狗一叫，心一慌，泼给一裤裆。"看见他们头上沾了草或纸而不自知，就在一旁念："哪个头上有根草，今天明天倒粪草！"还会说："人日脓，难形容，形容起来更日脓。"

另一方面，被嘲笑者会这样回敬："笑人前，落人后。披蓑衣，顶研臼。"还可以念："人怂嘴辣噪，下雨青蛙叫。"或者干脆捂着耳朵念："不听不听狗念经，三十晚上也不听。"互相抬杠则念："强干白，强到老，饿到黑。"还可以念："懂又不懂，鼻泡脸肿。八月十五，肚皮打鼓。月亮出来，和尚打鼓。"就是小伙伴的排行也可以拿来调侃："大老实，二狡猾，三妖精，四作怪。"还可以用小伙伴十指上的圆形螺纹多少来说事："一螺巧，二螺笨，三螺四螺捡狗粪，五螺六螺甩团棍，七螺逗人恨，八螺不下田，九螺发大财，十螺全，中状元。"水平更高的还会拿对方的姓说事："李一李二李三子，李妈生了个李儿子。吃李饭，屙李屎，李头李脑过日子"。当然，对方也可以如法炮制，如果有小伙伴姓牛，那就有点儿惨："牛一牛二牛三子，牛妈生了个牛儿子。吃牛饭，屙牛屎，牛头牛脑过日子。"——这叫作"斗嘴"，只要不翻脸，倒也有趣。

昆明娃娃对话也有童谣，有人问你住在哪里，你不想告诉他，就念道："东寺街，西寺巷，茅司拐拐小楼上！"两个娃发誓要好，就伸出小指头边勾边甩边念：

金钩钩，银钩钩，
你的东西给我吃，我的东西给你吃，
从小挨到老，不挨就是短命佬！
小气鬼，喝凉水，老虎见你张大嘴。

而对方竟至于小气，就念：

我们两个好好，买只鸡来炒炒。

你吃鸡胸鸡大胯，我吃鸡皮鸡屹蚤。

或者反过来：

我们两个好好，买只鸡来炒炒。

我吃鸡大胯，你吃鸡屹蚤。

时间一长，就不和他玩了：

尾巴狗，尾着老爹走。

老爹吃麻花，你吃老爹的脚丫巴。

有的娃娃还会借燕子做窝说事：

让我在你家歇脚，让我在你家做窝。

不偷你家的盐，不抢你家的锅。

如果你伤我，你的房子会着火。

遇到瘦人，娃娃会唱：

香棍脖子橄榄头，秧鸡脚杆火盆嘴。

铜头铁尾巴，腰格豆腐渣。

遇到懒人，又这样唱：

大鬼懒，小鬼懒，大懒使小懒，

小懒使门槛，一个更比一个懒。

遇到"逗头"的"老外"会唱：

大雨大雨大大下，小雨小雨我不怕，

日本飞机歪得来，就怕老美打电话。

遇到不"逗头"的老外则这样唱：

洋老眯，洋老眯，

吃饭一筲箕，屙屎一滴滴！

被路人"大欺小"了，就跟在他背后唱：

大欺小，吃屹蚤，

屹蛋跳，吓了叫。

更厉害的还有：

我老倌，本姓张，讨得一个胖婆娘。

瘪胸膛，凹脊梁，大脚大手大裤裆。

吃饭要吃几斗米，喝水要喝几大缸。

"九月十月谷子黄，人背马驮收进家"

丢了东西着急，就边找边念：

公鸡叫，母鸡叫，哪个捡着哪个要！

金狮子，银狮子，哪个骑着变猴子。

拣到别人的东西不想还，或者想逗逗丢失东西的孩子，则念：

拣着当买着，金子银子换不着！

童谣还可比接力赛，看谁能把歌词押着韵一直唱下去。如"曹操的兵是老憨兵，曹操的将是豆瓣酱，天天屙屎在床上，精着屁股去打仗，一枪打在屁股上，他爹说，怎么办……"还学唱要饭谣："打着快板走着路，前面就是理发铺，理发铺的老板手艺高，剃头不用剃头刀，一根一根往下拔，拔得满头老糟包，进医院，要开刀……"等等。

几个孩子在一起玩，要是有谁使了坏，如放了屁之类，又不承认，一个孩子就念一个字、点一个人道：

点点逗逗，南山咳嗽；

张飞骑马，拿刀就剐，

剐着一匹小——白——马！

点的人包括他自己，最后一个字落在谁身上就是谁使的坏，就要挨罚。

抓"告嘴婆"还可以这样念：

点点逗逗，南山咳嗽。

张飞骑马，韩信萧何。

点着哪个哪个就是告——嘴——婆！

○吉令："春牛进你家的家，谷子结成马尾巴"

昆明四乡有讲"吉令"之俗，"吉令"即吉利的口令，与民间歌谣、顺口溜类似，主要用于喜庆的场合，类似"贺词""祝词"之类。吉令没有固定格式，都是即兴而作，流利押韵，朗朗上口，生动有趣，一气呵成。

旧时昆明立春时有"迎春"之俗，众人扛着泥塑或纸糊的春牛、芒神巡游，然后全部打碎，把碎土碎纸抢回家里，埋、挂在自家田头地角、牲口圈棚，以求五谷丰登，六畜兴旺。这时娃娃们会唱：

春牛到你家的家，你家的谷子结成马尾巴；

姑娘姑娘你莫笑，秋后你家抱个金娃娃。

这里的"你家"是敬语，意思是"您"。这里的"家"在昆明方言中读作"接"，阴平，外地人一不小心，会听成"姐"。如果昆明人说"他想去你家走走"或者"你家得闲来走走",两个"家"的发音都是"接"的平声,但前一个指"你的家",后一个指"你老人家",外地人搞不清就一头雾水了。昆明人还会说"姑娘子家""大男人家"等,意思是"作为一个姑娘""作为一个大男人",这又有指责的意味。而昆明人说起"白日家""晚上家""晌午家""早夕家",这个"家"就纯粹是一个后缀,语气稍重而已。

老昆明村头的小媳妇和"大男人"

在老昆明的婚礼上,闹洞房有戏令,也是吉令的一种。领诵者先说,新人必须重复,不管如何难以启齿,都必须出口,如:

新姑爷的烟盒,放在桌子拐角。

掉下来打着新媳妇的小脚,

新媳妇叫'哎哟',新姑爷喊"罢啰";

伸手摸摸新媳妇的小脚,新媳妇讲"算啰"!

还有:

红公鸡,绿尾巴,三只脚,蹦蹦跳。

一进房门一枝花,花上结柿花。

新姑爷说:"扯个吃吃。"

新媳妇说:"留着明年哄娃娃。"

参加婚礼的人常常被吉令逗得大笑不止,但只要新人重复了吉令,他们倒好的酒,无论多少,领诵吉令者都必须喝下。

旧时送喜礼又叫"送祝米",安宁有《祝米十二唱》,也是吉令。其中有:

正月花香送祝米,婚姻配得属鼠人。

老鼠咬烂花箱子,露出多少绣花鞋。

还有:

五月花香送祝米,婚姻配得属龙人。

老龙行下三点雨,洒到云南(府城昆明)四城门。

最后是:

腊月花香送祝米,婚姻配得属猪人。

小猪吃食又拱奶,又高又胖过新年。
在富民县的款庄一带,还有反映劳动生活的吉令,其有《种田》曰:
正月犁,二月耙,三月四月栽棉花;
五黄六月花花草,七月八月花发芽;
九月十月谷子黄,人背马驮收进家。
又有《铁匠》:
铁匠一盘八卦炉,炼就镰刀炼就锄。
开天辟地少不了,镰刀锄头走五湖。
乡里建房立柱上梁,邻居要携红带彩前来祝贺。木匠师傅便开始讲吉令,挂一幅红布讲一个吉令,而且不能重复,如:
小小花红两丈长,今日用来包大梁。
万丈高楼平地起,亲朋相助情意长。
四合五天井,五间三耳房。
新房高又大,喜装万石粮。
炮仗响来金鸡唱,宾主同乐喜洋洋,喜洋洋!
安宁则有《立木调》:
前面盖起三叠水,后面盖起九重天;
左边盖起书房屋,右边盖起向阳船。
前边栽棵摇钱树,后边团团好花园。
早上开门金鸡叫,晚上关门凤凰开。
金财银铂滚进来,财门紧闭不出财。
门对河弯成玉带,保佑儿孙做高官。

○气象谚谣:"谷要雨,麦要风,姑娘大了要老公"

气象谚谣是民间经验性的"天气预报",既有"短期预报",有"中期预报",还有"长期预报"。老昆明产业以农为主,农业要靠天吃饭,人要靠农业吃饭,气象事关农业丰收或歉收,举足轻重。老昆明人不能预知气象,却能从多年的经验中总结出一些规律性的东西,再用通俗易懂、容易记忆的歌谣记录下来,代代相传,这便是气象谚谣。这些谚谣不能说字字到位,句句准确,却也是昆明人千百年来观天察地的概括和总结,值得重视。近代《续云南通志长编》中收录了一批昆明气象谚谣,"皆照原语,不加修饰",十分珍贵,摘录于下:
一是风雨类,多以风向变化预测雨季到来早迟:

清明风从南方起,
农家田禾大有收。
四月风,麦老公。
秋前北风秋后雨。
三月西风四月雨,
五月西风干河底。

二是云雾类,所谓"看云知天气"是也,如:

乌云走到东,有雨下成空;

乌云走到南,有雨下不长;

乌云走到西,骑马披蓑衣;

乌云走到北,有雨下不得。

"有雨无雨,但看西山雾气"

这是一首儿歌,笔者儿时唱过,唱词稍有不同:

云走东,有雨变成风;

云走南,有雨下不长;

云走西,骑马披蓑衣;

云走北,有雨下到黑。

如果冬天看见天际有细长的弧状白云,屈曲如钩,这就是所谓"雪钩",不久就要下大雪了,于是有谚语:"挂云钩,有大雪。"

最简单的一条是:"有雨无雨,但看西山雾气。"

三是光象类,以天空色彩明暗而预知雨晴。

老昆明人把天红如火烧叫作"火烧天",于是有:"火烧天,早烧阴,晚烧晴。"还有:"有雨天边亮,无雨顶上光。"

天空出彩虹,看方向也可知气象:"东虹日,西虹雨,北虹刀兵,南虹死。"又作:"东虹日头西虹雨,南虹出来卖儿女。"这里的"刀兵""死"和"卖儿女"指天旱、大旱。

天色昏黄也有问题:"天黄有雨,人黄有病。"今有"天狂有雨,人狂有病"之说,似乎就从这里转喻而来。天晴而闪电,穷人的日子就难过了:"天干拉旱闪,人穷多白话。"

四是节时类,以时间段来预测气象。

按月份而论:二月:"天干不干,看看二月三。"三月:"三月涨大水,四月晒河底。"五月:"天干不干,看看五月十三。"六月:"六月二十四的水,七月半的鬼。"还有"六月六，晒红绿（晒衣服）；八月八，晒黄谷；九月九，菊花泡烧酒，无事不要外面走。"这几个节点都是一年中雨水最多之时。七月："七月连绵不为多，八月连绵炒破锅；九月连绵吃麦种，十月连绵烧鸡窝。"这里的"连绵"指"连绵雨"，越往后连绵雨的危害越大，八月连绵雨成灾，九月连绵雨带来大灾，十月连绵雨就会出现重灾了。八月："八月十五云遮月，正月十六雨晒灯。"九月："九月打雷盐价贵；十月打雷坟堆多；冬月打雷灾难多。"十月："十月无霜，来年（碓头）无糠。十月有雨，来年（碓头）有米。"冬月："冬在头，卖米买牛；冬在中，两头都空；冬在尾，卖牛买水。"这里的"冬"指冬至节令，在冬月初则丰收，在冬月末则有灾害。还有："冬年无冷气，碓头无糠面。"腊月："腊月初三暗，来年阴湿到清明。"

按四季来说：春天有"初春有雨一冬阴"，还有"春不分不热，秋不分不冷"，秋天有"秋雨不过沟，麦雨满江流"；冬天有"冬雨晴，夏雨阴"，说雨后天气转变不同；还有"冬至闻雷米如泥"。

按节令来排：清明有"清明要晴，谷雨要淋"，又有"清明下雨，秧黄麦死"，还有"雨洒清明头，阴沟无水流；西晒芒种头，卖了白火买水牛"，更有"麦怕清明霜，谷怕秋来早"；立夏有"立夏不下雨，犁耙高挂起"；小满有"猛雨下在小满前，农夫不愁水灌田"，还有"小满雨滔滔，芒种似火烧"；芒种有"芒种火烧天，夏至雨连绵"；夏至有"夏至逢端阳，水淹八沟墙"；立秋有"立秋有雨，来年有米"；重阳有"重阳有雨一冬阴，重阳无雨一冬晴"，还有"重阳无雨望十三，十三无雨一冬干"；冬至有"晴冬至，滥年底"，这个"滥"指多雨；而"年底下雪，有衣有食"，更有"过年大雪飘，来年是丰年"，所谓"瑞雪兆丰年"是也。过年之后"初三不见日，阴雨半个月"。数九寒冬更是：

一九二九，冻死猪狗；

三九四九，沿河插柳；

五九六九，怀中插手；

七九六十三，皮褂脱给狗去穿；

八九七十二，猫狗睡阴地；

九九八十一，庄稼老二田中立。

五是以物候验阴晴。以人自身来验证，有"晴久腰疼必阴雨；雨久腰疼主天晴"，还有"晴腰疼主雨，雨腰疼主晴"，这是昆明的"老人言"。以动物验证，有"郭公（布谷）叫，六月到"；有"八月青蛙叫，豆麦种两道"。以雨证雨，则有"人怕肚皮胀，急雨怕天亮"。

六是农事类，从农事的角度看气象。

以稻谷来说，平常听得最多的是"春雨贵似油"，还有"三月下雨，秧黄麦锈"，有"春雷打得早，今年收成必定好"，有"谷要雨，麦要风，姑娘大了要老公"，还有"一阵太阳一阵雨（又出太阳又下雨），栽黄秧，吃白米，谷子田中要多水"，或者"出着日头下雨（刮大风，下大雨），栽黄秧，吃白米"，昆明儿歌"又出太阳又下雨，栽黄秧，吃白米，拉得老天讲道理"就是从这里来的。到了秋天，稻谷就怕雨了："谷怕秋来雨，人怕老来穷"，对于滇池湖边的乡村，秋收时节天干有收成，如果秋收时水淹了田，那就成灾了："天干三年吃白米，水潦三年吃粗糠。"

还有一条谚语涉及昆明人最爱吃的辣椒："辣子开花夜多雨。"

参考书目

〔明〕谢肇淛撰：《滇略》，载《云南史料丛刊》第六卷，云南大学出版社，2000年1月第一版

〔明〕刘文征撰、古永继点校：《滇志》，云南教育出版社，1991年12月第一版

〔清〕张廷玉等修：《明史》，上海古籍出版社、上海书店，1986年12月第一版

〔清〕谢俨纂：《康熙云南府志》，载《中国地方志集成·云南府县志辑》，凤凰出版社，2009年3月第一版

〔清〕戴絅孙辑：《道光昆明县志》，载《中国地方志集成·云南府县志辑》，凤凰出版社，2009年3月第一版

〔清〕檀萃辑，宋文熙、李东平校注：《滇海虞衡志校注》，云南人民出版社，1990年12月第一版

〔清〕师范纂辑：《滇系》，见《中国方志丛书》，成文出版社，1968年12月第一版

〔民国〕赵尔巽主编：《清史稿》，上海古籍出版社、上海书店，1986年12月第一版

〔民国〕昆明市政公所编、字应军校注：《昆明市志校注》，云南民族出版社，2011年7月第一版

李春龙主编：《正续云南备征志精选点校》，云南民族出版社，2000年3月第一版

〔民国〕云南通志馆纂：《新纂云南通志》，云南人民出版社，2007年3月第一版

〔民国〕云南通志馆纂：《续云南通志长编》，云南省志编纂委员会办公室，1985年12月印行

〔民国〕昆明县教育局乡土教材编辑委员会编：《修订昆明县小学乡土教材》，昆明实验县教育局，1938年印行

方树梅纂集：《滇南碑传集》，云南民族出版社，1903年7月第一版

昆明市志编纂委员会编：《昆明市志长编》，1984年3月印行

罗养儒著：《云南掌故》，云南民族出版社，1996年3月第一版

陆复初著：《昆明简史》，昆明市志编纂委员会，1983年12月印行

昆明市地名办公室编：《昆明市地名志》，1987年12月印行

昆明市地方志编纂委员会编：《昆明市志》，人民出版社，2002年8月第一版

谢本书、李江主编：《昆明城市史》，云南大学出版社，2009年12月第二版

云南省语言学会编撰：《云南省志·汉语方言志》，云南人民出版社，1989年9月第

一版

[法]奥古斯特·弗朗索瓦等摄影：《历史的凝眸——清末民初昆明社会风貌摄影纪实》，云南美术出版社，2000年4月第一版

万揆一著：《滇云旧闻》，云南教育出版社，1998年10月第一版

万揆一著：《昆明掌故》，云南民族出版社，1998年3月第一版

万揆一著：《昆明古城拾遗》，云南教育出版社，2000年12月第一版

昆明市政协文史学习委员会编：《抗战时期文化名人在昆明》，云南美术出版社，2000年12月第一版

昆明市政协文史资料研究委员会编：《昆明文史资料选辑》各辑

昆明市社会科学院编：《昆明百年》，云南人民出版社，1999年9月第一版

沈海梅著：《明清云南妇女生活研究》，云南教育出版社，2001年8月第一版

汪曾祺著：《汪曾祺写云南》，云南美术出版社，2012年6月第一版

汪曾祺著：《昆明的雨》，云南人民出版社，2011年2月第一版

朱自清等著：《流亡三迤的背景》，云南人民出版社，2011年2月第一版

昆明日报编：《老昆明》，云南人民出版社，1997年12月第二版

秦桂珍主编：《昆明民俗》，中国文史出版社，2006年3月第一版

徐刚著：《根究昆明》，云南民族出版社，2004年8月第一版

昆明市民间文学集成办公室编印：《昆明谚语》，1989年5月印行

王定明主编：《昆明谚语》，云南大学出版社，1991年6月第一版

王定明主编：《昆明歌谣》，云南民族出版社，1991年12月第一版

宋海昆主编：《五华童谣》，云南民族出版社，2006年12月第一版

罗新元主编：《老昆明童谣》，云南民族出版社，2007年4月第一版

昆明市盘龙区民间文学集成办公室编：《盘龙区民间文学集成·盘龙城市歌谣卷》，云南民族出版社，1992年12月第一版

马学才主编：《安宁歌谣谚语》，安宁县民间文学集成办公室，1993年6月印行

张华文、毛玉玲编著：《昆明方言词典》，云南教育出版社，1997年7月第一版

张映庚著：《昆明方言的文化内涵》，云南教育出版社，1997年3月第一版

张华文著：《昆明方言词源断代考辨》，民族出版社，2002年7月第一版

周良沛主编：《散文中的云南》，云南教育出版社，1997年3月第一版

郝正治编著：《汉族移民入滇史话》，云南大学出版社，1998年2月第一版

周忻、叶铸、徐刚编著：《文化昆明》，云南美术出版社，2008年12月第一版

陈子云、田文主编：《中国民间故事全书·云南昆明五华卷》，知识产权出版社，2012年8月第一版

后 记

二十载心事，千余日行笔，故纸与故土并重，苦行共苦乐一体，终于某日凌晨完稿，点了个存盘，突然发现自己如此幸运，一时毫无睡意，"幸"思泉涌，于是开列"幸事"如下：

幸逢古今贤士

行路遇仁人，行笔逢高士，成事之幸，莫过于此。今必谢者，如明代的刘文征先生（纂《滇志》）、谢肇淛先生（纂《滇略》），如清代的谢俨先生（纂《康熙云南府志》）、师范先生（纂《滇系》）、檀萃先生（辑《滇海虞衡志》）、戴絅孙先生（纂《道光昆明县志》），如近代的袁嘉穀先生（纂《滇绎》等）、周钟岳、赵式铭、秦光玉诸先生（编纂《新纂云南通志》《续云南通志长编》）、童振藻先生（纂修《昆明市志》）、梁继先生（修《昆明县小学乡土教材》），如现代的罗养儒先生（著《纪我所知集》）、陆复初先生（主编《昆明市志长编》）、邓广琼先生（主编《昆明市地名志》）、万揆一先生（著《昆明掌故》等）、张增祺先生（著《滇国与滇文化》等）、王海涛先生（著《昆明文物古迹》）等。至于摄影，清末的法国驻云南总领事奥古斯特·弗朗索瓦（方苏雅）先生（见《历史的凝眸》）、抗战时的飞虎队美国大兵伯特·克拉夫奇克（见《一个美国人难忘的云南印象》）都提供了大量的"真相"——伯特·克拉夫奇克当然是"洋贤士"，奥古斯特·弗朗索瓦（方苏雅）作为一个摄影家，也留下了不少"贤照"。当然还离不开云南美术出版社的编辑和出版人，有了他们的策划、组织和运作，才"天降大任于斯人"，于是"苦其心志"于故纸，"劳其筋骨"于田野，于是有了乐在其中的5年，有了这套丛书。笔者还期待更多的贤士不吝赐教，指正错误，弥补缺失，乐吾乐，以及人之乐，大乐哉！

幸逢互联网时代

一个"互联网+"阅读，让人在数年之间，可以做过去可能要耗费数十年甚至穷尽一生才能完成之事。一敲键盘，一点鼠标，世间万象，上下千年，皆可秒现眼前；求诸古籍，求证正误，不过举手之劳。无论查图书馆藏书，读前人原著，览硕博论文，都不在话下。就是一些稀缺古籍，也可以从网上下载影印本，或从网上淘购得来。

于是坐拥书城，从容敲字：足不出户而眼观六路，耳听八方；行程二万而上天有路，入地有门。难禁惊喜连连，令人直呼过瘾。还有无数网友高手，在网上大"晒"图文，有线索，有资料，拜读之余，脑洞大开，顿起"原来如此"之慨——感谢信息时代，感谢互联网，感谢知名和不知名的网友。

幸逢故土好人

本人有幸，且不说亲人好友都理解并容忍了我的选择和放弃，就是上山下乡，田野调查，从未迷途，也多亏了好心的指路人、引路者：小桃源村的娃娃、海晏村的钓鱼人、太华峰气象站的清洁工、安江村的父老、棕皮营的乡民、圆通山的网恋青年……出入庙堂，"精神考古"，多次享受破例，关照多多，又亏了省图书馆的管理员、古旧书店为我打折的老板、翠湖讲武堂的保安、红花巷朱德故居的主管、节孝巷地下党活动旧址小院的执事、抗战昆明广播电台旧楼的录音总监、玉案山筇竹寺的僧人、海源村龙王庙的算卦大妈、海晏村石龙寺的持斋大嬷、沙朗巷大院的看门人和水晶宫社区的小哥……帮忙的还有老天：大雨不期而至，洗刷螺峰山石刻上的拓印墨迹；白云如期而来，抹去东寺街更夫雕像额前的阴影；轻风翩然而起，掀起圆通寺后山摩崖题字前的经幡；太阳及时露面，照亮文明街小巷的"一颗印"民居……吉人天相，莫过于此。

幸逢劝学巷的小伙伴

当年一班熊孩子上天入地，打架干仗、无知无畏、无所不为：翻墙到隔壁后院扯桑子，到文庙"梭坡"，钻进圆通山到接引殿打乒乓球，到飞机场"描蛐蛐儿"，到八大河"闷老姆"，到海埂"挝老埂登"，到"二道铁路"钓鱼，到大观楼外草海捞"歪儿歪儿"，到南太桥跳水"洗澡"，到翠湖放风筝，到金殿"桃园三结义"，到南窑抠窑泥搌手枪，逃学到长春路茶铺"旁听"评书《三侠五义》，偷爬到青年路昆明剧院后台高桥上看京戏，从侧门混进长春路云南大戏院看滇剧，在自家"一颗印"小院里吹"青蛙"、刻人人、扯喻、叠纸火箭、玩花绷绷、下仙人针、斗将军草，在岔巷"挺排坨""封缸"，玩"拉人"、滚铁环、"躲猫猫""打死救活"、跳"小黄牛"，在电线杆下讲鬼故事、打"豆腐块儿"、弹"玻得儿"、丢"炸弹"……直到天黑很久，家家大人喊归，小伙伴们身子一扭，有节奏地把屁股拍得山响，大吼"扁担开花，各回各的家"，悻悻而归，而意犹未尽。如此等等，皆可入书，岂不幸哉？

幸逢温厚长者

在劝学巷那头的长春小学，有几次起意要收养我的女教师，在劝学巷这头的42号小院里，有没结婚、没孩子却把院子里我们这群淘气鬼当子女的房东三孃。三孃出身医生世家，父亲去世后多年，还有乡间农民来找老医生看病。她说得一口纯正的昆明话，如"藩头儿（藩台）衙门"，如"早期（早上）"和"晚期（晚上）"等等。劝学巷42号是典型的一颗印小院，单层土基房，屋顶下有暗楼，木窗糊绵纸，院里有花坛，还有石缸、盆景。三孃的堂屋里有供桌和佛龛，天天早上都要敬香，我们总是好奇地在一边静静地看。老昆明的风俗在她那里几乎全了：清明上坟、七月半烧纸、中秋敬月等等。我们喜欢跟着她去上坟，走到昙华寺后山，供上七八个菜，然后一起就地坐下野餐，那黄焖鸡的味道好极。三孃是腌菜高手，她做的腌菜鲊、茄子鲊特别好，做成后要给院子里每家送一碗。我们不好意思，以后就会帮着她洗苦菜、晒茄子，不亦乐乎。三孃读过昆女中高中，我们跟她上街，她会给你两分钱让你看一本小人书；自己家太窄，我们喜欢跑到她的堂屋跪上板凳伏桌做作业，她会讲几个老昆明的故事，还会教我们唱抗日歌和学生运动歌，如聂耳的《毕业歌》，唱"同学们，大家起来"，如麦新的《牺牲已到最后关头》，唱"向前走，别退后，生死已到最后关头"等等。

幸逢我的娭毑（奶奶）

娭毑老家湖南浏阳，18岁守寡，纺着石棉线把我拉扯大。娭毑从外省"移民"的角度，给我讲了不少老昆明的人情世故。她牵着我去藩台衙门菜市买菜，到护国路粮店买米，到书林街的东寺塔数砖头，到财盛巷的大坡和小坡"梭石头坡"，到钱局街、文林街、登华街走亲戚。从小和娭毑相依为命，她辞世时我还远在千里之外的遮放插队。后来三孃告诉我，娭毑走前说过："伊爪伢崽（这个娃娃）肯定会写出点麻列（什么）来。"再做梦时，我会把这套书送给娭毑，告诉她哪些是她给我讲过的故事，哪些是她牵我走过的地方……

朱净宇

2020年5月4日